Älterwerden in Krisenzeiten

Sabine Schröder-Kunz

Älterwerden in Krisenzeiten

Chancen nutzen, Risiken vermeiden

Sabine Schröder-Kunz
Darmstadt, Deutschland

ISBN 978-3-658-32363-9   ISBN 978-3-658-32364-6 (eBook)
https://doi.org/10.1007/978-3-658-32364-6

Die Deutsche Nationalbibliothek verzeichnet diese Publikation in der Deutschen Nationalbibliografie; detaillierte bibliografische Daten sind im Internet über http://dnb.d-nb.de abrufbar.

Springer
© Der/die Herausgeber bzw. der/die Autor(en), exklusiv lizenziert durch Springer Fachmedien Wiesbaden GmbH, ein Teil von Springer Nature 2020
Das Werk einschließlich aller seiner Teile ist urheberrechtlich geschützt. Jede Verwertung, die nicht ausdrücklich vom Urheberrechtsgesetz zugelassen ist, bedarf der vorherigen Zustimmung der Verlage. Das gilt insbesondere für Vervielfältigungen, Bearbeitungen, Übersetzungen, Mikroverfilmungen und die Einspeicherung und Verarbeitung in elektronischen Systemen.
Die Wiedergabe von allgemein beschreibenden Bezeichnungen, Marken, Unternehmensnamen etc. in diesem Werk bedeutet nicht, dass diese frei durch jedermann benutzt werden dürfen. Die Berechtigung zur Benutzung unterliegt, auch ohne gesonderten Hinweis hierzu, den Regeln des Markenrechts. Die Rechte des jeweiligen Zeicheninhabers sind zu beachten.
Der Verlag, die Autoren und die Herausgeber gehen davon aus, dass die Angaben und Informationen in diesem Werk zum Zeitpunkt der Veröffentlichung vollständig und korrekt sind. Weder der Verlag, noch die Autoren oder die Herausgeber übernehmen, ausdrücklich oder implizit, Gewähr für den Inhalt des Werkes, etwaige Fehler oder Äußerungen. Der Verlag bleibt im Hinblick auf geografische Zuordnungen und Gebietsbezeichnungen in veröffentlichten Karten und Institutionsadressen neutral.

Springer ist ein Imprint der eingetragenen Gesellschaft Springer Fachmedien Wiesbaden GmbH und ist ein Teil von Springer Nature.
Die Anschrift der Gesellschaft ist: Abraham-Lincoln-Str. 46, 65189 Wiesbaden, Germany

Vorwort

Älterwerden in Krisenzeiten – das ist eine Herausforderung, auf die die meisten von uns gerne verzichtet hätten. Wollten wir nicht etwas mehr Ruhe in unseren späten Lebensjahren, verschont davon, uns ständig irgendwelchen Veränderungen anpassen zu müssen?

Doch wir leben in den 2020er-Jahren. Eine Pandemie hat den ganzen Globus im Griff. Vieles ist in den Hintergrund gerückt, und alle sind in irgendeiner Weise mit der Infektionsgefahr oder den Maßnahmen zur Bekämpfung des Corona-Virus konfrontiert. Manche sind mehr, manche weniger betroffen. Auch wie die Veränderung wahrgenommen wird, wie sie sich auf das eigene Leben auswirkt, ist ganz unterschiedlich. Oft hängt das mit der Lebensphase zusammen, in der man sich gerade befindet.

Gesprochen wird häufig über diejenigen, die älter als sechzig sind. Sie zählen zur sogenannten „Risikogruppe", und viele Einschränkungen, so heißt es, werden zu ihrem Schutz vorgenommen. Aber lassen sich die Menschen so einfach einteilen? Müssen wir nicht genauer hinschauen – in jedem einzelnen Fall? Laufen wir nicht Gefahr, die individuellen Stärken auch gerade der Menschen im fortgeschrittenen Alter aus den Augen zu verlieren?

Krisen begleiten das Leben. Ob sie uns in unserer Persönlichkeit betreffen, ob uns das Älterwerden zu schaffen macht oder ob sie im späten Berufsleben auftreten – wir sind gefordert. Um durch Krisen zu kommen, müssen wir uns mit ihnen auseinandersetzen. Wir müssen Perspektiven für das eigene Leben und so auch die Kraft finden, aus der Krise wieder herauszukommen.

Dazu möchte dieses Buch einen Beitrag leisten. Sie, liebe Leserin, lieber Leser, finden in ihm verschiedene Denkanstöße und Übungen, die vielleicht neue Sichtweisen eröffnen. Was ist Ihre ganz spezielle Situation in einer Krise? Wie schaffen Sie es, Chancen zu ergreifen und Risiken zu vermeiden? Was können Sie für sich tun, wo müssen Sie aber auch an die anderen denken? Wie können Sie Krisen vorbeugen, wie mit ihnen umgehen, wenn sie eingetreten sind, und wie können Sie aus ihnen lernen?

Der griechische Philosoph Aristoteles sagte: „Wir können den Wind nicht ändern, aber wir können die Segel richtig setzen." Gerade in stürmischen Zeiten ist dies umso wichtiger. Es würde mich freuen, wenn dieses Buch Ihnen dabei hilft, einen guten, nämlich den für Sie richtigen Kurs einzuschlagen!

Darmstadt, Deutschland   Sabine Schröder-Kunz
Oktober 2020

Inhaltsverzeichnis

1	**Einleitung**	1
	Literatur	5
2	**Corona-Pandemie als Muster neuer Gesellschaftskrisen?**	7
	2.1 Viele Fragen, schwierige Antworten	8
	2.2 Corona – Die Krise als neue Normalität?	15
	2.3 Ethische Probleme	19
	Literatur	23
3	**Alter und Älterwerden in Zeiten von Krisen**	25
	3.1 So bunt wie nie zuvor	27
	3.2 Sind die Alten wirklich eine Risikogruppe?	31
	3.3 Älter werden in der Krise	36
	Literatur	40
4	**Freiheit und Verantwortung in unsicheren Zeiten**	45
	4.1 Was kann ich für mich und andere in der Krise leisten?	46
	4.2 Angehörige und ihr Umfeld in der Verantwortung	54
	4.3 Zwischen Selbstbestimmung und dem Verlust von Freiheit	59
	Literatur	69
5	**Alltag mit Lust und Frust gestalten**	73
	5.1 Kopf und Körper sind gefordert – gerade jetzt	74
	5.2 Im Miteinander gut begegnen	94

	5.3 Aufgaben, die in der Krise Sinn machen	114
	5.4 Persönliche Haltung in der Krise	119
	Literatur	127
6	**Tugenden helfen – in Krisen und im Älterwerden**	**133**
	6.1 Geduld – eine schwere Übung	134
	6.2 Gelassenheit, die Mut fasst	144
	6.3 Hoffnung und Zu-Trauen	150
	6.4 Dankbarkeit und Großzügigkeit	157
	Literatur	158
7	**Psychische Widerstandskraft in der Krise stärken**	**161**
	7.1 Resilienz oder: der Krise begegnen	161
	7.2 Das Training von Resilienz	164
	7.3 Gemeinsam stark und mitverantwortlich in der Krise	167
	7.4 Sechs Kompetenzen der selbstverantwortlichen Resilienz	168
	7.5 Resilienz und Mitverantwortung	174
	7.6 Bewältigungsstrategien im Umgang mit Krisen	175
	7.7 Stark durch die Corona-Krise	176
	7.8 Stärkung der Resilienz im Berufsleben	178
	Literatur	180
8	**Belastungen, Angst und Trauer verstehen**	**183**
	8.1 Angst, Scham und Abhängigkeit	184
	8.2 Raum für das Trauern	195
	8.3 Das gute Sterben	202
	Literatur	215
9	**Krisen als Lernchancen**	**219**
	9.1 In jedem Abschied wohnt ein Neuanfang	220
	9.2 Ruhe finden in der Krise	223
	9.3 Kommunikation neu entdecken	227
	9.4 Was wirklich wichtig ist	232
	Literatur	240
10	**Schlussbetrachtung**	**241**

Über die Autorin

Sabine Schröder-Kunz, 1964 geboren, verbindet ihr Wissen als Diplom-Gerontologin und Diplom-Betriebswirtin in ihrem Ansatz zum guten Leben, Arbeiten und Älterwerden. Sie bietet Beratungen, Vorträge und Schulungen an und baut sie in akuten Krisen weiter aus, so z. B. 2020 mit einer kostenlosen Telefonsprechzeit für Ältere und Angehörige zum Thema Corona.

Besonderes Merkmal ihres Ansatzes ist die Verbindung lebenspraktischer Fragen mit einem übergeordneten Konzept der Selbst- und Mitverantwortung. Dabei zeigt sie konkrete Handlungsfelder auf, die ein gutes Leben und Arbeiten ermöglichen – auch oder gerade in Krisen.

Als Gerontologin (Wissenschaft des Alterns) setzt sie sich für ein bewusstes Älterwerden schon in jungen Jahren ein. Durch ihre langjährigen Erfahrungen mit Menschen in der zweiten Lebenshälfte kennt sie deren besondere Herausforderungen. Gerade in Krisen nimmt sie Gesundheit, Motivation und Lebensqualität sowie lebenslanges Lernen in den Blick und betont das Miteinander der Generationen. Als jahrelange Hospizhelferin ist sie auch mit den Themen Sterben, Tod und Trauer vertraut.

Vorträge, Workshops und Beratungen (persönlich, telefonisch und outdoor) gibt es von Sabine Schröder-Kunz zu folgenden Themen
Für Privatpersonen

- Krise als Chance, Trauern als Weg
- Ich will älter werden! Und alt sein?
- Sorge um Angehörige? Warum Eigenverantwortung jetzt so wichtig ist!
- Im Älterwerden die Jugend entdecken – Generationen gehen aufeinander zu
- Freiwilliges Engagement – Wie finde ich das Richtige für mich?
- Meine Natur des Älterwerdens erleben (mit Naturübungen)

- Im (Un)Ruhestand – Herausforderung für die neuen Alten
- Mich selbst in meiner Endlichkeit sehen

Für Berufstätige

- Belastungen im Berufsalltag – Die psychische Widerstandskraft stärken
- Gutes Leben und Arbeiten in der 2. Lebenshälfte
- Kommunikation online – authentisch und kreativ
- Selbstverantwortung und Mitverantwortung unter Kollegen gestalten
- Ein Team sein – Generationen arbeiten gut zusammen (Teamentwicklung)
- Sinn und Wert in der Arbeit entdecken
- Guter Übergang in die nachberufliche Lebensphase
- Wandel des (Arbeits-)Lebens – Warum Selbstverantwortung und Mitverantwortung an Bedeutung gewinnen

Für Führungskräfte

- Arbeitsfähigkeit und Resilienz in altersgemischten Teams fördern
- Die Selbstverantwortung meines Teams stärken
- Online führen – Neue Kommunikation im Team
- Generationen gut führen

Kontakt:
Sabine Schröder-Kunz
Diplom-Gerontologin
Diplom-Betriebswirtin
info@demografie-und-gerontologie.com
http://www.demografie-und-gerontologie.de/

1

Einleitung

Krisen als Teil des Lebens
Krisen sind heute aktueller denn je. So ist Covid-19 seit Beginn, spätestens seit dem Frühjahr 2020, das alles beherrschende Thema – nicht nur hierzulande, sondern weltweit. Prägend für die letzten Jahre und wohl auch für die Zukunft ist zudem die Auseinandersetzung mit dem Klimawandel. Auch die Herausforderungen unserer älter werdenden Gesellschaft werden als Krise mehr und mehr wahrgenommen. Zu all diesen gesamtgesellschaftlichen Erscheinungen kommen persönliche Krisen hinzu, die fast jeder[1] im Laufe seines Lebens kennenlernt. Und nicht wenige empfinden auch das Älterwerden selbst als Krise.

Krisen werden aber nicht nur als Teil des Lebens verstanden. Sie sind auch etwas, auf das wir Einfluss nehmen können. Mit Krisen werden wir nicht nur konfrontiert, wir können auch gestaltend eingreifen. Und wir können uns entwickeln – in und mit der Krise –, indem wir sie bewältigen, sie durchstehen oder schlicht einfach überleben. Die Möglichkeit der Entwicklung wird gewissermaßen zur Notwendigkeit. In vielen kleinen Schritten und mit vielen bunten Möglichkeiten können wir in den Blick nehmen, was uns herausfordert. Wir können die Veränderung, die damit einhergeht, auch als Teil unserer eigenen Veränderung verstehen. So gesehen können Krisen eine Wende einläuten. Positiv gewendet bieten sie (Entwicklungs-)Chancen.

---

[1] Um die Lesbarkeit zu verbessern, wird in diesem Buch auf geschlechtsspezifische Personenbezeichnungen verzichtet. Alle Angaben beziehen sich jedoch immer auf Frauen und Männer gleichermaßen.

© Der/die Autor(en), exklusiv lizenziert durch Springer
Fachmedien Wiesbaden GmbH, ein Teil von Springer Nature 2020
S. Schröder-Kunz, *Älterwerden in Krisenzeiten*,
https://doi.org/10.1007/978-3-658-32364-6_1

Aber ist das denn so einfach? Wenn wir doch grundsätzlich bestrebt sind, ein glückliches Leben zu führen, kommen uns Krisen dann nicht in die Quere und zerstören oder trüben zumindest das Glück?

Eine Krise ist eine schwere Situation, in der für uns selbst massive Probleme und Störungen auftreten können. Die Psychoanalytikerin Verena Kast (1997) hat ein Modell entwickelt, in dem sie kreative Potentiale, die durchaus in einer Krise gegeben sind, hervorhebt. Dabei unterscheidet sie mehrere Phasen, die einen konstruktiven Umgang mit Krisen erlauben sollen. An bestimmten Wendepunkten ergibt sich die Chance zur Lösung, es kann aber auch dazu kommen, dass sich die Krise verschärft. Es gibt somit nicht nur Fortschritt, es kann auch zu Rückschritten kommen – bis hin zur Katastrophe.

Wollen wir uns nicht von ihnen aus der Bahn werfen lassen, sollten wir sinnvoll mit Krisen umgehen können. Das gilt für jene, die plötzlich und unvermittelt auftreten, genauso wie für die, die man im Grunde hat kommen sehen. Wir sollten uns schon im Vorfeld mit ihnen beschäftigen und uns fragen, wie wir Krisen begegnen können. Dabei müssen wir offen für vielfältige Antworten sein, sie abwägen und bestenfalls schon Strategien ins Auge fassen, die uns dann, wenn wir in einer Krise sind, zur Verfügung stehen.

Zu erwägen ist dabei nicht nur, was von außen kommt. Wichtig ist auch, sich schon vorher Gedanken darüber zu machen, was in uns selbst in einer Krise abläuft. Welche Reaktionen, welche Möglichkeiten, aber auch welche Emotionen bei uns zu erwarten sind. Können wir verstehen, welche Prozesse in unserem Inneren bei einer Krise ablaufen? Gibt uns dieses Verstehen letztlich auch etwas an die Hand, das uns hilft, mit ihr umzugehen? Wir brauchen also Wissen über unsere Persönlichkeit und müssen uns daher ein Stück weit selbst beobachten. Indem wir älter werden, dürfte uns das leichter fallen, schließlich haben wir nun mehr Erfahrung. Aber ist das wirklich so? Und was, wenn das Altern selbst zur Krise wird?

Alter als Krise?
Älter werden wir ganz von allein. Es ist ein natürlicher Prozess. Wo soll da die Krise sein? Im Vergleich zu früher ist das Leben heute nicht vorbei, wenn wir in den Ruhestand treten. Im Gegenteil, jetzt erst liegen viele Jahre mit unzähligen Möglichkeiten vor uns. Was können wir nun, von der Last des Berufslebens befreit, nicht alles tun – und das oft bei guter Gesundheit! Inwiefern sollte uns das also vor Herausforderungen stellen?

Wir alle wissen, dass es aber auch eine andere Seite des Älterwerdens gibt. Noch sind wir gesund, aber irgendwann werden Einschränkungen und Krankheiten auch uns einholen. Noch sind wir vital, aber eben nicht mehr jugendlich; auch wenn wir uns noch so mühen, wird der körperliche Verfall einmal eintreten. Noch können wir überall mitreden und sind klaren Verstandes, aber irgendwann wird sich auch hier ein Abbau zeigen und wir sind nicht mehr die, die wir einst waren. Und was heißt Ruhestand denn anderes als Abstellgleis! Ergo: Das Alter *ist* eine Krise.

Beide Sichtweisen sind einseitig. Beide nehmen durchaus grundlegende Züge und Momente wahr, die mit dem Älterwerden gegeben sind, aber sie gehen gleichermaßen fehl, indem sie das Alter auf die frühere Lebensphase beziehen. In einem Fall wird keine bemerkenswerte Veränderung zum mittleren Erwachsenenalter gesehen, im anderen wird nichts weiter als ein umfassender Verlust wahrgenommen. Dabei hat jede Wende, jede neue Lebensphase ihre eigenen Themen. Auch wissen wir, dass gerade das Älterwerden nicht von jetzt auf gleich geschieht, sondern ein langsamer Prozess ist, der mit der Geburt beginnt. Tatsächlich wandelt sich das Bild vom Alter selbst, auch wenn dies meist nur langsam geschieht.

Älterwerden an sich *ist keine Krise*, kann aber zu einer solchen werden. Das hängt nicht nur mit körperlichen Veränderungen zusammen, sondern oft auch mit sozialen Entwicklungen. Verlassen die Kinder das familiäre Heim, ist das für viele ein deutlicher Einschnitt. Das Gleiche trifft auf den Übergang in den Ruhestand zu, aber auch für mögliche Probleme in der Partnerschaft. Existenzielle Fragen treten deutlicher hervor, etwa indem vermehrt Menschen aus der eigenen Umgebung, vielleicht auch der Partner, sterben. All dies kann von manchen durchaus als Langzeitkrise erlebt werden und zwar als eine sehr persönliche. Von außen ist nun aber noch die Corona-Krise mit erstaunlich raschen Schritten eingebrochen. Sie nimmt handfeste Formen an: Ältere Menschen gelten plötzlich vor allem als eines: als Risikogruppe. Infizieren sie sich, kann dies fatale Konsequenzen haben. Insofern erscheint die Pandemie nicht nur als eine gesamtgesellschaftliche Krise mit umfassenden und einschneidenden Auswirkungen, sondern auch gerade als eine Krise des bzw. für das Alter. Die Maßnahmen gegen das Virus betreffen nahezu alle, verstärkt aber Ältere. So wird gerade ihnen nahegelegt, Abstand zu halten – wenn man sie nicht gleich in den Heimen isoliert, wie anfangs geschehen.

In diesem Buch soll von der Krise im Älterwerden ausgegangen werden. Sie kann innere, biografische und äußere Ursachen haben. Gelingt es, sich mit ihnen näher auseinanderzusetzen, eröffnet sich die Möglichkeit, Zeichen oder Signale rechtzeitig zu erkennen und den Verlauf der Krise konstruktiv zu beeinflussen. Der Kern einer Krise des Älterwerdens besteht darin, dass es uns oft schwerfällt, persönliche Veränderungen zu akzeptieren. Dies liegt darin, dass sie nur als Verlust erlebt werden. Hier müssen wir genauer hinsehen und die späte Lebensphase als etwas Eigenständiges verstehen – mit all den negativen, aber eben auch den positiven Aspekten. Letztere deuten sich vielleicht nicht zuletzt darin an, dass gerade Ältere in Krisen oft recht stabil sind und zu deren Bewältigung beitragen können. Nicht umsonst sind es doch meist die Alten, die man um Rat fragt.

Als Gerontologin und Betriebswirtin beschäftige ich mich vielfach mit älteren Berufstätigen und erlebe auch hier Krisen in verschiedener Form. Ob es nun die Veränderung des Arbeitslebens ist, der Status als älterer Berufstätiger oder der Übergang in den Ruhestand – Belastungen treten in den verschiedensten Facetten auf. Dabei kann auch das Miteinander von Jung und Alt zur Belastung, ja zur Krise, werden. Das Zusammenleben und -arbeiten der Generationen muss im demografischen Wandel zunehmend und verantwortungsvoll in den Blick genommen werden. So wird in diesem Buch auch immer wieder von Krisen und Belastungen im Berufsleben die Rede sein.

Auf den folgenden Seiten möchte ich die derzeitige Corona-Krise zum Ausgangspunkt nehmen, um den Krisenmodus deutlich zu machen und spezifische, auch ethische Probleme, aufzuzeigen. Danach werde ich die Situation der Älteren in dieser tiefgreifenden Krise betrachten, die zunächst die Gesundheit betrifft, dann aber rasch weite Bereiche des gesellschaftlichen Lebens erfasst. Es wird sich zeigen, dass Altersbilder vorherrschen, die, ob in normalen oder in Krisenzeiten, zu stark vereinfachen. Hier muss genauer hingeschaut werden. Es stellt sich auch für ältere Menschen die Frage nach dem angemessenen Verhalten in Zeiten, die von einer ernsten Infektionsgefahr, in hohem Maße aber auch von den Maßnahmen zur Bekämpfung der Pandemie, bestimmt sind. Was können, was sollten wir tun? Wichtig sind hier die zentralen Aspekte der Freiheit und der Verantwortung.

Um gut durch die Krise zu kommen, muss der Alltag gestaltet werden. Das bringt in der späteren Lebensphase eigene Anforderungen mit sich. Hier Sorge für sich selbst zu tragen, ist wichtig – eine Reihe von Tipps und Denkanstößen wird Aufschluss darüber geben, wie sich dies gestalten lässt. Ausschlaggebend sind oft die Grundlagen des Handelns und Verhaltens, weshalb ich einen Blick auf Tugenden werfe, die hilfreich sind und möglicherweise ein stabiles Fundament bieten, um mit Herausforderungen unterschiedlicher Art umzugehen. Es ist aber nicht nur die persönliche Haltung entscheidend. Krisenhafte Ereignisse treffen manchmal unerwartet und mit großer Härte. Um sich nicht aus der Bahn werfen zu lassen, braucht es psychische Widerstandskraft. Sie kann anhand einiger grundlegender Mechanismen gelernt und gepflegt werden – auch im Alter.

Ungeachtet einer solchen Resilienz kann und wird es zu Belastungen, Verlusten und Schmerzen kommen. Sie dürfen nicht geleugnet oder abgespalten werden; vielmehr gilt es, sie als Teil des Lebens anzunehmen und entsprechend mit ihnen umzugehen. Sie begleiten, wenn auch in unterschiedlichem Ausmaß, das Älterwerden jedes Menschen und es macht keinen Sinn, sie zu verdrängen. Krisen verstärken solche Belastungen und schwerwiegenden Erfahrungen, spitzen sie zu oder werden selbst von ihnen verursacht. Umso wichtiger ist es, Krisen – auch und vielleicht vor allem in den späten Lebensjahren – als eine Chance zu sehen, selbst etwas zu lernen und weiterzukommen. Das bedeutet nicht, sie zu verharmlosen, sondern, das Beste aus ihnen zu machen. Insofern versteht sich das vorliegende Buch als eine mögliche Stütze gerade angesichts der Unsicherheiten, die wir alle in den letzten Monaten erfahren haben. Fassen wir Mut und Vertrauen in uns selbst, indem wir an uns arbeiten!

Einen Dank möchte ich an alle Menschen aussprechen, die in Zeiten von Corona mit mir ins Gespräch gekommen sind, besonders denen, die mich in meiner kostenlosen Corona-Sprechstunde, welche ich Anfang 2020 eingerichtet habe, angerufen haben. Hierdurch konnte ich die Vielfalt an Sorgen, Nöten und Gedanken sehen. Einen Dank auch an die verschiedenen seriösen Medien, die von gesellschaftskritischer Auseinandersetzung bis hin zu Alltagsbegebenheiten das bunte Dilemmata der Corona-Krise aufgenommen haben. Die Pressefreiheit macht sich doch gerade in Zeiten von globalen Krisen als wertvolle Stütze zur Entwicklung eines Landes und der eigenen Person bemerkbar.

Literatur

Kast, V. (1997). Der schöpferische Sprung. München: dtv. 1987, 7. Aufl. 1997, S. 24–28.

2

Corona-Pandemie als Muster neuer Gesellschaftskrisen?

Weltweit werden je nach Regierungsform unterschiedliche Maßnahmen ergriffen, um die Corona-Pandemie einzudämmen. Die Deutschen haben in der ersten Zeit der Krise an vielen Stellen Vernunft und Verantwortung gezeigt. Sie schienen bereit, die zahlreichen Einschränkungen hinzunehmen und die vielen, ständig wechselnden Vorgaben umzusetzen. Bald zeigte sich aber, dass es sich nicht um einen kurzen, rasch vorübergehenden Zustand handelte. Mit den Wochen und Monaten wurde klar, was es bedeutete, nicht nur für einige wenige Tage seine Kontakte einzuschränken, möglichst zu Hause zu bleiben, sich selbst um die Betreuung der Kinder zu kümmern und nicht oder nur eingeschränkt seinem Erwerbsleben nachgehen zu können. Für viele ist das Einhalten von Hygieneregeln kein großes Problem, manchen scheint es in Fleisch und Blut übergegangen zu sein, und es ist gut möglich, dass wir auch weiterhin, selbst wenn die Bekämpfung des Virus erfolgreich sein wird, deutlich mehr Menschen mit Schutzmasken in den Geschäften oder auf den Straßen sehen werden als früher. Früh zeichnete sich ab, dass es viele Auseinandersetzungen darüber geben wird, wer für die wirtschaftlichen Schäden aufkommt, die sich aus der Bekämpfung von Covid-19 ergeben haben, und welcher Schaden überhaupt wie beglichen werden soll. Die Krise und die Frage nach ihrer Bekämpfung werden somit auch künftige politische und gesellschaftliche Konflikte prägen. Nicht abzusehen ist, welchen Einfluss Corona auf das gesellschaftliche Miteinander haben wird. Handelt es sich um etwas, mit dem sich die modernen Gesellschaften in Zukunft immer wieder konfrontiert sehen werden? Ist das die neue Normalität?

© Der/die Autor(en), exklusiv lizenziert durch Springer
Fachmedien Wiesbaden GmbH, ein Teil von Springer Nature 2020
S. Schröder-Kunz, *Älterwerden in Krisenzeiten*,
https://doi.org/10.1007/978-3-658-32364-6_2

Das folgende Kapitel geht gezielt auf die Corona-Krise ein und hebt sich damit von den weiteren Abschnitten des Buchs ab. Dem Älterwerden wird hier weniger Beachtung geschenkt, auch wenn die Corona-Krise gerade für die Älteren eine besondere Herausforderung ist. Dennoch ist dieser Blick aufschlussreich, wenn es gilt, die Situation der Älteren in einer Krise ganz allgemein zu betrachten. Denn deutlich wird: Die von außen kommende Krise kann das innere Geschehen im Älterwerden positiv oder negativ beeinflussen.

2.1 Viele Fragen, schwierige Antworten

Das Virus ist komplex. Es scheint gefährlicher zu sein als alle anderen, die wir in den letzten Jahrzehnten hatten. Wissenschaftler forschen, erzählen, revidieren, streiten … Wir sitzen Abend für Abend vor dem Fernseher und schauen die wichtigsten Nachrichten, die von Covid-19 dominiert, wenn nicht monopolisiert sind. Manche haben vielleicht schon aufgehört, die Neuigkeiten, die sich doch immer nur um das Gleiche zu drehen scheinen, zur Kenntnis zu nehmen. Auf den Medienkonsum werden wir noch zurückkommen. Wirklich alles begreifen, das können die wenigsten von uns. Was wir sehen, ist nicht das Virus selbst, sondern das sind die Bilder der Folgen, die es hat. Gerade zu Anfang der Corona-Krise gab es viele Bilder z. B. von Italien oder Spanien, überlastete Pfleger und Ärzte, Massensterben und Sargkonvois – es waren teils apokalyptisch anmutende Szenen.

Doch hier vor meiner Haustür? Zu Beginn der Pandemie sah ich nur etwas bedrückt scheinende Menschen, die bereitwillig alles mitmachten, um ja nicht die Situation, wie sie sich andernorts zeigte, hierzulande entstehen zu lassen. Diffuse Ängste kamen auf. Immer mehr begegneten wir Menschen, bei denen wir nur einen Teil des Gesichts sahen, weil sie, wie vorgeschrieben oder empfohlen, Mundschutz trugen. Bis heute erkennen wir manchmal Bekannte erst auf den zweiten, dritten Blick, manchmal vielleicht erst dann, wenn sie uns ansprechen. Und wir bekommen mehr und mehr ein Gefühl dafür, wie wichtig es ist, die Bewegungen des Mundes wahrzunehmen und das, was sie ausdrücken. Menschen mit Schutzmasken haben nur die Möglichkeit mit den Augen ein Lächeln zu zeigen.

Was ich ganz direkt zu Beginn der Pandemie sah und hautnah spürte, waren Menschen in Kurzarbeit, Familien und Kinder, die nicht mehr auf dem Spielplatz waren, besorgte Berufstätige, die um ihren Job bangten, Firmen kurz vor der Pleite, öffentliche Gelder, die der Staat verteilte.

Wir neigen dazu, nur das zu glauben, was wir unmittelbar sehen, was wir hautnah spüren, von dem unser direktes Umfeld betroffen ist. Doch der

2 Corona-Pandemie als Muster neuer Gesellschaftskrisen?

Mensch von heute hat sich weiterentwickelt, glaubt auch dem Labor und den Nachrichten im Fernsehen. Die Information rettet in Zeiten von Corona Leben. Zugleich schürt die Berichterstattung auch Angst. So berichtet eine 70-Jährige in meiner Sprechstunde, dass sie nicht ständig in den Nachrichten oder in ihrem Umfeld hören möchte, wie alt der an Corona Verstorbene gewesen sei, ob er Familie hatte und welche Vorerkrankungen eine Rolle spielten. Denn das macht es sehr persönlich. Die Medien haben eine hohe Verantwortung in dieser Hinsicht.

Es hat sich viel getan in dieser Krise. Sie führt uns Dinge mit erstaunlicher Geschwindigkeit vor Augen und der Nachrichtenstrom reißt nicht ab. Dennoch gibt es viele offene Fragen, auf die sich, wie es scheint, keine Antwort finden lässt. Manche zielen darauf, was von den Veränderungen bleiben wird, wenn die Krise vorüber sein wird, manche auch darauf, worin denn diese Änderungen bestehen.

Wenn Sie dieses Buch in der Hand halten, ist die schlimmste Phase der Corona-Krise womöglich vorbei, haben wir die zweite, vielleicht auch dritte Welle überstanden. Vielleicht ist noch etwas Neues dazugekommen – zu dem Zeitpunkt, an dem ich dieses Buch geschrieben habe, gab es immer noch viele Fragen zu dem Virus. Über den ganzen Globus hinweg beschäftigte es den Menschen – ein globaler Ausnahmezustand. Was wir aus dieser Zeit gelernt haben, was wir mitnehmen für unser Leben, aber auch für andere Krisen des Lebens, soll in diesem Buch dargestellt werden. Mit verschiedenen Denkanstößen und Anregungen möchte ich Sie ermuntern, die Krise für sich selbst als Chance und Möglichkeit für Ihre ganz persönliche Lebensgestaltung zu nutzen. Denn wir können uns doch immer wieder – wie bei einem kleinen Weckruf – über die Ausnahme Gedanken machen und unser Leben im Älterwerden weiter aktiv und bewusst gestalten.

Ich möchte (von punktuellen Ereignissen, Zahlen etc. abgesehen) die Corona-Pandemie als gegenwärtiges Phänomen beschreiben, da uns das Thema noch eine Weile begleiten wird. Das gilt auch dann, wenn wieder weitgehend Normalität einkehrt. Insbesondere Risikogruppen oder der Umgang mit ihnen werden auf lange Sicht betroffen sein.

Menschen im Alter 60+ sind eine besonders heterogene Gruppe. Durch ihre vielfältigen Erfahrungen und Entwicklungen haben sie sich sehr unterschiedlich entwickelt. Es gibt also nicht DIE Alten oder DIE Senioren. Manchmal ist ein 70-Jähriger einem 40-Jährigen ähnlicher, als es sich zwei 40-Jährige sind. Dieses Buch soll aber auch für die Jüngeren hilfreich sein, denn auch sie werden jeden Tag älter und im Leben immer wieder von Krisen betroffen sein. So hat auch Corona alle Generationen erreicht und deutlich gemacht, dass es für keinen von uns DIE Sicherheit gibt. Corona hat uns alle in einen Ausnahmezustand versetzt, den niemand für möglich gehalten hätte. In dem Zusammenhang sollten wir uns mit unserer gesellschaftlichen Entwicklung und unserem Sicherheitsstreben in Verbindung mit dem Motto „Besser, schneller, weiter" kritisch auseinanderzusetzen. Krisen sind auch dafür da, dass wir wieder realistischer auf das eigene Leben schauen, um das existenziell Wichtige zu erkennen.

Covid-19 hat viele von uns, ja in gewisser Weise alle, aus ihrer Alltagsnormalität gerissen und mit bisher wenig bekannten Anforderungen konfrontiert. Insofern ist Corona ein gutes Beispiel, um Parallelen zu anderen Krisen aufzuzeigen, wie z. B. die Krise im Älterwerden. Das gemeinsame Ziel, die Ausbreitung des Virus zu verhindern, damit es nicht zu einer unkontrollierbaren Situation kommt, hat Erstaunliches bewirkt. Viele gehen auch davon aus, dass es nicht einfach eine Rückkehr zum Zustand davor geben kann und geben sollte – auch wenn ein solcher Wunsch mit der Zeit entsteht.

Die Krise kann somit Treiber eines gesellschaftlichen Wandels sein. Es ist aber auch denkbar, dass sich – gewiss auch problematische – Strukturen und Entwicklungen der jüngeren Zeit festigen. Tatsächlich zeigen sich in der gesellschaftlichen Krisenbekämpfung schon Risse. Es ist nicht ausgemacht, dass das, was wir zumindest anfangs als gesellschaftlichen Zusammenhalt erlebt haben, Bestand hat. War zunächst von Solidarität und neuer Gemeinsamkeit die Rede, die jetzt entstehe und stärker werde, gibt es durchaus Anzeichen, dass die Kluft in der Gesellschaft wieder größer wird, wie z. B. Demonstrationen gegen die Corona-Maßnahmen zeigen.

Sterblichkeit erhält ein Gesicht. Sie zeigt sich in den Todeszahlen, die uns Tag für Tag mitgeteilt werden. Die Kapazität der Krankenhäuser, genauer der Intensivstationen, rückt so in den Blick. Hier zeigten sich auch Versäumnisse der letzten Jahrzehnte infolge von Privatisierung und Sparmaßnahmen – ein auf Effizienz getrimmtes System erlaubt kaum eine Vorratshaltung, da ungenutzte Kapazitäten betriebswirtschaftlich möglichst zu vermeidende Kosten bedeuten. Dieses Denken macht sich nun schmerzhaft bemerkbar – in manchen Ländern mehr, in anderen weniger.

Wir müssen wohl noch zu einer neuen Normalität finden. Wie die genau aussehen wird, ist ein großes Fragezeichen. Es ist sogar gefährlich, zu schnelle Antworten zu geben, weil Polarisierungen und falsche Antworten die Folge wären. Gemeint sind hier einschränkende Maßnahmen, die unser aller Leben betreffen. Freilich tun sie dies in unterschiedlichem Maße. Wo, wie in Deutschland, eine Ausgangsbeschränkung herrschte, die den meisten doch einen gewissen individuellen Freiraum ließ, bestand in anderen Ländern teils über viele Wochen eine strikte Ausgangssperre, die für viele nicht nur erhebliche Schwierigkeiten mit sich brachte, sondern als bedrückend erlebt werden musste.

Nicht nur die einzelnen Menschen sind von unterschiedlichen Auswirkungen betroffen, sondern auch die einzelnen Branchen. Für manche wird sich nur begrenzt etwas ändern, einige wenige können vielleicht sogar einen Nutzen aus der Situation ziehen. Andere kommen in existenzielle Nöte, und nicht alle werden aufgefangen. Insgesamt ist von der schwersten Rezession seit dem Zweiten Weltkrieg die Rede – der Rückgang wird wohl über dem Einbruch infolge der Finanz- und Wirtschaftskrise nach 2007 liegen. Bereits jetzt zeigen sich die Auswirkungen auf dem Arbeitsmarkt – die Arbeitslosenzahlen steigen, auch dies in den Ländern unterschiedlich, in manchen in erschreckendem Ausmaß.

Die öffentliche Infrastruktur war von den einschränkenden Maßnahmen besonders betroffen. Ausgedünnte Fahrpläne, geschlossene Kinderbetreuungseinrichtungen, die Schulschließungen, der heruntergefahrene Betrieb in Behörden, Arztpraxen und Krankenhäusern, geschlossene Badeanstalten, Theater, Konzertsäle, Kinos, ausgesetzte Vereinstätigkeiten – bei all dem ging es darum, das öffentliche Leben auf ein geringes Maß herunterzufahren. Plötzlich wurde uns bewusst, wie sehr unser Leben von diesen Dingen geprägt ist.

Ein Problem ist auch, dass den oft öffentlichen Trägern solcher Einrichtungen erhebliche Einnahmen entgehen. Überhaupt dürfte sich die Rezession im Zuge der Corona-Krise in den öffentlichen Haushalten deutlich bemerkbar machen. Damit drohen nicht nur die Früchte vergangener Sparanstrengungen zunichte gemacht zu werden; vielmehr steht zu befürchten, dass wichtige Investitionen in Zukunft nicht getätigt werden. Auch dass angesichts der Verschuldung, die nun stark zunehmen wird, Forderungen laut werden, öffentliche Ausgaben in Zukunft einzuschränken, ist zu erwarten.

Wichtig war und ist, die persönlichen direkten Kontakte herunterzufahren. Massenveranstaltungen wurden im Frühjahr, dann aber auch wieder ab dem Herbst 2020 verboten. Auch die Unternehmen waren angehalten, nach Wegen zu suchen, um ihre Mitarbeiter zu schützen und es ihnen zu erlauben, wechselseitig Abstand zu halten sowie geeignete Hygienemaßnahmen zu ergreifen. Die Präsenz am Arbeitsplatz zu verringern, war und ist eine Möglichkeit, die je nach Beruf, Branche und Unternehmen mal mehr, mal weniger gut machbar ist. Die Betreuungsprobleme, die sich durch Schließung von Schulen und Kindergärten ergaben und viele erwerbstätige Eltern vor erhebliche Schwierigkeiten stellte, taten ihr Übriges. Homeoffice, schon seit Langem ein Thema, war nun das bevorzugte Mittel und könnte es wieder werden.

Die Digitalisierung ist zwar längst Thema, ihre Umsetzung erfolgt aber ungleichmäßig. Oft war schon in den letzten Jahren eine Digitalisierungsoffensive angemahnt worden, ob im schulischen oder im beruflichen Bereich; Deutschland gilt hier nicht gerade als Zugpferd. Versäumnisse machten sich nun bemerkbar, ebenso aber wurden jetzt erhebliche Anstrengungen unternommen, um die entsprechenden Strukturen zu schaffen. Nicht selten haben digitale Medien in Bereiche Einzug gehalten, in denen sie davor eine eher untergeordnete Rolle spielten. Jetzt ging es nicht mehr nur um Sprach- oder Videonachrichten im privaten Bereich, sondern um die Frage nach leistungsfähigen Werkzeugen, um beruflich in digitaler Form kommunizieren und arbeiten zu können. Rasch mussten wir uns in die jeweiligen Portale und Plattformen einfinden; die Digitalisierung machte ungeachtet aller Unzulänglichkeiten einen deutlichen Sprung, und es ist davon auszugehen, dass nicht mehr zurückgesprungen wird, auch wenn gewiss nicht alle Formen erhalten bleiben. Verstärkt durch die Krise gilt es, die digitale Infrastruktur in der Wirtschaft, im Bildungswesen, aber auch in der Sicherheitspolitik auszubauen.

Aber auch im Privaten machte die digitale Kommunikation noch einmal einen riesigen Satz. Gerade Ältere waren nun gezwungen, digitale soziale Medien zu nutzen, um weiter mit ihrer Familie, ihren Verwandten und Bekannten in Kontakt bleiben zu können. Videotelefonate können nicht den Besuch bei den Großeltern oder im Altersheim ersetzen, sind aber in der Not doch ein Weg, um die Zeit zu überbrücken, in der Besuche nicht möglich sind, weil sie wegen der Infektionsgefahr vermieden werden sollten.

Eingeschränkt wurde auch die persönliche Mobilität, die zu Recht als hohes Gut gilt. Es erzeugt Unbehagen, wenn man sich nicht ungehindert bewegen und reisen kann. Auch das führten uns die Grenzschließungen und Reisebeschränkungen deutlich vor Augen. Nicht selten ging das mit persönlichen Härten und schwierigen Situationen einher, die weit über Urlaub und Freizeit hinausgehen und etwa in Grenznähe auch für das Erwerbsleben eine erhebliche Rolle spielen. Das uneinheitliche Vorgehen der einzelnen Länder, in Deutschland auch der einzelnen Bundesländer, brachte Schwierigkeiten mit sich. Dennoch gab es grundsätzlich, zumindest aber zu diesem Zeitpunkt und angesichts der Dringlichkeit wohl keine Alternativen zu diesen Maßnahmen, und sie dürften einen Teil dazu beigetragen haben, das Infektionsgeschehen einzugrenzen. Und doch wird auch klar, dass Freizügigkeit wichtig und keinesfalls leichtfertig aufgegeben werden darf.

Das Corona-Virus verbreitet sich hauptsächlich über Aerosole, also über eine Tröpfcheninfektion. Entsprechend soll ein gewisser Abstand zu den Mitmenschen eingehalten werden; auch der zunehmende Gebrauch eines Mundschutzes macht dies nicht verzichtbar. Von eineinhalb bis zwei Metern ist die Rede, was sich natürlich nicht immer einhalten lässt – allein bei den öffentlichen Verkehrsmitteln ist das nicht machbar, und auch am Arbeitsplatz oder in der Öffentlichkeit kann das oft nur begrenzt umgesetzt werden. Entsprechend wurden viele Aktivitäten ausgesetzt oder verboten.

Dies ging bei manchen zunehmend mit dem Gefühl einer, dass die Verbote unverhältnismäßig seien oder nicht alle gleichermaßen träfen. Besonders drastisch waren Besuchsverbote in Altenheimen und Krankenhäusern. Natürlich war es wichtig, hier eine Infektion zu vermeiden, aber seine Angehörigen, die in einer schweren gesundheitlichen Lage, vielleicht dem Tod nahe sind, nicht sehen und sprechen zu können, war hart. Da stellt sich dann die Frage, ob solche Verbote nicht weit übers Ziel hinausschießen und doch Alternativen denkbar sind. In jedem Fall ist die Einsamkeit von alten Menschen nicht nur in Pflegeheimen ein großes Problem. Man sollte jedoch auch die Pflegekräfte unterstützen und auf ein soziales Miteinander achten. Wie das funktionieren kann, wird in Abschn. 5.2 näher erläutert.

Der Mensch ist ein anpassungsfähiges Wesen. Seine Formbarkeit ist bis ins hohe Alter gegeben. Eine Veränderung im Außen erfordert eine Veränderung im Inneren. In Krisensituationen besteht nicht nur die Entwicklungsmöglichkeit, sondern auch eine Entwicklungsnotwendigkeit. Wir müssen uns anpassen, um letztlich zu überleben. Verändern sich die äußeren Gegebenheiten, führt das dazu, dass sich die inneren Ressourcen ausbilden oder erst ganz neu entwickeln; sie stehen uns dann aber auch über die Zeit der Veränderungen hinaus zur Verfügung, und wir können in einer erneuten Krise darauf zurückgreifen.

Weil es so viele Fragen gibt, aber keine allgemein gültigen Antworten, wünschen sich die allermeisten die gewohnte Normalität so schnell wie möglich zurück. Das ist verständlich, birgt aber eine gewisse Gefahr. Die Sehnsucht nach dem alten Alltag, der von den Einschränkungen ungetrübt war (und deshalb im Rückblick so erstrebenswert erscheint), verführt dazu, gewisse Dinge zu ignorieren.

Manche flüchten dann in einfache Erklärungen. Das Unbehagen ist uns wohl allen mehr oder weniger gemein – wer will sich denn schon in seinen Freiheiten einschränken lassen. Es ist ein gutes Zeichen, wenn uns das nicht gleichgültig ist. Der eine oder die andere sehen dann aber nur die Maßnahmen und nicht mehr das Problem, auf das sie reagieren. Welch abstruse Blüten dies treibt, lässt sich auf den Demonstrationen sehen, die im Frühsommer 2020 nach den ersten Monaten der einschränkenden Maßnahmen in deutschen Städten stattfanden und dann im Sommer und Herbst an Heftigkeit zunahmen. Dass gerade Menschen lautstark ihren Unmut äußern, die empfindlich getroffen werden und ihre wirtschaftliche Existenz bedroht sehen, ist zunächst nachvollziehbar. Schwierig wird es, wenn abgestritten wird, dass überhaupt ein Problem besteht, noch schwieriger, wenn von dunklen Verschwörungen geraunt wird, gegen die man sich wehren müsse. Es ist hier nicht der Ort, um auf solche Auswüchse näher einzugehen; das Feld ist äußerst gemischt, wird aber von den schrillen Stimmen dominiert. Auch darin zeigt sich die große Unsicherheit und die Sehnsucht nach einfachen Erklärungen, die mit dieser Krise – offensichtlicher als bei vielen früheren – einhergehen.

Die Gefährlichkeit des Corona-Virus und die Gegenmaßnahmen generell infrage zu stellen, dürfte auf jeden Fall der falsche Weg sein. Erschwerend kommt hinzu, dass eine Krise ein Prozess ist. Sein Beginn lässt sich vielleicht noch genauer ausmachen, sein Ende hingegen nur unzureichend. Wir wissen nicht, welche Wendungen das Infektionsgeschehen noch nehmen wird. Wir sollten uns aber der Opfer bewusst sein, die die Pandemie bislang gefordert hat. Sie zeigen, wie drastisch der Krankheitsverlauf keineswegs immer sein muss, aber durchaus sein kann. Und wir sollten immer auch an die denken, die mit allen Kräften versuchen, das Virus zurückzudrängen, wie Mediziner und Pflegekräfte, Virologen aber auch Politiker. Längst ist klar, dass es mit abendlichem Klatschen nicht getan ist.

Die Rezession verlangt nach erheblichen Anstrengungen eines wirtschaftlichen Aufbauprozesses. Viel Geld wird hier in die Hand genommen. Es werden aber auch viele Stimmen laut, die davor warnen, hier nur das Ziel zu verfolgen, zum Zustand vor der Krise zurückzukehren. Sie verlangen vielmehr, mit den gewaltigen Maßnahmen auch bestimmte Entwicklungen, wie z. B. eine nachhaltige Autoindustrie, anzustoßen.

Seit dem Aufbau nach dem Zweiten Weltkrieg waren Wirtschaft und Wirtschaftspolitik stets auf immer mehr Wachstum ausgerichtet. Gerade angesichts der Umweltproblematik wird deutlich, dass wir in den modernen westlichen Gesellschaften das rechte Maß verloren haben. Wer sich umschaut, wird nicht selten das Gefühl haben, dass es von den meisten Dingen viel zu viel gibt – zu viele Autos, zu viele Süßigkeiten, zu viel Kosmetik, zu viele Bücher, zu viele alkoholische Getränke, zu viele Events etc.

Eigentlich war es den meisten von uns schon lange klar, dass es so nicht weitergehen kann. Corona zwingt uns schneller als gedacht dazu, neu zu denken. Wenn aber Arbeitsplätze verloren gehen, müssen Bemühungen erfolgen, die Menschen aufzufangen und sie nicht in ihrer Not allein zu lassen. Die psychische Widerstandsfähigkeit, die jetzt von vielen Menschen gefordert wird, benötigt die Akzeptanz des Verlorenen, das Bewusstsein, es auch schaffen zu können, sowie die Offenheit und das Interesse für Neues. Es braucht optimistisches Denken und die Hoffnung, dass auch das neue Leben Gutes bringen kann. Es braucht die Bereitschaft, Verluste zu ertragen, und ein soziales Umfeld, das einen in der Not auffängt, das mal ablenkt, mal tröstet. Ist all dies gegeben, dann können sich Menschen auf das Neue einlassen und das schmerzlich Verlorene zurücklassen.

Die Politik versucht im Moment mitverantwortlich zu handeln. Es ist wichtig, dass der Staat nun handelt, und es zeigt sich, wie notwendig ein funktionierender Staat ist – auch einige der Staatsverächter werden in solchen Krisen immer wieder daran erinnert. Wir dürfen uns aber nicht darauf ausruhen und einfach dem Staat die Schuld geben, wenn es nicht wie gewünscht läuft. Es braucht Empathie, und es geht um die Selbstverantwortung des Einzelnen. Auch Führungskräfte und Unternehmen sind hier gefragt, und sie brauchen dabei selbst Unterstützung etwa in Form von Beratung. Auch in den Ämtern, z. B. den Arbeitsämtern, ist Empathie gefragt.

Wird das ein Dauerszustand sein? Auch wenn die Pandemie zurückgedrängt sein sollte, müssen wir uns darauf einstellen, dass wir und unsere ›Gesellschaften‹ immer wieder, wenn auch nicht anhaltend, von Krisen betroffen sein werden?

2.2 Corona – Die Krise als neue Normalität?

Viele sehen in der Corona-Krise einen Weckruf an die Menschheit. Sie bringen die Pandemie mit den menschlichen Eingriffen in die Natur, mit dem Raubbau an der Umwelt zusammen. Teils geschieht dies direkt mit Verweis auf die Ursachen des Virus, teils im Hinblick auf die globalen Verflechtungen, die zumindest teilweise auch erhebliche Probleme aufweisen. Oft ist die Rede davon, dass gerade in den armen Regionen dieser Erde das größte Leid entstehen könnte – sowohl beim Klimawandel als auch bei einer weiteren Ausbreitung von Covid-19. Die Corona-Krise stellt sich so gesehen auch als ein weiteres deutliches Zeichen für die Überforderung der Erde durch den Menschen, ob nun im Virus selbst oder in den Folgen, die die Pandemie haben wird. Fügt sie sich also ein in die Entwicklungen, von denen wir längst wissen, dass sie zu schwersten Problemen führen und denen eine andere, bessere Richtung zu geben wir uns so schwertun? Wird die Krise mit Corona nun zur neuen Normalität?

Dass es eine globale Krise ist, steht außer Zweifel. Dass sie mit vielen ihrer Faktoren zu einem großen Teil menschengemacht ist, zumindest vom Menschen verbreitet wird, auch das werden wenige abstreiten. Die Krise hat eine politische Dimension. International wird mit Sorge ein Anstieg der Armut und ein Anwachsen der globalen Ungleichheiten befürchtet. Die UN warnt bereits vor Hungerkatastrophen. Dies gerät leicht aus dem Blick und ist durch die Fokussierung der Medien auf die Corona-Pandemie auch weniger Thema im gesellschaftlichen Diskurs, denn gerade die reichen Länder sind mit den Folgen der Pandemie bzw. der Maßnahmen, die zu deren Eingrenzung ergriffen wurden, vollauf beschäftigt. Sie treibt die Sorge um, wirtschaftlich wieder das Ausgangsniveau zu erreichen. Die politische Dimension und die Hungerkatastrophen in den armen Ländern werden wiederum Auswirkungen auf unsere Gesellschaft haben. Sie wird bunter, gemischter, mit Flüchtlingen aus vielen Ländern, deren Zahl ja wieder ansteigt und wo unsere Mitverantwortung gefragt ist. Die momentanen Auffanglager in Griechenland etc. kommen jetzt schon an ihre Grenzen und sind keine Dauerlösung. Gerade bei Älteren, die vielleicht Angst vor Fremdem haben, kann das eine Krise auslösen und muss aufgefangen werden. Sie müssen lernen, mit der neuen Normalität zurechtzukommen.

Aber es geht nicht nur um die Verminderung des Leids oder um die gewaltigen Summen, die das System wieder auf Kurs bringen sollen. Es geht auch um neue Etiketten und Verhaltensweisen. Abstand halten, nicht mehr Küsschen rechts und links, kein Händeschütteln und stets einen Mundschutz tragen – das sind die aktuellen Erfordernisse. Das verändert unser soziales Miteinander im Alltag – zunächst sichtbar und im Äußeren, vielleicht aber auch schon im Bereich der inneren Einstellungen und Erwartungen. Die Lasten mögen ungleich verteilt sein, aber im sichtbaren Verhalten zeigt sich eine gewisse Gleichheit: Gebote und Verbote gelten für alle – zumindest im Prinzip. Die Möglichkeiten, damit umzugehen, sind dann doch ganz verschieden. Gleichwohl werden gewisse Formen nun schon seit einiger Zeit eingeübt, und da ein Ende der Pandemie oder zumindest der Gefahr neuer Wellen nicht in Sicht ist, werden sie uns auch noch eine gewisse Zeit erhalten bleiben. Vielleicht wird der Mundschutz auch nach Corona in europäischen Stadtzentren kein so seltener Anblick mehr sein, sondern ganz normal erscheinen.

Auch jenseits abstruser Verschwörungstheorien werden die Maßnahmen immer wieder und wohl auch zunehmend angezweifelt. Sind sie der richtige Weg? Wer garantiert, dass sie zum Erfolg führen? Sind die Kosten, die sie verursachen, auch gerechtfertigt? Bezahlen wir die Kontaktbeschränkungen nicht mit erheblichen volkswirtschaftlichen Verlusten, die ihrerseits wieder ganz eigene nachteilige Folgen haben werden? Bürden wir der Jugend nicht eine schwere Last auf? Es geht darum abzuwägen. Denn natürlich verlangt es uns einiges ab, all die Gebote und Verbote einzuhalten und den Empfehlungen zu folgen. Immerhin sind Grundrechte betroffen, die für eine Demokratie wichtig sind. Ihre vorübergehende Einschränkung lässt sich nur mit guten, nachvollziehbaren Gründen rechtfertigen.

In meiner Sprechstunde mit Älteren oder deren Angehörigen, aber auch Berufstätigen und Führungskräften höre ich immer wieder von den Überforderungen in der Krise. Sie sind meist auf vielen Ebenen gegeben. Da zeigt sich aber auch, dass nicht nur die Krise, also die Wende bzw. der Verlust, die mit ihr einhergehen, das Problem ist. Es geht auch um das Zuviel im Alltag sowie die zwischenmenschlichen Problemfelder. Entsprechend stellen sich viele die Frage: Was tut mir jetzt gut? Worauf sollte ich achten? Die eigene Selbstverantwortung gilt es hier ganzheitlich zu betrachten.

Denkanstoß
Fühlen Sie sich in der Corona-Krise überfordert? Was würde Ihnen momentan guttun, damit Sie sich besser fühlen? Wer kann Ihnen mit Rat und Tat beiseite stehen? Wo und wie können Sie sich rechtzeitig Hilfe holen?

Durch die Pandemie geschieht an vielen Stellen Leid. Es kommt zu Arbeitslosigkeit und wirtschaftlicher Not, auch zu Gewalt in Familien, die nun teilweise eine Enge erfahren, die es vorher so nicht gab. Nicht wenige vereinsamen (noch mehr), weil die gewohnten Kontakte nicht wie bisher gepflegt werden können. Zeitweise gab es die Idee, die Kontaktbeschränkungen auf die Hochrisikogruppen der Älteren und gefährlich Vorerkrankten zu beschränken, sie für diese zu einer Kontaktsperre auszuweiten und die Einschränkungen aller anderen aufzuheben. Die bisherigen Erfahrungen mit der Pandemie und den Maßnahmen zu ihrer Eindämmung sprechen gegen dieses Modell. Zu sehr würde es – von den epidemiologischen Konsequenzen abgesehen – das Risiko auf andere abwälzen.

Aber besteht nicht immer ein gewisses Lebensrisiko? Ist Leben nicht immer per se risikobehaftet? „Ein allgemeines Lebensrisiko ist von jedem zu akzeptieren", stellt der Deutsche Ethikrat fest. Kurioserweise akzeptieren viele Menschen das außerhalb des Corona-Kontextes. Sie rauchen, ernähren sich ungesund, bewegen sich zu wenig, fahren schnell Auto, treiben Sportarten mit hoher Verletzungsgefahr und wollen sich das mit aller Vehemenz nicht verbieten lassen (entsprechend kommt es gar nicht erst zu Versuchen, solche Verbote auszusprechen). Das nicht sichtbare Virus und die Bilder etwa aus Norditalien oder New York – Konvois mit Särgen und Massenbeerdigungen – lösen hingegen eine nie da gewesene Angst aus. Ein leichtfertiger Umgang mit dem Virus verbietet sich. Zugleich müssen wir jedoch lernen, irgendwie mit ihm umzugehen, denn es wird noch eine Zeitlang in unserem Leben präsent sein.

Es geht um Gesundheit, Leben und Tod. Gesundheit wird dabei im Allgemeinen als die Abwesenheit von Krankheit oder als körperliche Unversehrtheit verstanden. Doch schauen wir genauer hin und orientieren uns an Definitionen, wie sie beispielsweise die WHO vornimmt, sehen wir schnell: Gesundheit ist viel mehr. Gesundheit bedeutet nicht nur körperliches, sondern auch geistiges und soziales Wohlbefinden.

Unser Wohlbefinden hängt mit unserem Alltag zusammen. Viele Eltern müssen jetzt das Homeschooling ihrer Kinder unterstützen und sehen sich auch damit einem neuartigen Alltag ausgesetzt, unter dem die eigene Erwerbstätigkeit leidet. Zeigt sich auch hier in der Krise die neue Normalität? Homeoffice, eine Idee, die es schon länger gibt, ist plötzlich die Lösung. Es mag Nachteile haben, sowohl aus Sicht des Unternehmens als auch aus der des Arbeitnehmers. Es bietet aber auch viele Vorzüge. Aus der Not geboren, macht es Sinn, das Homeoffice zumindest dort in Teilen weiterzuführen, wo es Ressourcen schont und eine Entlastung bringt. Das wäre ein Punkt, an dem sich zeigt, dass die Krise auch Chancen mit sich bringt. Für die Führungskräfte stellt sich bei all dem die Frage, wie sie es ihren Mitarbeitern vermitteln können, dass sie auch dann, wenn sie für diese nicht unmittelbar ansprechbar sind, ihnen doch weiter nahe stehen und stets erreichbar sind.

Bei der Bewältigung der Krise rückte eine Berufsgruppe besonders in den Blick: die der Mediziner und der Pflegekräfte. Jedem leuchtete unmittelbar ein, dass es sich hier nicht nur um eine systemrelevante Berufsgruppe handelte, sondern um jene, die unmittelbar an der „Front" stehen, wenn es um die Bekämpfung des Virus geht. Viele Worte gab es seit dem Frühjahr 2020, dass die schon davor beklagten strukturellen Schwächen nun endlich behoben werden müssten, denn die zentrale Stellung des Gesundheitssystems sei nun offensichtlich. Leider folgten den Worten keine ausreichenden Taten. Mit einem einfachen Bonus für Pflegekräfte ist es nicht getan. Angehörige, Patienten, aber auch die ganze Gesellschaft und natürlich nicht zuletzt die Politik müssen sich fragen, was sie tun können, um diese Branche krisenfest und attraktiver zu machen – gerade in einer älter werdenden Gesellschaft. Die Neuschaffung von Pflegestellen und die Verbesserung des Verdienstes sind dabei wichtige Punkte und gesamtgesellschaftliche Aufgaben.

Überlastung, Vereinsamung, auch Entfremdung – dies sind Themen, die durch die Corona-Krise zugespitzt werden. Aber sie waren schon davor da und scheinen mit der modernen Gesellschaft grundsätzlich zusammenzuhängen. In meinen Beratungen und Schulungen begegnen mir entsprechende Fragen schon seit vielen Jahren. Dabei geht es letztlich um die Selbstverantwortung und Mitverantwortung des Einzelnen. Hier rücken wir ins Feld ethischer Probleme, die nicht neu sind, aber mit Corona verstärkt werden und so schärfer in den Blick geraten.

2.3 Ethische Probleme

Krisen sind Zeiten großer Unsicherheit. Krisen können Probleme klar vor Augen führen, die sonst (zu) wenig Beachtung finden. Sie können aber in ihrer Zuspitzung auch dazu führen, dass Unklarheit herrscht und umso mehr ein Bedürfnis entsteht, Klarheit herbeizuführen. Darin liegen Chancen, aber auch Risiken.

Die Corona-Bekämpfung ist ein Prozess, in dem auch die Experten ständig Neues lernen – wir anderen sowieso. Einschätzungen und Maßnahmen ändern sich daher, und dies teils in einer Schnelligkeit, wie wir es aus anderen Bereichen nicht gewohnt sind. Oft scheint die Krankheit wie ihre Bekämpfung als eine Art Flickenteppich. Das führt nicht selten zu einer gewissen Verwirrung, teils auch zu dem Gefühl, einer gewissen Willkür ausgesetzt zu sein. Zu spüren ist allenthalben die Unsicherheit – auch bei den Entscheidungsträgern. Mag die Offenheit, mit der dies bisweilen kommuniziert wird, einerseits Vertrauen erwecken, kann sie auf der anderen Seite im Laufe der Zeit zu Misstrauen und Ablehnung führen.

In die Unsicherheit und die Suche nach Antworten mischen sich Stimmen, die auf populistischen Stimmenfang aus sind. Die zunehmende Kritik ist immer wieder auch von Verschwörungstheorien durchsetzt. Hier droht eine gewisse Dynamik, die von der bedenklichen Mischung aus unterschiedlichsten Verschwörungstheorien und radikaler Abwehr der bestehenden Ordnung herrührt. Damit stellt sich die Frage, wie man mit den Herausforderungen umzugehen hat und dabei kritisch bleibt, ohne sich gegen die Bekämpfung der Corona-Pandemie zu stellen – die große Mehrheit war und ist mit der Regierungsarbeit, gewiss nicht in jedem Detail, aber doch insgesamt, zufrieden.

Es stellt sich aber auch die Frage nach dem Handeln eines jeden Einzelnen. Die Krise und der Umgang mit ihr berührt grundlegende ethische Erwägungen. Jeder sieht sich – wenngleich in unterschiedlichem Maße und in unterschiedlichen Situationen – gezwungen, sich in irgendeiner Form zu der Frage „Was soll ich tun?" zu verhalten. Sie hat der Philosoph Immanuel Kant als jene grundlegende Frage herausgestellt, die sich auf das gute und damit das ethische Leben bezieht.

Die Verbote, aber auch die Empfehlungen führen dazu, dass jede und jeder Einzelne sich fragen muss, wie sie oder er sich verhalten soll. Soll ich den Vorgaben folgen? Welches Verhalten ist angemessen, welches kann ich vertreten, zu welchem sehe ich mich moralisch verpflichtet? Ein offensichtlicher ethischer Fehler ist es, pauschal alles infrage zu stellen, Misstrauen zu befördern und populistisch sich strikt gegen alle Maßnahmen zu wenden. Dass diese nicht immer richtig sind, ja sein können und dass sie kritisch begleitet werden, ist das eine. Etwas ganz anderes ist es aber, die Notwendigkeit zu handeln zu leugnen und der Politik in der Krise jegliche Legitimität abzustreiten.

Freiheit hat ihren Preis. Sie ist uns wichtig – und das zu Recht. Zu haben ist sie auf Dauer nur, wenn die Verantwortung, die mit ihr einhergeht, wahrgenommen wird. Ja, wir müssen aufpassen, dass die Freiheit nicht untergraben wird. Verbote müssen sinnvoll und begründet sein – es geht durchaus um grundlegende Freiheitsrechte. Also nicht nur darum, dass größere Partys untersagt sind, ein Konzert nicht stattfinden kann oder man sich auch einmal gezwungen sieht, ein paar Wochen seine Frisur zu vernachlässigen, weil die professionellen Hairstylisten schließen müssen, was zeitweise durchaus der Fall war. Nein, es geht um für die Demokratie grundlegende Rechte wie Bewegungsfreiheit, Versammlungsfreiheit, Demonstrationsrecht. Aber jeder muss sich bewusst machen: Es sind Einschränkungen auf Zeit, nicht auf Dauer. Es geht um einen vorübergehenden Verzicht – auch, um bei einer rückläufigen Entwicklung der Pandemie Einschränkungen wieder zurückzunehmen. Und es geht um den Verzicht auf die Wahrnehmung der eigenen Freiheit aus Rücksicht auf andere – nicht nur darum, sich selbst vor einer Ansteckung zu schützen, sondern eine Ausbreitung zu verhindern. Die meisten verstehen das auch recht gut – überwiegend herrscht immer noch der Eindruck vor, dass die Menschen bereit sind, beim Ausgleich von Verantwortung und Selbstverwirklichung Letztere eine Zeit lang zurückzustellen. Die Bekämpfung von Corona war und ist eine Gemeinschaftsaufgabe, die nur gelingt, wenn jeder seinen Beitrag leistet. Gefragt ist die Vernunft der vielen.

Aber während die einen ihre Arbeit ansonsten weiterführen können, sehen sich andere damit konfrontiert, dass sie ihre Tätigkeit nicht weiter ausüben dürfen, mit Kurzarbeitergeld nach Hause geschickt werden, teils auch gar keine Leistung bekommen oder gar arbeitslos werden. Wieder andere sehen sich einem gewaltigen Stress ausgesetzt und wissen nicht, wie sie mit der schieren Menge an Arbeit fertig werden sollten. Gleich scheinen insofern keineswegs alle vor Corona. Auch wenn das Virus alle treffen und bei allen schlimmen Folgen haben kann, ist dies letztlich bei ärmeren Menschen doch stärker der Fall. Das ist schon innerhalb Deutschlands oder anderer westlicher Gesellschaften so, noch stärker aber im internationalen Maßstab.

Die Gleichheit wird aber auch mit Blick auf die Maßnahmen bisweilen infrage gestellt. Viel war und ist davon die Rede, dass es bei alledem darum geht, die Ausbreitung zu verhindern, um die Risikogruppen zu schützen. Es herrschte bisweilen der Eindruck vor, gefährdet seien nur einige, einschränken müssten wir uns aber alle. Inzwischen hat sich aber gezeigt, dass auch junge und nicht vorerkrankte Menschen unter den Corona-Toten zu finden sind, sodass das Argument der Risikogruppe nicht zu einer scharfen Eingrenzung taugt. Aber wem es schwerfällt, sich in seinen Gewohnheiten einzuschränken (und natürlich auch, wer durch die Maßnahmen drastische Einbußen hinnehmen muss), ist vielleicht geneigt die Gleichheit infrage zu stellen: Warum müssen alle Eingriffe hinnehmen, obwohl es nur um einige geht?

Natürlich sind es Einschnitte in unsere Freiheit, wenn wir weniger Auto fahren oder weniger Fleisch essen sollen. Gesetzlich vorgeschrieben wird uns in diesen Bereichen bislang nichts, aber ist es ein verantwortliches Handeln, hier immer wieder auf die Unantastbarkeit der Freiheit zu verweisen und all diese Handlungsweisen fortzuführen, nur um sich dieser Freiheit zu vergewissern? Jeder gefahrene Kilometer ein unverzichtbarer Beweis meiner Bewegungsfreiheit? Bei einem solchen Denken scheint es schwer, die eigene Freiheit mit der der anderen, und damit die eigene Selbst- mit der eigenen Mitverantwortung in Einklang zu bringen.

Bei der Frage danach, was ich jeweils tun soll, geht es immer auch darum, wie ich es tun soll. Vieles ist in der Krise mit Unsicherheit belegt. Es ist unvermeidbar, dass Fehler gemacht werden. Dies sollte weder verschwiegen, noch sollte es immer auch gleich skandalisiert werden. Häufig geht es ja nicht um ein kategorisches Richtig oder Falsch, sondern um ein Abwägen. Damit dies gelingt, braucht es eine positive Fehlerkultur. Dies ist übrigens etwas, das ganz unabhängig von Krisen seit einiger Zeit auch im Arbeitsleben und im Management von Organisationen gefordert wird. Fehler dürfen nicht als Scheitern betrachtet werden, sondern als Chance, es besser zu machen. Dass man aus Fehlern lernt, ist keine leere Redewendung. Ganz im Gegenteil. Das heißt aber auch, dass die Sprache dem angepasst werden sollte. Wer von einer „Virus-Diktatur" spricht, zeigt im Grunde, dass er nicht Interesse an der Korrektur eventuell fehlerbehafteter Maßnahmen hat, sondern dass es ihm darum geht, das Handeln und damit den Versuch, der Verantwortung als Entscheidungsträger gerecht zu werden, gänzlich zu beseitigen.

Das Abwägen ist, wenn es gilt, eine Antwort auf die Frage: „Was soll ich tun?" zu finden, natürlich nicht einfach. Das Ergebnis wird nie auf ungeteilte Zustimmung treffen – nicht einmal beim Abwägenden selbst. Dafür spricht allein schon, dass er sich gezwungen sieht, einander widersprechende Dinge in ein vertretbares Verhältnis zu setzen. Besteht ein Vorrang des Rechts auf Leben vor allen anderen Rechten? Diese Frage wurde im Zuge der Corona-Krise gestellt, mal mehr, mal weniger konstruktiv. Grundrechte können miteinander konkurrieren. Ich denke, wir haben hier in Deutschland, in Europa noch einigen Spielraum. In anderen Ländern waren die Maßnahmen teilweise erheblich drastischer, die Folgen für die Menschen, die meist ohnehin in deutlich prekäreren Verhältnissen leben, weitaus gravierender als bei uns. Und auch in Europa ließen sich erhebliche Unterschiede beobachten: Während andernorts strenge Ausgangssperren verhängt wurden, ließen die Ausgangsbeschränkungen hierzulande doch noch einen gewissen Freiraum. Ein solcher Freiraum gilt dann auch immer für die eigene Verantwortung.

Jeder hat eine Verantwortung für sich selbst. Zugleich leben wir in einer menschlichen Gemeinschaft. Selbstverantwortung schließt immer auch Mitverantwortung mit ein. Aus diesem Grund gibt es nie eine alleinige, eindeutige Lösung, kein Patentrezept. Gefragt sind vielmehr ein reflektiertes Hinschauen in alle Richtungen, die Berücksichtigung der Position der anderen und die Bereitschaft, gegebenenfalls zu verzichten und das eigene Leben doch nach bester Möglichkeit zu gestalten. In Krisen wie der Corona-Pandemie werden die wenigsten alles verlieren. Die meisten von uns können noch an vielen Stellen verzichten. Der Zusammenhalt der Gesellschaft in diesem Sinne wäre ein ethisch beispielloser Akt der Selbstverantwortung und Mitverantwortung. Gelingt es, ihn zu sichern, hätten wir wirklich etwas Wichtiges gelernt.

In der Beantwortung der Frage, nach dem richtigen Tun sollten wir auch immer wieder die Menschen sehen und wertschätzen, die in der Krise Besonderes leisten. Ob Ärzte, Pflege- und Rettungskräfte, die Mitarbeiter im Supermarkt, in Drogerien, bei Lieferdiensten, im Nahverkehr und bei der Polizei, all das sind Menschen, die dafür sorgen, dass es in unseren Städten weiterläuft – wenn auch nicht ganz wie bisher. Geändert hat sich ohnehin viel in der Arbeitswelt. In diesen Zeiten sitzt den Chefs und den Mitarbeitern oftmals die Angst im Nacken, was es bedeuten würde, wenn ein Mitarbeiter ausfällt, wenn es einen Corona-Fall im Betrieb gibt und dann plötzlich ganz andere Maßnahmen als die bisherigen Hygieneregeln anstehen. Zu unserer ethischen Verantwortung gehört es auch, dass wir uns mitverantwortlich und empathisch in die Situation der anderen hineinversetzen. Wir sollten generell, aber eben auch besonders im Beruf aufmerksam sein, dem anderen rücksichtsvoll begegnen und so eine gute Grundlage schaffen, gemeinsam mit der schwierigen Situation umzugehen. Das kann auch bedeuten, dass Mitarbeiter nicht so eingesetzt werden, wie dies normalerweise der Fall ist, sondern hier etwas Zurückhaltung geübt wird. Die Heldinnen und Helden der Arbeit suchen Wertschätzung und wollen ihren Beitrag leisten, sie wollen aber nicht permanent und ohne Pause Heldentaten vollbringen.

Folgen wir der Einschätzung, dass ältere Menschen generell oder zumindest unter bestimmten Umständen zur Risikogruppe zählen. Dann sind nicht zuletzt sie der Grund, dass der politisch Handelnde, darüber hinaus aber jeder Einzelne in seinem verantwortungsvollen Handeln eine gewisse Abwägung treffen muss. Die Älteren sind aber nicht einfach nur diejenigen, auf deren Schutz die Maßnahmen zielen. Sie sind selbst Handelnde und auch auf sie treffen die genannten Bedingungen und Erwägungen zu. Und ist Abwägen nicht etwas, für das das Alter meist gute Voraussetzungen mit sich bringt? Alter bedeutet in aller Regel eine gewisse Lebenserfahrung, die man den Jüngeren voraushat. Weisheit spielt hier eine Rolle. Weisheit meint nicht einfach nur ein solides Wissen, das als Entscheidungsgrundlage dafür dienen kann, was man denn selbst tun solle. Sie bedeutet auch eine grundsätzliche Berücksichtigung des Wohls der anderen. Weisheit ist nicht egoistisch, weil sie um die sozialen Voraussetzungen des eigenen Selbst weiß.

Aber welche Besonderheiten und Veränderungen bringt die Krise – hier die Corona-Krise – für das Alter und das Älterwerden mit sich? Auf welche Art von Alten trifft sie? Und was ändert sich mit ihr?

Literatur

Ackermann, S. (2020a). Massive Verbreitung Verschwörungsgeschichten über das Coronavirus sind zurzeit besonders häufig – und schädlich, zeigt eine neue sozialpsychologische Studie. *Psychologie Heute*. Weinheim: Verlagsgruppe Beltz. https://www.psychologie-heute.de/gesellschaft/40492-massive-verbreitung.html. Zugegriffen am 05.05.2020.

Ackermann, S. (2020b). Wie gefährlich das Virus ist. Menschen schätzen die Gefahr durch Corona weltweit unterschiedlich ein. Dies hängt offenbar von soziokulturellen Faktoren ab. *Psychologie Heute*. Weinheim: Verlagsgruppe Beltz. https://www.psychologie-heute.de/gesundheit/40517-wie-gefaehrlich-das-virus-ist.html. Zugegriffen am 17.05.2020.

Ackermann, S. (2020c). Ernste Warnsignale. Psychologische und psychotherapeutische Fachgesellschaften sehen Stimmungswandel im Umgang mit der Corona Krise. *Psychologie Heute*. Weinheim: Verlagsgruppe Beltz. https://www.psychologie-heute.de/gesellschaft/40566-ernste-warnsignale.html. Zugegriffen am 27.06.2020.

Bertelsmann Stiftung. (2020). Soziale Innovationen: Das Beispiel Alter und Pflege. https://www.bertelsmann-stiftung.de/fileadmin/files/user_upload/Impulspapier_010720.pdf. Zugegriffen am 20.08.2020.

Gigerenzer, G. (2008). *Bauchentscheidungen – Die Intelligenz des Unbewussten und die Macht der Intuition*. München: Goldmann.

Giordano, P. (2020). *In Zeiten der Ansteckung. Wie die Corona-Pandemie unser Leben verändert*. Hamburg: Rowohlt Taschenbuch.

Kupferschmidt, K. (27. Mai 2020a). Can plasma from COVID-19 survivors help save others? *Science*. https://www.sciencemag.org/news/2020/05/can-plasma-covid-19-survivors-help-save-others. Zugegriffen am 01.06.2020.

Kupferschmidt, K. (2020b). Coronavirus: Jeder könnte Superspreader sein. Konzert, Fußballspiel, Zumbakurs: Es sind solche Events, auf denen Einzelne viele anstecken. Die meisten Covid-Patienten infizieren niemanden. Und das ist entscheidend. *Die ZEIT*. https://www.zeit.de/wissen/gesundheit/2020-05/coronavirus-ansteckung-covid-19-patienten-schutzmassnahmen-infektionsherde. Zugegriffen am 05.06.2020.

Langosch, N. (2020). „Nun sind sie noch stärker isoliert". *Psychologie Heute*. Weinheim: Verlagsgruppe Beltz. https://www.psychologie-heute.de/gesundheit/40454-nun-sind-sie-noch-staerker-isoliert.html. Zugegriffen am 08.04.2020.

NDR Kultur. (2020). Heinz Bude über Corona: „Weltgeschichtliche Zäsur". Ein Interview. https://www.ndr.de/kultur/Soziologe-Heinz-Bude-ueber-Corona-Weltgeschichtliche-Zaesur,corona2504.html. Zugegriffen am 17.09.2020.

PsyGA. (2020a). Interview mit Franziska Stiegler: „Es ist wichtig zu beruhigen, ohne zu beschwichtigen". https://www.psyga.info/die-situation-im-betrieb/interview-mit-franziska-stiegler. Zugegriffen am 09.09.2020.

PsyGA. (2020b). Interview mit Marc Lenze „Das größte Problem ist die Angst vor der Perspektive". https://www.psyga.info/die-situation-im-betrieb/interview-mit-marc-lenze. Zugegriffen am 09.09.2020.

PsyGA. (2020c). Interview mit Prof. Dr. med. Mazda Adli „Wir sollten uns als Teil eines riesigen Präventionsprojekts verstehen". https://www.psyga.info/was-uns-umtreibt/interview-mit-mazda-adli. Zugegriffen am 09.09.2020.

PsyGA. (2020d). Interview mit Dr. Hansjörg Becker. „Neue Routinen helfen, die Krise zu bewältigen". https://www.psyga.info/was-uns-umtreibt/interview-mit-hansjoerg-becker. Zugegriffen am 09.09.2020.

Schnabel, U. (16. September 2020). Unsicherheit: Wir müssen auch anders können. Die Corona-Krise hat viele Gewissheiten erschüttert. Risikoforscher und Psychologinnen suchen nach Wegen, wie wir lernen, mit der Unsicherheit zu leben. *Die ZEIT, Nr. 39/2020*.

Working Group Ethics/AG Ethik Public Health Ethics and Covid-19. (2020). The ethical dimensions of public health decision-making during a pandemic. https://www.public-health-covid19.de/images/2020/Ergebnisse/Policy_Brief_Pandemic_Ethics_GeneralF.pdf. Zugegriffen am 17.09.2020.

World Health Organisation. (2020). Novel Coronavirus – China. https://www.who.int/csr/don/12-january-2020-novel-coronavirus-china/en/. Zugegriffen am 08.06.2020.

3

Alter und Älterwerden in Zeiten von Krisen

Was bedeutet es, in Zeiten von Krisen älter zu werden? Gehört man, etwa bei Corona, automatisch zur Risikogruppe, wenn man 60 Jahre alt ist? Warum nicht mit 59 oder erst mit 70? Und ist eine strenge Isolierung eine geeignete Schutzmaßnahme? Die Heterogenität von älteren Menschen wird in diesem Kapitel ebenso beleuchtet wie die Frage, ob sie durch ihre lange Lebens- und vielleicht auch Krisenerfahrung über besondere Ressourcen verfügen oder ob sie angesichts einer mangelnden Flexibilität eher benachteiligt sind und vermehrt Unterstützung benötigen. In unserer modernen Gesellschaft bestehen für ältere Menschen zahlreiche Möglichkeiten, ihr Leben zu gestalten. Sie stellen keine homogene Gruppe dar, sondern sind so bunt wie nie zuvor. Was aber tun in Zeiten von Krisen, wenn ich die besonders Gefährdeten schützen möchte oder wenn ich, selbst schon älter, Angst um meine Gesundheit habe, aber auch einsam bin?

Eine Krise lässt sich als Höhe- oder Wendepunkt in einer gefährlichen Konfliktsituation verstehen. Hier können für jeden Einzelnen massive Probleme und Störungen auftreten. Im Krisenmodell der Psychoanalytikerin Verena Kast geht es darum, „die kreativen Potentiale des Krisenprozesses" in den Vordergrund zu stellen. Wichtig ist es, verschiedene Phasen zu erkennen und zu beurteilen, um eine gelungene Krisenintervention vornehmen zu können. Kast unterscheidet eine Vorbereitungsphase, in der der Betroffene alles Material sowie Meinungen sammelt, die für ihn hilfreich sein könnten; eine Inkubationsphase, in der das Problem und das gesammelte Material unbewusst verarbeitet werden; eine Einsichtsphase, in der die bisherige Entwicklung erstmals rückblickend verstanden wird; schließlich eine Verifikationsphase, in der die bis hierhin gewonnene Einsicht weiter geformt und geprüft werden kann (Kast 1997).

Auch wenn diese Phasen einen gewissen Ablauf nachzeichnen, durchleben wir als Betroffene in der Krise keine lineare Abfolge. Es kann auch Rückschritte geben. Als Höhe- und Wendepunkt markiert die Krise eine Entscheidungssituation, die „in der Regel sowohl die Chance zur Lösung der Konflikte als auch die Möglichkeit zu deren Verschärfung" bietet. Oft ist erst rückblickend klar, dass es sich um einen solchen Wendepunkt gehandelt hat. Kommt es zu keiner Lösung, bleibt der Verlauf negativ, so wird die Krise zur Katastrophe (Kast 1997).

Auslöser einer Krise im Älterwerden können innere, biografische, aber auch äußere Umstände und Entwicklungen sein. Auf der einen Seite geht es darum, mögliche Zeichen oder Signale rechtzeitig zu erkennen, um den Verlauf der Krise konstruktiv beeinflussen zu können. Auf der anderen Seite ist es wichtig, deutlich zu machen, wie sich bei einer fortgeschrittenen Krise Hilfe finden lässt und welche Bewältigungsformen möglich sind, um mit der schweren Situation zurechtzukommen. Auch Altersscham (vgl. Abschn. 8.1) spielt hier eine Rolle.

In diesem Buch möchte ich also auf psychosoziale Aspekte eingehen, indem ich alltägliche Krisensituationen im Älterwerden darstelle. Gemeint ist nicht, dass Krisen alltäglich sind – auch wenn bereits der Gedanke formuliert wurde, dass mit Corona die Krise zu einer neuen Art Normalität werden könnte. Gemeint ist vielmehr, dass sie im Alltag auftreten. Einerseits wirken sie dadurch unscheinbar, bleiben vielleicht als solche unerkannt, andererseits entfalten sie gerade dadurch eine tiefgreifende Wirkung. Ein Beispiel ist der Eintritt in den Ruhestand.[1] Manche erleben ihn als Krise, weil Kollegen, Aufgaben, Alltagsstruktur usw. auf einmal wegfallen. Das kann sich im Alltag durch Unzufriedenheit bemerkbar machen, die daraus entsteht, dass man sich nicht mehr gebraucht fühlt. Die eigene Person wird hinterfragt, gar infrage gestellt. Hilfe von außen ist nötig, wenn das Gefühl der Hilflosigkeit zu groß wird.

Eine Krise bedeutet nicht nur, dass wir uns bedroht fühlen, sondern auch, dass wir das Gefühl haben, diese Bedrohung mit unseren bisherigen gewohnten Strategien und Verhaltensweisen nicht bewältigen oder abwenden zu können. Wir sehen unseren Handlungsspielraum plötzlich drastisch eingeschränkt. Hilflosigkeit und Angst stellen sich ein – die Gefühlsebene ist für das Erleben einer Krise ausschlaggebend. Und genau diese belastenden Ge-

---

[1] Falls Sie mehr hierzu erfahren möchten: 2021 erscheint mein Buch beim Springer Verlag: „Ruhestand als Chance". Zudem biete ich Seminare und Einzelberatungen zu diesem Thema an.

fühle können in ähnlichen Situationen wiederkehren – gerade dann, wenn sie nicht im Rahmen einer zufriedenstellenden Lösung bearbeitet wurden.

Das Krisenempfinden ist also dadurch gekennzeichnet, dass wir uns in unseren Handlungsmöglichkeiten eingeschränkt sehen oder fühlen. Autonomie ist in unserer modernen Gesellschaft wichtig – unabhängig vom Alter. Fühlt man sich hilflos, ist gerade sie infrage gestellt. Ein gutes Selbstbewusstsein mag hier weniger verletzlich machen. Geprägt wird es wiederum durch unsere bisherigen Lebenserfahrungen. So gesehen haben wir im Alter gewisse Vorteile. Vielleicht sind Ältere weniger krisenanfällig – zumindest was die innere Einstellung und das innere Erleben betrifft. Ein solches Selbstbewusstsein schützt natürlich nicht gänzlich vor Krisen, und es kann auch deutlich ins Wanken geraten und schweren Schaden leiden – wie im oben genannten Beispiel des Übergangs in den Ruhestand, wenn bisherige Aufgaben wegfallen.

Andererseits könnte, wenn die Krise sich dadurch auszeichnet, dass bisherige Handlungsstrategien nicht geeignet sind, die Situation zu lösen, dies wiederum ältere Menschen krisenanfälliger machen. Denn bei ihnen werden sich diese Strategien stärker gesetzt und verfestigt haben und es wird ihnen vielleicht schwerer fallen, nach neuen zu suchen und sie sich anzueignen. Krise und Alter ist ein ambivalentes und keineswegs ein einfaches Thema. Denn gefragt ist Kreativität, um Neues zu finden und um Schwierigkeiten zu überwinden.

3.1 So bunt wie nie zuvor

Wie bunt und kreativ alte Menschen sein können, zeigt auch die schöne Corona-Geschichte von dem britischen Spendensammler und Weltkriegsveteran Tom Moore. Der Senior hatte mit mehr als 100 Runden am Rollator vor seinem Haus über 29 Millionen £ (mehr als 33 Millionen €) gesammelt. Das Geld kommt den Notleidenden zugute, um die sich der staatliche Gesundheitsdienst National Health Service kümmert. Wie dankbar die Menschen waren, zeigen die 120.000 Glückwunschkarten zum 100. Geburtstag des kreativen alten Mannes.

Mancher fordert in diesen Tagen, über eine strenge Isolierung der Risikogruppen – und dazu zählen dann vor allem die Älteren – die Krise in den Griff zu bekommen. Davon abgesehen, dass eine Abgrenzung der Risikogruppen nicht leicht und die Frage nach einer Altersgrenze kontrovers sein dürfte, bleiben auch dann Kontaktketten bestehen: über Pflegende, die Familie. Zudem wäre die zu isolierende Gruppe sehr groß – es würde einen keineswegs geringen Teil der Bevölkerung treffen. Und Tom Moore hätte, wenn eine solche

Maßnahme in Großbritannien ergriffen worden wäre, seine Runden nicht drehen und das beachtliche Spendenaufkommen in Gang setzen können.

Auch ohne eine strenge und allgemeine Isolierung sind Ältere bereits jetzt stark betroffen. Durch die Schließung von Geschäften und die Einschränkungen der Mobilität sind Bewegungsfreiheit und soziale Kontakte für viele der Älteren ohnehin schon stark eingeschränkt – stärker als für die Allgemeinheit. Wer besondere Probleme mit der Einsamkeit oder starke Ängste hat, muss gut betreut werden. Hier kann eine psychosoziale Beratung helfen. Schritt für Schritt lassen sich unter Umständen gemeinsam Wege finden, um aus der Angst und der Einsamkeit wieder herauszukommen.

Als Gerontologin, aber auch im Privaten erlebe ich immer wieder eine bunte Mischung auch gerade bei den älteren Menschen. Da ist die strahlende 90-Jährige, die vor Ideen sprudelt und körperlich recht robust ist. Und da ist der 60-jährige Berufstätige, drei Jahre vor der Rente, der schon lange müde ist. Da ist das Paar, das schon 60 Jahre verheiratet ist und bei dem sich der eine ein Leben ohne den anderen nicht vorstellen kann. Und da ist die alleinstehende 70-Jährige, die sich gerade frisch verliebt hat. Da sind die engagieren Alten, die im sozialen Dienst, kulturell, im Tierheim oder Umweltschutz aufblühen und tatkräftig zupacken, und da sind die mit den traurigen Augen, die überzeugt davon sind, dass sie nicht mehr gebraucht werden. All diese Unterschiede finden sich alltäglich. Sie sollten nicht bewertet, beurteilt werden. Sie zeigen aber die verschiedenen Sozialisierungen, Biografien, Möglichkeiten, Fähigkeiten und Bedürfnisse – und diese Vielfalt löst sich auch in Zeiten von Corona keineswegs ins Nichts auf. Wie wir mit den aktuellen Belastungen umgehen, ist so verschieden wie der Mensch selbst.

Was ist alt? In Zeiten von Corona einigte man sich zunächst darauf, dass Menschen ab 60 zur Risikogruppe gehören. Dann wurde wieder etwas zurückgerudert. Selbst in diesen Versuchen der Festschreibung zeigt sich, dass sich das Alter nicht so einfach greifen und bestimmen lässt. Es ist – man kann es nicht genug betonen – schlicht zu vielseitig. Es ist keine feste Größe, keine feste Menge an Lebensjahren. Und das Alter ist keine einheitliche Phase. Der Weg in den Ruhestand nach dem Arbeitsleben ist ein bedeutender Einschnitt. Viele gehen diesen Schritt beherzt, viele aber auch zögerlich und unsicher. Oft erweisen sich die Jahre zu Beginn der Rente aber gerade als solche einer besonderen Aktivität und Umtriebigkeit (im positiven Sinne), die keineswegs von Krankheit dominiert sein müssen, ja bei vielen eine gesunde Lebensphase ist. Die Gebrechlichkeit kommt teilweise erst ein oder zwei Jahrzehnte später.

Übrigens setzt sich das Alter aus ganz verschiedenen Altern zusammen; das zeigt sich etwa dann, wenn der Körper gebrechlicher, der Geist aber weiterhin sehr rege ist oder wenn umgekehrt bei einer beachtlichen körperlichen

Konstitution die mentalen Fähigkeiten nachlassen. Auch die Teile des Körpers altern unterschiedlich, die Organe vielleicht anders als der Bewegungsapparat. Deshalb wird Alter ja auch von den Betreffenden selbst ganz unterschiedlich wahrgenommen – man setze eine Handvoll Siebzigjährige an einen Tisch und wird schon bald einige Unterschiede sehen. Alter heißt also entgegen manchem Vorurteil nicht Starre, sondern Bewegung. Es ist eine Lebensphase und weist damit selbst eine Entwicklung auf, kann also nicht einfach als Endpunkt des ganzen Lebens gesehen werden.

Die Gerontologie unterscheidet aber auch zwischen dem dritten und vierten Lebensalter. Das dritte (circa 65–85 Jahre) zeichnet sich durch weitgehende Aktivität aus und wird auch junges Alter genannt. Im vierten Lebensalter, was meistens mit 80 oder 85 Jahren beginnt, sind hingegen öfters Einschränkungen gegeben und die Menschen in manchen Lebensbereichen auf Hilfe angewiesen. (Baltes o. J.) Diese Beobachtung schließt aber nicht aus, dass auch noch ein Hundertjähriger geistig fit, ja jugendlich, im Kopf sein kann.

Freilich hängt dieses bunte Bild des Alters und der Älteren damit zusammen, dass unsere modernen Gesellschaften im Vergleich zu früheren einen beachtlichen kulturellen Wandel durchlaufen haben. Die erstaunliche Mobilität im Alter basiert natürlich auf der zur Gewohnheit gewordenen, noch viel größeren Mobilität und Dynamik der ganzen Gesellschaft. Individualität wird als wichtig angesehen. Zwar scheint sie in der Masse oft wenig gegeben zu sein, umso mehr aber besteht der Drang nach ihr. Und davon sind auch die Alten erfasst. Ihre Vielfalt ist nicht zuletzt Ausdruck des mehr oder weniger bewussten Widerstands, sich in eine Schablone pressen zu lassen.

Dabei dürfen jedoch nicht die Schattenseiten übersehen werden: Individualisierung kann auch zu Vereinzelung und damit zu Vereinsamung führen – es wäre naiv, diese Gefahr nicht auch als einen Aspekt des heutigen Älterwerdens zu sehen. Und die große Beweglichkeit und Aktivität kann dazu führen, dass dem Aspekt der Ruhe und Besinnung zu wenig Rechnung getragen wird. Manche Ältere scheinen sich geradezu davor in eine große Regsamkeit zu flüchten. Um mit beiden Gefahren umzugehen, braucht es eine gelingende Selbst- und Mitverantwortung (vgl. Kap. 4). Die Corona-Krise scheint in dieser Hinsicht eine ambivalente Rolle zu spielen. Sie könnte zu weniger Betriebsamkeit und mehr Bewusstheit führen und so die Selbstverantwortung fördern. Sie könnte – freilich im Rahmen der Schutzmaßnahmen – zu mehr Miteinander und Solidarität führen und damit die Mitverantwortung stärken. Allerdings könnte sie aber auch das Gefühl des Verlusts – von Lebensmöglichkeiten, von Bindungen etc. – erhöhen und

Egoismus hervorbringen. In dem Fall würden beide Formen der Verantwortung einen gewissen Schaden erleiden.

Am sinnvollsten ist mit dieser Situation – mit dem Zusammenhang von Krise und Alter – umzugehen, indem man die Vielfalt bewahrt. Es ist nicht hilfreich in wohlmeinender Fürsorglichkeit eine ganze Gruppe in eine Kategorie hineinzuzwängen, obwohl sie nicht in sie hineinpasst. Denn das Merkmal, z. B. 60+, sagt zu wenig aus, als dass dies sinnvoll möglich wäre.

Die Thematik der Vielfalt kann man auch auf andere gesellschaftliche Bereiche übertragen, wie es der kanadische Autor John Ralston Saul getan hat. In seiner Rede zum Thema: „Wie schaffen wir gesellschaftlichen Zusammenhalt" hat er ausdrücklich darauf hingewiesen, dass Ausgrenzung und Ängste keine Probleme lösen, sondern vielmehr Empathie, ein respektvoller Umgang mit Unterschiedlichkeit sowie die Bereitschaft, Vielfalt zu akzeptieren. Dafür könne einiges getan werden, wie z. B. ein würdevolles Arbeitsverhältnis für Geflüchtete zu schaffen. Er spricht von Teilhabe-Projekten, die in sehr hoher Anzahl entwickelt werden sollten auch länderübergreifend und von Kultur, die zum Zentrum des Konzepts der Vielfalt gemacht werden sollte. (John Ralston Saul 2019)

Diesen Ansatz lässt sich auf Alt und Jung, Menschen aus verschiedenen Kulturen und Religionen, Menschen der verschiedenen sexuellen Orientierungen etc. übertragen. Für das Alter bedeutet das, gesellschaftlichen Zusammenhalt in der Krise schaffen wir nicht, wenn wir die Vielfalt des Alters leugnen und erst recht nicht, wenn wir Ältere diskriminieren. Teilhabe der Älteren muss kreativ in den verschiedenen Aspekten unseres Lebens ermöglicht werden.

Denkanstoß
Nehmen Sie ältere Menschen als einheitliche Gruppe wahr oder erkennen Sie die Vielfalt? Wie begegnen Sie ihnen im Alltag?

Haben Sie Ideen dazu, wie Sie ältere Menschen in Ihrem Leben integrieren könnten? Welche Rolle könnten sie für Sie spielen, welchen Platz in Ihrem Denken und Handeln oder auch nur in Ihrer Wahrnehmung einnehmen?

Und was schließlich allen älteren Menschen als wichtiges Potenzial gemeinsam gegeben ist – wenngleich oftmals erst noch ein Bewusstsein dafür geschaffen werden muss –, ist der Wunsch, etwas zu hinterlassen. Hier kommt die mitverantwortliche Generativität ins Spiel. Mitverantwortung meint an dieser Stelle, die Selbstverantwortung des jeweils anderen nicht außer Acht zu lassen. Ebenso meint sie, dass man dadurch, dass man seiner Mitverantwortung nachkommt, auch seiner Selbstverantwortung zu einem nicht geringen Teil gerecht wird. Generativität ist nach dem Entwicklungspsychologen Erik

Homburger Erikson eine wichtige Entwicklungsstufe in der zweiten Lebenshälfte. Indem wir für andere etwas tun und indem wir ihnen etwas geben – oftmals aus unserer Erfahrung heraus –, tun wir auch etwas für uns selbst. Geben wir unser Wissen weiter, lassen wir die Jüngeren daran teilhaben, erfüllen wir ein Bedürfnis, das wir selbst haben. Helfen wir den jüngeren Generationen, so helfen wir uns auch selbst, und kümmern wir uns um sie, kümmern wir uns auch um uns selbst.

Dieses Wissen um das Potenzial der Generativität kann auch in Krisenzeiten helfen. Ob wir nun die Enkel betreuen (etwa weil Kindergärten oder Schulen in Zeiten von Corona geschlossen haben), ein Ehrenamt wahrnehmen, für andere einen Pullover stricken (oder einen Mundschutz nähen), schöne Fotos verschenken oder auch mit einer finanziellen Zuwendung anderen in einer schwierigen Situation helfen – im Geben können wir nicht nur sinnvolle Aufgaben übernehmen, sondern auch Wohlgefühl erfahren. Und das auch dann, wenn unser Leben gerade selbst schwer ist und wir uns in einer Krise befinden. Wir sind also gut beraten, uns im Älterwerden immer wieder zu überlegen, was wir wie weitergeben wollen. Dabei kann Geben so bunt wie die Älteren selbst sein.

3.2 Sind die Alten wirklich eine Risikogruppe?

Seit einiger Zeit lässt sich beobachten, wie in der Krise seit 2020 eine Gruppe in den Mittelpunkt der Aufmerksamkeit rückt, die sich sonst nicht eines vergleichbaren allgemeinen Interesses erfreuen kann: die sogenannten Alten. Sie gelten nun als Risikogruppe: Ältere Menschen sind, so heißt es, in besonderer Weise von der Ausbreitung und den Auswirkungen des Corona-Virus betroffen ist. Als Gerontologin sehe ich meine Aufgabe angesichts der neuen Situation darin, daran mitzuarbeiten, dass die Gruppe der Älteren die Krise mit möglichst geringem Schaden übersteht. Ich bemerke allerdings auch, wie in diesen Zeiten Bilder von den Alten und dem Älterwerden entstehen und sich verbreiten, die in mehr als einer Hinsicht bedenklich sind.

Die Alten sind demnach nicht nur eine, sondern die Risikogruppe schlechthin. Nun lässt sich nicht leugnen, dass sie in besonderem Maße betroffen sind. Allerdings droht dabei der Blick für die Vielfalt (vgl. Abschn. 3.1) verloren zu gehen, der in der Gruppe der Älteren herrscht. Oft werden in der öffentlichen Kommunikation mit Altersangaben diejenigen eingegrenzt, die besonders gefährdet sein sollen. Dass es sich dabei um ganz unterschiedliche Menschen – nicht zuletzt auch mit ganz unterschiedlichen gesundheitlichen Voraussetzungen – handelt, geht schnell verloren. Leider drohen so Bemühungen und vielleicht auch Erfolge der Gerontologie, der Gesellschaft ein differenzierteres Bild vom Alter zu vermitteln, rückgängig gemacht zu werden. Alte erscheinen nur noch als eines: als Opfer. Dabei finden sich bei ihnen ganz unterschiedliche spezifische Stärken und Schwächen, die genutzt werden sollten. So aber droht der Eindruck zu entstehen, man habe eine ansonsten passive Menschengruppe zu schützen und allein um ihretwillen die ganzen Maßnahmen auf sich zu nehmen.

Es gehört nicht viel Fantasie dazu, hier die Gefahr einer Verfestigung einseitiger und negativer Einstellungen zu erkennen, aus der rasch eine diskriminierende Praktik werden könnte. Ihre besondere Verletzlichkeit, von der vor allem zu Beginn der Corona-Pandemie viel die Rede war, könnte für die Gruppe der älteren Menschen erhebliche Nachteile mit sich bringen, aber nicht nur für sie auch für die Jüngeren. Fühlen sie sich weniger betroffen, besteht die Gefahr, dass sie sich in falscher Sicherheit wiegen. Wir haben dies mit den Lockerungen der Maßnahmen gesehen, und bei manchen wirkte es, als müssten sie die paar Wochen, die sie vermeintlich verloren hatten, mit aller Intensität wieder aufholen. Es könnte außerdem der Eindruck entstehen, Krankheit und Tod bei den Älteren seien weniger schwer-wiegend.

Die Jüngeren als Retter, die sich für die Älteren aufopfern? Verfestigt sich ein solches Bild, würde dies die Kluft zwischen den Generationen erheblich vertiefen. Frust auf der einen, Scham auf der anderen Seite wären die Folge. Viele der positiven Entwicklungen im Verhältnis von Gesellschaft und Älteren der letzten Jahre würden zunichte gemacht werden. Umso wichtiger ist es, die wechselseitige Verantwortung in den Mittelpunkt zu stellen, um miteinander die Krise zu durchstehen. In den Medien, in der Öffentlichkeit müsste deutlicher werden, dass auch die Alten über Potenziale verfügen, die es zu nutzen gilt, und dass an die Vielfalt auch der Älteren angeknüpft werden sollte, wobei der Einzelne für sich selbst verantwortlich ist, aber auch die Mitverantwortung für den Anderen nicht aus dem Blick verlieren sollte. Zwei wichtige Begriffe der modernen Gerontologie rücken hier in den Blick: Selbstverantwortung und Mitverantwortung.

Denkanstoß

Fühlen Sie sich als junger Mensch in Zeiten von Corona so, als würden sie sich aufopfern für die Älteren, die gefährdeter sind als Sie?

Fühlen Sie sich als älterer Mensch in der Corona-Krise so, als seien Sie eine Belastung für die Jugend?

Denken Sie, dass dieses Gefühl berechtigt ist und sehen Sie darin eine Gefahr für Generationenkonflikte? Was möchten Sie tun, damit es in Ihrem Umfeld nicht dazu kommt?

Im Laufe des Buches werden Sie immer wieder Anregungen finden, wie sich die Begegnung der Generationen gestalten lässt.

Weisheit und Zufriedenheit versus Risikoempfinden
Das Alter und das Älterwerden hat uns in den letzten Jahren aufgrund des demografischen Wandels nicht wenig beschäftigt. Wir reden vom Altern der Gesellschaft; gemeint ist, dass immer mehr Menschen älter werden. Und das nicht selten bei bester Gesundheit und mit beachtlicher Lebensqualität. Ältere haben so viele Gestaltungsmöglichkeiten wie nie zuvor. Wenn sie in Rente gehen, fängt für viele das Leben erst richtig an. Dann möchten sie sich nicht nur ihre lang gehegten Wünsche erfüllen, auf Reisen gehen und Hobbys pflegen. Nein, sie setzen sich auch in den verschiedensten Ehrenämtern ein. Ohne „die Alten" wäre unsere Gesellschaft eine völlig andere und würde weniger gut funktionieren.

Oft sprechen wir im Zusammenhang mit Alter auch in positiver Form von Reife oder Weisheit. Weise ist ein Mensch dann, wenn er über die Erfahrungen, die er gemacht hat, nachgedacht hat. Wenn er – im wahrsten Sinne des Wortes – aus Erfahrung klug geworden ist. Dann ist da ein gewisses Verständnis für das Leben und die Menschen insgesamt. Weise Menschen strahlen ihre Lebenserfahrung oftmals dadurch aus, dass sie einen Rat geben, wenn sie gefragt werden, ebenso aber auch einmal schweigen und ihre Meinung zurückhalten können, wenn dies angemessen ist. Oder dadurch, dass sie ein Problem nicht nur von einer Seite erfassen, sondern verschiedene Punkte berücksichtigen. Dass sie weniger pauschalisieren und ihrem Gegenüber einen weiten Blick vermitteln können. Weisheit in diesem Sinne kann man üben. Oft erleben wir sie auch bei jungen Menschen. Vielleicht haben sie noch nicht so viel Erfahrung gesammelt, aber sie haben viel gelesen, sich unterhalten, haben Erfahrungen anderer aufgesaugt und verschiedenste Ansichten immer wieder hinterfragt. Würden wir durch das Älterwerden automatisch weise werden, wäre das schön. Aber so ist es leider nicht. Der Begriff der Alterssturheit, auch wenn er manchmal vorschnell angebracht wird, macht uns dies deutlich. Dennoch, Weisheit mindert das Risiko, an der ganzheitlichen Gesundheit Schaden zu nehmen, u. a. da man in der Lage ist, die Dinge immer von verschiedenen Seiten zu beleuchten. Somit hat das Alter doch viele Vorteile.

Denkanstoß
Geben Sie nur dann einen Rat, wenn Sie gefragt werden, oder auch ungefragt, weil Sie ja längere Lebenserfahrung haben und es besser wissen als die jungen Leute?

Fühlen Sie sich genervt, wenn Sie ungefragt den Rat einer älteren Person bekommen? Haben Sie schon einmal aktiv eine ältere Person nach einem Ratschlag gefragt?

Wie bereits erwähnt hat sich gerade die Gerontologie sehr darum bemüht, differenzierte Altersbilder zu schaffen. Es geht ihr darum, die vielen Potenziale in den Blick zu rücken, aber auch die Verletzlichkeit der Älteren zu sehen. Aus beidem ergibt sich eine gesamtgesellschaftliche Aufgabe. Ziel muss es sein, die vielen Älteren in ihrer individuellen Situation zu sehen und in die Gesellschaft zu integrieren. Und man darf sagen, dass das in den letzten Jahren besser gelungen ist als je zuvor. Viele Ältere, so erfahre ich es immer wieder in meinen Sprechstunden, haben ein Bewusstsein für ihre späte Lebensphase geschaffen. Sie sind zufrieden, aktiv in den Bereichen, in denen es ihnen möglich ist, wissen aber auch von dem Risiko, das sie in den späten Jahren tragen.

Daher ist es in meinen Augen wichtig, den Begriff der Risikogruppe im Zusammenhang mit Älteren weitgehend zu vermeiden. Vielmehr sollten wir die große Vielfalt in der Gruppe 60+ aufzeigen. Sie sind nicht einfach die, die wir (Jüngeren) schützen müssen. Sie haben vielmehr Potenziale und Fähigkeiten, die sie nicht selten für das Funktionieren unserer Gesellschaft in vielen Bereichen engagiert einsetzen. Mit Weisheit und Ruhe setzen sich immer mehr Ältere in Ehrenämtern ein. Sie erkennen, dass das Tun für andere auch ihnen selbst Zufriedenheit bringt. Sie freuen sich, wenn sie gebraucht werden und hinterlassen dadurch auch etwas.

Ganz abgesehen davon, dass wir uns hüten sollten, von einer einheitlichen Risikogruppe der Alten zu sprechen, müssten wir uns auch davon verabschieden, nur in der Kategorie des Beschützens zu denken. Wichtiger wäre, vielleicht eher von Sorge zu sprechen. Sorge heißt aber auch Teilhabe. Und ja, das Alter ist – mit all seinen Möglichkeiten, Schönheiten, Freiheiten – auch die Lebensphase, die im Vergleich zu den anderen, früheren näher am Tod ist. Wir sollten daher den Mut fassen, mehr über das Thema Krankheit, Leid und Sterben zu sprechen. Und wir sollten uns dabei auch von gewissen Altersvorstellungen, ja vielleicht zumindest in Teilen von der Altersfrage lösen.

Im Einzelfall muss es um den Menschen gehen, egal welchen Alters, der in einer verletzlichen Situation ist. Ist er krank, leidet er, so stellt sich die Frage, welche Bedürfnisse und Wünsche er im Hinblick auf Hilfen, Therapien etc., letztlich auf sein Leben insgesamt hat. Viele Alte sind aber gesund und durchaus leistungsfähig, sowohl physisch als auch kognitiv. Daher ist es aus Sicht vieler Alternsforscher nicht sinnvoll, eine allgemeine Altersgrenze festzulegen – sie muss im Grunde immer willkürlich wirken. Es widerspricht nicht dem Lebensgefühl und der Selbstwahrnehmung vieler Alter – und auch Hochbetagter –, Alter generell mit Krankheit, Leiden oder besonderer Verletzlichkeit gleichzusetzen.

Schauen wir uns das sogenannte Zufriedenheitsparadoxon des Alters an, könnte man sogar behaupten, dass die Älteren das geringste Risiko haben, zumindest was ihre psychische Kraft in der Krise angeht. Zufriedenheitsparadox heißt, dass veränderte Lebensumstände, die sich mit dem Alter einstellen, beispielsweise ein gewisser Rückgang der körperlichen Ressourcen, nur wenig das eigene Empfinden bzw. die eigene Zufriedenheit beeinträchtigen. Oft sinkt die Lebenszufriedenheit mit dem Eintritt in die zweite Lebenshälfte, um dann wieder anzusteigen. Warum ist das so? Man bemerkt die ersten Zeichen des körperlichen Abbaus, auch die kognitiven Fähigkeiten ändern sich, und nicht selten verliert man mehr oder weniger nahestehende Menschen der vorangehenden, aber auch der eigenen Generation. Dennoch nimmt die Zufriedenheit oft wieder zu. Der Grund dürfte in der höheren Lebenserfahrung liegen, die man in seinem bisherigen Leben gemacht hat, denn diese sorgt oftmals für eine gewisse Gelassenheit. Die Zufriedenheit hängt also auch mit Loslassen und der Fähigkeit des Neubewertens zusammen. Man orientiert sich mit seinen Wünschen an den Möglichkeiten, die man hat – und erfährt dadurch weniger Enttäuschungen. Dass die Lebensmitte oftmals nicht so positiv empfunden wird wie das Alter, hängt sicherlich auch mit den zu vielen Aufgaben in der Rushhour des Lebens zusammen. Der herausfordernde Job, die Familie mit kleinen Kindern, zu wenig Zeit für Bewegung, der digitale Stress etc. Bilanz zieht man oft beim Übergang in die zweite Lebenshälfte. Nach und nach erkennen wir dann, dass uns vieles davon nicht mehr belasten muss. Es entsteht nun auch Raum, neue Ideen zu entwickeln, kreativ zu sein und neue Schaffenskraft stellt sich ein. Wichtig ist, dass man Aufgaben hat, die den eigenen Interessen und Fähigkeiten entsprechen, die fordern, aber auch zufriedenstellen. Aber auch sich bewusst Ruhemomente zu gönnen. Ein Gefühl von Verantwortung ist im Alter ohnehin bei vielen Menschen ausgeprägter; sie wahrzunehmen, kann auch zu mehr Zufriedenheit führen. Zufriedenheit und Lebensglück ist also auch eine Frage der inneren Einstellung und des jeweiligen Handelns. Und Möglichkeiten bieten sich in unserer heutigen Gesellschaft mehr als je zuvor.

Denkanstoß

Sehen Sie sich als risikobehaftet in unsicheren Zeiten wie Corona? Oder erleben Sie gerade aufgrund Ihres Alters eine gewisse Gelassenheit? Warum haben Sie heute nicht mehr so viel Angst, wie Sie das vielleicht noch früher in jüngeren Jahren gehabt hätten?

3.3 Älter werden in der Krise

Als Ältere haben wir schon viel Erfahrung gesammelt. Da gab es all die Ziele, die wir teils vielleicht erreicht haben, oft aber aufgeben mussten; vielleicht haben wir sie aber ab einem gewissen Zeitpunkt aus welchen Gründen auch immer einfach nicht mehr verfolgt. Manches hat uns in Krisen und Grenzsituationen ins Wanken gebracht oder gar gestürzt, anderes ging relativ spurlos an uns vorbei. Schritt für Schritt haben wir gelernt, das Leben mit seinen Höhen und Tiefen zu nehmen. Und nun befinden wir uns wieder in einer Krise, in einer umfassenden, gesamtgesellschaftlichen: Corona. Wir sind wie alle anderen betroffen, und zwar auch dann, wenn wir gar nicht das Virus haben oder auch nur jemanden in unserer Umgebung kennen, den die Krankheit erwischt hat. Gerade dies scheint das Merkwürdige an der Situation zu sein, die immerhin nicht selten als größte Krise seit dem Zweiten Weltkrieg genannt wird. Jetzt ist Offenheit und Generationensolidarität noch wichtiger. Jetzt geht es noch mehr darum, die Potenziale des (eigenen) Alters zu entdecken, zu fördern und auszuleben. Denn nicht nur die Alten sind ein bunter Haufen, auch das Alter selbst ist vielseitig. Zu seinen besonderen Potenzialen gehört beispielsweise Geduld und Gelassenheit.

Ältere Menschen wurden mit Beginn der Corona-Krise aufgefordert, sich zu schützen und sich dazu möglichst weitgehend zu isolieren. Zu Hause bleiben sollten wir alle, besonders aber die Älteren. Die Betroffenen müssen sich fragen, welche Risiken sie einzugehen bereit sind. Welche Risiken wollen sie sich, aber auch der Gesellschaft zumuten? Es fällt schwer, von lieb gewonnenen Gewohnheiten, von Alltagsroutinen, vor allem auch von den vielen kleinen Handlungen des selbstständigen Lebens zu lassen. Manch einer lehnt vielleicht auch Hilfe ab, um nicht das Objekt von Mitleid zu sein.

Ein verantwortungsvoller, aber auch gelassener Umgang mit der Krise wird zu Recht immer wieder angemahnt oder gelobt. Allerdings ist damit die Frage der Selbstverantwortung verbunden, der sich jeder, und damit auch die Älteren, stellen muss. Wer sich gegen eine Isolation entscheidet, obwohl er zu der Risikogruppe gehört, erhöht für sich das Risiko zu erkranken und womöglich zu sterben. Zur Selbstverantwortung gehört es, sich auch Gedanken zu diesen möglichen Folgen zu machen.

Für manche ist die Situation aber auch schwer zu verstehen, etwa dann, wenn kognitive Einschränkungen vorliegen, die Belastungen aber spürbar sind. Hier braucht es eine geduldige, oft wiederholende Aufklärung und einen gemeinsamen Blick auf den individuell angemessenen Weg, mit dem Risiko umzugehen. Hier stellen sich grundlegende Fragen der Selbstverantwortung und der Mitverantwortung. All dies braucht Zeit und Geduld, die beispielsweise Ärzte in der Corona-Krise kaum leisten können. Ergänzende psychosoziale Beratungen können hilfreich sein, da sie den betreffenden Menschen ganzheitlich in den Blick nehmen: mit seiner Gesundheit, mit seiner psychischen Verfassung, mit seinen Möglichkeiten und mit seinem Bedürfnis nach sozialen Kontakten.

Auch Angehörige müssen sich die Frage stellen, welches Risiko einzugehen sie bereit sind. Denken wir nur an die Kinder der Hochbetagten, die selbst schon über 60 sind. Es geht nicht nur darum, ob sie die Einkäufe übernehmen, sondern auch, wie sie den direkten Kontakt gestalten. Ob sie etwa auch im Falle einer Erkrankung da sind und die Hand halten, dabei aber selbst eine Infektion riskieren. Neben den zahlreichen Einschränkungen bestehen durchaus noch gewisse Spielräume. Und dabei geht es ja um grundlegende Werte. Menschen wollen in dieser Krise und erst recht bei einer Erkrankung beieinander sein und sich umeinander kümmern. Sie müssen das in Selbst- und Mitverantwortung mit den Risiken, die sie dabei für sich und andere eingehen, abwägen.

Es geht darum, vernünftige Entscheidungen zu treffen. Ältere müssen sich fragen, wie sie mit Einsamkeit umgehen (können), welche Struktur ihr Alltag auch bei den gegenwärtigen Einschränkungen haben kann, was sie für ihren Körper und ihren Geist tun, wie sie Kontakte pflegen können. Manche Ältere werden in diesen Tagen die sozialen Medien für sich entdecken. Und sie müssen sich fragen, wie sie die Flut an Informationen von allen Seiten aus unterschiedlichen Kanälen, die sich nur noch um das eine Thema zu drehen scheinen, sinnvoll filtern. Welche Aufgaben gibt es für Ältere, wenn sie zu Hause bleiben?

Menschen, die auf Hilfe, auf Pflege angewiesen sind, dürfte es am schwersten fallen, sich all diese Fragen sinnvoll zu beantworten und die entsprechenden Antworten dann auch umzusetzen. Die ohnehin bestehenden institutionellen Einschränkungen haben sich verschärft. Aber auch Ältere ohne solche Abhängigkeiten sind beunruhigt oder verzweifelt; manche werden vielleicht panisch, andere fatalistisch. Je länger die Situation anhält, umso zermürbender wird es. Befindet sich ein Mensch in solch einer verzweifelten Lage, kann eine psychosoziale Beratung hilfreich sein. Entsprechende Angebote müssen niedrigschwellig gemacht werden, da die Probleme aufgrund eines Schamgefühls häufig nur ungerne angesprochen werden.

Älterwerden in Krisen, bedeutet somit, dass der Betreffende in seiner Selbstverantwortung gefordert ist. Beschließe ich als Senior, nun verstärkt zu Hause zu bleiben, dann gilt es, den Alltag zu strukturieren, Kopf und Körper beweglich zu halten, aber auch die sozialen Kontakte nicht zu vernachlässigen. Der Griff zum Telefon oder ein Brief sind schöne Möglichkeiten. Selbstverantwortung im Älterwerden bedeutet auch, dass ich mich entscheiden kann, wie ich mein Leben im Älterwerden gestalte. Vielleicht gehört auch dazu, dass ich mich nun einmal näher mit dem Abbau meiner Ressourcen, mit dem Nachlassen meiner Fähigkeiten und letztlich mit der Endlichkeit des Lebens im konstruktiven Sinn beschäftige. Entsteht dabei eine gewisse Melancholie ist das natürlich und schließt nicht aus, dass ich trotzdem auch wieder schöne Zeiten erlebe.

Älterwerden in Krisen kann aber auch bedeuten, Hilfe anzunehmen, wenn ich feststelle, dass ich etwas alleine nicht mehr tun kann oder eine gewisse Vorsicht geboten ist. Nehme ich Hilfe an, bedeutet das noch lange nicht, dass ich meine Selbstständigkeit aufgebe. Selbstbestimmung und Selbstständigkeit können auch in abhängigen Situationen in vielen Bereichen des Lebens gelebt werden.

Gesundes Älterwerden im ganzheitlichen Sinne
Gesundheit ist das Thema: Die Corona-Krise ist eine Gesundheitskrise, sie droht das Gesundheitssystem an seine Grenzen zu bringen, wie es in einigen Ländern bereits der Fall war. Es geht darum, sich vor einer Infektion zu schützen – das entspricht der Selbstverantwortung –, aber auch darum, seinen Beitrag dazu zu leisten, dass sich das Virus nicht ausbreitet und andere krank werden – das verweist auf die Mitverantwortung.

Aber gesundes Älterwerden meint nicht nur körperliche Gesundheit. Das gilt schon allein aus dem Grund, dass die körperliche Gesundheit mit unserer Psyche zusammenhängt. Sie wiederum ist mit weiteren Aspekten des gesunden Lebens verbunden: mit guten sozialen Kontakten, damit, eine Aufgabe zu haben, die uns Sinn gibt und uns erfüllt, aber auch mit einer inneren Haltung und Einstellung zum Leben, die uns stärkt. All das sollte auch in Zeiten von Corona nicht vergessen werden. Ja gerade in Krisenzeiten ist es wichtig, ein umfassendes Wissen von Gesundheit und Alter zu haben. Mehr hierzu erfahren Sie in Kap. 5.

Es gibt also viele Faktoren des gesunden Älterwerdens: genetische Dispositionen, Umwelteinflüsse, vor allem aber der eigene Lebensstil. Hier lässt sich viel tun: Bewegung, Ernährung, der Verzicht auf übermäßigen Alkoholkonsum. Man kann selbst einiges dazu beisteuern, dass das eigene Älterwerden ein gesundes Älterwerden wird. Die Grundlage dazu legt man meist schon in jüngeren Jahren, aber auch im Alter bestehen genug Möglichkeiten. Völlige Gesundheit und völlige Krankheit sind wie die äußersten Pole, zwischen denen wir uns befinden, und wir stehen dabei nicht ein für alle Mal fest an einem bestimmten Punkt. So lässt sich Gesundheit als Prozess sehen (vgl. Antonovsky 1997). Wir sollten uns immer im Rahmen der Möglichkeiten um Gesundheit bemühen und ihre wesentlichen Anteile auch in Zeiten der Krankheit nicht aus den Augen verlieren.

Mit Blick auf das ganze Leben – also auch die mittlere Lebensphase – kann von fünf Säulen gesprochen werden, die für eine gesunde Entwicklung wichtig, besser: tragend sind. Sie erst im Alter ins Auge zu fassen, kommt etwas spät; aber auch hier sollten sie nicht vernachlässigt werden. Gemeint sind der Körper, der Kopf, die sozialen Kontakte, die Arbeit (oder die Tätigkeit auch im Ruhestand) sowie als fünfte Säule die innere Haltung zum Leben. Auf ihnen allen ruht das, was wir Gesundheit nennen. Dabei geht es eher um ein ausgeglichenes Verhältnis und gerade nicht um einseitige Optimierungsversuche. Auch das Fundament eines Hauses ruht nicht nur auf einem Punkt – zu schnell würde es in Schieflage geraten (wahrscheinlich schon, bevor wir es als „alt" bezeichnen würden). Denn die fünf Säulen bilden eine Gesamtheit; sie stehen miteinander in Verbindung und beeinflussen sich wechselseitig. Daher ist ja auch immer beides wichtig: Ruhe und Aktivität; körperliche und geistige Tätigkeit; Offenheit und innere Sicherheit; Geselligkeit und Rückzugszeiten.

Die Säulen werden früh errichtet – schon lange vor dem Alter. So spielt auch das Berufsleben eine Rolle. Immerhin verbringen die meisten von uns in ihrem Erwachsenenalter eine erhebliche Zeit mit ihrer beruflichen Tätigkeit. Einseitigkeiten im Beruf, die sich leider nicht immer vermeiden oder ausgleichen lassen, können sich so später auswirken. Umso mehr ist auch schon im Berufsleben auf Gesundheit zu achten. Wir müssen uns dann fragen, was wir selbst tun können, aber auch, wie wir gemeinsam die Arbeit gestalten, um dieses Ziel besser zu erreichen. Dabei sind auch die Unternehmen gefordert, denn zufriedene und gesunde Mitarbeiter sind eine wertvolle Ressource, die nicht vernachlässigt werden darf.

Tipp
Eine Hilfestellung für Ältere in Zeiten der Corona-Pandemie bietet der BAGSO-Podcast. Er vermittelt verständlich Informationen, gibt Tipps und berichtet von ermutigenden Beispielen, die Älteren dabei helfen, gut durch diese Zeit zu kommen. Abonniert werden kann der Podcast unter: https://www.bagso.de/corona-pandemie/zusammenhalten-in-dieser-zeit-ein-podcast-der-bagso/

Literatur

Antonovsky, A. (1997). *Salutogenese – Zur Entmystifizierung der Gesundheit*. Tübingen: Deutsche Gesellschaft für Verhaltenstherapie.

BAGSO. (2020a). Corona-Epidemie in Deutschland: Menschen in der Pflege nicht allein lassen! Stellungnahme der BAGSO zum Tag der älteren Generation am 1. April 2020. https://www.bagso.de/fileadmin/user_upload/bagso/06_Veroeffentlichungen/2020/Stellungnahme_Menschen_in_der_Pflege_nicht_allein_lassen.pdf. Zugegriffen am 20.05.2020.

BAGSO. (2020b). Jetzt erst recht! Lebensbedingungen älterer Menschen verbessern. BAGSO fordert Konsequenzen aus der Corona-Pandemie. Positionspapier. https://www.bagso.de/fileadmin/user_upload/bagso/06_Veroeffentlichungen/2020/BAGSO-Positionspapier_Jetzt_erst_recht_Lebensbedingungen_aelterer_Menschen_verbessern.pdf. Zugegriffen am 25.09.2020.

BAGSO. (2020c). Internationaler Tag der älteren Menschen. BAGSO warnt vor Rückschlägen bei Altersbildern. Pressemitteilung. https://www.bagso.de/fileadmin/user_upload/bagso/01_News/Pressemitteilungen/2020/BAGSO-PM_Internationaler_Tag_der_aelteren_Menschen.pdf. Zugegriffen am 01.10.2020.

Baltes, P. (o. J.). Das hohe Alter. Mehr Bürde oder Würde. http://www.elfenbeinturm.net/archiv/2004/01.html. Zugegriffen am 01.09.2020.

Bundesanstalt für Arbeitsschutz und Arbeitsmedizin (BAuA). (2017). Alterns- und altersgerechte Arbeitsgestaltung Grundlagen und Handlungsfelder für die Praxis. https://www.baua.de/DE/Angebote/Publikationen/Praxis/Arbeitsgestaltung.pdf. Zugegriffen am 01.08.2018.

Bundesministerium für Familie, Senioren, Frauen und Jugend (BMFSFJ). (2000). *Die zweite Lebenshälfte – Psychologische Perspektiven. Ergebnisse des Alters-Survey* (Schriftenreihe des Bundesministeriums für Familie, Senioren, Frauen und Jugend, Bd. 195). Stuttgart: Kohlhammer. https://www.bmfsfj.de/blob/95200/d883643d815327442b2ffc7287c36772/prm-7801-sr-band-195-data.pdf. Zugegriffen am 08.08.2020.

Bundesministerium für Familie, Senioren, Frauen und Jugend [BMFSFJ]. (2005). *Fünfter Bericht zur Lage der älteren Generation. Potenziale des Alters in Wirtschaft und Gesellschaft – Der Beitrag älterer Menschen zum Zusammenhalt der Generationen.* Bonn. https://www.bmfsfj.de/RedaktionBMFSFJ/Abteilung3/Pdf-Anlagen/fuenfter-altenbericht,property=pdf,bereich=,rwb=true.pdf. Zugegriffen am 09.09.2020.

Bundesministerium für Familie, Senioren, Frauen und Jugend (BMFSFJ). (2010). *Sechster Bericht zur Lage der älteren Generation in der Bundesrepublik Deutschland. Altersbilder in der Gesellschaft.* Bonn. www.bmfsfj.de/RedaktionBMFSFJ/Pressestelle/Pdf-Anlagen/sechster-altenbericht,property=pdf,bereich=bmfsfj,sprache=de,rwb=true.pdf. Zugegriffen am 07.09.2020.

Das Demographie Netzwerk (ddn). (o. J.). Fakten zum demographischen Wandel. https://www.demographie-netzwerk.de/praxis/fakten/. Zugegriffen am 31.07.2020.

Deutsche Gesellschaft für Gerontologie und Geriatrie (DGGG). (2020a). Öffentliche Kommunikation und Berichterstattung zu ‚Corona & Alter' Empfehlungen der, Sektion III (Sozial- und Verhaltenswissenschaftliche Gerontologie). Stand 1. April 2020. https://www.dggg-online.de/fileadmin/aktuelles/covid-19/20200401_Paper-Kommunikation-Alter-und-Corona-SektionIII.pdf. Zugegriffen am 10.04.2020.

Deutsche Gesellschaft für Gerontologie und Geriatrie (DGGG). (2020b). Partizipation und soziale Teilhabe älterer Menschen trotz Corona-Pandemie ermöglichen. Gemeinsames Statement der Sektionen für Geriatrische Medizin (II), Sozialund Verhaltenswissenschaftliche Gerontologie (III), Soziale Gerontologie und Altenhilfe (IV) der Deutschen Gesellschaft für Gerontologie und Geriatrie (DGGG e.V.). https://www.dggg-online.de/fileadmin/aktuelles/covid-19/20200424_DGGG_Statement_Sektionen_II_III_IV_Soziale_Teilhabe_und_Partizipation.pdf. Zugegriffen am 04.05.2020.

Dörhöfer, P. (28. April 2020). Diskriminierung im Alter: „Die Corona-Krise kann den Generationenkonflikt verstärken". *Frankfurter Rundschau.* https://www.fr.de/panorama/corona-diskriminierung-alte-menschen-senioren-forscher-generationenkonflikt-zr-13654603.html. Zugegriffen am 29.04.2020.

Ehret, S. (2012). Sorgende Gesellschaft – Unität der Fürsorge in der Diversität. *Wege zum Menschen, 64*(3), 272–287. Göttingen: V&R.

Ehrlich, U., & Vogel, C. (2018). *Babyboomer in Deutschland Erwerbsverhalten, ehrenamtliches Engagement, Fürsorgetätigkeiten und materielle Lage.* Berlin: Deutsches Zentrum für Altersfragen (DZA). https://www.dza.de/index.php?eID=tx_securedownloads&p=639&u=0&g=0&t=1600480554&hash=37120554fab08cb086c135400032077c7804f6f4&file=fileadmin/dza/pdf/dza_aktuell/dza_aktuell_Babyboomer.pdf. Zugegriffen am 18.09.2020.

Erikson, E. H. (1966). *Identität und Lebenszyklus.* Frankfurt a. M.: Suhrkamp.

Faller, H., & Vidali, V. (2018). *Hundert – Was Du im Leben lernen wirst.* Berlin: Kein & Aber.

Fries, J. F. (2005). The compression of morbidity. https://onlinelibrary.wiley.com/doi/epdf/10.1111/j.1468-0009.2005.00401.x. Zugegriffen am 16.05.2017.

Generali Deutschland AG (Hrsg.). (2017). *Generali Altersstudie 2017. Wie ältere Menschen in Deutschland denken und leben.* Wiesbaden: Springer.
Grün, A. (2018). *Die hohe Kunst des Älterwerdens.* Münsterschwarzach: Vier-Türme.
Heckhausen, J., & Schulz, R. (1995). A life-span theory of control. *Developmental Psychology, 25,* 109–212.
Kast, V. (1990). *Trauern. Phasen und Chancen des psychischen Prozesses.* Stuttgart: Kreuz.
Kast, V. (1994). *Sich einlassen und loslassen. Neue Lebensmöglichkeiten bei Trauer und Trennung.* Freiburg: Herder.
Kast, V. (1997). *Der schöpferische Sprung.* München: dtv. 1987, 7. Aufl. 1997, S. 24–28.
Kast, V. (2013). *Lebenskrisen werden Lebenschancen: Wendepunkte des Lebens aktiv gestalten.* Freiburg in Breisgau: Herder.
Kliegel, M., & Martin, M. (2010). *Psychologische Grundlagen der Gerontologie.* Stuttgart: Kohlhammer.
Kühn, F. (2017). Die demografische Entwicklung in Deutschland. https://www.bpb.de/politik/innenpolitik/demografischer-wandel/196911/fertilitaet-mortalitaet-migration. Zugegriffen am 31.07.2018.
Kuhn, E., & Berlin-Institut. (o. J.). Rezension zu „Wir brauchen euch!". https://www.berlin-institut.org/publikationen/rezensionen/wir-brauchen-euch.html. Zugegriffen am 12.02.2019.
Ralston Saul, J. (2019). „Wie schaffen wir gesellschaftlichen Zusammenhalt?". Rede auf der „Trying Times"-Konferenz der Bertelsmann Stiftung in Berlin. https://www.bertelsmann-stiftung.de/fileadmin/files/user_upload/ST_Trying_Times_John_Ralston_Saul_Wie_schaffen_wir_gesellschaftlichen_Zusammenhalt.pdf. Zugegriffen am 11.05.2020.
Rosenmayr, L. (2006). Schöpferisch altern: Neue Konzepte für neue Entwicklungen; Aus: Erfahrungswissen der Älteren – ein Gewinn für alle Generationen. Bericht zur 5. Fachtagung des Bundesmodellprogramms „Erfahrungswissen für Initiativen", Berlin 2006. www.efi-programm.de/.../fachtagung/berlin06/Rosenmayr%20Vortrag.pdf. Zugegriffen am 20.01.2012.
Rowe, J. W., & Kahn, R. L. (1997). Successful aging. *The Gerontologist, 37,* 433–440.
Schröder-Kunz, S. (2015). *Schulungsunterlagen: GUTES Leben und Arbeiten der Generationen – Ein Arbeitsbuch für Mitarbeitende im Schichtbetrieb.*
Schröder-Kunz, S. (2016). *Selbstverantwortung und Mitverantwortung bei älteren Arbeitnehmern in der sich verändernden Arbeitswelt.* (Bislang unveröffentlicht).
Schröder-Kunz, S. (2019a). *Generationen gut führen – Altersgerechte Arbeitsgestaltung für alle Mitarbeitergenerationen.* Wiesbaden: Springer Gabler.
Schröder-Kunz, S. (2019b). *Gutes Leben und Arbeiten in der zweiten Lebenshälfte – Frühzeitig den Weg ins Älterwerden gestalten.* Wiesbaden: Springer.
Schröder-Kunz, S. (2020a). „Wir brauchen die aktiven Alten". Die Darmstädter Gerontologin und Buchautorin Sabine Schröder-Kunz plädiert mit ihrem neuen Buch für bewusstes Älterwerden schon in jungen Jahren. Ein Gespräch über das Älterwerden. Interview Petra Neumann-Prystaj. *Darmstädter Echo,* S. 10.

Schröder-Kunz, S. (2020b). Alter hat viele Gesichter. Die Darmstädter Gerontologin Sabine Schröder-Kunz über den Umgang mit älteren Menschen und die Endlichkeit des Lebens in Zeiten von Corona. https://www.echo-online.de/lokales/darmstadt/alter-hat-viele-gesichter_21657956. Zugegriffen am 11.05.2020.

Schröder-Kunz, S. (erscheint 2021). *Ruhestand als Chance*. Wiesbaden: Springer.

Spuling, S. M., Wettstein, M., & Tesch, C. (2020). Römer. DZA-Fact Sheet Altersdiskriminierung und Altersbilder in der Corona-Krise. https://www.demenz-sh.de/wp-content/uploads/2020/04/Fact_Sheet_Corona2_Altersbilder.pdf. Zugegriffen am 01.10.2020.

Staudinger, U. M. (2000). Viele Gründe sprechen dagegen, und trotzdem geht es vielen Menschen gut: Das Paradox des subjektiven Wohlbefindens. *Psychologische Rundschau, 51*(4), 185–197.

Staudinger, U. M. (2005). Lebenserfahrung, Lebenssinn und Weisheit. In S.-H. Filipp & U. M. Staudinger (Hrsg.), *Entwicklungspsychologie des mittleren und höheren Erwachsenenalters* (Enzyklopädie der Psychologie, Bd. 6). Göttingen: Hogrefe.

Wahl, H.-W. (2020). Altern ist Veränderung in der Zeit – Doch wo ist der Raum? *Zeitschrift für Gerontologie und Geriatrie, 53*(5), 401–404.

Weber, B. (2009). Die Blüte des Alters aber ist die Weisheit. https://www.deutschlandfunk.de/die-bluete-des-alters-aber-ist-die-weisheit.1148.de.html?dram:article_id=180325. Zugegriffen am 25.07.2018.

4

Freiheit und Verantwortung in unsicheren Zeiten

Freiheit ist in modernen Gesellschaften eine wichtige Errungenschaft, mit der verantwortungsvoll umgegangen werden muss. Verantwortung wiederum ist gerade in Krisen gefordert, sowohl vom Einzelnen als auch von Seiten der Politik. Jeder sollte sich die Frage stellen, was er für sich und andere in der Krise tun kann. Dabei geht es in diesem Kapitel hauptsächlich um den Umgang mit Älteren im privaten und im beruflichen Umfeld. Gerade Ältere tragen maßgeblich zum Funktionieren unserer Gesellschaft bei, z. B. durch die zahlreichen Ehrenämter, die sie ausüben. Neben der Freiheit spielen auch Sicherheit und Gesundheit in Krisen eine besondere Rolle und sind oftmals schwer zu vereinbaren. Jeder Einzelne bringt hier eine unterschiedliche Gewichtung rein, muss aber eben auch die Gewichtung seiner Mitmenschen mit beachten, was das Ganze besonders schwierig macht. Bedeutet Verantwortung nicht auch, Einschränkungen der eigenen Freiheit zu akzeptieren, zumindest für eine gewisse Zeit? Wie verbinde ich Mit- und Selbstverantwortung? Können wir aus Krisen etwas lernen für das reibungslose Funktionieren unserer Gesellschaft – mit Blick auf den Umgang mit Älteren, aber auch generell hinsichtlich einer solidarischen Gemeinschaft? Welche positiven Aspekte bringen Krisen neben all dem Schrecklichen in unser Leben?

Besondere Herausforderungen bringen Krisen in einer Gesellschaft mit sich, die nach Glückmaximierung strebt und dabei Freiheit und Autonomie als wichtigste Werte ansieht. Krisen verunsichern. Sie bedeuten einen Verlust an Freiheit in unseren alltäglichen Handlungen infolge der veränderten Situation, wie wir es während der Corona-Krise alle erleben. Krisen gehören jedoch zum Leben dazu – und damit auch die mit ihnen verbundenen Einschränkungen. Vor allen Dingen ist es problematisch, wenn wir durch das Streben nach Glücksmaximierung verlernen, mit Krisen umzugehen. Grundsätzlich kann sich so eine Spannung zwischen unserer Verantwortung und unserer Selbstbestimmung ergeben. In Krisenzeiten sind es so nicht nur äußere Umstände, die unsere Freiheit möglicherweise einschränken. Aber Selbstbestimmung und Freiheit einerseits und Verantwortung andererseits schließen sich nicht aus. Im Gegenteil ist es im Sinne der Aufklärung ein spezifisch menschlicher Zug, aus freiem Willen, aus Freiheit verantwortlich zu handeln.

Zu fragen ist daher: Wie kann der Einzelne in unsicheren Krisenzeiten mit seiner Freiheit und Verantwortung umgehen, ja sich in ihr entwickeln? Das meint nicht nur die Verantwortung für uns selbst, wenn wir in einer Krise stecken, sondern auch die Verantwortung, die wir für andere in der Krise haben – ohne dabei unsere Selbstverantwortung aus dem Blick zu verlieren. Dies ist die Situation, in die sich viele Angehörige gestellt sehen, die in der Verantwortung für ältere Familienmitglieder sind – immerhin werden in Deutschland noch gut zwei Drittel der pflegebedürftigen älteren Menschen zu Hause betreut. Ein wichtiger Bereich im Spannungsfeld von Freiheit und Verantwortung ist aber auch der Konsum. Bei der Betrachtung werde ich immer wieder auf die Corona-Krise eingehen – als gesellschaftliche Krise betrifft sie Freiheit und Verantwortung von uns allen. Das bietet aber auch die Chance zu einer neuen Grundhaltung, die es erlaubt, unser Wohlstandsleben neu in den Blick zu nehmen.

4.1 Was kann ich für mich und andere in der Krise leisten?

Krisen, welcher Art auch immer, machen uns unsicher. Unser Leben verändert sich nicht nach unseren Wünschen. Da ist ein Bruch, der sich auf verschiedene Weise zeigen kann, der schmerzt. Jetzt müssen wir erst einmal lernen, mit der Veränderung umzugehen. Ein Stück weit wird uns die Freiheit im Handeln genommen, denn wir wissen noch gar nicht, wie wir mit der neuen, schwierigen Situation umgehen sollen. Und doch: Der Mensch zeigt immer wieder, wie lernbereit und lernfähig er ist. Schritt für Schritt passt er sich an die neue Situation an und erkennt neue Handlungsmöglichkeiten. Schritt für Schritt trägt er Verantwortung in seinem Tun, welches oft neu für ihn ist, das manchmal einem Ausprobieren gleicht, bei dem getestet wird, was das Richtige sein könnte. Schritt für Schritt gewinnt er so wieder an Sicherheit und Freiheit.

Allerdings werden diese Entwicklungsschritte nicht von jedem im gleichen Maße durchlaufen. Oft sind wir uns ihrer nicht bewusst, während wir sie doch tatsächlich gehen. Manche benötigen auch Hilfe von außen, weil sie, von der krisenhaften Situation bedrängt, nicht sehen können, wie sie sich anpassen und wie sie handeln können. So fällt es in manchen Situationen schwer, die Verantwortung für sich und das eigene Tun wahrzunehmen. Umso mehr ist dann immer wieder die Verantwortung im Miteinander gegeben. Dann wird Hilfe von anderen benötigt.

Die Situation rund um das Corona-Virus ist im Hinblick auf die gesellschaftliche Krise ein besonderes Beispiel dafür, wie eng Freiheit und Verantwortung miteinander verbunden sind. Ist jemand aus der Familie krank und braucht Hilfe, ist dies meist unmittelbar ersichtlich; gibt es eine direkte Bedrohung für uns selbst, lässt sich meist nicht übersehen, dass wir uns möglichst gut durch unser Handeln davor schützen müssen. Bei Corona ist dies oft um einiges abstrakter. Wir begegnen, wenn wir in die Stadt gehen, vielen, vielleicht vielen hundert Menschen, die alle möglichst Abstand voneinander halten, teils auch einen Mundschutz tragen, um eine Infektion zu vermeiden; aber wenngleich alle potenzielle Überträger sind, nehmen wir doch an, dass wahrscheinlich nur ein ganz geringer Teil dieser Menschen, denen wir begegnen, oder auch gar keiner von ihnen infiziert ist. So ist die Situation zumindest zum Zeitpunkt in dem dieses Buch geschrieben wurde in Deutschland. Sprich, die Bedrohung ist da, sie ist aber vor allem in den Maßnahmen sichtbar, ansonsten aber nicht ohne Weiteres zu greifen. Unsere Freiheit ist eingeschränkt und unser verantwortliches Handeln gefordert, der unmittelbare Grund dafür lässt sich in unserer Umgebung aber nicht unbedingt ausmachen. Umso mehr sind wir aufgefordert, uns den Zusammenhang von Freiheit und Verantwortung in der Krise bewusst zu machen.

Wir sind soziale Wesen und auf einander angewiesen. In Krisen geht es immer wieder um Selbstverantwortung und Mitverantwortung. Für die, die sich selbst in Krisen befinden, und die, die andere in deren Krisen begleiten. Den anderen nicht alleine zu lassen, bedeutet aber nicht, sich gänzlich für ihn aufzuopfern. Nur der kann helfen, der auch auf sich selbst achtet. Gerade der Mitverantwortliche ist daher in seiner Selbstverantwortung gefordert.

Doch was bedeuten Selbstverantwortung und Mitverantwortung überhaupt? Ist es bloß eine strenge Pflicht? Oder ist es etwas, das aus uns selbst heraus kommen kann, ganz ohne Zwang und Strenge? Ist es gar etwas, zu dem wir uns mit Freude immer wieder motivieren können, für uns selbst und für andere? Folgen Selbst- und Mitverantwortung nicht automatisch aus einem ganzheitlichen Verständnis, das wir von uns selbst im Älterwerden haben, von unserer Geburt bis hin zu unserem Ende?

Selbstverantwortung ist die Fähigkeit, das Leben nach den eigenen Bedürfnissen, Normen und Werten zu gestalten (Kruse 2005). Wir gehen in ihr der Frage nach: Wer bin ich und was soll ich tun? Es geht um die Gestaltung des guten (eigenen) Lebens und damit des verantwortlichen Lebens auch in schweren Zeiten. (Schröder-Kunz 2019b)

Damit bedeutet Selbstverantwortung in Krisen, dass ich mich selbst in den Blick nehme in all dem Schweren der gegenwärtigen Situation, in der Veränderung, in dem, wo ich mich nicht mehr frei, vielleicht sogar handlungsunfähig fühle. Ohnehin scheint es zum Menschsein zu gehören, sich und das eigene Innere immer wieder zu verstehen, zu ergründen und kennenlernen. Das muss aber nicht Selbstzweck sein, sondern die Menschen verspüren dabei meist den Wunsch, „mit weniger Kummer und Leid durch ihr Leben zu gehen" (Junkers 2020). Dabei geht es nicht darum, immerzu um sich selbst zu kreisen. Eine solche Fixierung wäre nicht hilfreich. Erforderlich ist aber ein reflektiertes Hinschauen auf unsere Bedürfnisse, die wir nun in der Krise haben, und unsere Fähigkeiten, die uns zur Verfügung stehen. Dass wir dabei immer wieder auch fehlgehen, ins Stolpern geraten, uns vielleicht im Kreis drehen oder an uns selbst zweifeln, ist nur zu verständlich. Der Mensch kann sich nicht von einem Moment auf den anderen auf eine Veränderung einstimmen, die ihn gewaltig trifft.

Eine Rolle spielt hier, in welcher Lebensphase wir uns befinden. Vielleicht handelt es sich um ein Ereignis, dass uns in jungen Jahren völlig aus der Bahn geworfen hätte, während uns heute in einer späteren Lebensphase trotz des tiefen Schmerzes eine gewisse Ruhe gegeben ist. Denken wir z. B. daran, wie es ist, wenn wir unsere Eltern verlieren. In jungen Jahren kann aufgrund der engen Bindung zwischen Eltern und Kindern der Verlust eine Traumatisierung zur Folge haben. Sind wir selbst aber erwachsen, so sind wir nicht mehr von unseren Eltern abhängig. Vielleicht verlieren wir sie auch nicht plötzlich, sondern im Laufe einer Krankheit, was den Angehörigen das Abschiednehmen meist leichter macht. Als Erwachsene sind wir wahrscheinlich wesentlich besser in der Lage, den Verlust unserer Eltern zu verkraften, zumal die Bindung nun eine andere und weniger durch ein Abhängigkeitsverhältnis geprägt ist. Wir konnten die Eltern in ihrem Prozess des Älterwerdens beobachten und uns Schritt für Schritt bewusst machen, dass ihr (wie unser aller) Leben endlich ist. Der Verlust ein und derselben Person ist in unserer Kindheit eine Tragödie, in unserem Erwachsenenalter hingegen davon geprägt, dass wir im guten Sinne loslassen können. Der Umgang mit Krisen ist also von der jeweiligen Situation und Lebensphase abhängig.

Unsere Bedürfnisse sind immer auch auf andere gerichtet, da wir abhängige und soziale Wesen sind. Das bedeutet nicht, dass wir uns stets sozial verhalten. Aber von Grund auf ist der Mensch darauf ausgerichtet, in Gemeinschaft zu leben und dieses Miteinander in Freude und Leid zu bestehen. Je enger die Bindung ist, desto mehr kommt es zu diesem gemeinsamen Erleben. Die Familie ist ein gutes Beispiel dafür, dass Menschen auch über weite Entfernungen, aber auch über große Konflikte hinweg doch immer wieder füreinander da sind, sich verzeihen etc. Kaum ein Lebenskonzept ist so belastbar wie die Familie. Sie ist in besonderem Maße von Verantwortung geprägt, und gleichzeitig mit emotionaler Tiefe verbunden. Auch wenn dieses Verhältnis nicht gleich bleibt, sondern sich mit dem Älterwerden – der Kinder, aber auch der Erwachsenen – verändert, neue Formen annimmt und sich vielleicht auch abschwächt, bleibt Familie meist das ganze Leben über und damit auch in der zweiten Lebenshälfte relevant. Befindet sich einer unserer Lieben in einer Krise, sind wir also nicht nur mit betroffen, sondern auch bereit, zu helfen und zu unterstützen, wo es notwendig ist. Ist uns unser soziales Wesen als Mensch von der Natur gleichsam in die Wiege gelegt, zeigt sich hier ihre ausgeklügelte Sinnhaftigkeit und ihre „Weisheit". Auch bei anderen Lebewesen lässt sich beobachten, wie großartig solche natürlichen Anlagen im Lebensvollzug funktionieren.

Mitverantwortung bedeutet also, für den anderen Verantwortung zu übernehmen, das heißt, das eigene Handeln, aber auch Fühlen und Denken nicht nur an den eigenen Bedürfnissen auszurichten, sondern dabei auch die des jeweils anderen zu berücksichtigen und diese Mitberücksichtigung als wichtigen Teils des eigenen Daseins zu verstehen. Und diese Fähigkeit muss nicht verloren gehen, wenn wir uns in einer Krise befinden.

Mitverantwortung bedeutet zugleich, dass wir den anderen in seiner Selbstverantwortung sehen. So kann es unter Umständen richtig sein, sich bewusst dafür zu entscheiden, für den anderen nichts zu tun, obwohl er es sich wünscht. Die Botschaft ist dann: Ich traue dir zu, dass du es alleine schaffst. Ich fördere deine Selbstständigkeit. Das kann gerade im hohen Alter von Bedeutung sein. Diese Form der Mitverantwortung wird oft übersehen, wenn erwachsene Kinder es gut meinen und den Eltern alles abnehmen wollen. Die Frage der Mitverantwortung lautet also: Was kann ich für andere tun und wo kann ich ihnen helfen – auch darin, dass sie ihre Selbstverantwortung wahrnehmen?

Das enge Verhältnis dieser Verantwortlichkeiten zeigt, dass wir uns nicht im luftleeren Raum befinden. Es geht nicht nur um uns und wir sind nicht der Mittelpunkt der Welt. Diese Erkenntnis wird gerade in Zeiten von Krisen besonders wichtig. Das zeigte auch die Corona-Pandemie. Anfangs sahen wir uns hauptsächlich mit Hamsterkäufen konfrontiert. Es war fast, als würde ab morgen das Abenteuer Mittelalter beginnen, für das es sich auf seiner isolierten Burg zu wappnen gilt. Vielen schien egal, dass für die anderen nichts mehr übrig blieb. Diejenigen hingegen, die verantwortlich handelten, waren die Verlierer – sie hatten kein Klopapier mehr. Später ging es um Hygieneregeln, die man in der Öffentlichkeit einhalten sollte. Was früher die Hamsterkäufer waren, waren nun die Menschen, die demonstrativ und aus Prinzip keine Masken trugen. Verwiesen sie auf Freiheitsrechte und lehnten die Maßnahmen pauschal als unzulässigen Eingriff ab, nutzten sie die Demokratie aus, um sagen zu können: Es ist nicht mein Problem, wenn mein Verhalten andere in ihrer Freiheit einschränkt. Ich bin ein freier Bürger.

Gerade in Zeiten von Corona zeigt sich so, dass nicht nur der Staat und die Politik handeln müssen, sondern jeder Einzelne. Jeder ist zu einem vorsichtigen, rücksichtsvollen, eben verantwortungsbewussten Umgang mit der eigenen Freiheit aufgerufen. Das zeigte sich bei den Lockerungen der Maßnahmen zur Bekämpfung der Corona-Pandemie im Sommer 2020: Die Eigenverantwortung stieg, auch wenn sich manche dessen nicht bewusst zu sein schienen. Es ging immer wieder darum aufzupassen, dass nicht das zunichtegemacht wurde, was durch den Lockdown erreicht worden war. Verbote und Vorgaben sind nur ein Teil. Der größere ist unser verantwortliches Handeln.

In einer Welt, in der sich jeder frei entwickeln darf, in der es die verschiedensten Lebensformen gibt und in der Freiheit großgeschrieben wird, wächst auch der Egoismus. Diese Feststellung soll kein Argument gegen Freiheit sein. Unsere Grundrechte sind wichtig, ja fundamental für unsere freiheitliche Gesellschaft. Aber eine solch umfassende Krise macht auch deutlich, dass es manchmal erforderlich ist, sich an Vorgaben und Gesetze zu halten, auch wenn man sie nicht ganz nachvollziehen kann oder von ihnen belastet wird – manchmal vielleicht mehr als andere. Kritisch zu hinterfragen sind Einschränkungen der Freiheit allemal. Aber um einem schädlichen Egoismus vorzubeugen, muss Freiheit mit Verantwortung gekoppelt werden. Das meint nicht nur Selbstverantwortung, sondern auch Mitverantwortung. Es lohnt sich, um die freie, demokratische Welt, in der wir leben, zu kämpfen. Aber wenn wir sie erhalten wollen, müssen wir manchmal auch dem folgen, was uns nicht in den Kram passt. In verantwortungsvoller Haltung zurückzustehen kann gerade denen abverlangt werden, die nicht tief im Schlamassel sitzen und eigentlich wenig Grund haben zu klagen. Wer aber der Mitverantwortung einen solch geringen Stellenwert zuweist, droht einer Entwicklung Auftrieb zu geben, die für die Demokratie und unsere Freiheit, die immer nur eine gemeinsame sein kann, gefährlich ist.

Wenn wir uns im Älterwerden der eigenen Freiheit berauben
In Abschn. 3.2 habe ich gezeigt, dass das Alter so bunt ist wie nie zuvor. Dementsprechend gehen Ältere auch mit der Verantwortung unterschiedlich um. Manche sind aufgrund von schweren Erkrankungen, wie zum Beispiel kognitiven Einschränkungen, nicht mehr in der Lage, verantwortlich zu handeln. Sie verstehen die Komplexität einer Situation (so etwa das große Risiko, das für sie durch Corona besteht) dann nur schwer. Andere sagen ganz bewusst, sie möchten sich die letzten Jahre nicht einschränken oder gar ihrer Freiheit berauben lassen.

Manches ist für Hochbetagte auch einfach nicht mehr so wichtig. Sie befinden sich in einer Lebensphase, in der sie mit anderen Problemen zu kämpfen haben als Jüngere. Ältere haben das Recht, sich zurückzuziehen und in gewissem Maße auch gehen zu lassen. Dennoch sollten sie sich bewusst machen, dass sie auch ihr Umfeld, wie zum Beispiel ihre Kinder, damit belasten können. Und sie sollten die Konsequenzen ihres Handelns auch für sich selbst überdenken. Es heißt, dass wir eine aufgeklärte Gesellschaft sind wie nie zuvor, und trotzdem handeln wir immer wieder so, dass man daran zweifeln könnte. Ein alltägliches Beispiel ist der Alkoholkonsum in unserer Gesellschaft. Wir wissen, dass Alkohol schädlich für Kopf und Körper ist. Dennoch zählt Deutschland weltweit zu den führenden Nationen, wenn es um den riskanten Konsum von Alkohol geht. Gerade auch in Krisen neigt der Mensch dazu, diese Droge zu nutzen, um für einen Moment zu vergessen. Für diesen Moment ist es dann egal, ob unser Verstand Schaden nimmt und wir vielleicht umso weniger in der Lage sein werden, nach konstruktiven Lösungen zu suchen. Wir berauben uns selbst der Freiheit des Handelns, weil wir uns handlungsunfähig machen. Als Genussmittel und teils sogar mit einer „Kultur" umworben, birgt der Alkohol die Gefahr, dass wir immer mehr unseren Kopf, unsere geistigen Fähigkeiten beeinträchtigen. Das ist eine fatale Situation, brauchen wir doch gerade in einer Gesellschaft wie der unsrigen mit ihren komplexen Anforderungen – ob nun generell oder insbesondere in Krisenzeiten – jeden kraftvollen Verstand. Die Verantwortung auch im Umgang mit dem eigenen Körper sollte schon frühestmöglich, am besten schon den Kindern, vermittelt werden. Auch auf die Risiken unserer Freiheit sollten wir hinweisen. Es bleibt dabei: Freiheit ist ein hohes Gut, mit dem man nicht verantwortungslos umgehen sollte!

Frage ich mich also, was ich für mich und andere tun kann, besteht eine Antwort sicherlich darin, dass ich mich und meinen Körper pflege und wertschätze, um so lange wie möglich in der geistigen und körperlichen Verfassung zu sein, Verantwortung zu tragen. Es bestehen Ausgangsbeschränkungen, aber wir sind nicht ans Haus gefesselt. Gerade jetzt ist es für Ältere wichtig, dass sie sich bewegen, körperlich aktiv sind. Es spricht nichts dagegen, dass sie sich – unter Einhaltung gewisser Schutzmaßnahmen – an die frische Luft begeben, im Gegenteil das tut der körperlichen und der psychischen Gesundheit gut. Auch hilft es, das Gefühl zu vermeiden, hilflos einer Isolation ausgesetzt zu sein. Und warum nicht über das geöffnete Fenster mit der Nachbarin einen Plausch führen? Lokale Gemeinschaften sind gerade jetzt wichtig und sollten gepflegt werden.

Denkanstoß
Gehen Sie verantwortungsvoll mit Ihrem Körper um?

Verantwortung für die, die unsere Hilfe benötigen
Solidarität ist in einer sozialen Gesellschaft ein wichtiger Begriff. In Zeiten von Corona wird er fast schon inflationär gebraucht. Das darf nicht vergessen lassen, dass Solidarität als eine wesentliche Grundlage des menschlichen Zusammenlebens anzusehen ist. Unter Druck gerät sie in Krisensituationen allerdings schnell. So müssen sich viele in der Corona-Krise Sorgen um ihre Arbeit und ihre wirtschaftliche Existenz machen – zusätzlich zu der Angst, sich mit dem Virus anzustecken. Wer Kinder zu betreuen hat, sieht sich plötzlich vor gewaltige Schwierigkeiten gestellt. Die ohnehin oft in prekären Verhältnissen lebenden Studierenden haben durch die Schließungen oft keine Möglichkeit, sich den notdürftigen Lebensunterhalt, z. B. durch ihren Job im Restaurant weiterhin zu sichern; die Hilfen für sie sind eingeschränkt und oft faktisch gar nicht gegeben. Manche sehen aber auch schon die Belastungen als schwer erträglich an, die sich etwa aus den Mobilitätseinschränkungen, den geschlossenen Veranstaltungs- und Einkaufsstätten ergeben. Hier mag das Empfinden unterschiedlich sein, aber es spüren alle, was es bedeutet, wenn der Alltag nicht wie gewohnt geführt werden kann.

All dies waren und sind Probleme, die in Krisen dazu führen, dass jeder zunächst einmal mit sich selbst beschäftigt ist und nur wenig Gedanken und Energie auf solidarisches Handeln und Denken verwendet. Die Solidarität droht damit in den Hintergrund zu geraten. Das aber gefährdet die Basis unserer Gesellschaft. Krisen sind so gesehen ein Stresstest der sozialen Fundamente.

Verantwortung für andere ist ganz besonders da gegeben, wo Menschen noch oder wieder abhängig und auf Hilfe angewiesen sind. Das betrifft zum Beispiel Kinder und hilfsbedürftige Familien, aber auch Ältere. Gerade letztere freuen sich über den Kontakt oder über kleine Hilfen. Sie brauchen auch im Rahmen der Möglichkeiten Aufgaben, die in der Krise Sinn machen (vgl. Abschn. 5.3).

Formen der Hilfe gab und gibt es viele – und damit auch Möglichkeiten, sich in einem Ehrenamt zu engagieren. In meiner Heimatstadt ging es beispielsweise darum, die Hilfe und die nach Hilfe Suchenden in Zeiten von Corona zusammenzubringen, Initiativen zu vernetzen und damit einen Beitrag zu leisten, um besser durch die Krise zu kommen. Es wurde ein runder Tisch ins Leben gerufen, der rasch wuchs und an dem sich auch Vereine beteiligten. Hier wurde die ehrenamtliche Arbeit rund um Corona koordiniert. Informationsmaterial wurde erstellt, so etwa auch Flyer, um alle zu erreichen und auf die Möglichkeiten aufmerksam zu machen. Angeboten wurde Hilfe in ganz praktischen, alltäglichen und doch wichtigen Dingen. Solidarität zeigt sich auch etwa darin, mit dem Vierbeiner Gassi zu gehen, wenn Frauchen oder Herrchen nicht dazu in der Lage sind.

Wir sind aber auch in der Verantwortung, dass die vielen wichtigen Themen rund um unsere Gesellschaft in der Corona-Krise nicht wie weggewischt sind und übersehen werden. Im Ausnahmezustand entsteht schnell das Problem, dass ein Thema die Medien, das Denken und letztlich auch das Handeln beherrscht. Die moderne Gesellschaft ist in ihren Stimmungen recht wechselhaft; sie kann sich von Tag zu Tag rasch ändern. Zu Recht wird angemahnt, dass die Herausforderungen, die unabhängig von der Corona-Krise bestehen, jetzt nicht vergessen werden dürfen. Umso erfreulicher, dass Europa bei den finanziellen Hilfsprogrammen darauf achten will, das Thema Nachhaltigkeit bei den wirtschaftlichen Unterstützungs- und Konjunkturmaßnahmen zu berücksichtigen. Gefragt ist die Politik freilich auch darin, bei allen Sicherheitserwägungen die Frage der Freiheit stets im Auge zu behalten. Die Problematik zeigte sich schon bei der Terrorismusbekämpfung der letzten Jahrzehnte, sie ist bei der Umweltthematik deutlich zu sehen, und Corona trägt dazu bei, dass dieses Thema noch wichtiger wird. Hier ist seitens der Politik ein großes Verantwortungsbewusstsein gefragt – ganz wie ja schon aufseiten der einzelnen Bürgerinnen und Bürger, die Verantwortung und Freiheit in ein sinnvolles Verhältnis bringen müssen.

Unternehmen und Führungskräfte in der Verantwortung
Auch Unternehmensleitungen und Führungskräfte sehen sich in unsicheren Zeiten besonderen Herausforderungen gegenüber. Die Arbeit am Laufen zu halten und Zielvorgaben zu erfüllen, ist das eine, die Rücksichtnahme und die Fürsorge für die Mitarbeiter das andere. Es geht nicht nur darum abzuwägen, was zu tun ist, um Arbeitsplätze zu sichern und die Produktion aufrechtzuerhalten, sondern auch um die zwischenmenschliche Kommunikation. Sie ist

nicht nur im Hinblick auf die Transparenz rund um die Krise wichtig, sondern auch für die individuelle Situation des Einzelnen. Gerade bei Mitarbeitern aus der Risikogruppe muss darauf geachtet werden, wie flexibel die Firma sein kann. Die Verantwortung ist von beiden Seiten gegeben. So sollte das Unternehmen Rücksicht nehmen, soweit es geht, und gemeinsam nach Lösungen suchen, wie das Risiko gering gehalten werden kann. Und der Mitarbeiter sollte sich bemühen, offen zu bleiben und Hilfsangebote rund um den Schutz und die Sicherheitsmaßnahmen anzunehmen. Vielleicht besteht die Möglichkeit einer Umstrukturierung, indem etwa ein Mitarbeiter vom Außendienst vorübergehend in den Innendienst wechselt, um das Infektionsrisiko zu verringern. Für solche Schritte braucht es aber die Bereitschaft von beiden Seiten.

Es besteht dabei nicht nur eine Verantwortung der Führungskräfte für ihre Mitarbeiter. Auch umgekehrt ist Verantwortung gegeben. Auch die Mitarbeiter sollten darauf achten, wie es um den Menschen, der ihr Vorgesetzter ist, bestellt ist. Wie geht es ihm? Ist er der Verantwortung noch gewachsen? An welcher Stelle kann ich ihm helfen? Wo kann ich ihn unterstützen und vielleicht entlasten?

Denkanstoß
Inwieweit tragen Sie in Ihrem Leben Verantwortung für Angehörige, Mitarbeiter oder Führungskräfte? Welche Krisen haben Sie schon erlebt und wie konnten Sie in diesen verantwortlich reagieren? Was war entscheidend? Was würden Sie wieder so machen und was kann Ihnen vielleicht in einer nächsten Krise helfen?

4.2 Angehörige und ihr Umfeld in der Verantwortung

In einer älter werdenden Gesellschaft benötigen wir die Mitverantwortung in besonderem Maße. Gemeint sind damit die Älteren selbst wie auch ihr Umfeld. So brauchen wir die aktiven Älteren in ihrer Mitverantwortung, wenn es um eine längere Berufstätigkeit beispielsweise in Bereichen geht, in denen ein Fachkräftemangel herrscht. Hier können sie etwa als Berater eine wichtige Funktion erfüllen. Die Rahmenbedingungen müssen entsprechend altersgerecht angepasst werden, sodass die Älteren motiviert sind, die Jüngeren zu unterstützen und sich zu engagieren, wobei sie sich aber auch immer ihrer Selbstverantwortung bewusst sein sollten. Abgesehen von der Berufswelt brauchen wir sie aber auch gerade im Hinblick auf viele Ehrenämter, denn unser Wohlstand und unsere sozialen Strukturen geraten im demografischen Wandel zukünftig an ihre Grenzen. So gibt es viele Rentner, die in den Krankenhäusern stundenweise helfen und dabei auch viel für sich selbst mitnehmen. Aber auch in der Berufstätigkeit werden Ältere benötigt, z. B. dort wo Fachkräftemangel herrscht, etwa als Berater oder auch als Schreiner.

Ebenso wichtig ist die Mitverantwortung der Angehörigen und des sozialen Umfeldes für Menschen, die sich in Krisen befinden. Das kann zum Beispiel in Form der Nachbarschaftshilfe sein. Und nicht vergessen werden darf, dass aktuell in Deutschland der größte Teil der Pflegearbeit immer noch von den Angehörigen, vornehmlich von den Frauen, geleistet wird. Aller Wahrscheinlichkeit nach wird sich das in den nächsten Jahren ändern, nicht zuletzt weil Frauen vermehrt in den Beruf wollen (und müssen) und sich dies hoffentlich auf die Sorgekultur in unserem Land dahingehend auswirken wird, dass auch die Männer sich mehr beteiligen.

Auch das System Familie ist gefordert: Familie kann große Unterstützung bieten, weil sie – meistens – zusammenhält, in guten wie in schlechten Zeiten. Weil ihre Mitglieder sich kennen und annehmen und verstehen mit ihren Stärken und Schwächen. Weil sie den anderen aushalten mit seinen Macken. Weil sie einander in der Entwicklung und im Älterwerden begleiten.

Nun zeigt sich auch in Zeiten von Corona, wie der Zusammenhalt in den Familien wächst. Kinder, die in anderen Städten studiert haben, ziehen wieder zu ihren Eltern, und hochbetagte Senioren werden von ihren Kindern umsorgt – soweit es möglich und erlaubt ist.

Hier zeigt sich, wie schwierig Solidarität manchmal sein kann, ja wie sie mit sich selbst in Widerspruch gerät: Zeigte man sich in der Krise mit Blick auf die Gesellschaft solidarisch und hielt die Abstandsgebote ein, fühlten sich die Angehörigen möglicherweise verlassen, ja im Stich gelassen. Die Verantwortung gebietet, die zum Schutz erlassenen Einschränkungen einzuhalten; es gilt aber auch, den verbliebenen Freiraum zu nutzen. Hier zeigt sich erneut die schwierige, aber doch notwendige Abwägung von Freiheit und Verant-wortung.

In meiner Sprechstunde rufen die verschiedensten Menschen an. Jüngere und ältere, Menschen, die zur Risikogruppe gehören, und solche, die sich um andere sorgen. Menschen, die einen anderen Menschen im engen Zusammenleben „aus-halten", mit seiner Panik, vielleicht auch seiner (verbalen) Aggression umgehen müssen. Oder auch Angehörige, die unsicher sind, wie sie mit den Eltern wichtige Fragen besprechen sollen, etwa zu einem notwendigen Krankenhausaufenthalt, der aus Angst vor Corona trotz lebensbedrohlicher Krankheit verweigert wird, oder zu einer Patientenverfügung. Es geht stets darum, einen guten Weg zu finden, um der je eigenen (Selbst- und Mit-)Verantwortung gerecht zu werden. (Vgl. Kap. 8)

Blicken wir auf die Mitverantwortung der Angehörigen und im weiteren Sinne des Umfelds, so spielt schon die Kommunikation im Umgang mit den Älteren in Zeiten der Krise eine Rolle. Vermieden werden sollte eine bevormundende Ansprache. Gerade sie lässt sich aber beobachten, wenn erklärt wird, was Alte und Kranke nun nicht tun sollten. Damit entsteht der Eindruck, dass die Pandemie letztlich nur sie betreffe, gerade hier aber wenig Einsicht bestünde. Die Maßnahmen, die ergriffen werden, gehen aber meist alle an. Es sollte möglichst nicht allgemein von Vulnerabilität (erhöhte Verletzlichkeit) und den Älteren gesprochen werden, da man so die Betreffenden zu verfehlen droht – mit diesen negativ klingenden Bezeichnungen definieren sich viele nur ungern. Sinnvoll wäre, Risikogruppen genauer zu benennen, also auf bestimmte Erkrankungen, auf den Pflegebedarf etc. hinzuweisen. Auch in der Krise sollte darauf geachtet werden, einer Altersdiskriminierung entgegenzuwirken. (Vgl. Abschn. 3.2)

„Soziale Distanz" ist, auch wenn es eher sachlich gemeint ist, ein abschreckendes Wort. Hier klingt Kälte mit, die wir gerade dann, wenn wir uns bemühen, „Abstandsregeln" einzuhalten, in unserem sozialen Miteinander nicht aufkommen lassen sollten. Und es gibt ja auch Möglichkeiten, die Kontakte so zu gestalten, dass so etwas wie persönliche Wärme entsteht. Manche Ältere werden die sozialen Medien für sich entdecken. Es könnte mehr telefoniert, aber vielleicht auch hin und wieder geskypt werden. Das mag für einige eine neue und belebende Erfahrung sein, wenn man Freunde und Verwandte beim Telefonieren auch sehen kann. Vielleicht schafft man es auch, dass sich die Gespräche nicht nur um Corona drehen, sondern heiter und entspannend wirken und dadurch von der Krise ablenken. Mancher Kontakt lässt sich wiederbeleben oder intensivieren; dies kann (nicht nur) Älteren das Gefühl geben, keineswegs sozial isoliert zu sein. Ältere können aber auch ihrerseits aktiv werden. Manche schreiben wieder Briefe. Warum nicht auch Fotos verschicken? So können Familiengeschichten neu entdeckt und Erinnerungen ausgetauscht werden. Deutlich wird, dass Familie und Freunde wichtig sind – mehr, als uns vielleicht bislang bewusst war.

Ältere haben, und das darf nicht vergessen werden, einen psychologischen Vorteil. Die meisten haben in ihrem Leben gelernt, Probleme zu bewältigen und mit Krisen umzugehen – Erfahrungen, die den meisten Jüngeren zumindest in diesem Maße fehlen. Und tatsächlich sind viele Ältere erstaunlich entspannt und offen. Hier können Jüngere viel lernen. Das beugt dann auch der Gefahr vor, Ältere nur noch als Objekt einschränkender Maßnahmen zu sehen. Vielmehr wird klar, dass sie fähig sind, einen sinnvollen Umgang mit der Krise zu pflegen und ihren Beitrag zu deren Bewältigung zu leisten.

Das heißt nicht, dass nicht auch Ängste bestehen – bei den älteren Menschen wie auch bei ihren Angehörigen. Probleme mit der Einsamkeit verstärken dies, und manche werden sich in einer forcierten Selbstisolation verschanzen, ohne sich bewusst zu sein, wie sehr dies ihre gefühlte Unsicherheit erhöht. Wenn schon Angst vor dem Spaziergang besteht, kann eine psychosoziale Beratung hilfreich sein. Hier gilt es, gemeinsam Schritt für Schritt Wege zu finden, wie man aus der Angst und der damit verbundenen Einsamkeit wieder herauskommt. (Vgl. Abschn. 8.1.)

Wichtig ist es, gerade jetzt Menschen, die auf Unterstützung angewiesen sind, nicht alleine zu lassen. Eine komplette Isolierung von Risikogruppen kann in einer demokratischen Gesellschaft nicht die Lösung sein. Das widerspricht einerseits grundlegenden sozialen Bedürfnissen. Andererseits wird der falsche Eindruck vermittelt, die isolierte Gruppe könnte von der Gesellschaft abgeschieden werden, auf sie komme es zu deren Funktionieren nicht an. Das aber würde dem sozialen Gefüge schweren Schaden zufügen. Im Gegenteil geht es darum, die sozialen Beziehungen – freilich mit den angemessenen Vorsichts- und Schutzmaßnahmen – aufrechtzuerhalten und zu stärken.

Was also können Angehörige, was kann das Umfeld tun? Möglichkeiten gibt es viele, und sie wurden vielerorts auch ergriffen. Jüngere können Älteren Einkaufshilfe anbieten; das war gerade zu Beginn der Corona-Krise wichtig. Die Enkel besuchen die Großeltern – natürlich mit den entsprechenden Schutzmaßnahmen, also mit Maske und vielleicht auch im Garten oder Park –, um ihnen den Umgang mit den elektronischen Medien zu zeigen, damit die Älteren beispielsweise skypen und so Kontakte pflegen können. Ohnehin wird es die Großeltern freuen, wenn sich die Enkel um sie kümmern. Aber auch ernste Themen sind wichtig. Als eine Form der Mitverantwortung kann es durchaus gesehen werden, wenn erwachsene Kinder mit den hochbetagten Eltern über das Sterben und den Tod sprechen und damit erst die Voraussetzung schaffen, dass diese ihre Wünsche äußern können. Und jenseits dieser engeren Kontakte in der Familie gibt es vielleicht die Möglichkeit, draußen (vor dem Fenster) auf eigenen Instrumenten Musik für die Älteren zu spielen – auch dies ein Zeichen, dass man sich um sie kümmert.

Mitverantwortung ist die Fähigkeit, sich in die Situation des anderen zu versetzen. Sie geht mit Empathie einher. Empathie bedeutet, den anderen mit seinen Bedürfnissen, Normen, Werten und Fähigkeiten zu sehen. Mitverantwortung für Menschen in abhängigen Situationen heißt nicht zuletzt, sich die Frage zu stellen, was man über sein Gegenüber weiß. Es heißt auch, zu reflektieren, wie die aktuelle Lebenssituation des Betreffenden ist. Sinnvoll ist es, mit ihm ins Gespräch zu kommen, um so die Gefühle zu erkennen, sie aber auch zuzulassen. Das meint die Gefühle auf beiden Seiten. Wie kann ich den Alltag gestalten, um die abhängige Situation so angenehm wie möglich zu machen – auch dies wieder für beide Seiten. Es braucht ein gutes Verhältnis von Aktivität und Ruhe: Wann werde ich aktiv und wann gebe ich *keine* Hilfe, um die Selbstverantwortung des anderen zu unterstützen oder um mich in gebotenem Maße selbst zu schützen, also meine Selbstverantwortung wahrzunehmen?

Achtsamkeit ist wichtig. Hier können sich Angehörige fragen, was sie wahrnehmen sowohl beim Gegenüber als auch bei sich selbst, wenn sie Hilfe leisten. Auch muss stets Vielfalt beachtet werden. Jeder Mensch ist anders, hat seine Eigenheiten – gerade das macht uns als menschliche Individuen aus. Dieser Aspekt darf nicht vergessen werden, wenn man sich in verantwortlicher Weise um andere kümmert. Geachtet werden muss auf die Kommunikation, denn das Anbieten wie auch das Annehmen von Hilfe ist oft eine schwierige Situation, mit der sich alle Beteiligten bisweilen schwertun. Wie spreche ich mit meinem Gegenüber? Kann ich mich auf seine Sprache einlassen? Rede ich langsam, laut und deutlich, wenn das Gehör schlechter ist? Gebe ich dem anderen genug Zeit, um zu antworten; überfordere ich ihn nicht? Gute Kommunikation verlangt immer auch Geduld. Die gute Kommunikation können wir lernen. Es gibt viele Angebote hierzu. Auch ich biete in meinen psychosozialen Beratungen an, den Umgang und die Ansprachen zwischen den Generationen einzuüben. Mit aktivem Zuhören, mitverantwortlichem Fragen und Ich-Botschaften können Beziehungen beispielsweise langfristig gut gestaltet werden und auch in Krisen Verbundenheit und Verständnis erfahren werden.

Starke Beziehungen sind durch Ehrlichkeit und Verlässlichkeit geprägt. Das gilt gerade dann, wenn sie auf die Frage nach der Verantwortung bezogen werden. Es gilt, Zusagen zu halten, aber auch, ehrlich zu sein, wenn eine Belastung für den, der hilft, zu groß zu werden droht. Ebenso spielt Wertschätzung eine Rolle. Auf Hilfe angewiesen zu sein, ist nicht leicht; umso mehr freuen sich Betreffende, wenn ihnen das Gefühl gegeben wird, dass sie trotz ihrer Abhängigkeit in gewissen Situationen etwas geben können. Verantwortung für einen anderen Menschen zu übernehmen beschränkt sich nicht auf die jeweilige Situation, sondern umfasst – gerade wenn es um existenzielle Dinge wie in der Pflege geht – stets das Ganze des Menschen.

Bei Menschen, die in einer abhängigen Situation sind, ist es wichtig, auch immer wieder Freude in das Leben zu bringen. Gerade hier sind Kommunikation, Achtsamkeit und Wissen über das gelebte Leben von Bedeutung. Womit kann ich der Person am ehesten eine Freude bereiten? Da ist Kreativität gefragt und eine Kleinigkeit kann schon ausreichen, wie z. B. ein überraschender gemeinsamer Spaziergang an einem Lieblingsort von früher. Es sollte ein Bewusstsein für Selbstständigkeit und für bewusst angenommene Abhängigkeit (Kruse 2005) geschaffen werden. Das darf der betreffenden Person nicht allein überlassen werden; auch der Hilfe Gebende ist hier maßgeblich gefordert. Es hilft nichts, etwas zu verschweigen oder schönzureden. Gerade um das, was an Selbstständigkeit möglich ist, mobilisieren zu können, muss deutlich gemacht werden, wie die Situation tatsächlich ist. Selbstverständlich verlangt das aber ein ausreichendes Maß an Empathie und Respekt.

Das sind alles sehr anspruchsvolle Anforderungen. Angehörige und, wenn auch wohl in geringerem Maße, das Umfeld werden, wenn sie ihre Verantwortung wahrnehmen, immer wieder an ihre Grenzen kommen. Auch sollte man sich darüber im Klaren sein, dass die eigenen Ressourcen und Möglichkeiten nicht unendlich sind. Es gibt Momente, da würden wir gerne helfen, spüren aber, dass das zu weit geht. Wir müssen den anderen in seiner Selbstverantwortung belassen oder aber Hilfe für ihn holen, weil wir es selbst nicht mehr leisten können. Wer Hilfe gibt, muss immer wieder auf das rechte Maß achten. Anders gesagt: In der Mitverantwortung darf die Selbstverantwortung nicht vergessen werden. Und umgekehrt gilt, dass die, die Hilfe empfangen, eine gewisse Mitverantwortung den Helfenden gegenüber haben. Fällt es vielleicht zunächst schwer, Hilfe anzunehmen, so kann es vorkommen, dass man sich später an sie klammert. Verantwortliches Handeln heißt dann, die Hilfe nicht mehr in Anspruch zu nehmen, als nötig ist.

Wir sehen, dass es kein starres Verhältnis zwischen Selbst- und Mitverantwortung gibt, ebenso wenig wie jenes zwischen Verantwortung und Freiheit ein für alle Mal fixiert ist. Wer zu wenig auf sich selbst achtet, kann nicht auf Dauer auf andere achten, ohne dass er selbst oder dieses Verhältnis Schaden nimmt. Wir Menschen sind endlich – und so auch unsere Kräfte.

4.3 Zwischen Selbstbestimmung und dem Verlust von Freiheit

Selbstbestimmung und Freiheit gelten als besonders wertvoll in unserer Gesellschaft. Freiheit bedeutet in einer Demokratie aber auch, dass wir uns streiten, dass wir unsere unterschiedlichen Ansichten gegeneinander stellen und über sie diskutieren, dass wir die Argumente der anderen hören, dass wir aber auch unsere eigenen Argumente geltend machen. Demokratie lebt von der Meinungsfreiheit und den verschiedenen Meinungen.

Andererseits gehört zum Streiten im demokratischen, freiheitlichen Sinne aber auch Verantwortung. Der Meinungsaustausch und die Redefreiheit dürfen nicht von Machtspielen überlagert werden. Verantwortung bedeutet, dass nicht alles erlaubt ist, um die anderen von seiner Meinung zu überzeugen. So ist eine zu starke Verunsicherung in sowieso schon unsicheren Zeiten verantwortungslos. Verantwortung ist auch im Umgang mit den sozialen Medien wichtig. Verschwörungstheorien sind in Krisen besonders gefährlich. Fehlinformationen können sich wie ein Virus verbreiten; sie erschweren dann den Meinungsaustausch, weil gar nicht mehr auf Argumente gehört wird. Man sollte also auch in seinem Medienumgang eine gewisse Vorsicht walten lassen und etwas Distanz wahren, um die Dinge nüchtern und mit dem gebotenen Ernst, aber auch einer reflektierten Gelassenheit zu betrachten.

Verantwortung bedeutet in der Corona-Krise bspw. auch, dass wir unser Verhalten je nach Wissensstand verändern müssen. Je besser die Wissenschaft das Virus versteht, desto zielgerichteter kann und muss agiert werden. Was heute gilt, kann morgen schon anders sein. Da lohnt es nicht, über die ständigen Veränderungen und den Richtungswechsel im Detail zu stöhnen und schimpfen, sondern die Entwicklung in Ruhe beobachten und die jeweils angemessenen Maßnahmen mittragen. Klug ist nicht, wer die ultimative Antwort zu wissen glaubt und die Verantwortung irgendwelchen dunklen Mächten zuschreibt. Klug sein heißt, sich zu informieren und zu versuchen, den Sinn, der dahinter steckt, zu verstehen.

In all den Verboten, die uns zu Anfang auferlegt wurden, lag vielleicht vor allem der Sinn verborgen, dass jeder Einzelne von uns sich den Ernst der Lage bewusst machte. Natürlich gab und gibt es immer noch die Unbelehrbaren. Aber ich habe doch auch mit vielen gesprochen, die sagten: „Anfangs habe ich es nicht ernst genommen, aber mittlerweile verstehe ich …" Zweifel zu haben ist legitim, das sollte dann aber auch für die eigene Meinung gelten. Wir müssen nicht alles sofort glauben. Aber wir können lernen und wir sollten offen dafür sein. Lernen ist ein wichtiges Wort, das im Zusammenhang mit Verantwortung und Freiheit von Bedeutung ist. Wenn sich unsere Gesellschaft verändert, wenn sich das Wissen über das Virus erweitert, wenn überhaupt in Krisen Wissensbestände in Bewegung geraten – dann bleibt uns allen nichts anderes übrig als zu lernen.

All dies bedeutet nicht, dass Selbstbestimmung unwichtig wird. Es heißt nicht, dass Freiheit, wenn sie eingeschränkt wird, verzichtbar wäre. Nein, beide bleiben weiter ein hohes Gut – aber sie müssen mit Verantwortung zusammengedacht werden. Und in diesem Zusammenhang eröffnen sich auch Spielräume, die nicht nur genutzt werden können, sondern genutzt werden müssen. Im Umgang mit den Verboten und den schrittweisen Lockerungen kann jeder von uns kreativ werden. Dazu gehört Mut und Durchsetzungskraft. Welche Ideen entwickeln sich und wie können die anderen da mitziehen?

All diese Kreativität darf natürlich nicht ohne die notwendige Rückversicherung mit Blick auf die öffentlichen Regeln und ohne Berücksichtigung der jeweils neusten Erkenntnisse der Virologie umgesetzt werden. Genau hierin besteht die Verantwortung! Gewisse Rituale und Traditionen sind für viele Menschen gerade in schwierigen Zeiten wichtig. Es gilt also immer ein Stück weit das Gewohnte, das sich so lange bewährt hat, zu behalten und, den neuen Umständen angepasst, zur Geltung zu bringen, damit es seine guten Wirkungen tun kann. Vielleicht ist das für manchen wie ein Stück Heimat in all den turbulenten Veränderungen um ihn herum. Kreativität ist auch da gefordert, wo wichtige Themen, die in unserer Gesellschaft aktuell nicht ganz oben stehen, wieder aufgenommen werden können. Beispiel Klimaschutz: Friday-for-Future-Demonstrationen können nicht oder nur sehr eingeschränkt abgehalten werden. Aber die Aktivisten haben teils kreative Ideen und stellen beispielsweise Plakate vor dem Reichstag auf – eine Demo ganz ohne Menschen.

Mut braucht es auch, weil mutige Entscheidungen Folgen haben. Der Mut darf aber nicht bedeuten, sich gegen das System zu stellen und einer eigenen Logik zu folgen, auch wenn andere Schaden nehmen. Apropos Logik; In einem Artikel von Heinrich Wefing (2020) heißt es, die Logik der Gerechtigkeit sei expansiv, das heißt, was das Recht des einen ist, gilt auch für alle. Die Logik der Virologen sei hingegen selektiv: Darf ein Geschäft öffnen, heißt das noch lange nicht, dass das für alle gilt. Es muss geschaut werden, wo besondere Gefahren sind, die das Virus sich noch mehr verbreiten lässt. Das zeigt sich daran, dass gewisse Branchen eher in den Blick rücken als andere, aber auch daran, dass im Zuge der Lockerungen im Sommer 2020 stärker auf regionale Maßnahmen gesetzt wurde.

Wie sich im Zuge der Corona-Pandemie gezeigt hat, sind Maßnahmen nie endgültig, ja teilweise schnell hinfällig; sie werden geändert, zurückgenommen, ausgeweitet oder ersetzt durch andere. Das hängt mit dem ständig wachsenden Erkenntnisstand zusammen. Der Soziologe Heinz Bude wünscht sich daher auch von den Politikern, dass sie „mehr über die Notwendigkeit des Experiments und der Verantwortung reden". Bedeuten Krisen Unsicherheit, so gilt dies auch für die Entscheidungen, die in ihnen getroffen werden.

Denkanstoß
Wie sehen Sie es mit Blick auf Ihr Leben, dass Entscheidungen nicht endgültig, sondern immer nur vorläufig sind und bei Bedarf wieder geändert werden müssen? Dass man sich das Experimentieren eingestehen muss, wo eigentlich

kein Platz für Experimente sein sollte? Wie sehen Sie es ganz konkret in Bezug auf Ihr persönliches Älterwerden und auf Gefahren, wie die Corona-Krise sie vor Augen geführt hat? Können Sie diese Herangehensweise auf Ihr eigenes Leben übertragen? Wird es auch in Ihrem Leben immer wieder um ein Experiment gehen, indem Sie etwas ausprobieren, um schließlich daraus zu lernen und vielleicht auch das ein oder andere zu ändern? Können wir im Zusammenhang damit unser Sicherheitsdenken neu in den Blick nehmen?

Freiheit, Sicherheit, Gesundheit
Unsere moderne Gesellschaft zeichnet sich nicht nur durch Selbstbestimmung und Freiheit, sondern auch durch ein relativ hohes Maß an Sicherheit aus. Gerade deshalb wirken Krisen so stark, kommt es überhaupt zu Krisen: weil nun plötzlich die Sicherheit verloren geht. Denn grundsätzlich gestehen wir dem Einzelnen zu, sich in seiner Freiheit auch großen Gefahren auszusetzen – immer neue Extremsportarten mit dem medialen Begleitspektakel sind ein sichtbares Zeichen dafür. Im Allgemeinen begeben wir uns aber nicht in solche Gefahren, sondern meiden sie. Sich ihnen nicht aussetzen zu müssen, ist auch ein Wert unserer modernen Gesellschaft. Dass dies möglich ist, haben wir technologischen, aber auch politischen und institutionellen Entwicklungen sowie nicht zuletzt unserem Wohlstand zu verdanken.

Krisen wie die Corona-Pandemie bedrohen nun nicht nur unsere Gesundheit und Sicherheit, sondern bringen auch das Vertrauen, das wir insgesamt haben, ins Wanken. Dieses Vertrauen ist einer harten Probe ausgesetzt durch die Ungewissheit, wie sich die Situation weiter entwickeln wird. Wir sehen uns in unserer Freiheit beschränkt – unabhängig davon, wie weit wir tatsächlich davon Gebrauch gemacht haben – und fragen uns, inwiefern die Maßnahmen, die die Freiheit begrenzen, geeignet sind, die Sicherheit wieder so weit herzustellen, dass die Freiheit ihr bisheriges Ausmaß wieder erreichen kann. Wann wird das sein? In einem halben Jahr? In ein, zwei Jahren? Insgesamt herrscht in Deutschland noch ein relativ großes Vertrauen, und doch zeigt die Krise längst auch hier ihre Wirkung. Dürfen wir so einfach Vertrauen schenken? Und wem?

Genauer betrachtet gab es aber auch schon davor, im „Normalzustand", einige Hinweise, dass das Vertrauen nicht uneingeschränkt herrsche. Das zeigt sich in vielen kleinen Dingen, die bezeugen, dass eher Unsicherheiten empfunden werden, die man zu kompensieren sucht. Denn tatsächlich zeigt uns das Leben immer wieder – jetzt in der Krise ganz besonders, aber tatsächlich auch außerhalb derselben –, dass Dinge schiefgehen können. Die Breite des Versicherungswesens ist hier nur ein Anzeichen. Dabei ist vieles, was uns widerfahren kann, menschengemacht. Vielleicht fällt es deshalb so schwer, das Vertrauen auch durch Höhen und Tiefen hinweg stabil zu halten.

Vertrauen heißt ja auch immer, jemandem zu vertrauen. Früher war oft von Gottvertrauen die Rede; in unserer modernen, säkularisierten und verwissenschaftlichten Welt ist das nicht mehr so leicht zu haben. Wir müssen also anderen vertrauen, und sie müssen uns vertrauen. Vertrauen ist ein wechselseitiges Verhältnis – es lässt sich daher mit Freiheit, Selbstbestimmung und gänzlicher Unabhängigkeit nicht ganz vereinbaren. Und doch sind wir auf Vertrauen angewiesen, um mit der Unsicherheit fertig zu werden. (Vgl. Abschn. 6.3)

Über Freiheit, Selbstbestimmung und Gesundheit kann trefflich diskutiert werden. Für den Aufklärer Wilhelm von Humboldt waren Gesundheit und Freiheit im Zweifelsfall unvereinbar. Seinem politisch-gesellschaftlichen Denken, wohl aber auch den zeitlichen Umständen war es geschuldet, dass er dabei der Freiheit einen höheren Wert zumaß – was für ihn bedeutete, dass der Staat sich zurückhalten und damit gerade dem Einzelnen in seiner Freiheit den Spielraum lassen sollte, um für das eigene Wohl und die eigene Gesundheit zu sorgen. Für uns heute lässt dies immerhin erkennen, dass Freiheit und Gesundheit bzw. Sicherheit in keinem einfachen, ja vielmehr in einem spannungsreichen Verhältnis stehen.

Was wir durch Corona lernen können

Die einschränkenden Maßnahmen bringen einiges mit sich, von dem wir im Grunde noch nicht so recht wissen, was wir davon halten sollen. Ist all das notwendig? Ist diese oder jene besondere Regel wirklich erforderlich? Gehen die Lockerungen zu schnell vor sich? Wir fühlen die Freiheitseinschränkungen auch dann, wenn wir nicht auf die wirren Schreier auf dem tatsächlichen oder dem virtuellen Marktplatz hören. Vielleicht stöhnen wir über sie, meist aber halten wir sie doch für hinnehmbar, wenn damit die Unsicherheit etwas zurückgedrängt werden kann.

Aber in all dem können wir auch manches lernen. Tatsächlich war schon früh davon die Rede, dass die Entschleunigung etwas Gutes habe, die mit dem Zurückfahren des öffentlichen Lebens zwangsläufig einherging. Auch das werden die Menschen unterschiedlich empfunden haben. Wer weniger arbeiten darf oder in Zwangsurlaub geschickt wird und dadurch in finanzielle Nöte gerät, wird den Zeitgewinn kaum genießen können. Und doch erscheint es vielen auch angenehm, dass der Trubel, der sonst herrscht, eine Zeit lang verschwunden ist. Und auch die Veränderungen im zwischenmenschlichen Umgang bringen es vielleicht mit sich, dass manches bewusster wahrgenommen wird.

So wird man es gemeinhin nicht gut finden, in vielen Bereichen mit Menschen tun zu haben, die einen Mundnasenschutz tragen, und dabei selbst durch eine solche Maske atmen und sprechen zu müssen. Aber es könnte ein Gefühl dafür entstanden sein, dass es wichtig und vor allem rücksichtsvoll ist, sich an bestimmte Regeln zu halten (selbst wenn wir sie nicht immer und in allen Situationen vernünftig finden). Dass eine gewisse Disziplin abverlangt wird. Dass man sich auch einmal in Bescheidenheit üben muss. Dass sich zugleich Solidarität in teils kreativer Form zeigt. Dass man Ruhe genießen kann, wo das vorher nicht immer möglich war. Dass man sich auch einmal zurücknimmt, wartet, jemand anderem den Vortritt lässt und dass man sich anpasst und eine gewisse Flexibilität wahrt.

In dieser Situation eröffnet sich ein neuer Raum für Vertrauen und es scheint geradezu ein Pendant dazu zu sein, dass wir uns in unserer Freiheit aus Rücksicht auf andere doch etwas zurücknehmen. Vertrauen kann nicht grenzenlos sein, und auch der Personenkreis, der wirklich Vertrauen genießt, ist endlich. Aber in diesen Zeiten wird sich bei vielen gezeigt haben, wie eng sie mit bestimmten Menschen vertraut sind, während andere Personen zunächst etwas an Bedeutung verlieren. Etwas überschwänglich könnte man sagen, dass hier eine neue Welt entsteht, in der das Wesentliche wieder in den Vordergrund gerät.

Mitverantwortung ist auch dann gefragt, wenn wir uns beklagen, dass Konzerte oder Fußballspiele nicht stattfinden. Auch wer nicht zum Fußball geht oder Konzerte besucht, wird einsehen, dass dies für manche ein spürbarer Verlust ist. Und doch muss ihnen abverlangt werden, dass sie das ins rechte Verhältnis setzen. Schließlich kann es nicht sein, dass – wie in der Frühphase der Corona-Krise – auf der einen Seite Pflegekräfte keinen Mundschutz haben und auf der anderen Seite für ein Fußballspiel große Mengen dieser wertvollen Schutzausrüstung ausgegeben und verteilt werden. Kultur ist ein wichtiges Gut in unserer Gesellschaft und nicht zu unterschätzen. Denn durch Kultur erfahren wir auch Werte und werden zum Nachdenken angeregt und gestalten letztlich auch unser soziales Miteinander. Gleichzeitig können wir für einen gewissen Zeitraum auch einmal auf Kultur verzichten. Auch hier gilt es, Freiheit und Verantwortung in das richtige Verhältnis zu bringen – was eine Zeit lang eben bedeutet, auf Fußball und Konzerte zu verzichten. Alles in allem kann die Corona-Krise Chancen für einen neuen gesellschaftlichen Konsens geben. Womöglich finden wir auch neue gemeinsame Rituale. Ideen für kulturelle Angebote unter Einhaltung der Hygiene-Maßnahmen mit weniger Menschen z. T. unter freiem Himmel werden zunehmend umgesetzt. In Kap. 9 können Sie weitere Aspekte zu den Lernchancen nachlesen.

Mitverantwortung in Pflegeheimen und im Gesundheitsbereich – auch für Außenstehende!
Oftmals akzeptieren wir bei uns selbst, aber auch bei uns nahestehenden Menschen nicht, wenn die Selbstbestimmung Schritt für Schritt verloren geht. Gerade wenn dies im Zusammenhang mit einer Erkrankung geschieht, die der Arzt doch bitteschön „reparieren" soll oder bei der die Pflege besser mobilisieren könnte, kommt es manchmal zu Vorwürfen, die niemandem weiterhelfen. Weil wir es nicht mit ansehen können, wie ein Mensch körperlich „weniger" wird, weil wir es nicht gelernt haben, sind wir oftmals zutiefst verzweifelt, ja schockiert über den Anblick, der sich uns bietet. Da muss es doch eine Lösung geben! Was kann noch gerettet werden? Wir rufen Ärzte und Pflegende um Hilfe für etwas, bei dem es keine Hilfe gibt – zumindest keine, die den Vorgang dauerhaft aufheben oder gar rückgängig machen könnte. So passiert es manchmal, dass wir, wenn wir uns an die Selbstbestimmung und an das Leben – so wie wir denken, dass es sein müsste – klammern, unfair sind gegenüber den Gesundheitsberufen. Diese geraten unter Druck, was dann wiederum teilweise zu Maßnahmen führt, die weniger eine Lebens- als vielmehr eine Leidensverlängerung sind.

Und so hört man manchen sagen: „Meine Mutter, 85, ist gerade gestürzt und liegt mit Oberschenkelhalsbruch im Krankenhaus. Aber das wird wieder. Wir kriegen sie wieder hin!" Das ist natürlich in diesem hohen Alter immer fraglich und die Aussage ist der Angst geschuldet, die Mutter schlimmstenfalls zu verlieren oder aber auch nur zu akzeptieren, dass gewisse gesundheitliche Probleme eben im Alter nicht mehr „hinzukriegen" sind. Es ist immer schwer, einem Verlust ins Auge zu schauen. Und ja, es ist durchaus möglich, dass sich die Hochbetagte wieder erholt (und auch erholen will). Aber oftmals ist in diesem Alter eine dauerhafte Pflege die Folge. Mitverantwortung bedeutet jetzt, auszuhalten, was Ärzte und Pflegende diagnostizieren und als Hilfe anbieten. Es bedeutet, mit der Hochbetagten so offen wie möglich zu sprechen und auch ein Gespür dafür entwickeln, was denn deren Wunsch ist. Denn offen artikuliert wird er nur selten, ist es doch auch auf Seiten der Betroffenen ein Prozess, ihn sich bewusst zu machen und dann auch noch auszusprechen.

Wir sind in der Mitverantwortung gefordert – auch dann, wenn Fehler in der Pflege passieren. Bevor wir den Mund aufmachen und an irgendeiner Stelle klagen oder Vorwürfe äußern, sollten wir genau hinschauen. Denn sonst laufen wir Gefahr, zu der weiteren Überforderung in diesem Bereich beizutragen und das System noch verletzlicher zu machen. Wir sollten über alles, das gut läuft, froh und dankbar sein, und bei allem, das nicht gut geklappt hat, aus welchen Gründen auch immer, schauen wie weit wir Verständnis für die Menschen aufbringen können. Ganz ehrlich, wem von uns ist noch nie ein Fehler unterlaufen? Und wer kennt es nicht, dass bei Überforderung noch mehr Fehler gemacht werden?

Wenn Fehler passieren – die im Gesundheitsbereich oftmals tragisch sind und schwere einzelne Schicksale bedeuten –, nützt es nichts, mit einem Bombardement an Vorwürfen zu reagieren. Dadurch erhöht sich nur noch mehr der Druck. Und Druck führt zu weiteren Fehlern. Ein gewisser Druck kann gut sein, wenn es um das System geht, darum, die Verantwortlichen zu zwingen, den Bereich Pflege noch ernster zu nehmen. Aber klar muss auch sein: Das alles hat seinen Preis. Von dem Aufwand, der für eine Verbesserung des Gesundheitssystems erforderlich ist, werden wir alle in irgendeiner Form betroffen sein. Das bedeutet, dass das neue System von allen mitgetragen werden muss.

Aber es geht nicht nur um Fehler und die Frage nach möglichen Mängeln im Gesundheitswesen. Ein weiterer wichtiger Punkt ist unsere Einstellung zum Leben und Sterben. Dass wir den Tod immer noch viel zu sehr ausklammern, zeigt sich daran, dass manche Angehörige ihre Eltern nicht loslassen wollen, dass sie den natürlichen Vorgang, den die Endlichkeit mit sich bringt, nicht akzeptieren können und einen Kampf aufnehmen, um festzuhalten, was nur auf Zeit festgehalten werden kann. So gesehen wirkt der Umstand, dass wir es vermeiden, über Sterben und Tod nachzudenken und zu reden, zumindest teilweise auf das Gesundheitssystem und die darin Beschäftigten negativ zurück: Sie sehen sich immer wieder auch mit Erwartungen konfrontiert, die sie im Grunde nicht erfüllen können.

Was empfehle ich Menschen im Berufsleben, die psychisch überlastet sind? Selbstverantwortung! Sie sollen Verantwortung, die zu viel ist und die sie nicht tragen können, zurückgeben, sie sollen Zeitmanagement üben, sie sollen auf Pausen achten etc. Empfehle ich das aber einem Menschen in der Pflege, bedeutet das, dass andere, nämlich hilfsbedürftige und verletzliche Menschen unter der Selbstverantwortung der Pflegenden leiden, denn das Personal ist knapp – die Arbeit wird nicht automatisch von jemand anderem erledigt. Das ist es, was den riesigen Druck aufbaut, unter dem sie leiden. In der Corona-Krise wurden sie vielleicht als Helden gefeiert und beklatscht, das ändert aber nichts an der grundlegenden Situation. Pflegeberufe zählen schon lange zu den emotional belastenden Berufen. Sie bedeuten körperliche und psychische Belastungen bei schlechter Bezahlung und wenig Anerkennung.

Jeder der nicht im Pflegeheim oder im Krankenhaus mitarbeitet, sollte sich fragen, wie es wohl ist, den ganzen Tag mit Maske oder sogar einer kompletten Schutzausrüstung zu arbeiten. Einen wenn auch nur kleinen Eindruck erhalten wir selbst, wenn wir bei unseren Einkäufen Mund und Nase bedecken. Würden wir sie auch darüber hinaus tragen, etwa im Haushalt, im Garten, bei der Arbeit im Büro oder auf dem Bau, hätten wir schnell eine Ahnung davon, dass man sich an das Jucken und das Schwitzen nicht so rasch gewöhnt. So wäre es vielleicht ein kleines Zeichen der Loyalität, einen ganzen Tag lang die Maske zu tragen, ändern würde sich dadurch für die Pflege aber nichts.

Sinnvoller ist es also, sich für geeignete Änderungen in diesem Bereich einzusetzen und vor allem die eigene Haltung zu überdenken, wenn wir etwa Angehörige im Krankenhaus oder im Heim haben oder auch selbst Dienste des Gesundheitswesens in Anspruch nehmen. Denn was wir unmittelbar in der Hand haben, ist die Achtung und Anerkennung, die wir den Menschen, die in diesen Bereichen arbeiten, entgegenbringen.

Konsum – zwischen Freiheit und Verantwortung

Um unsere Freiheit und Verantwortung geht es auch immer wieder in unserem Konsumverhalten. Was brauche ich, was wünsche ich mir vielleicht nur, ohne dass es wirklich notwendig ist? Shopping macht vielen Menschen Spaß. Eine Krise kann das ändern. Jetzt ist man plötzlich gezwungen, sich über andere Dinge Gedanken machen. Auch haben viele Geschäfte, gerade im Einzelhandel, einige Wochen schließen müssen. In der Corona-Krise sind die Werte für das Konsumklima dann auch stark gefallen. Auch nach der schrittweisen Öffnung kam der Konsum nicht unmittelbar in Fahrt. Einkommenseinbußen etwa durch Kurzarbeit oder Arbeitslosigkeit sowie überhaupt die Unsicherheit, wie es allgemein und für einen persönlich wirtschaftlich weitergeht, sind ein wichtiges Konsumhemmnis.

Bund und Länder setzen enorme Mengen an finanziellen Mitteln in Form von Hilfen, Krediten und künftig auch Konjunkturprogrammen ein, um die Nachfrage im Inland zu stimulieren. Ob das reicht, dass der Einzelne in sein vormaliges Konsumverhalten zurückfindet, werden wir sehen. Ohnehin ist fraglich, ob das überhaupt gut wäre oder ob es von allen gewünscht wird. Ich habe in den letzten Jahren (vor Corona) immer wieder mit Menschen gesprochen, die ihr eigenes Konsumverhalten wie auch das anderer Menschen zunehmend kritisch betrachtet haben. Infrage wird man das eigene Konsumverhalten etwa auch dann stellen, wenn man sieht, dass es anderen Menschen in anderen Ländern viel schlechter geht. Die Corona-Krise war nun für manche eine Erfahrung, die bewusst machte, dass es auch mit viel weniger geht. In all den Einschränkungen zeichnete sich eine neue Freiheit ab, nämlich die Freiheit zu entscheiden, was ich nun wirklich brauche und auf was ich – angestoßen durch die aktuelle Krisensituation – vielleicht doch verzichten kann. Nicht, dass diese Freiheit nicht schon davor bestanden hätte; gleichsam durch Zwang konnte man sich aber nun ihrer eher bewusst werden. Denn manche machten die Erfahrung, dass es durchaus beglückend sein kann, dies oder jenes nicht zu brauchen und sich auch entsprechend zu entscheiden.

Das Wissen, dass sich unsere Wirtschaft nur dann erholen und viele Arbeitsplätze nur dann gehalten werden können, wenn wir alle wieder kräftig konsumieren wie zuvor, ist für den Einzelnen womöglich kein ausreichender Grund, wieder zu seinem alten Verhalten zurückzukehren. Auch die Verantwortung für das Klima, die in den letzten Jahren glücklicherweise gewachsen ist, hängt damit zusammen. Menschen haben sich durch Krisen – ob nun persönliche oder gesellschaftliche – schon immer verändert. Es ist also fraglich, ob sich das alte Konsumklima wieder einstellen wird. Es geht nicht nur darum, ob wir den Gürtel enger schnallen müssen (und ob das aus Sicht des Wirtschaftswachstums überhaupt hinzunehmen ist). Vielleicht ist weniger Konsum keine Frage des Müssens, sondern der Verantwortung und der Freiheit.

Die Tageszeitung in meiner Stadt hat auf Instagram ihre User gefragt, was sie *nach dem Ende* des Lockdowns im Frühjahr 2020 vermissen. Zurück kamen viele Antworten: „Nicht im Pendlerstau stehen zu müssen", „Ruhe und Einsamkeit", „Die Zeit mit meiner Tochter verbringen zu können ohne Fremdbetreuung und Homeoffice", „Abstand und Privatsphäre", „Eine Zeit, in der man nicht ständig auf die Uhr schauen muss", „Die reine und klare Luft in Rheinhessen", „Das Miteinander, die gemeinsame Zeit". Diesen Antworten zufolge war es eine ganze Menge, das die Menschen in der Phase des stillgelegten öffentlichen Lebens wertzuschätzen gelernt hatten. Ob freie Zeiteinteilung, weniger Stress, der rücksichtsvolle Umgang miteinander, die vielen Spaziergänge, die Zeit fürs Nachdenken, die Zeit für die Familie – Corona hat, so scheint es, wenn auch natürlich nur indirekt, auch seine guten Seiten gehabt. Das hat viel mit dem gebremsten Konsum, mit der geringeren Betriebsamkeit in zahlreichen Bereichen zu tun.

Ein Beweis, dass man zum Guten und Richtigen letztlich doch gezwungen werden muss? Besser ist es, das Ganze als eine Lerngelegenheit zu sehen, die einem die Augen geöffnet hat, denn in der Krise werden wir, wie Corona gezeigt hat, in neue Rollen gezwungen, die uns neue Erfahrungen verschaffen. Nun aber gilt es, das Positive in einem neuen Umgang mit Freiheit und Verantwortlichkeit – auch beim Konsumieren – weiter zu verfolgen. Gelänge dies, wäre viel gewonnen und einer weiteren Seite der Mitverantwortung Genüge getan.

Literatur

BAGSO. (2020a). Corona-Epidemie in Deutschland: Menschen in der Pflege nicht allein lassen! Stellungnahme der BAGSO zum Tag der älteren Generation am 1. April 2020. https://www.bagso.de/fileadmin/user_upload/bagso/06_Veroeffentlichungen/2020/Stellungnahme_Menschen_in_der_Pflege_nicht_allein_lassen.pdf. Zugegriffen am 20.05.2020.

BAGSO. (2020b). Menschenleben schützen – Zusammenhalt stärken Empfehlungen der BAGSO in Zeiten der Ausbreitung des Coronavirus. https://www.bagso.de/fileadmin/user_upload/bagso/06_Veroeffentlichungen/2020/20200325_Menschenleben_schuetzen_Zusammenhalt_staerken.pdf. Zugegriffen am 05.09.2020.

Bertelsmann Stiftung. (2020). Pflege 4.0 in der internationalen Praxis – Ein Erfahrungsbericht. https://www.bertelsmann-stiftung.de/fileadmin/files/user_upload/Impulspapier_Pflege_4.0_in_der_internationalen_Praxis2.pdf. Zugegriffen am 05.10.2020.

Bundesanstalt für Arbeitsschutz und Arbeitsmedizin (BAuA). (2012). Förderung psychischer Gesundheit als Führungsaufgabe. Ein eLearning-Tool von psyGA. http://psyga.info/fileadmin/user_upload/PDFs/psyGA_eLearningTool_Booklet.pdf. Zugegriffen am 03.08.2018.

Bundesanstalt für Arbeitsschutz und Arbeitsmedizin (BAuA). (2015). Alterns- und altersgerechte Arbeitsgestaltung. Ansatzpunkte für ein langes Arbeitsleben. https://www.baua.de/DE/Angebote/Veranstaltungen/Dokumentationen/Dresdner-Kolloquien/pdf/Dresdner-Kolloquium-2015-2.pdf?__blob=publicationFile&v=2. Zugegriffen am 07.08.2018.

Bundesanstalt für Arbeitsschutz und Arbeitsmedizin (BAuA). (2017). Alterns- und altersgerechte Arbeitsgestaltung Grundlagen und Handlungsfelder für die Praxis. https://www.baua.de/DE/Angebote/Publikationen/Praxis/Arbeitsgestaltung.pdf. Zugegriffen am 01.08.2018.

Deutsche Hauptstelle für Suchtfragen e.V. (16. Mai 2019). Die Deutschen trinken zu viel Alkohol – mit Folgen auch am Arbeitsplatz. *Pressemitteilung*. https://www.aktionswoche-alkohol.de/fileadmin/user_upload/oeffentlichkeitsarbeit/PM_Aktionswoche_Alkohol_2019.pdf. Zugegriffen am 20.05.2020.

Ehret, S. (2012). Sorgende Gesellschaft – Unität der Fürsorge in der Diversität. *Wege zum Menschen, 64*(3), 272–287. Göttingen: V&R.

Ehrlich, U., & Vogel, C. (2018). *Babyboomer in Deutschland. Erwerbsverhalten, ehrenamtliches Engagement, Fürsorgetätigkeiten und materielle Lage*. Berlin: Deutsches Zentrum für Altersfragen (DZA). https://www.dza.de/index.php?eID=tx_securedownloads&p=639&u=0&g=0&t=1600480554&hash=37120554fab08cb086c135400032077c7804f6f4&file=fileadmin/dza/pdf/dza_aktuell/dza_aktuell_Babyboomer.pdf. Zugegriffen am 18.09.2020.

Erikson, E. H. (1966). *Identität und Lebenszyklus*. Frankfurt a. M.: Suhrkamp.

Habermas, J., & Günther, K. (2020). „Kein Grundrecht gilt grenzenlos" Was zählt bei der Bekämpfung der Pandemie mehr: Der Lebensschutz oder die Freiheit? Seit Tagen hält diese Debatte die Öffentlichkeit in Atem. Aber lassen sich Grundrechte überhaupt derart gegeneinander abwägen? Ein Gedankenaustausch zwischen dem Philosophen Jürgen Habermas und dem Rechtstheoretiker Klaus Günther. *DIE ZEIT, Nr. 20/2020*, S. 43.

Hoff, A. (2012). „Solidarität zwischen und innerhalb der Generationen – für eine gemeinsame Zukunft" Auftaktveranstaltung zum „Europäischen Jahr für aktives Altern und Solidarität zwischen den Generationen 2012". https://www.ej2012.de/fileadmin/user_upload/redaktion/Redebeitraege/Hoff.pdf. Zugegriffen am 08.08.2020.

Jauer, M. (28. Mai 2020). Können wir noch mal vertrauen? *Die ZEIT, (Dossier) 23*, S. 13.

Junkers, G. (2020). Damals – Heute – Morgen. Hoffnungen, Befürchtungen und Realitäten im Leben einer Analytikerin. In *Psychotherapie im Alter Nr. 67: Altern – Befürchtungen und Hoffnungen im Dialog zwischen Jung und Alt, herausgegeben von Martin Teising und Reinhard Lindner 17. Jahrgang, Nr. 67, 2020, Heft 3* (S. 315–326). Gießen: Psychosozial.

Kruse, A. (2005). Selbstständigkeit, Selbstverantwortung, bewusst angenommene Abhängigkeit und Mitverantwortung als Kategorien einer Ethik des Alters. *Zeitschrift für Gerontologie und Geriatrie, 38*, 223–237.

Kuhn, E. (o. J.). Berlin-Institut Rezension zu „Wir brauchen euch!". https://www.berlin-institut.org/publikationen/rezensionen/wir-brauchen-euch.html. Zugegriffen am 12.02.2019.

Nieswandt, J. (2020). Kommentar zu Alten- und Pflegeheimen: Gefahr von draußen. *Echo*. https://www.echo-online.de/lokales/darmstadt/kommentar-zu-alten-und-pflegeheimen-gefahr-von-draussen_21582726. Zugegriffen am 25.04.2020.

Rentsch, T. (2016). Die Endlichkeit des Menschen – Altern und intergenerationelle Solidarität. Es gibt keine isolierte Ethik des Alterns; vielmehr müssen die altersspezifischen Fragen auf die Grundfragen der universalen Ethik und Moralphilosophie bezogen werden. https://www.philosophie.ch/philosophie/highlights/mensch/die-endlichkeit-des-menschen-altern-und-intergenerationelle-solidaritaet. Zugegriffen am 13.02.2020.

Schmid, W. (2018). *Selbstfreundschaft. Wie das Leben leichter wird*. Berlin: Insel.

Schmiegel, C. (Juli/August 2020). Das neue Wir. Wie wir in Krisen zusammenhalten und Verantwortung übernehmen. *Zeit Campus*, S. 12–23.

Schröder-Kunz, S. (2016). *Selbstverantwortung und Mitverantwortung bei älteren Arbeitnehmern in der sich verändernden Arbeitswelt.* (Bislang unveröffentlicht).
Schröder-Kunz, S. (2019a). *Generationen gut führen – Altersgerechte Arbeitsgestaltung für alle Mitarbeitergenerationen.* Wiesbaden: Springer Gabler.
Schröder-Kunz, S. (2019b). *Gutes Leben und Arbeiten in der zweiten Lebenshälfte – Frühzeitig den Weg ins Älterwerden gestalten.* Wiesbaden: Springer.
Ulrich, B. (2020). Die desinfizierte Gesellschaft. Corona für immer: Wie wir uns vor zukünftigen Pandemien schützen können, ohne unsere Freiheiten einzubüßen. Ein Essay. *DIE ZEIT, Nr. 22/2020*, S. 3.
Wefing, H. (23. April 2020). Richtung Freiheit. *Die ZEIT,* S. 1.

5

Alltag mit Lust und Frust gestalten

Krisen können uns in den verschiedenen Bereichen unseres Lebens „erwischen". Im Älterwerden können Belastungen und damit verbunden Krisen bspw. durch den körperlichen Abbau, den Verlust nahestehender Menschen und das Bewusstwerden der eigenen Endlichkeit gegeben sein. Damit stellt sich die Frage, wie uns die Veränderung psychisch und physisch trifft, aber auch, was wir konkret in den belastenden Bereichen für uns tun können. Steht uns ausreichend Wissen zur Verfügung, um die Situation in ihrer Komplexität erfassen zu können? Wissen wir, was wir jetzt für unseren Körper tun können? Welchen Einfluss hat die Belastung auf unsere sozialen Kontakte und was können wir bei aller Schwere doch gerade hier positiv gestalten? Ist unsere Arbeit oder die Aufgabe, der wir nachgehen, davon betroffen? Kann sie womöglich zum positiven Ausgleich werden, als Ablenkung von unseren Sorgen? Und welche Haltung, welche Einstellung haben wir zu der Krise, die uns trifft? Ist es möglich, an ihr zu arbeiten, um besser mit der Situation umgehen zu können? Gerade im „Frust" einer Belastung ist es wichtig, dass wir immer wieder „Lust", immer wieder Freude und Kraftquellen entdecken, gestalten und empfinden. So können wir einen notwendigen Ausgleich zu all dem Schweren schaffen.

In diesem Kapitel wird es immer wieder um ganz praktische Tipps für den Alltag in Krisenzeiten gehen. Es gibt viele kleine Helfer und Retter, die wir nutzen können, um uns im Schweren nicht nur ohnmächtig zu fühlen, sondern um auch zu gestalten und der Krise eine positive Richtung zu geben. Eine schöne Körperübung, ein gutes Gespräch, das wir suchen, vielleicht auch eine Kerze, die wir anzünden, all dies kann uns Kraft spenden und uns weiterhelfen. Es sind oft die kleinen, die unspektakulären Dinge, die das Fundament bilden. In ihnen haben wir dann auch Gelegenheit unsere Selbstverantwortung mit unseren Bedürfnissen und Möglichkeiten in den Blick zu nehmen.

5.1 Kopf und Körper sind gefordert – gerade jetzt

Krise im Älterwerden
Im Älterwerden erleben wir oftmals eine Veränderung: Kopf und Körper scheinen weniger leistungsfähig zu sein. Auf einmal fällt es uns schwerer, mehrere Dinge gleichzeitig zu tun. Nach einem 8-Stunden-Tag im Büro sind wir viel erschöpfter als noch vor fünf Jahren. Auch zeigt sich unser Körper mehr und mehr mit gewissen „Schwachstellen". Schon beim Aufstehen am Morgen fühlen wir uns wie eingerostet und können nicht mehr gleich loslaufen wie früher.

Ein gewisser körperlicher Abbau ist ganz natürlich. Er beginnt auch schon um einiges früher, als er sich dann bemerkbar macht, etwa mit dem 30. Lebensjahr. Die spürbaren Veränderungen kommen bei vielen von uns aber erst, wenn sie die fünfzig überschritten haben. Dann auf einmal ist das Thema Alter präsent, fühlt man sich mit der Nase darauf gestoßen.

Wie wir mit den Veränderungen, dem Bewusstwerden des eigenen Alters, ja letztlich mit der eigenen Endlichkeit umgehen, ist von Mensch zu Mensch verschieden. In einer Zeit, in der Leistung ganz groß geschrieben wird, kann das für viele unangenehm, ja beängstigend sein. Wir können dadurch in eine persönliche Krise rutschen. Gerade angesichts solcher altersbedingten Veränderungen im Kopf und Körper ist die Säule der inneren Haltung (vgl. Abschn. 5.4) besonders wichtig. Auf der einen Seite sind wir gefordert, die Veränderungen anzunehmen und Ja zum Alter zu sagen. Auf der anderen Seite sollten wir uns aber auch bewusst machen, dass wir den Abbau zwar nicht aufhalten, aber doch auf beachtliche Weise hinauszögern und gerade zu Beginn der zweiten Lebenshälfte noch viele kraftvolle Jahre erleben können, wenn wir uns jetzt nicht „gehen lassen". Hier ist nicht von zwanghafter Selbstoptimierung die Rede, sondern davon, ein gesundes Maß zu finden. Das ist nicht immer leicht. Gerade Menschen, die sich mit dem eigenen Älterwerden noch nie beschäftigt, es vielleicht sogar verdrängt haben, kann es guttun, sich jetzt endlich bewusst solchen Fragen zuzuwenden, um nicht in das berüchtigte Loch zu fallen. Man kann es nicht oft genug betonen: Es gilt, sich immer wieder bewusstzumachen, dass Älterwerden ein natürlicher Prozess ist. Gerade in einer leistungsorientierten Gesellschaft ist das von größter Wichtigkeit.

Meinen Körper im Älterwerden annehmen
Was bedeutet es, wenn sich der körperliche Abbau in der zweiten Lebenshälfte bemerkbar macht (obwohl er schon viel früher begonnen hat)? Muskelfasern zeigen Abnutzungserscheinungen, die leistungsfähigen Zellen in Herz und Muskulatur werden weniger, die Gefäßmuskulatur ist nicht mehr so elastisch, die Atemreserven kommen bei Belastungen schneller an ihre Grenzen. Insgesamt nimmt die Regenerationsfähigkeit des Körpers ab.

Das ist der natürliche Lauf der Dinge – immerhin sind wir biologische Wesen. Das heißt aber nicht, dass man nichts tun könnte. Im Gegenteil sollte man sich bewusst machen, dass eine gewisse körperliche Aktivität diese Prozesse vielleicht nicht gänzlich verhindern, aber doch deutlich verlangsamen kann. Körperliche Stärkung durch Training ist auch im Älterwerden möglich – und nötig. Das heißt, dass man für ausreichend Bewegung sorgen sollte, da dies die Durchblutung und das Herz-Kreislauf-System fördert. So können wir die Versorgung der Gefäße und Organe mit Sauerstoff und Mineralien verbessern. Empfohlen ist daher, zwei- bis dreimal in der Woche Ausdauersport zu treiben – angepasst an die eigenen Vorlieben und die persönlichen Möglichkeiten. Bewusst machen sollte man sich, dass Bewegung ab ca. einer halben Stunde auch dem Gehirn nützt – wir trainieren nicht nur unseren Körper, wenn wir Sport treiben, sondern kräftigen auch den Geist.

Viele haben es schon erkannt: Kraft- und Fitnesstraining ist nicht nur etwas für junge Leute. Hier gibt es auch zahlreiche Möglichkeiten, das Training dem eigenen Bedarf und den eigenen Möglichkeiten anzupassen. Fitnessstudios sind eben nicht nur Muckibuden, sondern bieten eine große Vielfalt. Und eine gute Muskulatur wird im Alter immer wichtiger. Auch wer erst in späteren Jahren beginnt, kann mit einem geeigneten Training etwas für seinen Körper und sein Wohlbefinden tun. Wichtig ist, langsam einzusteigen und sich nicht zu überfordern. Denn gerade im Alter ist es notwendig, auf die körperliche Regeneration zu achten – unsere Körper sind durchaus noch leistungsfähig, brauchen aber mehr Zeit, um sich zu erholen. Das sollten wir ihnen dann aber auch zugestehen. Wichtig ist auch die Regelmäßigkeit – besser, man bewegt sich öfter und geht häufiger ins Training, als dass man an nur wenigen Tagen sehr viel macht. Daher hilft es, wenn man sich einen persönlichen Trainingsplan erstellt und mit gewisser Selbstdisziplin verfolgt.

Sport ist also möglich und wichtig. Bei dem großen Angebot dürfte auch jeder etwas finden, das zu ihm passt. Aber darüber hinaus lässt sich körperliche Aktivität auch in den Alltag einbauen. Es sind hier wie so oft die vielen kleinen Dinge, die im Gesamten eine große Wirkung haben. So sitzen die meisten von uns sehr viel, auch gerade im Beruf. Dann aber sollte man immer wieder kleine Übungen machen und entsprechende Bewegung einplanen. Es hilft also wirklich, öfters mal zu Fuß zu gehen oder die Treppe zu nehmen statt des Aufzugs. Dinge im Alltag, die oft lästig erscheinen, sind wunderbare Gelegenheiten, um in Bewegung zu kommen, ob man nun den Müll nach unten bringt oder Getränke holt.

Ebenso wichtig ist eine ausgewogene Ernährung. Hier sollte auch auf eine ausreichende Zufuhr von Omega-3-Fettsäuren geachtet werden. Pflanzliche Öle aus Lein, Raps oder Walnuss, aber auch Chiasamen, Leinsamen und Walnüsse sind wichtige Lieferanten. Studien zeigen die guten Wirkungen auf Gehirn, Blutwerte und den Blutdruck.

Was wir für unseren Kopf tun können
Im Älterwerden müssen wir unser Gedächtnis trainieren, denn wenn wir etwas für unseren Kopf tun, ist das auch für unseren Körper gut und umgekehrt. So muss auch das Gehirn in Bewegung gehalten werden, damit es nicht „einrostet". Wir sollten daher immer wieder gesunde Herausforderungen für unseren Geist suchen, um ihn „ins Schwitzen" zu bringen. Und auch hier gilt es, sowohl Über- als auch Unterforderung zu vermeiden sowie auf ausreichend Regeneration zu achten, also Pausen einzulegen und einen Ausgleich zu suchen. Wie schon beim Körper sind Schlaf und eine gesunde Ernährung wichtig, eine ausreichende Flüssigkeitszufuhr, vorzugsweise Mineralwasser. Alkohol beschleunigt hingegen den Gehirnabbau – das vermeintlich harmlose Glas Wein am Tag sollte man also eher sein lassen. Und Sport, der für den Körper gut ist, hilft auch dabei, den Geist fit zu halten, insbesondere Ausdauersport.

Auch der Kopf kann im Alltag trainiert werden oder wichtige Anregungen erhalten. Lebenslanges Lernen ist nicht einfach nur ein Muss in unserer modernen Arbeitswelt. Immer wieder Neues zu lernen bringt den Geist in Bewegung und macht ihn rege. Jeder sollte sich daher fragen, was ihn interessiert, was er lernen möchte. Phasen der intensiven Konzentration müssen dann aber auch wieder durch Phasen der Ruhe ausgeglichen werden, die eben nicht nur der körperlichen, sondern auch der mentalen Entspannung dienen. Der Alltag bietet dazu viele Gelegenheiten, sofern man die richtige innere Einstellung aufbringt. Wer den anderen und auch gerade den jungen Menschen mit Offenheit und Interesse begegnet, wird vielfache Anregungen erhalten. Überhaupt bieten qualifizierte Gespräche und Diskussionen Anlass für geistige Regsamkeit, die das Gehirn trainiert. All dies hilft, auch im Älterwerden möglichst lange einen klaren Kopf zu behalten.

Selektieren, optimieren und kompensieren in Krisen

Wenn Menschen im Älterwerden oder in einer Krise ein Nachlassen ihrer Kräfte spüren, haben sie oftmals ganz automatisch wertvolle Mechanismen, wie sie damit bestmöglich umgehen. Sie überlegen, was in der veränderten Situation wirklich wichtig ist, und konzentrieren sich in ihrem Tun darauf. Hier geben sie dann ihr Bestes, überlegen vielleicht sogar, wie sie das Ganze noch weiter optimieren können. Ist dies nicht möglich, kompensieren sie es oftmals durch andere Fähigkeiten. Das bedeutet, dass wir das Älterwerden nicht negieren, sondern unsere Fähigkeiten neu in den Blick nehmen. Wenn wir zum Beispiel ein Musikinstrument spielen, können wir selektieren, optimieren und kompensieren, um altersbedingten Defiziten entgegenzuwirken. Wir wählen Stücke aus, die nicht zu schwer sind (Selektion), wir üben mehr, um einen entsprechenden Erfolg zu erhalten (Optimierung), und wir gleichen aus, indem wir zum Beispiel etwas langsamer spielen, weil die Finger nicht mehr so schnell die Tastatur anschlagen oder die Seiten zupfen können (Kompensation). Ein gewisser Abbau gehört dazu, doch ihn können wir nach dem sogenannten SOK-Modell angehen. Viele Ältere kompensieren ganz automatisch, indem sie eine Brille tragen, ein Hörgerät verwenden oder einen Rollator beziehungsweise Gehstock nutzen.

Die Haltung des Selektierens, Optimierens und Kompensierens ist gerade im Hinblick auf den demografischen Wandel von Bedeutung. Denn es geht nicht nur um den Erhalt unserer Lebensqualität, sondern auch darum, dass wir in einer Zeit, in der es immer mehr Ältere geben wird, die womöglich auf Hilfe angewiesen sind, so lange wie möglich selbstständig bleiben. Inwieweit Pflegekräfte in den nächsten Jahren da sein werden, um den vielen alten Menschen die notwendige Hilfe geben zu können, bliebt fraglich. Daher sind wir gefordert, selbst aktiv zu werden. Das heißt nicht, dass die Gesellschaft aus ihrer Verantwortung entlassen werden soll – im Gegenteil. Unsere moderne Gesellschaft stellt nicht nur ein großes Wissen und viele Bildungsmöglichkeiten für die Senioren bereit, sondern bietet auch die notwendigen Maßnahmen und Unterstützungen an. Die Senioren in unserem Land werden nicht alleine gelassen. Das bedeutet aber nicht, dass wir nicht selbst noch an vielen Stellen aktiv etwas für uns tun können und müssen.

Das Gehirn kann auch in fortgeschrittenen Jahren neue Vernetzung der Zellen ausbilden. Die geistige Flexibilität älterer Menschen kann erhalten bleiben oder sogar ausgebaut werden. Wer allerdings nur Kreuzworträtsel löst, trainiert sein Gehirn zu einseitig. Wichtig sind verschiedene Trainings. Am besten ist ein kognitiv-körperliches Training. Wie eine Studie von Professor Fellgiebel, Wissenschaftler der Mainzer Universität und der Sporthochschule Köln, mit 200 Teilnehmern ab 60 Jahren zeigte, kann zum Beispiel Jonglieren eine große stimulierende Wirkung haben. Hier werden Augen, Kopf und Hände trainiert, wodurch beide Gehirnhälften zusammenarbeiten müssen. Das Wachstum neuer Gehirnzellen und die räumliche Vorstellungskraft werden gefördert. Solche Koordinationsübungen sind für das Gedächtnis wichtig. Allerdings sollte Ausdauersport nicht vergessen werden, da er unser Herzkreislaufsystem trainiert. Möchten wir körperlich und geistig fit bleiben, müssen wir bereit sein, vielfältige Übungen in unseren Alltag zu integrieren. Die positive Nachricht ist, und das gilt es immer wieder zu betonen, dass die Plastizität des Gehirns im Alter angeregt werden kann. Voraussetzung ist jedoch regelmäßige körperliche und geistige Aktivität. In ihrem Zusammenspiel hat sie letztendlich auch einen demenzpräventiven Effekt.

Doch wie steht es mit dem Training in Zeiten von Corona? Fitnessstudios und Sprachunterricht in Gruppen sind während Lock-Down-Zeiten nicht möglich Manche lieb gewonnenen Gewohnheiten rund um die Aktivität von Kopf und Körper können so in Zeiten von Corona nicht mehr oder nicht uneingeschränkt durchgeführt werden. Auch bei Krisen anderer Art kann es sein, dass es zu Verlusten in dem ein oder anderen Bereich kommt.

Da es gerade für Ältere über 60 besonders wichtig ist, dass sie körperlich und geistig rege bleiben, ist jetzt Kreativität und Ausprobieren gefragt. Was könnte sonst noch Spaß machen? Wie können wir uns selbst daran erinnern, die (Damen-) Liegestütze und die Kniebeugen zu Hause durchzuführen? Können wir neue Rituale finden? Eine schöne Musik zur Motivation laufen lassen? Welche Möglichkeiten finden wir, unseren Geist zu trainieren? Eine Seite des Buches mal auf dem Kopf lesen? Einen vielleicht schon bekannten Film auf Englisch oder Spanisch schauen, wenn das die Sprache ist, die wir lernen wollen? Wir müssen hier kreativ sein, wenn die gewohnten, so attraktiv erscheinenden Angebote wegfallen oder nur mit Schwierigkeiten wahrgenommen werden können. Vielleicht sind wir eines Tages wieder auf uns selbst verwiesen – und haben aus der Corona-Zeit gelernt, als wir mit Einfallsreichtum trotz Lockdown und Kontaktbeschränkungen weiterhin mit Aktivitäten etwas für Körper und Geist getan haben.

Denkanstoß
Welche zusätzlichen körperlichen Aktivitäten könnten Ihnen Freude bereiten?
Wie könnten Sie immer mal wieder aus der Alltagsroutine ausbrechen?

Vielleicht haben wir in der Krise auch etwas Gelassenheit gelernt, z. B. im Umgang mit Ängsten. Damit ist auch zugleich mehr Raum für Geduld und Hoffnung gewonnen. Eine solche innere Einstellung fördert die körperliche Gesundheit und stärkt, wie wir inzwischen aus der Medizin wissen, das Immunsystem. Weiter unten werde ich auf die psychische Widerstandskraft (Kap. 7 eingehen, die uns etwas weniger krisenanfällig macht. Auf die Tugenden Geduld, Gelassenheit und Hoffnung wird in den Abschn. 6.2 und 6.3 näher eingegangen.

Körperkontakt ade?
In meinen Seminaren habe ich bisher gerne zu Anfang und zum Ende den Teilnehmern die Hand gereicht. Dieser Augenblick, in dem man sich in die Augen schaut, sich freundlich anlächelt und nur das Ich und das Du zählen. Wie Jens Jessen in der „Zeit" vom 20. Mai 2020 deutlich macht, ist der Händedruck ein Moment der körperlichen Kontaktaufnahme, der weitaus verbindlicher ist als andere, weitgehend kontaktlose Begrüßungs- oder Verabschiedungsformen, die nun gerade in Corona-Zeiten angesagt sind. Tatsächlich sind körperliche Kontakte für unser soziales Zusammenleben wichtig. Das heißt nicht, dass man immer alle und jeden umarmen muss; angesichts der Infektionsgefahr ist es vielmehr sinnvoll, ja wichtig, dass wir zu Corona-Zeiten körperliche Distanz üben. Umso deutlicher wird aber das Gewicht, das eben solche unmittelbaren Kontakte für uns haben.

Es ist also gut und richtig, auf Umarmungen und Handschlag und allzu große Nähe in dieser Zeit zu verzichten. Es ist verantwortlich, das zu tun. Manchmal gibt es Situationen, da vergisst man das für einen Moment. Dann ist man einfach nur ein Mensch, der gerade einmal nicht an die Distanz denkt oder sie vielleicht auch bewusst übergeht. So z.B. wenn man gerade einen Trauerfall in der Familie erlebt hat. Dann kann eine Umarmung in dem Moment wichtig und tröstlich sein. Eine schwere Situation! Jetzt wird es wichtig sein, einen engen Kreis zu haben, in dem keine körperliche Distanz gefordert ist und in der wir Nähe besonders liebevoll erleben. So kann z.B. einen kleine Nacken- oder Rückenmassage unter nahen Menschen angenehm und tröstlich sein.

Körperkontakt im Sinne von Berührung braucht der Mensch. Es handelt sich um ein tiefes menschliches Bedürfnis, das durch eine herzliche Umarmung, das Halten der Hand oder auch eine sanfte Massage erfüllt werden kann. Der Psychologe Dr. Martin Grünwald hat erforscht, wie der Tastsinn das Wohlbefinden reguliert. Das Kuschelhormon Oxytocin senkt bei angenehmen Berührungen den Blutdruck und auch das Stresshormon Cortisol wird geringer. Diese Entspannungsreaktion des Körpers wirkt positiv auf unser Immunsystem. Schon eine kurze Umarmung von 20 Sekunden kann das bewirken. Besonders ältere Menschen leiden häufig unter Mangel an Berührung und Nähe. Deshalb gilt spätestens dann, wenn die Kontaktbeschränkungen in der Corona-Krise aufgehoben sind, dass wir uns vertraute ältere

Menschen gerne berühren und Nähe geben sollten, z. B. indem wir ihnen die Hand auf die Schulter legen oder sie einmal lieb in den Arm nehmen. Bis zu unserem letzten Atemzug werden wir in der Lage sein, Berührungen wahrzunehmen. Unsere Haut verfügt über Milliarden Nervenzellen, die uns die Welt ertasten und erkunden lassen und kann sogar bei Depressionen helfen.

Ein anderes Thema rückt in den Blick, wenn es um Körperkontakt und Älterwerden geht – ein Thema, über das seit einiger Zeit mit größerer Offenheit gesprochen wird: Sexualität im Alter. Auch in meinen Seminaren erlebe ich, dass diese Thematik mit großem Interesse verfolgt wird. Oftmals sind es die ganz unterschiedlichen Bedürfnisse, die eine Rolle spielen. Der eine sehnt sich beispielsweise nach vertrauter körperlicher Nähe und Kuscheln, der andere wünscht sich die Sexualität wie in früheren Jahren. Die sexuelle Biografie eines Paares hat maßgeblichen Einfluss auf die Sexualität im Alter. Daher gilt auch für jüngere Generationen: Je früher an einer Beziehung ganzheitlich (und damit auch körperlich) gearbeitet wird, desto besser. Im Wollen und Nichtwollen rund um die Sexualität geht es in besonderem Maße um Selbstverantwortung und Mitverantwortung. Je vertrauter die Beziehung ist, je besser man über die eigenen Bedürfnisse sprechen kann und je mehr man den anderen mit seinen Bedürfnissen und Wünschen wahrnimmt, umso eher können sich Paare auch im körperlichen Miteinander finden und gemeinsam Freude erleben. Dabei kann das sinnliche Empfinden und die Bedürfnisse, die sich im Älterwerden meisten verändern, sowohl hautnah erlebt und erspürt als auch kommuniziert werden. Je weniger bewusst ein Paar über die Jahre hinweg den anderen gespürt hat, umso schwerer wird es im Alter sein, jetzt gut zu kommunizieren und das körperliche Beisammensein zu gestalten. Wichtig ist immer wieder die Akzeptanz und Toleranz verschiedener Bedürfnisse und das Vermeiden von Vorwürfen – gerade im Bereich der sensiblen Intimität.

(Sucht-) Gefahren für Kopf und Körper in der Krise
Es leuchtet ein: In der Krise etwas für den Körper zu tun ist wichtig. Aber die Krise selbst findet ja im Kopf statt. Das Problem ist oft, dass wir dauerhaft um uns selbst kreisen und dem nachtrauern, was wir verloren haben. Egal wie groß die Krise ist, fatal wäre es, wenn wir uns jetzt durch Alkohol oder Dauerfernsehen ablenken, um dem Hinschauen zu entrinnen. Wenn wir einfach nur abwarten und denken: Es wird sich schon wieder ändern, Hauptsache, ich muss mich jetzt nicht damit auseinandersetzen. Natürlich liegt ein solches Verhalten oft nahe, zumal wenn man sich selbst hilf- und einflusslos erlebt, wenn man glaubt, man könne an der Situation im Großen nichts ändern. Das

ist aber riskant. Natürlich müssen wir uns auch immer wieder ablenken, ganz so, wie wir Pausen von der körperlichen und geistigen Anstrengung brauchen. Tun wir es aber ständig, verpassen wir die entscheidenden Momente, wo es wichtig ist, genauer hinzuschauen und zu handeln.

Zu viel Ablenkung – und Dinge, die Suchtpotenzial haben, wie Alkohol, Drogen, Dauerfernsehen etc., sind hierbei eine große Gefahr – führen zu einer Schwächung und können eine Abwärtsspirale nach sich ziehen. Man wartet immer weiter ab, man verdrängt, nicht einmal, zweimal, sondern immer wieder, man lässt sich gehen, verharrt in Inaktivität und denkt umso mehr, man sei das Opfer. Sucht in seiner Vielfalt erweist sich gerade dabei als Problem, dass sie einen in dieser Rolle festhält, indem sie Muster ausbildet, die ein anderes Handeln gar nicht mehr in den Blick gelangen lassen. Anders gesagt ist Sucht eine Flucht, die nicht aus der problematischen Situation heraus-, sondern vielmehr immer tiefer in sie hineinführt. Sie taugt nicht zur Krisenbewältigung, sondern ist eine Gefahr für Kopf und Körper. Wollen wir diese beide im Alter, aber auch in der Krise möglichst gut fördern, sind es die fünf Säulen des gesunden Alterns, die für eine entsprechende Stabilität auch gerade im Alltag sorgen.

Mobilitätsverlust
In unserem aktiven Leben sind wir viel unterwegs. Wir fahren ins Büro, zum Ehrenamt, mit Fahrrad, Bus, Bahn oder Auto, gehen einkaufen oder essen und oft auch in die Ferne in den Urlaub. Eines Tages, das wissen wir, werden wir nicht mehr so aktiv, so mobil sein, werden nicht mehr so viel Energie haben und auf einiges verzichten müssen oder vielleicht sogar verzichten wollen. Wird der Körper schwächer, passen wir uns meist von alleine den neuen Gegebenheiten an. Die Bedürfnisse verändern sich nach und nach. Einfach ist das für viele aktive Alte aber nicht.

In Corona-Zeiten wird das Reisen erschwert und es birgt ein Risiko. Doch Körper und Kopf sehnen sich nach Reisen. Einmal wieder nach Spanien in die Sonne. Nach Österreich in die Berge. Und auf jeden Fall einmal im Jahr eine andere Kultur entdecken. Das ist der Wunsch vieler junger und älterer Menschen, für die Urlaub nicht nur als der Anker, sondern als die Rettung (aus was auch immer) erscheint. Wir planen von Urlaub zu Urlaub, alles andere ist nur ein vernachlässigbares Dazwischen. Manchmal freilich spürt man: Es wird etwas viel. Schon wieder den Koffer packen, hier mit der Gruppe nach Mallorca, dort ein Wochenende im Elsass. Alles schöne Momente – aber zu Hause kommt man gar nicht mehr wirklich an. Abstriche machen? Den lieben Freunden einmal Nein sagen und die Zeit lieber mit sich selbst zu

Hause verbringen? Sind das nicht verlorene Chancen? Was könnten wir alles verpassen! Gerade im Älterwerden wollen wir doch diese schönen Momente mehr und mehr erleben und genießen und uns diese Freiheit nehmen.

Eine Krise, welcher Art auch immer, führt häufig dazu, dass genau diese Dinge nicht mehr möglich sind. Eine Erkrankung macht das Reisen unmöglich, der Tod eines nahen Angehörigen erfordert Organisation und Beistand vor Ort. Im Unterschied zu solchen individuellen Krisen brachte die Corona-Krise ganz plötzlich eine kollektive Einschränkung. Auf einmal durften alle nicht mehr reisen, mussten gemeinsam geplante Wochenenden abgesagt werden. Kollektiver Frust? Auch hier ist die Wahrnehmung sicherlich individuell ganz verschieden. Und doch hörte ich in meiner Sprechstunde nicht selten Aussagen wie die folgende: „Ich hatte nicht das Gefühl, etwas verpasst zu haben, weil ja niemand dorthin ist. Und es hat mir so gutgetan, zu Hause zu bleiben, auf meinem Balkon zu sitzen oder ganz in Ruhe die gewonnene Freizeit – der Urlaub war ja eingereicht worden – für mich zu nutzen, zum Beispiel bei einem ruhigen Spaziergang im Wald." Und mancher sagt: Ich will was verändern. Vielleicht unfreiwillig, ist ihm doch etwas aufgegangen, und er möchte nicht einfach weiter so umtriebig sein wie vor der Krise.

Es geht um Entschleunigung, um das persönliche Maß, das immer wieder ausgelotet werden muss. „So schlimm die Corona-Krise auch ist, ich möchte nicht in mein altes Leben zurück", heißt es dann. Diese Aussage zu reflektieren, kann anstrengend und mühsam sein. Was steckt dahinter? Warum und wie hatte ich bislang immer wieder das Gefühl, etwas zu verpassen? Was bedeutet es für mich, meinen Freunden, Bekannten, Vereinskollegen Nein zu sagen? Wie geht es mir, wenn ich Zeit mit mir selbst verbringe? Was mache ich mit der Sehnsucht nach anderen Ländern und anderen Sitten, die ich jetzt nicht mehr stille, weil ich weiß, dass das Stillen mir nicht nur guttut? In meiner Sprechstunde geht es an dieser Stelle manchmal in die Tiefe, und es wird deutlich, dass nicht selten alte Muster eine Rolle spielen. Werden alte Muster verstanden, bedeutet das nicht, dass man sie auch gleich abstellen kann. Von ihnen loszukommen bedeutet oftmals harte Arbeit und Mühe. Aber es kann sich lohnen. Und die Belohnung heißt in diesem Fall: mehr Ruhe, Gelassenheit und man selbst sein dürfen!

Übrigens: Ein guter Anfang wäre vielleicht, dass wir unseren Alltag so planen, dass wir Urlaub nicht mehr so dringend benötigen?

Spiritualität in Krisen und im Älterwerden

Haben wir uns in diesem Kapitel nun ausführlich damit befasst, was der Bereich „Kopf" mit dem Älterwerden zu tun hat, so stellt sich auch die Frage nach dem Glauben und Spiritualität. Glaube und Religion spielen nicht für alle Menschen eine Rolle. Der Seelsorger Heinz Lenhart (2019) sprach in einer seiner Fortbildungen für Ehrenamtliche im Hospizdienst davon, dass jeder Mensch spirituell sei. Zunächst leuchtete mir das nicht ein, je mehr ich mich aber damit befasste, gelangte ich zu einer neuen Auffassung von Spiritualität – und nun machte die Behauptung Sinn. Spiritualität besagt demnach, dass jeder von uns seine „eigene Spur" finden muss. Denn wir fragen uns immer wieder (der eine mehr, der andere weniger): Wer war ich? Wie bin ich? Wohin gehe ich? Endgültige Antworten auf solche Fragen lassen sich wohl nie finden. Es bleibt immer ein gewisses Mysterium. Manche finden ihre Antworten im Glauben, vielleicht auch in einer Religion. Andere suchen ihre Antworten nicht in einer höheren Dimension, und doch fragen auch sie, vielleicht unbewusst, und nehmen immer wieder ihr Leben in den Blick. Sich auf diese Fragen einzulassen, sich mit ihnen zu befassen, ihnen Raum zu geben (und sie eben nicht aus der Welt zu schaffen), das scheint nach Lenhart Spiritualität auszumachen.

Spiritualität kann aber auch bedeuten, dass ich „mich annehme". Dies ist etwa dann der Fall, wenn ich davon ausgehe, dass ich gewollt bin, und wenn ich überzeugt bin, dass es irgendeinen Grund für mein Dasein gibt. Eine Selbstgewissheit in solchem Sinne muss, ja sollte nicht in Überheblichkeit ausarten. Sie hat vielmehr mit einer Achtsamkeit für sich selbst zu tun. Dabei wird das Leben als Werk verstanden. Gläubige Menschen verstehen sich beispielsweise oft als Teil einer Schöpfung, als Geschöpf. Wie der Seelsorger sagte: Wir können uns in der Verantwortung Gott gegenüber fühlen. Grund hierfür ist, dass wir uns nicht als zufälliges „Produkt", sondern als ein Wesen erleben, das seinen Sinn erfüllt beziehungsweise erfüllen soll. Das können wir zum Beispiel ausleben, indem wir die uns gegebenen Talente anschauen und für unser eigenes und das Wohl der anderen einsetzen.

Unabhängig von religiösem Glauben erfahren wir in unserer Spiritualität Wachstumsprozesse das ganze Leben hindurch. Wir können sie fördern, indem wir zum „Segen" für andere werden, eine lebensförderliche Haltung einnehmen und entsprechend auf andere ausstrahlen. Achtsamkeit im spirituellen Sinne bedeutet auch, dass ich offen bleibe für die Schönheit des Lebens und mich an ihr erfreue. Ein wichtiger Punkt ist, die eigene Beziehungsfähigkeit zu bewahren. Hochbetagte, die in ihrem Leben beziehungsfähig waren, altern anders, so versicherte mir der lebenserfahrene Seelsorger. Es verwundert nicht, dass auch er bis heute im Ruhestand aktiv ist. Menschen, die viele Beziehungen gepflegt haben, stehen oftmals auch noch im Alter mitten im Leben. Sie begegnen der Jugend auf Augenhöhe, strahlen Wertschätzung und Offenheit aus.

Spiritualität bedeutet also nicht gleich Religiosität; sie kann mit ihr einhergehen, ist aber umfassender. Jedes „geschaffene Wesen" hat eine Spiritualität. Sie ist geistig und somit nicht greifbar. Man könnte sie als eine Art „mentales Atmen" ansehen. Weil wir heute oft atemlos sind, gibt es eine unüberschaubare Zahl an Angeboten von Achtsamkeitskursen bis zu religiösen Veranstaltungen. Offensichtlich besteht ein großer Bedarf danach, weil wir uns kaum noch selbst spüren und nach etwas suchen, mit oder in dem wir wieder ganz nahe zu uns selbst kommen. Spiritualität hat damit zu tun, sich selbst als lebendiges Wesen zu fühlen. Auf welche Weise dies geschehen kann, muss jeder für sich selbst herausfinden. Vielen bieten religiöse Glaubensgemeinschaften hier eine unverzichtbare Stütze. Zwar spielen die konfessionellen Bindungen in unserer modernen Gesellschaft insgesamt nicht mehr die gleiche Rolle wie früher, als religiöse Formen und Rituale allgegenwärtig waren. Dennoch bleibt Spiritualität ein wichtiger Teil des menschlichen Lebens, wie bewusst oder unbewusst das auch immer sein mag. Und auch in diesem Punkt kommen Momente zusammen, die wir bisher als wesentlich festgehalten haben: Es geht darum, sich selbst in den Blick zu nehmen, sich selbst zu fühlen – in und mit all den Veränderungen, die sich für uns ergeben, gerade in einer Krise, und für die wir offen sein müssen, ohne uns selbst aus den Augen zu verlieren.

Die Covid-19-Krise
Die Corona-Krise zeigt einen recht unsteten Verlauf, und alles spricht dafür, dass sie uns noch eine Weile begleiten wird. Im weiteren Verlauf kann es auch immer wieder zu mehr oder weniger intensiven Maßnahmen kommen, und es wird sich auch immer wieder die Frage stellen, inwieweit man sich selbst schützen muss und wie man seiner Verantwortung für andere – im engeren und im weiteren Sinne, also mit Blick auf die eigenen Angehörigen und Freunde, aber auch hinsichtlich der Gesellschaft und seiner Mitmenschen insgesamt – gerecht werden kann. Uns interessiert vor allem, was das für das Älterwerden und für Menschen bedeutet, die schon fortgeschritteneren Alters sind oder vielleicht noch im Berufsleben stehen.

Die Corona-Krise mit den epidemiologischen Maßnahmen zu ihrer Eingrenzung bedeutet zunächst, darauf zu achten, gesund zu bleiben. Nach der Definition der WHO bedeutet Gesundheit körperliches, geistiges und soziales Wohlergehen.

Das heißt wir sollten in diesem Sinne gewisse alltägliche Routine aufrechterhalten – auch dann, wenn Dinge nicht mehr laufen wie gewohnt, z. B. im Falle von Kurzarbeit oder von sonst veränderten Arbeitsbedingungen. Das betrifft aber auch das Private; auch hier sollten Abläufe und Strukturen weiter eingehalten werden. Natürlich wird es Abweichungen geben, und sie können auch hilfreich sein. Aber einen Rahmen muss man haben, um sich in ihm zu bewegen. Selbstverständlich kann man freie Zeit, wenn es sie denn durch die veränderte Situation gibt, sinnvoll nutzen – vielleicht indem man den Keller aufräumt oder Dinge erledigt, die schon lange liegen geblieben sind, oder indem man mehr liest und sich inspirieren lässt. Sinn macht es auch, sich mit den Krisenerfahrungen anderer zu befassen, lässt sich doch vielleicht einiges davon lernen.

Wichtig ist, nicht die Hoffnung (vgl. Abschn. 6.3) zu verlieren. Hoffnungslosigkeit lähmt. Gewiss ist es nicht immer einfach, gegen sie anzukämpfen. Aber an der eigenen Hoffnung kann man bis zu einem gewissen Grad arbeiten, sie pflegen, sie ausbilden. Dabei hilft es, die Vielzahl an Informationen zu filtern. Achten sollten wir dabei auf die Seriosität der Quellen – die Corona-Krise zeigt, welch wundersame Blüten sprießen, die sich über die modernen Medien rasant verbreiten, ob sie nun ein Fundament haben oder nicht. Wichtig ist auch, den Austausch mit nahestehenden Menschen aufrechtzuerhalten. Kann man sich in der jeweiligen Situation nicht treffen, greift man eben zum Telefon oder schreibt eine E-Mail – oder auch einen Brief, was die meisten von uns schon lange nicht mehr getan haben, was aber ein wunderbarer Ausdruck von Wertschätzung ist.

Auch in Krisenzeiten sollten wir aktiv bleiben – körperlich wie geistig. Wir sahen schon, dass dies beim Älterwerden generell eine große Rolle spielt (vgl. Kap. 3 und Abschn. 5.1). Unter den besonderen Bedingungen von Corona oder ähnlichen Krisen gilt dies nicht weniger, auch wenn die Möglichkeiten nun teilweise eingeschränkt sind. Es kann auch helfen, sich auf das eigene Innere stärker zu konzentrieren; pflegen sollte man es über die Krisenzeiten hinaus ohnehin. Das beinhaltet Sinnfragen, vielleicht Meditation, bei manchen auch Religion und Beten. Das kann auch dabei helfen, anderen gegenüber offen und freundlich zu bleiben, eine positive Grundstimmung nach außen zu tragen und so das Miteinander zu befördern.

Das alles wird nicht verhindern, dass immer wieder Unsicherheit und vielleicht auch Angst auftaucht. Wir alle müssen lernen, damit umzugehen – auch ältere Menschen, ob im Berufsleben oder im Ruhestand. Trotz positiver Einstellung darf nicht vergessen werden, dass man sich (und damit auch andere) vor einer Infektion schützen sollte. Covid-19 ist, wie wir zwischenzeitlich wissen, alles andere als eine harmlose Infektionskrankheit, und sie birgt weiterhin viel Unbekanntes. Ob man sich nun wegen seines Alters zur Risikogruppe zählen möchte oder nicht, es wäre leichtsinnig, die Gefahr nicht ernst zu nehmen. Und doch sollte man Panik vermeiden. Hilfreich ist es, über Ängste (vgl. Abschn. 8.1) offen zu sprechen – im Kreis der eigenen Vertrauten, vielleicht aber auch professionellen Rat zu suchen.

Kreativ bleiben mit Körper und Seele
Menschen, die in der Corona-Krise mehr Zeit haben, sind oftmals sehr kreativ. Das, was man schon längst einmal tun wollte, wofür aber die Zeit oder Energie gefehlt hat, kann in die Tat umgesetzt werden. Zum Beispiel kann man sich einen Ruck geben und endlich all die Sachen ausmisten, die sich über die Jahre angesammelt haben. Vielleicht haben wir jetzt die Zeit, auch einmal ein paar Tage am Stück an einer solchen Aufgabe zu bleiben. Das kann ganz Unterschiedliches sein: das Gästezimmer neu streichen, ein Hochbeet bauen, die Balkonkästen einpflanzen. Manche haben die Zeit genutzt, die Natur zu beobachten oder sich sogar in Richtung Selbstversorger bewegt. Wer einen Balkon oder Garten kann jetzt einmal den eigenen grünen Daumen an sich entdecken. In gewisser Weise kann es gelingen, sich in dieser Situation das eigene Heim neu anzueignen und den Raum der eigenen Privatheit nicht nur konsumierend, sondern schaffend zu erobern.

Musik und Singen können den Alltag verschönern. Wie ist das eigentlich mit unserer Stimme, wenn wir den ganzen Tag zu Hause für uns sind und weniger rauskommen, der Gesangsverein seine Proben eingestellt hat oder infolge der Kurzarbeit oder der kurzfristigen Umstrukturierungen im Betrieb weniger mit Kollegen gesprochen wird? Unsere Stimmbänder werden nicht mehr ausreichend trainiert. Das kann man ändern, indem man für sich singt. Sie singen nicht gut? Kein Problem. In dem Moment, wo Sie für sich sind, gibt es eigentlich keine Grenzen. Stimmtraining für Ungeübte findet sich übrigens auch im Internet. Alle, die gerne singen, sollten es sich gerade jetzt wieder angewöhnen. Es hebt die Laune und schmiert die Stimmbänder. Singen Sie also, wann immer Sie die Lust und Laune dazu haben, z. B. in kleinen Pausen, unter der Dusche sowieso, oder auch, wenn Sie sich morgens anziehen. Und warum nicht auch am Abend vor dem Schlafengehen mal wieder ein Kinderlied vor sich hin summen: Guten Abend gute Nacht ...

Im Internet lassen sich die Ideen der Menschen nachverfolgen. Manche tanzen auch und stellen es ins Netz. Gerade junge Menschen finden hier ein Mittel, sich und ihre Gefühle auszudrücken. Warum nicht auch als Ältere einmal einen Blick wagen – vielleicht kann das ein oder andere ja inspirierend sein.

Veranstaltungen wurden und werden abgesagt, und sie werden erst langsam, Schritt für Schritt und auch mit Rückschritten wieder zugelassen; von den ganz großen Veranstaltungen sind wir im Moment noch weit entfernt. Kulturelles erlebt so einiges an Einbuße – gerade die Menschen, die in diesem Bereich beschäftigt sind, sind von den Maßnahmen stark betroffen, allen voran die Künstler und Soloselbstständigen. Kultur fehlt aber auch den Zuschauern und Zuhörern. Das Fernsehen und das Internet kann eben nicht alles ersetzen. Ja, wir sehnen uns danach, wieder einmal ins Kino, ins Theater oder auf ein Festival zu gehen. Aber auch in Zeiten eingeschränkter Öffentlichkeit muss das Kulturelle nicht brachliegen. Jeder kann für sich nach seinen Interessen aktiv werden und kreativ sein – natürlich mit Hindernissen, aber die befördern ja bisweilen die Kreativität. Und Ältere können hier auf einen Erfahrungsschatz zurückgreifen, haben sie doch schon einige kulturelle und künstlerische Formen kommen und gehen sehen.

Für Körper und Seele ist zudem die Natur gut. Natur ist aber nicht immer einfach etwas, das da ist, sondern etwas, um das wir uns kümmern müssen. Jeder Einzelne kann aktiv werden und etwas für sich und die Natur tun. So haben in meiner Stadt beispielsweise Bürger 150 Ideen für den besseren Klimaschutz gesammelt: autofreier Sonntag, Kommunalpolizei aufs Fahrrad, Klimaticket für Neubürger Verbot von Einweggeschirr beim Heinerfest und ähnlichen Veranstaltungen, für jeden gefällten Baum müssen zwei neue gepflanzt werden etc. Der Klimaschutzbeirat gibt die Ideen den Politikern mit auf den Weg. Auch wenn es bei der Bewältigung der Corona-Krise insbesondere darum gehen wird die wirtschaftlichen Verwerfungen abzumildern, Umweltthemen müssen zwingend mitgedacht werden. Die Klimakrise ist ja nicht verschwunden, sondern nur in den Hintergrund gerückt. Wir alle befinden uns in einem Lernprozess – und wir alle können etwas bewegen.

Krisen (älterer) Berufstätiger/Stress durch Covid-19
Mitarbeiter in systemrelevanten Berufen, wie z. B. in Pflegeheimen haben mir im Spätsommer 2020 berichtet, wie sehr sie die letzten Monate belastet haben, teilweise wurden erste psychosomatische Symptome gespürt. Die Sorge um ihre wichtige Arbeit – „Wer macht das denn, wenn ich ausfalle?" –, aber auch um sich selbst, war deutlich spürbar. Organisationen in systemrelevanten Berufen, wie Pflegeheime, Krankhäusern, Gesundheitsämtern, Apotheken, sind gefordert ihre Mitarbeiter zu schützen und kreative Ideen hier zu entwickeln. Dabei müssen ganz besonders auch die Führungskräfte in den Blick genommen werden, die sich als Verantwortliche oftmals über ihre eigenen Grenzen hinaus belasten.

Als Berufstätiger sollte man in psychischen Hochbelastungsphasen gut auf sich selbst achten. Dies gelingt besonders dann, wenn schon im Vorfeld die eigene Widerstandkraft gestärkt wurde (vgl. Kap. 7). Kraft gibt eine gute Zusammenarbeit im Team. Daher ist es wichtig, dass sich die Menschen im Team untereinander vermehrt positive Rückmeldungen geben, wenn Dinge gut laufen und sich auf die konkreten Aufgabenbereiche bzw. die des

Teams konzentrieren. Negative Dynamiken und Störfelder können besprochen und gemeinsam nach konstruktiven Lösungen gesucht werden. Dabei sollte verstärkt auf eine sachorientierte und konstruktive Weise des Miteinanders geachtet werden. Ferner ist es wichtig, persönliche Ressourcen in der Freizeit aufrecht zu halten und zu stärken (In Zeiten von Corona bspw. soziale Kontakte über Telefon/Skype, Musik, Naturerfahrungen, körperliche Bewegung, etc.). Positive Gedanken, innere Bilder, Erinnerungen, die in höheren Belastungsphasen „sichere innere Orte" bzw. kraftgebende Motive sein können, sollte man versuchen zu verstärken. Solche Entspannungsmethoden benötigen gerade dann, wenn man sie noch nie ausprobiert hat, oftmals Anleitung und Begleitung.

Je stärker die Belastung ist, desto wichtiger wird es sein, sich auf die Bereiche und Prozesse zu konzentrieren, die beeinflusst werden können. Mit organisatorischen Herausforderungen, welch enicht ohne weiteres zu verändern sind, sollte dann ein möglichst pragmatischer Umgang gelebt werden. Wichtig ist es nun regelmäßig Pausen zu finden und unbedingt einzuhalten. D. h. hier muss auch einmal „Nein" zur Arbeit gesagt werden. Im Sinne von „Ich will auf mich achten, damit ich leitungsfähig bleibe!". Pausen sollten dann aber auch ausgleichend gestaltet werden, um inneren Abstand vom Arbeitsgeschehen zu bekommen, z. B. durch das Rausgehen in die Natur oder dem Lauschen einer Musik, die entspannt.

Zudem sollten „Aus-Zeit-Bereiche" geschaffen werden, die entsprechend kommuniziert werden müssen. Berufstätige, die ernste Merkmale von psychischer Erschöpfung erleben, sollte ein Beratungs-/Unterstützungsangebot zur Verfügung stehen. Bei Extrembelastungen ist es notwendig, sich selbst und den Kollegen menschliches Maß zuzugestehen! Jetzt ist im Team das Bewusstsein für exzellente fachliche Fähigkeiten gefordert. Wertschätzung muss gelebt werden. Dabei wird auch anerkannt, dass manche Herausforderungen (während einer Pandemie) die Grenzen des fachlich und menschlich Möglichen klar übersteigen. Es geht nicht um „Alles oder Nichts" sondern die Devise lautet: miteinander dranbleiben und das fachlich, organisatorisch und mensch-lich Mögliche in dieser konkreten Situation umsetzen. Hierzu gehört auch, dass sich die Kollegen untereinander Gefühle, z. B. der Verzweiflung, der Frustration, der Wut, der Trauer zugestehen. Dabei handelt es sich um menschliche und natürliche Reaktionen auf Extremsituationen. Diesen Gefühlen sollte wenn möglich außerhalb der unmittelbaren Arbeitssituation Raum gegeben werden. Beim Auftreten von psychischen Belastungsreaktionen können Angebote rund um psychosoziale Beratungen angenommen werden.

Digitales Leben für Kopf und Körper

Homeoffice kann für viele Berufstätige eine Bereicherung sein. Kein Zeitverlust durch lange Anfahrten, Pausengestaltung ganz individuell oder keine Lärmsstörungen, wenn man bisher im Großraumbüro gesessen hat. Auch die körperlichen Bedürfnisse können besser ausgelebt werden. Gewissermaßen unbeobachtet kann man zu Hause all das tun, was man vor den Augen anderer eher vermeinden würde. Das gilt besonders dann wenn man ein Bewegungsdefizit hat. In einem Großraumbüro kann man bspw. nicht die Schuhe ausziehen und die Füße auf den Tisch legen – im Homeoffice hat man hier einen gewissen Vorteil. Man könnte sich sogar den Wecker auf alle 30 Minuten stellen, um regelmäßigen Nackenübungen zu machen. Überhaupt Pausen kann man in „Heimarbeit" ganz abwechslungsreich gestalten: mal 30 Minuten in die Natur gehen, ein ausgedehntes Mittagessen mit Freunden oder der Familie, mal die Wäsche in die Waschmaschine, zwischendurch eine Dusche, um 20:00 Uhr die Nachrichten oder so ähnlich. Die freie Zeiteinteilung birgt jedoch auch Gefahren, denn so hört das Arbeiten ja nie richtig auf. Stimmt. Für andere aber ist es goldrichtig, weil sie so ihre Arbeit über den Tag hinweg strecken und dafür viele Freiheiten haben. Eine gewisse Struktur und Disziplin gehören natürlich dazu. Wie gesagt: Nicht jedermanns Sache.

Denkanstoß

Wenn Sie im Homeoffice arbeiten, ist das für Sie eine angenehme Erfahrung oder wünschen Sie, dass es bald vorbei ist?

Wie können Sie es sich angenehmer gestalten?

Man hat es uns in den letzten Jahren immer wieder erzählt und wir haben es ganz konkret erlebt, dass der Prozess der Digitalisierung an Bedeutung gewinnt – manchmal mit einem lachenden, manchmal mit einem weinenden Auge. Wir haben es erfahren von der netten Spielerei bis hin zur Anstrengung des scheinbar ständigen Kommunizierens über technische Kanäle und die damit verbundene Schnelligkeit und Vergänglichkeit. Manch einer von den Älteren hat sich nach der guten alten Zeit gesehnt. Manch einer von den Jüngeren dachte: Muss das früher schön gewesen sein, und war der Technik manchmal müde, obwohl er damit aufgewachsen war.

Corona verändert vieles. Seit dem Frühjahr 2020 ging es nicht mehr darum, zu entscheiden: Wollen wir die Technik oder nicht? Jetzt war klar: Wir brauchen sie. Wir sind dankbar für die Technik, ist sie doch in vielen Bereichen das entscheidende Hilfsmittel, um die Arbeit am Laufen zu halten. Doch was macht das mit uns, wenn wir im Homeoffice sitzen und Stunde um

Stunde ohne direkten sinnlichen Kontakt, sozusagen hautnah, nur mit Maschinen arbeiten und über Maschinen kommunizieren? Bling … schon wieder eine Mail.

Im Schnelldurchlauf haben wir wieder so einiges gelesen. Manch eine Information wird auch falsch erfasst. Entscheidungen werden langsamer getroffen, weil es ständig ein Hin und Her an Meinungen gibt und anders als beim Zusammensitzen in einem Meeting der Überblick über die Fakten und das bereits Besprochene verloren geht. Doch wieder den Telefonhörer in die Hand nehmen? Nein, nicht auch das noch. Es wird deutlich: Wenn wir uns direkt gegenübersitzen, kommunizieren wir mit all unseren Sinnen. Die Information, die Botschaft erhält Ausdruck und wird im Ganzen verstanden mit Augen, Ohren, Gerüchen, Gesten und Verstand. Jeder Sinn für sich macht Sinn. Und alle zusammen bilden sie ein großes Ganzes. Sie lassen uns verstehen; wir erfassen den anderen und seine Botschaft – vielleicht nicht immer, aber doch oft klarer, als wenn wir nur über einen Sinn kommunizieren. So kann Nachrichtenaustausch bspw. über WhatsApp Missverständnisse erzeugen. Der Ton in den geschriebenen Worten, der Leichtigkeit oder Schwere erkennen lässt, fehlt. Kurze geschäftliche Nachrichten haben freilich wenig mit dem schönen alten Briefeschreiben zu tun. Für manche sind Smileys etc. hilfreich, um eine Stimmung zu signalisieren, nur werden diese Signale manchmal ganz unterschiedlich verstanden. So gibt es gerade auch im digitalen Bereich Unterschiede zwischen Jüngeren und Älteren.

Es ist wohl wirklich so: Vieles ist komplizierter geworden – erst recht in Zeiten von Corona. Aber es gibt auch noch die andere Seite der Medaille: das nun wieder verstärkte Zusammensein mit der Familie. Jetzt wirklich wieder hautnah, Stunde um Stunde. Für manche eine schöne neue Situation, für andere Anstrengung pur. Das hängt nicht nur mit der Beziehung an sich, sondern auch mit dem Alter der Kinder, mit schulischen Leistungen und der Empfindsamkeit der einzelnen Sinne zusammen. Kann ich arbeiten, wenn neben mir das Kind spielt? Oder die Partnerin, ebenfalls im Homeoffice, mit einem Kunden telefoniert?

Kopf und Körper brauchen jetzt, je anstrengender das Homeoffice oder das digitale Meeting war, einen Ausgleich. Besonders geeignet sind Dehnübungen nach langem Sitzen. Schauen Sie einmal an ihrem Körper herunter, wenn sie auf Ihrem Bürostuhl sitzen und arbeiten: Sie sehen eine Haltung, in der Fasern, Muskeln und Sehnen an vielen Stellen Ihres Körpers nicht gestreckt, sondern gekürzt werden. Fangen Sie mit der Dehnung im unteren Körperbereich an: Die Kniekehlen waren in der Regel circa um 90° gebeugt. Also hinstellen und Beine strecken. Solche Kürzungen der Sehnen treten in den

Leisten, den Kniekehlen, den Fingern, Armbeugen, im Bauchbereich und im Nackenbereich sowieso auf. Mit entsprechenden Übungen lässt sich dem gegensteuern – versuchen Sie es, es wird Ihr Wohlbefinden steigern. Im Internet finden Sie verschiedene Bewegungsangebote zum Mimachen. Es lohnt sich nach einem geeigneten Online-Kurs Ausschau zu halten und regelmäßig mitzumachen oder eigenständig zu trainieren.

Mit der Krise beschäftigen
Die Krise verunsichert uns alle. Wie sieht nun ein sinnvoller Umgang damit aus? Wie oft, wie lang, wie intensiv beschäftige ich mich (am besten) mit ihr? Natürlich gibt es hierfür kein Patentrezept. Aber einleuchtend ist, dass es uns umso schlechter geht, je intensiver, öfter und länger beziehungsweise häufiger wir uns mit belastenden Dingen befassen. Umgekehrt wäre es töricht, wollte man die unangenehme, ja gefährliche Situation ignorieren. Auch hier ist das gesunde Maß gefragt. Eine Richtschnur kann auch hier wieder sein: Welche Informationen helfen mir, so dass ich einen Umgang mit der Situation lerne? Was macht mir Angst? Ist diese Angst gut, um eine gewisse Vorsicht zu leben? Ist die Angst unrealistisch oder destruktiv? Was kann ich ändern, was nicht? Wo spüre ich die Angst? Welche Ventile kann ich finden? Mit welchen Sätzen kann ich mich beruhigen?

Wichtig ist, dass man sich von der Angst nicht überwältigen, nicht lähmen lässt. Oft hat sie einen rationalen Kern, geht auf Sorgen zurück, die nachvollziehbar sind. Sie kann ein wichtiges Signal sein und uns aktivieren. Schwierig wird es, wenn man durch die Angst die Kontrolle über die eigenen Gedanken und Gefühle verliert. Hier sprechen die Spezialisten aus Psychiatrie und Psychotherapie von Angststörung. Sie hat eigentlich nichts mit mehr oder weniger berechtigten Sorgen zu tun und ist behandlungsbedürftig. Gehen Ängste mit Panikattacken und starken körperlichen Symptomen wie Schwindel einher, ist das ein klares Alarmzeichen. Ebenso besorgniserregend ist es, wenn sie so viel Raum einnehmen, dass sich kaum noch der Alltag und das normale Leben bewältigen lassen.

Von solchen pathologischen Formen abgesehen, in denen sich Betroffenen professionelle Unterstützung holen sollten, müssen wir lernen, mit unserer Angst umzugehen und sie konstruktiv zu nutzen. Wir dürfen sie nicht ignorieren, uns ihr aber auch nicht ergeben. Angst ist zunächst nichts Schädliches; man sollte sie beobachten, sich aber nicht von ihr treiben lassen. Man sollte sich Zeit lassen, bis sie wieder abklingt, und es dabei vermeiden, sich in Gedanken hineinzusteigern, die die Angst verstärken. Es ist nicht sinnvoll, Situationen grundsätzlich zu vermeiden, in denen man Angst hat; vielmehr sind sie gerade Gelegenheiten, an der Angst zu arbeiten. Und wenn diese Arbeit gelingt, bildet sie eine Ressource, die einem in der eigenen Lebensgestaltung an vielen Stellen helfen kann.

In der Corona-Krise hat sich gezeigt, dass es gerade die Senioren, die nicht arbeiten, an vielen Stellen sehr nervös macht, wenn sie im Radio oder Fernsehen Nachrichten verfolgen. Besonders, wenn dies den ganzen Tag über geschieht. Manchmal kann sich diese Unsicherheit dann auch in richtige Angst oder Panik verwandeln. Hier geht es darum, rechtzeitig zu sich selbst hinzuspüren und sich selbst ein „Stopp" zuzurufen. Das Gleiche sollte man bei nahestehenden Menschen tun, bei denen man eine ängstliche Entwicklung beobachtet. Immer wenn wir Angst und Unsicherheit verspüren, sollten wir uns gleichzeitig mit dem Thema Gelassenheit beschäftigen (vgl. Abschn. 6.2). Was ist das? Wie können wir es üben? Was kann jeder Einzelne tun? Dabei geht es nicht darum, etwas schönzureden, sondern um eine Haltung, die auch das Schwere im Leben und die Unsicherheit akzeptiert.

Befinden wir uns in einer Krise aufgrund des Älterwerdens, ist es wichtig, dass wir nicht um einseitige negative Altersbilder kreisen oder gar unser eigenes Nachlassen im Älterwerden geradezu mit kritisch-misstrauischem Blick auch noch im letzten Winkel suchen. Vielmehr müssen gerade jetzt die positiven Facetten des Älterwerdens in den Blick genommen werden. Das sind oftmals nicht die gut sichtbaren Details, sondern vielmehr die Kompetenzen, die wir im Laufe der Jahre erworben haben.

Auch berufliche Krisen können einen Menschen stark in Anspruch nehmen und weit in den Alltag auch jenseits der Berufstätigkeit hineinreichen. Das zeigt sich etwa dann, wenn man regelmäßig auch nachts nicht abschalten kann, schlecht schläft und nur noch die immer gleichen Gedanken an die beruflichen Schwierigkeiten in seinem Kopf wälzt. Wenn auch Entspannungsübungen nicht mehr helfen, sollte man sich rechtzeitig Hilfe holen.

Denkanstoß
Können Sie nachts nicht gut schlafen, weil Ihre Gedanken immer nur um ein Thema kreisen? Welche Möglichkeiten der Entspannung haben Sie, um wieder zur Ruhe zu finden? Wo können Sie sich Hilfe holen?

Um welche Krise es sich auch handelt, wichtig ist es, verschiedenste Anstrengungen zur Stärkung der psychischen Widerstandskraft zu unternehmen. Hierfür braucht es zunächst den Willen bzw. die innere Bereitschaft, die Krise zu gestalten und sich nicht von ihr mitreißen zu lassen (vgl. Abschn. 5.4). Nur so kann die Veränderung, die durch eine Krise immer auch gegeben ist, im Sinne einer zunehmenden Reife und positiven Entwicklung erlebt werden. Mehr zum Thema Angst in der Corona-Krise finden Sie in Abschn. 8.1 (Angst in Zeiten von Corona).

Vom Wert der Natur in Krisen
Unser Körper lebt und spürt durch die Sinne: Sehen, Riechen, Schmecken, Hören, Fühlen. Diese fünf Sinne können wir auf besonders wohltuende Weise in der Natur erleben und für uns als Kraftquellen nutzen – auch in Krisen. Gerade Parks, Wälder und die Natur in unserer unmittelbaren Umgebung sind für viele Menschen zu einem Ort geworden, an dem sie der Enge des eigenen Heims in der Corona-Krise entgehen können. Zum Glück gab es in Deutschland bisher keine komplette Ausgangssperre, sodass viele die Gelegenheit hatten rauszugehen. Sie konnten bemerken, wie wohltuend die Natur auf Körper und Seele wirkt. Studien weisen die positive Wirkung der Natur auch statistisch nach, etwa mit Blick auf eine geringere Rate an psychischen Erkrankungen oder der Konzentration des Stresshormons Cortison im Blut. Auch mit vielen anderen Gesundheitsmerkmalen ließen sich Zusammenhänge nachweisen.

Unser Verhältnis zur und Umgang mit der Natur hat vieles mit unseren allgemeinen Beziehungen zur Welt zu tun. Naturerfahrung ist Welterfahrung, wie auch der Soziologe Hartmut Rosa sagt. In der Natur ist glückliche Versenkung möglich, kann man einen Zustand erreichen, in dem einen nicht die üblichen Sorgen des Gestern und des Morgens plagen. Natur bietet vor allem auch ein ästhetisches Erlebnis, ob es sich um eine bunte Wiese, einen schattigen Wald, einen Berg oder einen weiten, flachen Horizont handelt. Sie lässt erkennen, besser wohl: erspüren, dass wir als Menschen letztlich ein Teil von ihr sind. In ihr zeigt sich eine gewisse Beständigkeit.

In der Corona-Krise wendeten sich viele Menschen der Natur zu. Sie betätigten sich bspw. zu Hause im Garten oder in den nahen Naturgebieten als eifrige Naturbeobachter. Auch hier war eine wohltuende Entschleunigung zu spüren. Sie macht deutlich, wie wichtig Natur für uns ist – und welche Kraftquelle sie für unser Leben sein kann. Gerade Ältere werden das nicht zuletzt mit Erinnerungen an ihre Kindheit, die sich weit mehr draußen abspielte als die der heutigen Jugend oder der jungen Erwachsenen, bemerkt haben.

Wir sollten also wieder rausgehen in die Natur. Sie wird uns für manches entschädigen, was wir in der Krise vorübergehend verloren zu haben glauben. Sie führt uns auf wesentliche Dinge zurück und kann Trost und Zuversicht spenden. In ihr fühlen wir uns womöglich klein – und doch geborgen und aufgehoben.

Denkanstoß
Was tut Ihnen gut, wenn Sie sich in einer Krise befinden? Gibt es eine körperliche Aktivität, durch die Sie sich dann Erleichterung verschaffen, oder eine geistige Beschäftigung, die in der schweren Situation hilfreich ist? Was können Sie gut und kann gerade jetzt Hilfe in der Not sein?

5.2 Im Miteinander gut begegnen

Welches Miteinander braucht es in Krisen?
Gerade dann, wenn wir uns in einer Krise befinden, ist das gute Miteinander wichtig. Wenn wir unseren Alltag mit Lust und Frust gestalten wollen, dann wird beides auch immer wieder in der Begegnung mit anderen von Bedeutung sein. Andere Menschen können uns von unseren Sorgen und Kummer ablenken. Ein fröhliches Mittagessen, gemütlich am Abend zusammensitzen, eine interessante Diskussion, das sind Geschenke in schweren Zeiten. Aber auch den eigenen Kummer aussprechen dürfen und Trost finden, kann für uns in der Begegnung sehr wertvoll ja notwendig sein. Auf der anderen Seite gibt es auch Menschen, die uns regelrecht runterziehen. Weil sie schimpfen, ständig unzufrieden sind oder weil sie unseren Kummer nicht ernst nehmen und schönreden. Kein Wunder, dass wir uns in Krisenzeiten ganz besonders überlegen, mit wem wir denn nun zusammen sein möchten. Menschen suchen allgemein in schweren Zeiten, besonders aber im Älterwerden und mit dem Bewusstsein der Endlichkeit, Kontakte, in denen sie sich wohlfühlen. Da wird dann auch einmal selektiert und der Einsatz für weniger wichtige oder gar unliebsame Verbindungen wird deutlich zurückgefahren. In Verbindungen, die uns im Älterwerden guttun, investieren wir hingegen meist sehr viel.

Wie wohl wir uns im Miteinander fühlen, können wir durchaus selbst beeinflussen. Selbst wenn wir uns gerade in einer Krise befinden, sollten wir unserem Gegenüber nicht zu viel zumuten und uns auch empathisch in den anderen hineinversetzen. Sind wir beispielsweise krank und sprechen immerzu über unsere Krankheiten, müssen wir uns nicht wundern, wenn andere das auf die Dauer sehr anstrengend finden. Auch hier geht es wieder darum, Maß zu halten. Natürlich dürfen, ja sollen wir vertrauten Menschen von dem Schweren in unserem Leben erzählen. Wir sollten aber auch von dem Wertvollen erzählen oder unser Interesse an anderem zeigen und für gesellschaftspolitische Fragen offenbleiben. Mit einer solchen Offenheit – wir sahen es schon – tun wir gleichzeitig etwas für unseren Kopf und damit unser Wohlbefinden. Hat unser Gegenüber eine andere Meinung, wird das nicht schaden und womöglich den differenzierten Blick stärken. Eine interessante Diskussion kann sich ergeben, wenn man sich offen und nicht vorwurfsvoll zeigt und verschiedene Sichtweisen aufzeigt. Dabei kommt es immer auch auf die Formulierung an, so kann der andere ohne Gesichtsverlust von seiner Meinung Abstand nehmen oder sie zumindest kritisch beleuchten. Dazu muss man aber auch selbst bereit sein, nicht zu starr auf der eigenen Meinung zu beharren. Bei guten Freunden kann man vielleicht auch mal zu Beginn des Treffens sagen: „Können wir heute bitte nicht von Krankheiten sprechen, ich möchte lieber fröhliche Gesprächsthemen haben." Das setzt natürlich voraus, dass man selbst auch etwas Fröhliches beizutragen hat. Wenn man sich das vor dem Treffen genau überlegt und dann aktiv dazu beiträgt, kann das gut gelingen und für beide Seiten eine Bereicherung sein.

Das gute Miteinander ist gerade in einer Krise sehr wichtig. Wir können hier neue Formen der Begegnung lernen. Gerade dann, wenn wir uns in einer Krise helfen oder helfen lassen.

Denkanstoß
Pflegen Sie einen regelmäßigen Umgang mit Freunden, Bekannten, mit der Familie, mit Vereinskollegen oder Menschen, die Sie sonst mit Ihren Interessen in Verbindung bringen? Ist das soziale Miteinander für Sie eine wichtige Stütze? Und hat es Ihnen gefehlt, als die Einschränkungen in der Corona-Krise solche Treffen erschwert oder zeitweise unmöglich gemacht haben? Welche Menschen tun Ihnen gut, wenn Sie sich in einer Krise befinden? Was möchten Sie dann gern mit Ihnen tun? Das kann eine spannende Aktivität oder auch nur stilles Dasitzen sein. Denken Sie an Menschen in Ihrem nahen sozialen Umfeld. Wer braucht was? Was genießen Sie besonders mit diesen Menschen? Können Sie das ansprechen? Kann das Miteinander, wenn Bedarf ist, neu gestaltet und gepflegt werden?

Soziale Kontakte gestalten
Es ist daher entscheidend, soziale Kontakte einzugehen und zu pflegen. Das Ausmaß mag bei jedem Menschen verschieden sein; ohne soziale Kontakte kommt aber niemand aus, ohne Schaden zu erleiden. Einige Regeln oder Tipps lassen sich nennen, die dabei helfen, die eigenen Kontakte zu pflegen und zu etwas Bereicherndem werden zu lassen – ganz unabhängig von Krisen. In schweren Zeiten sind diese Menschen dann auch oftmals für uns da (vgl. Abschn. 7.4 Netzwerkorientierung).

Zunächst sollte auf eine gewisse Regelmäßigkeit bei jenen Kontakten geachtet werden, die Ihnen wichtig sind. Achten Sie möglichst auch darauf, bestimmte Anlässe nicht zu vergessen, zum Beispiel zum Geburtstag zu gratulieren. Überhaupt ist ein aufmerksamer und wertschätzender Umgang mit seinen Mitmenschen die beste Grundlage für stabile soziale Kontakte. Gestalten Sie also entsprechend Ihre Kommunikation, zeigen Sie sich interessiert und versuchen Sie in Gesprächen über den alltäglichen Smalltalk hinaus ab und zu in die Tiefe zu gehen. Seien Sie offen und hören Sie den anderen zu, achten Sie darauf, nicht immer gleich ungefragt Ratschläge zu geben, aber vertreten Sie auch Ihre Meinung, ohne dabei konfrontativ zu sein. Versuchen Sie sich wichtige Ereignisse im Leben des anderen zu merken und beim nächsten Treffen nachzufragen. „Deine Tochter hatte doch letzte Woche eine wichtige Prüfung. Wie ist sie denn gelaufen?" Versuchen Sie im Gespräch nicht nur von sich selbst zu reden, sondern lassen Sie den anderen auch zu Wort kommen. Im Idealfall sollte das halbwegs ausgeglichen sein. Wenn ich nur von mir selbst rede, wird das für den anderen auf Dauer langweilig und ist zu einseitig. Treffen mit Freunden werden von Dialogen bereichert nicht von Monologen. Eine gute Kommunikation ist lernbar. Viele Tipps gibt es im Internet. Schauen Sie doch mal unter aktives Zuhören, gewaltfreie Kommunikation oder Ich-Botschaften. In meinen Seminaren fördere ich das mitverantwortliche Fragen, indem verschiedene Kommunikationsstrategien miteinander verbunden werden.

Wer es schafft, seine Kontakte auf diese Weise zu pflegen, der trägt einen guten Teil dazu bei, dass das Miteinander gelingt und Freude bereitet. Und wer solche soliden Kontakte hat, der findet darin auch eine wertvolle Stütze, die ihm selbst immer wieder hilft. Wie wichtig das ist, merken wir in Krisen. Andererseits können Krisenzeiten selbst wiederum Belastungen für die Kontaktpflege mit sich bringen. Besonders stark merken dies jene, die alleinstehend sind und ohne Partner leben. Alle, aber besonders sie müssen darauf achten, dass der Kontakt zu den anderen keinen Schaden nimmt. Und das heißt, aktiv nach Möglichkeiten zu suchen, wie er sich gestalten lässt.

Kreativität in der Gestaltung von Verbundenheit und Miteinander
Ein afrikanisches Restaurant in meiner Stadt wurde während des Lockdowns im Frühjahr 2020 kreativ, als es galt, ein körperlich distanziertes und dennoch gutes Miteinander zu gestalten. Es fotografierte alle Abholer und Unterstützer nach deren Einverständnis durch das geöffnete Fenster, durch das das Essen gereicht wurde, und setzte die Bilder auf Instagram. Lachende Menschen, die in der Sonne stehen und sich auf ihre Essen freuen, die aufmunternd zunicken und scheinbar zurufen: „Macht weiter, haltet durch." „Schön, dass es euch gibt." Das sind die kleinen Taten und Momente des guten Miteinanders, die uns während des Lockdowns Mut gemacht haben und uns allen immer wieder sagten: Du bist nicht allein. Diese Zeichen des Zusammengehörig-

keitsgefühls haben Hoffnung gemacht; sie stärken den Mut und bilden eine wertvolle Erfahrung, auf die wir uns stützen können – auch dann, wenn es vielleicht noch einmal zu solch einschneidenden Maßnahmen kommt.

Wie kreativ man im sozialen Miteinander zu Zeiten von Corona werden kann, zeigt auch die Idee der Postkartenmusikerin. Nachdem eine Freundin sie gebeten hatte, für jemanden ein Lied zum Geburtstag zu singen, war das die Initialzündung zu dem Projekt Postkartenmusik, mit dem die Musikerin und Musiktherapeutin versucht, die Corona Zeit zu überbrücken. Durch die Krise ist ihre normale Arbeit im Moment nicht möglich. Aus einer Liste mit 40 Songs bietet sie an, sich einen auszuwählen und einen lieben Menschen damit zu beschenken. Dann erscheint Frederike im Glitzerkleid mit Gitarre und gibt vor der Tür oder unter dem Balkon ein Ständchen zum Besten. Die Beschenkten können zum Beispiel „Guten Tag, liebes Glück" von Max Raabe genießen. Am Ende haben die Besungenen nicht selten Tränen in den Augen – und die Zaungäste auch. (Walter 2020)

Es gibt also viele bunte Möglichkeiten, auch in Krisenzeiten, die eigenen Kontakte zu gestalten. Kreativität ist gefragt, und meist findet sich in den unterschiedlichsten Bereichen etwas, das dabei hilft, das soziale Miteinander zu leben – auch über Hürden hinweg. Wenn Sie gerne spielen, dann überlegen Sie doch mal gemeinsam, wie sie über Skype oder Teams oder Zooms die beliebten Spiele vielleicht auch mit neuen Regeln gemeinsam spielen können.

Hat jemand in Ihrem Freundeskreis Geburtstag? Machen Sie ein lustiges Treffen auf dem Bildschirm daraus. Hütchen aufsetzen, Luftschlangen und Wunderkerzen bereithalten, sich vorher gemeinsam verabreden und dann das Geburtstagskind überraschen. Vielleicht hat einer von ihnen auch das Ganze auf dem Handy aufgenommen und schickt es dann in die Runde. Das zeigt: Gemeinsam Spaß haben, ist weiterhin möglich, wenn auch in kleineren Sequenzen. Der eine oder andere von ihnen mag das vielleicht sogar positiv finden: keine langen Partys, dafür aber kurze und intensive Treffen auf dem Bildschirm.

Eine der schönsten und wertvollsten, zugleich aber einfachsten Begegnungen ist in meinen Augen der gemeinsame Spaziergang. Der empfohlene Abstand lässt sich dabei in aller Regel ohne Probleme einhalten. Hier können wertvolle Gespräche entstehen und zugleich mit gesunder Bewegung in Verbindung gebracht werden.[1]

---

[1] Das war auch der Grund für mich, meine psychosoziale Beratung in der Natur und bei Spaziergängen anzubieten. Zudem wird beim Laufen der Kopf frei und das Reden fällt leichter. Gesunde Bewegung und frische Luft sind ein positiver Nebeneffekt. Das Angebot steht nun auch über die Corona-Zeiten hinaus.

Ist nichts für Sie dabei? Wie möchten Sie ihre sozialen Kontakte gestalten, wenn körperliche Distanz gefordert ist? Entwickeln Sie kreative Ideen und fragen Sie in ihrem Freundes- und Bekanntenkreis nach.

Nicht einfacher wird es dadurch, dass es unterschiedliche Meinungen und Ansichten zum Corona-Virus bzw. zu den Schutzmaßnahmen und deren Begründetheit gibt. Je länger die Maßnahmen anhalten und die Einschränkungen spürbar sind – und selbst wenn es längst wieder Lockerungen gibt und ein flexibleres Reagieren erprobt wird –, desto lauter werden die Stimmen, die die Einschränkungen für falsch, die Gefahr für übertrieben halten. Manche sind in ihren Existenzmöglichkeiten stark eingeschränkt, andere sehen nicht ein, warum sie die Begrenzungen akzeptieren sollen, da sie ihnen sinn- oder grundlos erscheinen. Bereits im Sommer 2020 hatte sich ein buntes Potpourri verschiedenster, teils auch abwegiger Meinungen gebildet bis hin zu handfesten, abstrusen Verschwörungstheorien. Es kommt zu unterschiedlichen Ansichten, wie man die persönlichen Kontakte gestalten sollte. Das kann belastend sein. Im Einzelfall ist es vielleicht sogar eine große Herausforderung einen wichtigen Kontakt zu pflegen und dabei Formen zu finden, die einen selbst schützen, den anderen aber nicht zu sehr vor den Kopf stoßen. Vermeiden lassen wird sich das nicht immer. Bei unterschiedlichen Ansichten können wir auf seriöse Medien hinweisen. Wir können fragen: Was ist dein Punkt? Was dein Kummer? Was willst du und was wollt ihr? Hierdurch können wir zum Nachdenken aufrufen. Nach Hanna Arend brauchen wir Kraft zum Gespräch im öffentlichen Raum, d. h. wir müssen immer wieder diskutieren, unsere Meinung sagen, aber auch zuhören. Schließlich müssenwir auch immer wieder Menschen in ihrem Anderssein aushalten. Und wir wissen nicht was unsere Worte hinterlassen haben. Je mehr Menschen in diesem Sinne mit dem „Anderen" gesprochen haben, desto eher kann möglicherweise ein Umdenken erfolgen. Am besten, man bestreitet nicht zu sehr den Standpunkt des anderen, setzt doch aber Grenzen bzw. weist Möglichkeiten auf, wie man die Beziehung auch unter den gegebenen Umständen aufrechterhalten kann, und signalisiert, dass dies einem selbst wichtig ist. Der zweite Lockdown im Dezember 2020 hat schließlich auch den einen oder anderen Skeptiker oder sogar Leugner sehen lassen, dass die Lage ernst ist und Vorsicht und Achtsamkeit in den Begegnungen geboten ist.

Einsamkeit in Pflegeheimen
Kontakte und soziales Miteinander sind auch gerade für ältere Menschen sehr wichtig. Einsamkeit der Älteren gibt es sowohl im selbstständigen Wohnen zu Hause als auch in Senioren- und Pflegeheimen – gerade Letztere stehen in Zeiten von Corona im gesellschaftlichen Fokus. Besonders gravierend kann

das Thema Einsamkeit für Menschen werden, wenn sie in Einrichtungen leben, die während der Corona-Krise besondere Maßnahmen der Kontaktbeschränkung treffen müssen. Hier steht zunächst im Vordergrund, eine Ausbreitung unter ihren Bewohnern möglichst zu vermeiden. Allerdings führt das zeitweise zu einer Isolation der Heimbewohner.

Das Thema Einsamkeit der Älteren ist eine gesamtgesellschaftliche Aufgabe. Es geht dabei nicht zuletzt darum, wie die Älteren in die Gesellschaft integriert werden können. Hier ist nicht nur der Einzelne gefordert, sondern auch Institutionen wie Kirchen, Verbände, Unternehmen oder Behörden.

In Zeiten von Corona erleben wir eine nie da gewesene Einsamkeit von älteren Menschen insgesamt, von Bewohnern in Pflegeheimen, aber auch von Sterbenden überhaupt. Das liegt nicht nur daran, dass die Älteren zur Risikogruppe erklärt werden. Es liegt auch daran, dass immer mehr ältere Menschen alleine wohnen. Da, wo früher Familien in mehreren Generationen zusammengelebt haben, braucht es jetzt barrierefreie Wohnungen, damit die Älteren alleine zurechtkommen.

Ist dies nicht mehr möglich oder nicht mehr gewünscht, benötigt es Institutionen, wo sie gemeinsam leben und betreut werden können. Wir sprechen von „Pflegeheimen". Dort sind Regeln erforderlich – nicht nur für die Bewohner, sondern auch für die Beschäftigten und für das ganze System des Miteinanders. In Corona-Zeiten werden sie drastisch angepasst. Die Angst, dass Besucher das Virus ins Heim bringen könnten und es sich dort rasch ausbreiten könnte, ist gegeben. Manche Pflegeheime haben diese Schreckensszenarien hautnah erlebt oder erleben sie immer noch. Das Entsetzen ist dann groß, die Vorwürfe oftmals auch. Wer kann diese Verantwortung tragen? Es handelt sich um harte Einschnitte, für die Betroffenen und zu belastenden bis schrecklichen Folgen.

Heimleitungen sind in diesen Tagen besonders gefordert und stehen oftmals vor unlösbaren Aufgaben. Sie fühlen sich stark in der Verantwortung für ihre Bewohner und bemühen sich unermüdlich, bestmögliche Regeln für die Bewohner und ihr Personal zu schaffen. Manches Mal gilt es, gegenüber Heimbewohnern Überzeugungsarbeit zu leisten und ihnen zu vermitteln, dass Lebensschutz und Begleitung von Einsamen und Sterbenden in einer zivilisierten Gesellschaft den gleichen Rang einnehmen. Sie tragen die Verantwortung für viele Menschen mit den verschiedensten Bedürfnissen und Werten und müssen auch noch die Angehörigen zufriedenstellen. Da kann es keine einheitliche Regelung geben, die alle zufriedenstellt. Und so geraten Heimleitungen und Pflegende immer wieder unter Beschuss, wenn etwas nicht funktioniert. Menschen die in der Pflege arbeiten und Heimleitungen stehen in der Zeit von Corona schmerzlich im Blick der Öffentlichkeit. Was sie auch tun, es scheint nie genug zu sein und manches, was sie mit bestem Wissen und Gewissen tun, wird hart verurteilt. Darf jeder ein und ausgehen oder wird Besuchsverbot angewiesen, beides kommt zu starker Kritik. Teils bei Angehörigen, teils in den Medien. Das macht es für die Pflegekräfte noch schwieriger. Wir alle tragen dazu bei, wenn wir verurteilen statt zu verstehen oder hilfreich zur Seite zu stehen. Dass Pflegekräfte, von denen jeder Einzelne benötigt wird, nicht nur überfordert sind, sondern auch oftmals unglücklich in ihrer Arbeit, die doch eigentlich immer wieder Tag für Tag Idealismus fordert, ist eigentlich nachvollziehbar. Lob, Dank und Wertschätzung sind immer wieder im Umfeld der Pflegeberufe notwendig, damit die Not nicht noch größer wird, als sie sowieso schon ist.

Nach ersten strengen Besuchsverboten gab es im Sommer 2020 allmählich wieder Lockerungen. Das warf die Frage auf, wie und in welchem Umfang Besuche geregelt werden sollten und konnten. Hier ergaben sich ganz neue, anstrengende Aufgaben für diejenigen, die die Besuchstermine in den Heimen organisieren und koordinieren mussten. Zudem mussten die Besuche mit Abstandsregelungen und Hygienemaßnahmen rasch unter einen Hut gebracht werden – alles andere als einfach. Teils wurden Begegnungsräume hergerichtet, zu Beginn musste das Pflegepersonal auch auf die Einhaltung der Hygienemaßnahmen achten, und nach jedem Besuch hieß es: Papiertischdecken wechseln und Kontaktflächen desinfizieren. Bei manchen Beteiligten haben sich die Abläufe eingespielt und sich zur Routine entwickelt, bei anderen aber sind die Hygieneregeln leider keineswegs so verinnerlicht, dass sie von selbst laufen. Das heißt, sie müssen beim Personal, bei den Bewohnern und den Besuchern permanent nachgehalten werden.

Um den Aufgaben gerecht zu werden, braucht es ein gut eingespieltes, funktionierendes Team, das auch solche Belastungen und Unsicherheiten aushält. Ohnehin muss das Pflegepersonal, die Mitarbeiter der Betreuungsbereiche und auch die Verwaltung im Zuge der Einschränkungen vermehrt als Ansprechpartner einspringen – für die Angehörigen, aber auch für die Bewohner der Heime. Angehörige befinden sich oft in einem Zwiespalt: Einerseits sorgen sie sich um die Bewohner und deren Schutz vor dem Virus, andererseits wollen Sie sehen, wie es ihnen geht, und den Kontakt aufrechterhalten. Sie sind also hin und hergerissen zwischen Verständnis für die Maßnahmen und dem Drängen auf Lockerungen.

Um den Bewohnern über diese schwere Zeit hinwegzuhelfen, wurden beispielsweise in den warmen Sommermonaten Musikdarbietungen vor dem Heim oder im Garten organisiert. Wichtig ist es immer zu signalisieren: Ihr seid nicht allein. Der regelmäßige Telefonanruf wurde wichtig, manche Heimbewohner finden zu den Möglichkeiten der sozialen Medien, etwa der Internettelefonie, manchmal mit Unterstützung des Pflegepersonals. All dies konnte und kann den direkten Kontakt nicht ersetzen, das ist allen bewusst. Aber es gibt viele Bemühungen, die drohende Einsamkeit der Alten zu verringern. Und im Vergleich zu alleine lebenden älteren Menschen haben Heimbewohner einen gewissen Rahmen, in dem soziale Kontakte – zum Personal, zu anderen Bewohnern – fest etabliert, ja Alltag sind. In manchen Fällen, so kann man vorsichtig sagen, schützte das Heim sogar vor Vereinsamung. Das soll aber das Problem nicht infrage stellen.

Wir rufen nach Lösungen und Leistungen und Autonomie und Sicherheit schließlich auch nach Nächstenliebe. Covid-19 hat deutlich gemacht, dass wir nicht alles gemeinsam kriegen. Pflegeheime, für die sich Menschen freiwillig oder erzwungenermaßen entscheiden, sind in unserer Gesellschaft, die die Verantwortung und Freiheit hochhält, trotz allem ein hohes Gut. Nicht auszudenken, was wir ohne sie machen würden. Und gleichzeitig müssen wir alle erkennen: Für diese Freiheit, die wir durch die Pflegeheime erlangen, zahlen wir einen Preis. Und der wird in der Corona-Krise deutlich. Wir geraten in Situationen, in denen wir nicht nur alle überfordert sind, sondern durch die auch Dinge passieren, die regelrecht außer Kontrolle geraten. Die Akzeptanz dieser Kontrolllosigkeit ist wichtig, um unsere Energie wieder auf die einzelne, individuelle Situation lenken zu können. Denn genau das braucht es: Lebensqualität und den genauen Blick auf die individuelle Situation. Das kann auch bedeuten, dass ein Bewohner in Zeiten von Corona nicht im Pflegeheim gut untergebracht ist, weil die Regeln dort nicht zu seiner Situation, seinen Bedürfnissen und Werten passen. In solchen Einrichtungen muss es aber Regeln geben, die für alle gelten und die eben nicht – auch wenn es oft und immer wieder versucht wird – die individuelle Situation berücksichtigen können. Manche Menschen wurden von ihren Angehörigen nach Hause geholt und sind beispielsweise wieder bei ihren Kindern eingezogen. Doch das scheint in den meisten Fällen nicht, zumindest nicht ohne Weiteres möglich zu sein.

Es gibt heute, viele Monate, nachdem die Pandemie ausgebrochen ist, immer noch keine Lösung für die Einsamkeit der Bewohner in Pflegeheimen – und auch nicht von den Älteren, die noch weitestgehend selbstständig Zuhause leben. Im Herbst 2020 hat sich das Virus bei uns weiter ausgebreitet und das Gesundheitssystem in Deutschland stößt zum Jahresende erstmalig an seinen Grenzen. Viele Heimbewohner bei uns sind weiter isoliert, die Besuchskontakte sind eingeschränkt. Das ist unerträglich, genauso wie die Tatsache, dass Pflegekräfte ans Limit geraten. Zu Anfang waren es die fehlenden Masken und Schutzkleidung. Jetzt, wo dieses Material vorhanden ist, bleiben immer noch viele Probleme. Zu hoffen ist auf den Impfstoff, der Ende Dezember zugelassen wird. Die Regeln zu den Besuchskontakten gelten für alle. Doch mehr und mehr werden Stimmen laut, dass der Infektionsschutz nicht der Lebensqualität untergeordnet werden darf. Auch kleinere Wohneinheiten mit festen Betreuern, eine Richtung der Pflegeforschung, – gerade da wo Menschen unter Depressionen oder Demenz leiden – könnte leichter vor dem Virus schützen. Doch dafür benötigt es mehr Pflegerinnen und Pfleger. Die Corona-Krise kann helfen, neue Weg zu finden.

Wo immer der Weg hinführen wird, es ist wichtig, dass wir nicht gegeneinander kämpfen, sondern miteinander handeln und uns helfen. Wir verlagern die Probleme auf die Heime, wo früher Familien füreinander da waren. Pflegeleitungen und Pflegepersonal sind nach wie vor mit der Verwaltung der Besuchskontakte überfordert. Es ist notwendig, auch an ihre Situation zu denken. Wenn sie vor Erschöpfung ausfallen, gibt es keinen Nachschub. Wir wissen alle, wie gering die personellen Ressourcen in diesem Bereich sind. Wer kümmert sich dann? Ein Pflegeheim kann nur funktionieren, wenn alle Beteiligten so gut wie möglich zusammenarbeiten und sich gegenseitig unterstützen. Je besser dies klappt, umso weniger Regeln werden notwendig sein. Sieht jeder nur sein eigenes Problem und stellt sich womöglich gegen gewisse Abmachungen, wird es mehr und mehr Regeln brauchen. Und das würde wiederum zulasten der Alten, Einsamen und Sterbenden gehen.

Covid-19 macht uns in vielerlei Hinsicht auf die Probleme des Miteinanders in unserer Gesellschaft aufmerksam. Wir sind an Institutionen gewöhnt, wo wir die Schwächsten unserer Gesellschaft abgeben können. Und wir haben den Anspruch, in diesen Institutionen bestmöglichste Qualität zu bekommen. Sei es, dass die Schulen unsere Kinder gut erziehen oder dass in Pflegeheimen die Älteren angemessen versorgt und mit liebevollen Beschäftigungsprogrammen begleitet werden. Es ist eine Errungenschaft unserer Gesellschaft, dass wir im mittleren Erwachsenenalter diese Autonomie leben können, indem wir die Möglichkeit haben, die Verantwortung für unsere Jüngsten und Ältesten ein gutes Stück weit abzugeben. Gleichzeitig zeigt es unsere Hilflosigkeit, wenn Krisen dieses Setting unter Druck setzen. An dieser Stelle dürfen wir vieles infrage stellen!

Pflegekräfte sind eher schlecht bezahlt. Dabei muss berücksichtigt werden, dass die Alten- und Pflegeheime in Deutschland überwiegend in privater Hand sind, d. h. Renditeobjekte für Anleger auf Kosten von Pflegekräften, die überwiegend viel schlechter bezahlt werden, als Pflegekräfte in Krankenhäusern oder den wenigen kommunalen Pflegeeinrichtungen. Aber auch wenn es für sie mehr Geld geben würde, wäre damit noch lange nicht alles getan. Die Arbeitsbedingungen sind, nicht zuletzt aufgrund des knappen Personals, so schwierig, dass viele Pflegekräfte in Altenwohnheimen nur noch in Teilzeit arbeiten oder ihren Job wechseln – ein Teufelskreis.

An zwei Stellen muss dringend angesetzt werden. Zum einen wird es darum gehen, dass bei den vielen Älteren so wenige wie möglich in die Pflegesituation kommen. Hierfür benötigt es ganzheitliche Prävention in Sachen Gesundheit. Mein Fünf-Säulen-Modell des gesunden Lebens und Älterwerdens kann dabei als Richtschnur dienen. Das Wissen um diese Säulen sollte möglichst früh – warum nicht schon im Kindergartenalter? – und über das ganze Leben hinweg in Schule, Ausbildung und Beruf zu den relevanten Bildungs- und Lebensthemen gehören. Die Bildung darf dabei nicht in der Selbstverantwortung enden, sondern muss auch immer im Sinne der Mitverantwortung erfolgen. Das heißt, auch im Miteinander kann und sollte immer wieder gezielt daran gearbeitet werden.

Zum anderen müssen wir mehr Pflegekräfte bekommen. Um dies zu erreichen, wird es eine der vorrangigen Aufgaben sein, den Beruf der Pflegekraft aufzuwerten. Dies ist eine der wichtigen Fragen, bei der es nicht nur ums Geld geht. In der Pflege arbeiten überwiegend Frauen, und der Anteil dürfte noch weit größer sein, wenn es um die private Pflege geht. Pflege geht uns aber alle an. Weil die Alten ein Teil von uns sind, weil in der Regel spätestens dann, wenn Menschen krank sind oder sterben, sie eine mehr oder weniger lange Zeit stärker auf Hilfe und oftmals auch auf Pflege angewiesen sind. Und weil wir das Kümmern und die Fürsorge und das Pflegen als Teil des Menschseins begreifen sollten – für uns selbst und für andere. Wie erfüllend pflegen, waschen, Essen anreichen, Gespräche auch noch mit Sterbenden sein können, wird viel zu wenig erwähnt.

Die Situation wird von vielen Politikern gesehen, und es gibt verschiedenste Bemühungen und Anstrengungen, der Pflegekrise entgegenzuwirken. Wir unterschieden zwischen Altenpflegern, ambulanter aufsuchender Pflege und der Pflege in Krankenhäusern. Die professionelle berufliche Pflege muss nicht nur aufgewertet, sondern auch als interdisziplinäre Profession gesehen und wertgeschätzt werden. Das würde eine bessere Perspektive eröffnen, sich mit Motivation dieser Thematik oder diesem Beruf zu widmen.

Was macht professionelle Pflege aus? Sie ist ein eigenständiger Beruf mit entsprechender Ausbildung, die den Menschen ganzheitlich betrachtet. Pflege umfasst gerade nicht nur eine Intervention bei Defiziten, sondern umfasst auch Prävention und Rehabilitation ebenso wie Begleitung bei Schmerzen und, ja, beim Sterben. Das Wissen stammt aus einem eigenen Bereich, der Pflegewissenschaft, hat aber viele Verbindungen zu weiteren Disziplinen wie Medizin, Psychologie und Soziologie. Ebenso arbeitet sie mit anderen Bereichen zusammen – Pflege ist in vielerlei Hinsicht ein Querschnittsprojekt. Pflegearbeit ist dabei nicht nur ausführend, sondern bedeutet auch Planung, Beratung und Anleitung – Letzteres, um ein möglichst hohes Maß an Selbstständigkeit zu schaffen.

Dass sich die Menschen in unserer Gesellschaft mit der Thematik der Pflege eher wenig auseinandersetzen oder auseinandersetzen wollen, hängt letztlich mit dem Negativbild des Alters zusammen, das nach wie vor immer noch bei vielen Menschen gegeben ist. Krankheit, Sterben und Tod werden oft einseitig mit dem Alter in Verbindung gebracht. Welche Potenziale, welche Faszination und welche Fülle das Alter aber auch bereithalten kann und auf welch durchaus bereichernde Weise Pflege in das eigene Leben integriert werden kann, wird oftmals nicht gesehen – gerade weil sich nur die wenigsten damit beschäftigen wollen.

Die Aufwertung der Pflege fängt bei unserer inneren Haltung an. Jeder ist gefordert. Solange wir unter Pflege nichts weiter verstehen, als „den Hintern abzuwischen", wird dieser Beruf nicht nur auf eine der Hilfstätigkeiten reduziert, sondern die Tätigkeit selbst, in der sowohl Ansprache als auch Fürsorge und Gefühle eine Rolle spielen, entwertet. Ebenso wichtig wird es sein, dass sich Pflegekräfte nicht mehr gehetzt fühlen und sie ihre Arbeit als etwas Sinnvolles empfinden, für das ihnen auch die notwendige Zeit und ein entsprechender Rahmen geboten wird. Dass es daran fehlt, zeigt sich, wenn fast die Hälfte der Pflegekräfte laut einer Studie des Deutschen Gewerkschaftsbundes von 2018 eigenen Angaben zufolge wegen der schlechten Bedingungen Abstriche bei der Qualität ihrer Arbeit machen müssen.

Die Corona-Krise gefährdet unseren Wohlstand. Dabei denken wir an die wirtschaftliche Dimension. Doch vielleicht sollten und müssen wir den Begriff neu definieren. Das Wort *wohl* beziehungsweise *wohlfühlen* ist darin enthalten. In einer älter werdenden Gesellschaft kann nur Wohlgefühl gegeben sein, wenn sich auch ausreichend um die Älteren gekümmert wird, wenn wir sie gemeinsam versorgen, wenn wir ihre Fähigkeiten, aber auch ihre Verletzlichkeit immer wieder wahrnehmen und sie an unserem Leben teilhaben lassen. Gelingt das, müssen wir auch keine Angst mehr vor dem eigenen Alter haben. Wenn Jung und Alt, Männer und Frauen gemeinsam das Leben gestalten und Pflegen ein Teil des Lebens ist, der nicht nur die Kindheit betrifft, sondern auch die Ältesten, dann kann im weitesten Sinne Wohlstand und Wohlbefinden für alle gegeben sein – für die, die Pflege annehmen, und für die, die pflegen. Wohlstand ist dann ein lebendiges Miteinander, in dem wir Mensch sein dürfen, wie wir sind – auch im Älterwerden und Sterben.

Krisen und Generationensolidarität
In der Krise ist man gerne mit vertrauten Menschen zusammen. So kehrten beispielsweise im Frühjahr 2020 der Corona Krise – auch wegen der Kontaktsperren und weil die Universitäten zumachten – viele Studierende wieder in ihre Elternhäuser zurück. Familiensinn scheint wieder einen größeren Stellenwert erhalten zu haben: Junge Menschen verlassen die Stadt, backen mit ihren Geschwistern Kuchen und sitzen mit der Familie gemeinsam am Frühstückstisch. Umgekehrt haben viele Eltern ihre Kinder mit offenen Armen aufgenommen. In einer „Krise" steht man bekanntlich zusammen. Viele Studierende standen tatsächlich vor großen Problemen: der Uni-Betrieb lahmgelegt, die Jobmöglichkeiten begrenzt oder weggefallen, die Zimmermiete kaum mehr aufzubringen. Für manche war es vielleicht ein ungewohntes, für viele aber ein gutes Gefühl, einen Ort zu haben, wo sie unterkommen konnten: die eigene Familie.

Dass das Zusammenleben der Generationen an vielen Stellen gut geklappt hat und weiter klappt, zeigt eine durchaus vorhandene Generationensolidarität. Man kann miteinander reden, miteinander essen, ja miteinander leben. Von besonderer Bedeutung sind dabei Anpassungsfähigkeit und die Bereitschaft der Jüngeren, auch einmal zu verzichten – für die Älteren. Das wurde an vielen Stellen deutlich. Vielleicht zeigt sich hier eine Generation, die in ihrer weiten Sicht und Flexibilität, aber auch in ihrer Sozialisierung und im Aufwachsen in einem weitgehend funktionierenden Sozialstaat sich mehr oder weniger stets bewusst war, dass auch andere Zeiten kommen können und Rücksichtnahme ein wichtiges Gebot ist. Jetzt konnten sie es testen und ausprobieren. Gut gemacht, ihr jungen Leute!

Denkanstoß
Im Älterwerden – auch der Jüngeren – wünschen wir uns oftmals, ein Zuhause zu finden. Einen Ort, an dem wir uns heimisch fühlen. In Krisen folgen wir oftmals unserer Intuition und finden ganz automatisch nach Hause. Das Zuhause ist oftmals die Familie. Auch das hat die Corona-Pandemie gezeigt. Manche bezogen (vorübergehend) wieder das Jugendzimmer, andere kamen ihren Eltern gedanklich und emotional wieder näher und riefen öfters an, um zu fragen: Wie geht es dir? Wie sieht dein Alltag jetzt aus? Was bekümmert dich? Und: Kann ich etwas für dich tun?

Heimat und Zuhause – was bedeutet das für Sie? Hat sich auch bei Ihnen in den Corona-Zeiten etwas geändert? Hat Familie wieder einen Stellenwert bekommen, den Sie so nicht unbedingt erwartet haben? Gab es Überraschungen oder hat sich Ihr Bild einfach nur bestätigt?

Das Miteinander der Generationen ist in Zeiten von Corona von besonderer Bedeutung. Zu Anfang der Pandemie erzählte mir eine Bekannte, dass sie sich um die Jungen sorge, die sich auf keinerlei soziale Kontakte mehr einließen. Eine 70-Jährige berichtete wiederum, dass sie sich über die Sorge ihrer Kinder freue und alle Mahnungen gerne ernst nehme – für sie sei das ein Zeichen der Liebe. Ein Mann über 60 hingegen erzählte, als er eine Gruppe jüngerer Menschen an der Kasse freundlich darauf hinwies, den Abstand einzuhalten, die Antwort war, dazu gebe es keinen Grund, sie seien ja nicht gefährdet. Beispiele finden sich also für beides: für Sorge und Rücksicht, aber auch für Gleichgültigkeit und Rücksichtslosigkeit der Jüngeren gegenüber den Älteren. Und auch umgekehrt gibt es diese Beispiele. Überraschen kann das nicht. Ziel muss es allerdings sein, im Gespräch zu bleiben und die verschiedenen Gedanken, Annahmen oder Positionen der Corona-Krise zu akzeptieren. Wir leben zum Glück in einem Staat, in dem die Meinung frei geäußert werden darf. Ziel muss es aber auch sein, sich zu informieren und bei aller berechtigten Kritik oder Zweifel auf Alleingänge oder völlige Ignoranz zu verzichten. Spott ist in einer Krise, die den ganzen Globus erfasst hat, kaum angebracht und eher destruktiv – gerade für unser Miteinander, das so wichtig ist. Die unterschiedlichen Beispiele zeigen aber auch, dass man nicht verallgemeinern darf: Die jungen Menschen an der Kasse stehen nicht für die junge Generation, die ja ebenso bunt und vielfältig ist wie die alte Generation. Ein sorgsamer und rücksichtsvoller Umgang zwischen den Generationen ist nicht nur möglich, sondern auch tatsächlich gewünscht und wird immer wieder gelebt. Es gibt Gemeinsamkeiten und Bemühungen und viel Verständnis füreinander. Oft beobachten wir sogar mehr Trennendes innerhalb einer Generation.

Trotzdem, Konflikte zwischen den Generationen gab es schon zu allen Zeiten. Schon Aristoteles hatte 400 Jahre v. Chr. viel an den jungen Menschen in seiner Zeit auszusetzen. Dabei handelt es sich nicht nur um gesellschaftliche und politische Ansichten, sondern auch um Verteilungsfragen.

So müssen gerade wir Älteren überlegen, ob die Lastenverteilung zwischen den Generationen gerecht ist. Sollten die Jüngeren am Ende den Großteil der Kosten, die durch die Pandemie entstanden sind, tragen müssen, kann die gesellschaftliche Solidarität stark erschüttert werden und zwar international. Dabei werden sich die Konflikte ganz besonders um Arbeit, Bildung, Schulden und Pflege drehen.

So warnt die internationale Arbeitsorganisation (ILO), eine UN-Institution, beispielsweise davor, dass jüngere Beschäftigte überproportional vom scharfen Rückgang der Wirtschaftsleistung, den der Lockdown erzeugt, betroffen sein können. So haben sich beispielsweise negative Auswirkungen auf die allgemeine und berufliche Bildung junger Menschen gezeigt und seit Beginn der Pandemie waren bereits im Spätsommer 2020 über 70 Prozent der Jugendlichen, die studieren oder ein Studium mit Arbeit verbinden, von der Schließung von Schulen, Universitäten und Ausbildungszentren betroffen.

Eigentlich sollte sich das Jugendalter durch eine gewisse Sorglosigkeit auszeichnen. Es soll auch gefeiert und nicht zu viel an die Zukunft gedacht werden. So war das früher der Fall. Eine Weltreise nach dem Abi? Fiel für viele im Jahr 2020 aus! Die Zukunft wird eine unsichere Sache und feiern geht auch nicht. All dies sollte sich die ältere Generation bewusst machen. Die Jugendlichen haben es nicht leicht in der Krise und sind vielleicht auch noch gar nicht so weit, erwachsen mit ihr umzugehen. Manche sind auch in der Phase der Rebellion. Es wäre zu viel verlangt, wenn sich alle vernünftig an Einschränkungen halten würden. Da ist viel Verständnis der älteren Generation gefragt. Verurteilen oder gar Wut hilft da nicht weiter. Wichtig ist es, den Kontakt zur Jugend zu wahren und miteinander zu reden.

Das Konfliktpotenzial ist groß. Daher muss die Politik die Generationensymmetrie im Blick behalten. Aber auch jeder Einzelne muss dazu beitragen, dass der Frieden und das Verständnis zwischen den Generationen erhalten bleibt. In ganz besonderer Verantwortung stehen dabei die geburtenstarken Jahrgänge der zukünftigen Alten, die Babyboomer. Denn sie könnten ihre Wünsche oftmals, allein durch ihre hohe Anzahl durchsetzen, was aber weniger mit Fairness zu tun hat. Das gute Miteinander muss also gepflegt werden. Die Älteren können hier viel tun, in dem sie nicht nur jugendfreundlich wählen, sondern sich auch im Freiwilligenengagement für die jungen Menschen einsetzen oder dabei helfen, den eigenen ökologischen Fußabdruck so gering wie möglich zu halten.

Wichtig ist das Vertrauen zwischen den Jüngeren und Älteren. Wie können hier eine Annäherung und ein Austausch entstehen? Wie können die Generationen von den Potenzialen der jeweils anderen profitieren? „Vertrauen lässt sich nicht herstellen, es muss geschenkt werden". Umso dringlicher ist es, Interesse und Zugewandtheit durch mehr Austausch zu begünstigen. (Lindner 2020)

Mehr zum Thema Generationen finden Sie in Abschn. 9.3.

Denkanstoß
Wie möchten Sie das Miteinander der Generationen in einer Krise wie Corona stärken? Haben Sie Beispiele aus dem Alltag, wie man auch bei verschiedenen Meinungen ins Gespräch kommt? Wie haben sich die Menschen in dieser Situation verhalten? Was ist übertragbar?

Krisen in Mitarbeitergenerationen
Die skizzierten Spannungen beschränken sich nicht nur auf die familiäre oder öffentliche Sphäre, sondern können auch in Organisationen und Betrieben zum Tragen kommen. Egal ob altersgemischte Arbeitsgruppen harmonisch oder konfliktreich (zusammen-) arbeiten, eine unterschiedliche Sozialisierung und unterschiedliche Lebensphasen führen oftmals zu Missverständnissen. Werfen wir einen näheren Blick auf die Situationen, die zu Konflikten und Krisen in Generationen führen können.

Wie auf Arbeitsdruck reagiert und wie mit Überstunden umgegangen wird, hängt manchmal mit der generationellen Prägung zusammen oder wird als generationentypisch angesehen. Jüngeren wird z. B. vorgeworfen, Mehrarbeit zu scheuen, Älteren hingegen, sich nicht abgrenzen zu können. Fühlt man sich durch das Verhalten des jeweils anderen selbst benachteiligt, können die Differenzen zu Konflikten werden. Ziel muss es daher sein, das gegenseitige Verständnis zu fördern und gleichzeitig gemeinsam an einem Strang zu ziehen.

Zudem können Veränderungen in der Organisation oder in einem Projekt in Arbeitsgruppen auf unterschiedliche Reaktionen stoßen. Ältere werden dabei manches Mal als „Verweigerer" wahrgenommen. Dadurch sehen sich Jüngere demotiviert und ausgebremst; im schlimmsten Fall kündigen sie. Für Veränderungsprozesse muss daher ein entsprechendes Bewusstsein geschaffen werden. Hier kann eine intergenerationelle Teamentwicklung hilfreich sein, die darauf bedacht ist, auf Herausforderungen gemeinsam flexibel und rasch mit entsprechenden Anpassungen zu reagieren ohne dabei den Einzelnen aus dem Blick zu verlieren.

Die Digitalisierung der Arbeitswelt kann zu weiteren generationellen Differenzen führen. Was für Jüngere längst selbstverständlich ist, scheint manchen Älteren fremd. Die Offenheit für neue Techniken hängt mit dem lebenslangen Lernen zusammen. Auch bei großer Bereitschaft sind Ältere manchmal unsicher oder sehen sich im Nachteil gegenüber den Jüngeren. Jüngere können hier helfen, müssen es den Älteren aber auch zutrauen, mit der Digitalisierung klarzukommen.

Ein weiterer Punkt ist die Weitergabe von Erfahrungswissen. Nicht in allen Arbeitsgruppen wird das Wissen der Älteren abgerufen. Hierfür braucht es Bereitschaft, Motivation und auch über die sachliche Teilnahme hinaus eine emotionale Teilnahme und Bindung zum Geschehen. Man könnte es auch Begeisterungsfähigkeit oder Wissensdurst nennen. Viele Studien machen deutlich, dass Ältere, die ihr Wissen weitergeben können, motivierter im Team arbeiten. Zudem erlaubt es ihnen, ihren Übergang in den Ruhestand vorzubereiten und ihre Nachfolge zu planen. Ziel muss es sein, dass das erfolgskritische Wissen abgerufen wird, sodass alle davon profitieren und spezifische Potenziale genutzt werden. Allerdings ist die Form der Wissensweitergabe wichtig: Der erhobene Zeigefinger kommt in der Regel schlecht an. Sie sollte vielmehr im Sinne der Kooperation erfolgen, um so möglicher Resignation vorzubeugen. Das Wie und Wann des Wissens- und Erfahrungstransfer kann im Team reflektiert, ein Rahmen dafür geschaffen werden.

Von Bedeutung sind auch Generationenklischees, die häufig für negative Generationen- und Altersbilder stehen. Verschiedenste Studien aus der Altersforschung zeigen, dass negative Bilder und Ansichten über das Alter oft im Sinne sich selbst erfüllender Prophezeiungen wirken. So hat ein negatives Altersbild oftmals auch Auswirkungen auf die Arbeitsfähigkeit der älteren Mitarbeiter. Die Produktivität des Teams wird dadurch beeinflusst. Beschäftigte in der zweiten Lebenshälfte müssen ermutigt werden, durch ihre vielfältigen Erfahrungen, Verluste zu kompensieren und ihr Erfahrungspotenzial in der Arbeitswelt einzusetzen. Ziel muss es sein, Generationen-Bewertungen und Pauschalisierungen im Team zu vermeiden und positive Synergien zu erzeugen.

Ebenso kann es durch unterschiedliche Wertvorstellungen in den verschiedenen Generationen zu Konflikten und Krisen kommen. Das kann z. B. die Kommunikation und Arbeitsmoral betreffen, aber auch die unterschiedliche Ansicht über Qualität und Ordnung. Zwischen Älteren und Jüngeren herrscht oft ein unterschiedliches Verständnis von Hierarchien. Jüngere sind heute selbstbewusster und stellen mit ihren spezifischen Kompetenzen (z. B. Digitalisierung) infrage, dass die Älteren das Sagen haben. Diese wiederum verweisen auf ihre langjährigen Erfahrungen.

In einer sich verdichtenden Arbeitswelt können Fehler vermehrt auftreten. Der Umgang mit ihnen kann zu Konflikten zwischen den Generationen führen, etwa wenn Jüngeren Unerfahrenheit oder Älteren mangelnde Konzentration und mangelnde Multitaskingfähigkeit vorgeworfen wird. Ziel muss eine Fehlerkultur sein, in der Fehler und Probleme offen angesprochen werden. Anstatt nach Schuldigen soll nach Ursachen und Lösungen gesucht werden. Dadurch wird die Innovationskraft im Team gesteigert. Die Fehlerkultur stellt eine wichtige Grundlage für Entwicklung dar und verhindert das Vertuschen von Fehlern.

Aber auch private Belastungen wirken sich häufig auf das Arbeitsleben aus. Sie sind dabei nicht selten generationenspezifisch. Ältere müssen sich oft mit Erkrankungen (den eigenen oder der Partner) oder der Pflege ihrer Eltern auseinandersetzen; manche sehen sich selbst mit körperlichen Einschränkungen konfrontiert. Bei den jüngeren Kollegen sind es die Kinder oder finanzielle Sorgen, die Energie in Anspruch nehmen. Ihnen ist die Work-Life-Balance wichtig.

Für die oben aufgezeigten Konfliktfelder sind wechselseitiges Verständnis, die Bereitschaft zu lernen und eine gewisse Anpassungsbereitschaft wichtig. Mit Kompromissfähigkeit ist es möglich, dass die Eigenarten der unterschiedlichen Generationen nebeneinander Platz finden und sich bestenfalls ergänzen. Dadurch kann es gelingen, die Konflikte nicht nur konsensorientiert zu lösen, sondern die Unterschiede im Team fruchtbar zu machen.

Führungskräfte sind im Umgang mit verschiedenen Situationen immer wieder vor Herausforderungen gestellt, so z. B. beim Einhalten von neuen Sicherheitsvorschriften. Oft verhindern langjährige Gewohnheiten die Umsetzung von Veränderungen oder führen dazu, dass wieder in das alte Verhalten zurückgefallen wird. Sowohl Beratungen für Führungskräfte als auch intergenerationelle Teamentwicklungen sind hier hilfreich. Zudem haben ältere männliche Mitarbeiter teilweise Probleme mit jungen weiblichen Führungskräften. Hier gilt es, Kompetenz nicht nur im Umgang mit unterschiedlichen Generationen, sondern auch in Geschlechterfragen aufzubauen.

Die Kommunikation ist entscheidend bei Konfliktthemen wie Wissenstransfer, Arbeitsweise oder Sicherheitsmaßnahmen. Schlechte oder fehlende Kommunikation ist oft die Ursache von Missverständnissen, die zu Konflikten führen. Im Rahmen meiner intergenerationellen Teamentwicklung werden daher Kommunikationsstrategien vorgestellt und eingeübt. Die jeweilige Sozialisation und Lebensphase können zu unterschiedlichen Verhaltensweisen im Berufsalltag führen. Ziel muss es sein, weniger zu werten und mehr zu verstehen. Das Verstehen ist die Basis für eine wertschätzende Kommunikation. In ihr kann, falls notwendig, dann auch eine bestimmte Verhaltensweise angesprochen und daraus resultierende Konflikte gelöst werden.

All dies macht die Zusammenarbeit in altersgemischten Teams zu keiner leichten Aufgabe. Manches Mal führt sie sogar für den Einzelnen oder das gesamte Team in eine Krise. Aber sie lässt sich bewältigen – zum Nutzen und Vorteil aller! So können gerade Führungskräfte auf die aktuelle Lebenssituation der Mitarbeiter achten und weniger auf das kalendarische Alter. Es geht um individuelle Fähigkeiten und Bedürfnisse, darum, die entsprechenden Potenziale zu nutzen und einzubringen, nicht um die Einteilung in Altersgruppen, die im Einzelnen nicht unbedingt etwas besagen. Entsprechend sollten Bewertungen nicht anhand der Kategorie der Generation erfolgen und überhaupt Pauschalisierungen vermieden werden. Im Fokus sollten die Potenziale stehen, nicht vermutete Defizite. Das gilt auch für die Mitarbeiter selbst und ihren Umgang miteinander. In meinen Trainings für altersgemischte Teams, erlebe ich, dass Generationen auch im Arbeitsleben viel übereinander lernen und entdecken können. Sie begegnen sich dann als Folge vermehrt auf Augenhöhe und leben Selbst- und Mitverantwortung gleichermaßen. Ihr neu erworbenes Wissen können sie auch auf ihr privates Umfeld übertragen. Freude im Miteinander und im Entdecken einer anderen Zeit kann erlebt werden. Dabei geht es immer um die persönliche Entwicklung und Reifung. Die Solidarität und Gemeinschaft zwischen Jung und Alt kann schließlich zur wichtigen Ressource auch in Veränderungen und Krisen werden. Gemeinsam in der Arbeitswelt, gemeinsam für das Klima, gemeinsam in Zeiten von Corona und gemeinsam im privaten Zusammenleben.

Schließlich können sich ältere Berufstätige bewusst machen, dass sie nun noch ein letztes Mal das Zusammenleben und -arbeiten mit verschiedenen jungen Menschen erkunden können. In der Regel sind die Rentner später schließlich wieder eher unter sich und haben weniger Kontakte zu den jüngeren, es sei denn in der Familie ist das möglich. Eigentlich eine bedauerliche Situation. Daher kann ganz gezielt im späten Berufsleben, soweit dort junge Menschen arbeiten, der Kontakt gesucht werden und ein Verstehen und Begreifen der Jüngeren und ihrer Zeit für das gute Miteinander, aber auch für die eigene Entwicklung gesucht werden. Vielleicht wächst das Interesse dann auch so stark, dass später in der Rente entweder der Kontakt bestehen bleibt oder aber nach Austausch mit Jüngeren gesucht wird, sei es durch ein Ehrenamt oder in der Nachbarschaft. Sicher ist, je mehr sich die Generationen vermischen, desto eher wird auch ihr Verständnis füreinander gegeben sein, das zeigen verschiedene Untersuchungen im Hinblick auf Diversität. Denn so können Vorurteile abgebaut werden und der andere in seiner Lebensphase, in seiner Sozialisierung und in seinen Eigenarten verstanden werden. Im Hinblick auf den demografischen Wandel, aber auch für die eigene Entwicklung wird dies von Bedeutung sein.

Denkanstoß
Möchten Sie mit anderen Generationen z. B. im Arbeitsleben in Kontakt kommen und sie besser verstehen, dann fragen Sie doch einmal nach, wie es so in ihrer Jugend war. Dann können Sie deren Prägung, die vielleicht ganz anders war als Ihre eigene, besser verstehen. Kommen Sie darüber doch ins Gespräch und erzählen Sie gern auch etwas von sich selbst, damit auch Ihr Gegenüber versteht, wie Sie aufgewachsen sind. Manche Prägungen und Werte wurden vielleicht auch im Laufe des Lebens überdacht und eine neue Haltung wurde eingenommen? Interessante Fragen, über die Sie ins Gespräch kommen können, könnten bspw. lauten: Welche Werte der Arbeit wurden dir in deiner Kindheit vermittelt? Wie wurde in deiner Kindheit mit menschlichen Schwächen und Fehlern umgegangen, wie mit Trauer und Traurigkeit? Welche Fragen an andere Generationen würden Sie noch interessieren?

Digitalisierung im Beruf
Die Corona-Krise hat die ohnehin stattfindende Digitalisierung im Beruf vorangetrieben – gerade was die persönliche Zusammenarbeit und Koordination betrifft. Die jetzt in breitem Maße umgesetzten Möglichkeiten der Videotelefonie haben auch zutage gefördert, dass solche Techniken hilfreich sind und gewiss dauerhaft ihren Platz erobern werden. Aber Onlinekontakte sind auch mit Bild nicht immer leicht. Neben kleinen technischen Ungenügsamkeiten bleibt eine gewisse Unsicherheit und Distanziertheit. Videotelefonie kann direkte persönliche Kontakte eben nicht in allem ersetzen.

Dennoch können wir auch hier kreativ werden, um eine Krise zu vermeiden um Schritt für Schritt in die unpersönliche Atmosphäre von Video-Calls oder Zoom-Meetings etwas mehr Leben zu bringen. Natürlich hängt das auch immer mit der Frage zusammen: Was will ich von mir preisgeben? Und die Frage, worauf sich unser Gegenüber einlässt. Es ist nun mal so, die menschliche Nähe fehlt, wenn die menschliche Kommunikation nicht persönlich stattfindet. Sie muss irgendwie ersetzt oder neu erzeugt werden.

Es kann einiges getan werden. Fangen wir mit dem Einfachsten an. Der Hintergrund kann gestaltet werden. Durch die eigenen Räume, über die es dann womöglich auch etwas zu sprechen gibt – „Oh Sie haben da eine Menge Bücher in Ihrem Regal, womit beschäftigen Sie sich am meisten?" – Oder auch ein Kreativbild, dass die Anbieter zur Verfügung stellen oder das man auch selbst kreieren kann. Der Professor zieht sich für die Studenten nicht nur ein Hawaii-Shirt an, sondern kreiert im Hintergrund sogar Palmen und Strand von Hawaii. Seine trockene Art wirkt prompt nicht mehr so trocken beziehungsweise als interessanter Kontrast zu den bunten Farben auf dem Bildschirm. Auch die Haltung und Körpersprache sind jetzt von besonderer Bedeutung. Wir können im Vorfeld üben immer wieder in die Kamera zu gucken. Es ist nun mal so, der Blick-Kontakt ist etwas ganz Wesentliches, und zieht den Zuhörer in den Bann. Auch unserer Stimme können wir, wenn möglich, noch mehr Wärme oder auch Betonung geben, so dass keine Langeweile aufkommt, weil wir wenige Sinneserfahrungen über den Computer machen. Wir können wohl dosiert mal näher rücken mal auf Distanz gehen. Manche PCs haben schon eine Kamera eingebaut, die dem Anwender entsprechend folgt, so dass er sogar aufstehen und sich im Raum bewegen kann. Die Farbe der Kleidung kann wichtig sein, um in den lieblosen Bildschirm ein bisschen Stimmung zu bekommen. Vielleicht wird zukünftig auch darauf geachtet, aus welcher Kaffeetasse wir trinken, wenn sich Kollegen entscheiden, die Kaffeepause gemeinsam zu verbringen. Ein Comic als Motiv auf dem Becher, der dann auch mal in die Kamera gehalten werden kann?

Einmal hatte ich ein digitales Mittagessen mit einem jungen Kollegen, der gerade zu Hause war. Zunächst verbrachte ich die erste halbe Stunde mit ihm in der Küche beim Mittagessen, wo er sein Gericht erst noch mal in die Mikrowelle schob. Später wollten seine Frau und die Kinder den Raum nutzen und er nahm seinen Laptop – und damit mich – mit in das Wohnzimmer und setzte sich bequem auf das Sofa, direkt am Fenster, eine grüne Pflanze zeigte sich an seinem Kopf. Ganz zwanglos verhielt er sich in seinen Räumen, aber auch im Gespräch mit mir über den Bildschirm. Er ließ es zu, dass ich ein Stück weit in seine Welt eintauchen durfte und ihn nicht nur als Kollegen, sondern auch als privaten Menschen erleben durfte. Zugegeben, ungewohnt aber doch auch inspirierend und meine Aufmerksamkeit fesselnd. Kein Wunder, dass ich ihn danach noch mehr schätzte. Dieses digitale Miteinander müssen wir nicht dem Zufall überlassen. Wir können auch hier gestalten und üben und lernen online noch attraktiver und authentischer zu kommunizieren. Mit meinem jungen Kollegen biete ich mittlerweile Seminare hierzu an. Was ich dadurch auch lernte, war, dass das gemeinsame Mittagessen uns gewissermaßen wieder eine sinnliche Gemeinsamkeit erfahren ließ, die eigentlich getrennt war. So können wir in unseren Meetings oder Vorträgen auch neue Sequenzen rein bringen, in der wir auffordern zu gleichen Bewegungen, ein Protokoll gemeinsam in die Hand nehmen, das den Teilnehmern im Vorfeld zugeschickt wurde, oder kleine „Stellen Sie sich mal vor" – Geschichten erzählen, die Körper- und sinnesbetont die Zuhörer gemeinsam fühlen lassen. Der Kreativität sind kaum Grenzen gesetzt. Wichtig ist die Bereitschaft aller Teilnehmer, neue Wege einzuschlagen und auszuprobieren. In Teams kann man ganz gezielt nach neuen Ideen für die digitalen Meetings fragen und diese dann gemeinsam ausprobieren.

Ein weiterer wichtiger Punkt ist die verbale Kommunikation, die sich in digitalen Meetings verändern muss. Einmal hielt ich einen Online-Vortrag und meine Stimme wurde kratzig, da ich auf ständiges trinken, was ich sonst in meinen Vorträgen ganz natürlich einbaue, verzichten wollte. Schließlich wurde mir klar, wenn ich nun nicht bis zum Schluss Krächzen wollte, musste ich mehr trinken und zu dem ein Halsbonbon in den Mund stecken. Für die 80 Zuhörer, die direkt in mein Gesicht auf dem Bildschirm schauten, wäre das ohne eine Erklärung etwas merkwürdig gewesen. So kündigte ich mein Tun mit einem kleinen Scherz an und hoffte, dass auf der anderen Seite hierdurch ein gewisses Verständnis gegeben sein würde. Auch das ist schließlich ein Aspekt: die Mitverantwortung der Zuhörer und Zuschauer. Bewertung der Online-Referenten darf nicht stark nach alten Mustern erfolgen, sondern muss im Zusammenhang mit den neuen digitalen Herausforderungen mit neuer Offenheit und Empathie betrachtet werden.

Ich gehe davon aus, dass die Arbeitswelt im Hinblick auf digitale Treffen noch kreativ werden muss und nach Ausgleich für den körperlichen Abstand suchen wird. Nur so kann der Verlust der körperlichen Nähe ausgeglichen werden. Ich bin schon gespannt, wann Unternehmensberater und Digital-Anbieter neue kreative Tools und Knigge-Tipps herausgeben, die dann von den Organisationen gerne übernommen und an die Mitarbeiter weitergegeben werden.

Homeoffice ist zwar für viele Organisationen und Mitarbeiter eine gute Lösung, auch weiterhin arbeiten und die Abläufe aufrechterhalten zu können, allerdings bedeutet es auch eine gewisse Isolation. Für manche war und ist dies sehr belastend, für andere vielleicht eine Erleichterung. Auch hier gilt: Die Wahrnehmung ist so bunt wie der Mensch selbst. Jeder Betroffene muss hier seinen eigenen Weg finden. Um mit dieser Arbeitsform umgehen und ihre weitere, Nutzung mitgestalten zu können, können wir uns fragen, wie es denn wohl ist, wenn wir nun für immer den ganzen Tag von zu Hause aus unsere Arbeit verrichten müssen. Diese Frage dürfen wir aber nicht nur für uns selbst, sondern sollten sie auch empathisch für andere beantworten und akzeptieren, dass manch einer unter der Zwangstrennung von Arbeitskollegen und dazu noch oftmals von Freunden und Verwandten sehr leidet. Der individuelle Blick und die individuelle Lösung sind also auch hier wieder dringend notwendig.

Ältere Arbeitnehmer können sich die Frage gleich im weiteren Horizont stellen: Wie wird es sein, wenn ich nicht mehr in den Betrieb gehe, aber auch kein Homeoffice betreibe – schlicht weil ich dann im Ruhestand sein werde?

5.3 Aufgaben, die in der Krise Sinn machen

Arbeit und eine Aufgabe ist für uns Menschen als „tätige Wesen" wichtig. Arbeit kann Lust und Frust bedeuten. Arbeit oder eine Aufgabe kann aber auch ablenken und helfen, wenn wir in einer Krise stecken. Gerade dann, wenn wir in unserer Aufgabe gute soziale Kontakte haben, wenn wir unsere Fähigkeiten leben können, wenn wir Erfolge haben und vielleicht auch körperlich oder geistig im guten Maß gefordert sind. Durch eine Aufgabe die uns fordert, erhalten wir stimulierende Reize und kommen aus der Eintönigkeit heraus. Die Arbeit hilft uns in ihrer Ablenkung, dass wir nicht nur um uns selbst kreisen. Ergibt unsere Aufgabe Sinn, haben wir ein gutes Gefühl davon, dass unsere Arbeit gebraucht wird. Wichtig ist es, dass wir diese Möglichkeiten, die durch die Arbeit potenziell gegeben sind, erkennen und womöglich fördern. Wollen wir in einer Krise, dass die Aufgabe für uns zur positiven Ablenkung und Ausgleich führt, können wir auf unsere Lust bei der Arbeit achten. Lust auf Arbeit kann bedeuten, dass wir uns gezielt um den guten Kontakt mit den Menschen kümmern, die uns bei der Arbeit begegnen, dass wir uns aber auch immer wieder um kleinere oder größere Herausforderungen bemühen und bereit sind zu lernen. Wir müssen verstehen, dass Pflicht auch etwas Wertvolles sein kann, da wir uns positiv verantwortlich fühlen und etwas zu Ende bringen wollen, nicht ohne dabei eine ordentliche Leistung abzugeben. Die Lust an der Arbeit kann auch dadurch geschaffen werden, dass wir uns selbst einmal beobachten und gut hin fühlen und hinschauen, was uns wirklich Freude an der Arbeit bereitet. (Vgl. Abschn. 4.1)

Sie haben vielleicht beim Lesen bemerkt, dass ich von Aufgaben und Arbeit gleichermaßen spreche. Es geht um Arbeit im weitesten Sinne, d. h. also es geht dabei nicht nur um einen Beruf, sondern es kann auch um eine Aufgabe innerhalb eines Ehrenamtes oder privaten Engagements (wie zum Beispiel Enkelkinder betreuen) gehen.

Denkanstoß
Was bereitet Ihnen Freude an Ihrer Aufgabe? Denken Sie an die oben genannten Punkte. Was möchten Sie ergänzen? Was fehlt Ihnen davon in Ihrer Arbeit? Haben Sie eine Idee, wie Sie die fehlenden Aspekte, den Mangel eventuell in kleinen Schritten angehen beziehungsweise positiv gestalten können? Welche Fortbildungen können Sie möglicherweise besuchen, welche Literatur lesen, damit Sie erfüllende Momente in Ihrer Aufgabe finden? Denken Sie dabei nicht nur an Ihre fachliche Qualifikation, sondern auch an die sozialen Kompetenzen, wie zum Beispiel Kommunikationsstrategien, die das Miteinander positiv gestalten.

Erleben Sie Ihrer Arbeit mehr Frust als Lust? Ist es vielleicht sogar Ihre Arbeit oder Aufgabe selbst, die die Krise darstellt, in der Sie sich befinden? Dann wird es darum gehen, zu überlegen, wie Sie aus dieser Krise wieder herauskommen. In den Kap. 5 bis 9 finden Sie Anregungen hierzu.

Die Corona-Krise wirkt auf viele Berufstätige
Auch die Corona-Krise hat auf die Arbeit – damit ist an dieser Stelle der Beruf gemeint – Einfluss. Manche reden schon von Arbeit 5.0 und Homeoffice per Gesetz. Doch wir wissen, bei allen positiven Aspekten, dass Homeoffice auch nicht immer durchsetzbar ist und für manche Mitarbeiter auch nicht das Passende ist. So gibt es viele Menschen, die sich auf den persönlichen Kontakt und die Arbeitsumgebung sehr freuen und nicht darauf verzichten möchten jeden Tag das Haus zu verlassen. Auch hier werden also wieder die Organisationen gefordert sein, den individuellen Blick auf die Mitarbeiter nicht zu verlieren und die verschiedenen Bedürfnisse, soweit es geht mit kreativen

Ideen zu befriedigen. Ein Hybrid ist oft die Lösung. Wichtig ist dabei immer wieder, dass das vertrauensvolle und verantwortliche Gespräch zwischen Führungskräften und Mitarbeitern gesucht wird. Dabei kann von beiden Seiten aus auf den anderen zugegangen werden. Natürlich wird es auch immer wieder darum gehen Kompromisse zu schließen. Nicht alle Wünsche werden erfüllt werden können.

Corona hat aber auch deshalb großen Einfluss auf die Arbeit, weil für viele Kurzarbeit gegeben ist. Auch die Angst, den Job zu verlieren, wenn die Krise das Unternehmen sehr schwächt, steht auf einmal bei vielen Menschen im Raum. Von Beruhigung kann auch nach einigen Monaten, in denen man mittlerweile viel gelernt hat und routinierter im Umgang mit der Krise ist, trotzdem noch nicht gesprochen werden.

Anregungen für die Homeoffice-Situation, finden Sie unter Abschn. 5.2. Stecken Sie in einer Krise dieser Art, finden Sie weitere Informationen in Kap. 7, indem es darum geht, wie wir die psychische Widerstandskraft stärken können.

Damit Arbeit – auch in Krisenzeiten – mehr Lust als Frust bedeutet
Es gibt verschiedene Dinge, auf die Sie achten können, damit die Arbeit oder Tätigkeit, die Sie ausüben, Freude bereitet und ein gesundes Maß an Arbeit nicht überschreitet.

Bei physischer und psychischer Über- oder Unterforderung sollten Sie auf Ausgleich achten. Schauen Sie, dass Arbeit nicht nur Spaß macht und trotzdem sinnvoll sein kann und suchen Sie kleine Momente der Freude in Ihrer Tätigkeit, z. B. im Umgang mit Kollegen (vgl. Abschn. 5.2).

Anstrengende Herausforderungen dürfen sein, auch im Ruhestand. Achten Sie aber immer auch auf Ihre Regeneration (vgl. Abschn. 5.1). Seien Sie offen für Fortbildungen und achten Sie bei den Angeboten darauf, dass Sie zu Ihrem Lerntyp (visueller, haptischer, kommunikativer oder auditiver Lerntyp) passen. Denken Sie daran, dass geistiges Training wichtig ist gerade im Alter. Ebenso kann der Kontakt zu Jüngeren sehr bereichernd sein und Sie sollten ihn aktiv suchen. Falls Sie Ihr Wissen weitergeben, vermeiden Sie den erhobenen Zeigefinger und denken Sie daran, dass die Älteren auch immer etwas von den Jüngeren lernen können.

Ideen für sinnvolle Aufgaben in der Krise
Es gibt verschiedene Möglichkeiten, sich trotz Krise sinnvoll zu beschäftigen. Viele haben sich Arbeiten rund ums Haus gesucht. Man kann aber auch für die Jüngeren etwas tun und mit Erfahrungen helfen (etwa durch telefonische Ratschläge) zu alternativen Arbeitsprozessen, Erfahrungen mit Kunden wei-

tergeben etc. Gleichzeitig sollte man die Chance nutzen, von den Jüngeren zu lernen und sich auch helfen zu lassen, wenn einem die Technik zu kompliziert erscheint und man allein nicht weiterkommt. Im Ehrenamt sind ebenfalls viele sinnvolle Aufgaben gegeben, wie Einkaufshilfe, Spaziergänge mit Senioren oder aber den Hund des Nachbarn, auszuführen.

Wie oben schon angedeutet wurde, kann eine Aufgabe, die in der Krise helfen soll, auch außerhalb des Berufslebens gegeben sein. So beispielsweise im freiwilligen Engagement, das in Vereinen und Institutionen möglich ist, aber auch im privaten und familiären Umfeld. Das Ehrenamt spielt bei den meisten Menschen im Ruhestand eine immer wichtigere Rolle, da ihnen Möglichkeiten gegeben werden, einer Aufgabe nachzugehen in der späten Lebensphase, die länger ist als je zuvor. Menschen, die noch weitestgehend körperlich und geistig fit sind, können sich in diesem freiwilligen Engagement den verschiedensten Aufgaben, ob in der Wirtschaft, in der Kultur, in der Entwicklungshilfe, dem Umwelt oder Tierschutz, widmen. Wenn Sie im Internet nach Ehrenamt suchen, können Sie die vielfältigsten Optionen und Möglichkeiten anschauen und diese wiederum in Ihrer Stadt oder Umgebung suchen. Oftmals sind interessante Fortbildungen damit verbunden. Gerade in der langen Zeit des Ruhestandes, in dem Menschen nicht mehr beruflich tätig sind und weniger geistig und körperlich gefordert sind, kann ein Ehrenamt nicht nur von Bedeutung, sondern auch sehr hilfreich sein, um dem geistigen Abbau im Alter entgegen zu wirken. Sehr oft können hier auch neue Begegnungen mit Menschen entdeckt werden, die ähnliche Interessen teilen. Zudem ist es ein gutes Gefühl, wenn man sich für andere engagiert ohne eine Gegenleistung zu erwarten.

Denkanstoß
Sind Sie in einem freiwilligen Engagement tätig? Inwieweit bereitet Ihnen dieses Freude, aber vielleicht auch manchmal Frust? Ist die Aufgabe im Großen und Ganzen für Sie sinnerfüllend und positiv und kann Ihnen auch in einer Krise behilflich sein? Möchten Sie sich zukünftig um ein freiwilliges Engagement kümmern? Woran haben Sie spontan Interesse und wo können Sie nicht nur Mitverantwortung, sondern auch Selbstverantwortung leben? Inwiefern werden Ihre Bedürfnisse, z. B. nach netten Kontakten mit anderen Menschen, körperlicher oder geistiger Bewegung oder anderem durch die Aufgabe gestillt? Was tut Ihnen gut?

Gerade für junge Familien ist die Hilfe so wichtig und kann damit eine wichtige Aufgabe für Senioren sein. Zu Hause eng aufeinanderzusitzen, die

Kleinsten zu betreuen, womöglich auch noch zu arbeiten, ist eine große Belastungsprobe gerade für Familien, die vorher schon Schwierigkeiten hatten. Gerade sie sind unzureichend auf Stresssituationen vorbereitet. Dann kam auch noch Corona dazu und brachte ganz neue Herausforderungen wie etwa das Homeschooling. Die üblichen Entlastungssysteme fallen aus: Kitas und Schulen, Sport und andere Vereine sind eine soziale Stütze, eine wichtige Ressourcen gerade für Kinder und Jugendliche in belasteten Familien. Fallen sie weg, drohen Spannungen und Gewalt in Familien zuzunehmen, in denen ohnehin das Kindeswohl auch bei oft redlichen Bemühungen der Eltern nicht immer gesichert ist. Kinder sind allein nicht in der Lage, sich Hilfe zu holen; sie sind die Kleinsten und können sich selbst am wenigsten schützen. Im Lockdown haben sie zudem kaum Möglichkeiten, anderen von Missständen zu erzählen, und müssen ihre Not für sich behalten und allein mit der Situation klarkommen. So gibt es viele Aufgaben, die in der Corona-Krise Sinn machen, gibt es viele. Ältere aktive Senioren können ihren Potenzialen und Interessen entsprechend anderen in der Krise helfen. Vielleicht kann man sein Talent als Vorleseoma über Skype entdecken und ausbauen oder geht einfach gemeinsam raus in die Natur? Senioren können im Freiwilligenengagement für junge Familien im Stress einspringen und beim Organisieren helfen. Sie können so zeigen, wie aktiv sie in vielem noch sind. Sie können deutlich machen, was gesunde Vorsicht ist, dass es aber keine Panik braucht, auch wenn man zur sogenannten Risikogruppe gehört. Auch wenn in Zeiten der erhöhten Infektionsgefahr Abstand gehalten werden muss, lässt sich dem mit etwas Kreativität durchaus beikommen. Man kann einen zwei Meter langen Stock im Wald suchen und mit den Kindern bemalen. Man kann die Kinder mit einbeziehen und fragen: „Wie können wir Abstand einhalten? Was fällt uns schwer? Was leicht?" Und dann fasst jeder ein Ende des Stocks an. Das ist nicht ganz so schön, wie die Hand zu halten, aber doch auch lustig und nah an der Natur.

Das Freiwilligenzentrum Darmstadt vermittelt unter der Überschrift: „Sozial ist das neue sexy" ehrenamtliche Tätigkeiten und bietet 200 Einsatzmöglichkeiten an. In einem Vorgespräch kann der Senior für sich herausfinden, auf welchem Gebiet er sich engagieren möchte. Soll es eine soziale Aufgabe sein oder interessiert er sich mehr für Sport, Natur und Umwelt? Oder aber für Kulturelles? Vielleicht gibt es so ein oder ein ähnliches Angebot auch in Ihrer Stadt?

Überlegungen zum Ruhestand in Zeiten von Corona

Was wird aus meiner Arbeit in Corona-Zeiten? Das fragen sich jetzt so manche Berufstätige. Auch die Älteren, um die 60, machen sich so ihre Gedanken. Die letzten drei bis fünf Jahre, die sie noch bis zum Ruhestand haben, rücken jetzt in ein anderes Blickfeld. Braucht mich mein Unternehmen überhaupt noch? Wird meine Erfahrung benötigt? Wird ein guter Abschied bei den Nöten und möglichen Umstrukturierungen durch Corona, in denen mein Unternehmen sich jetzt befindet, möglich sein? Möchte ich bei diesen Veränderungen noch mitmischen? Aber was bedeutet ein vorzeitiger Ruhestand? Was fange ich ohne Arbeit mit meinem Leben an? Neben den finanziellen Fragen sind auch Fragen rund um die Gestaltung der letzten Jahre im Berufsleben wichtig.

In meinen Seminaren erlebe ich immer wieder, wie wichtig die Vorbereitung auf die nachberufliche Zeit ist. Daher biete ich in der Corona-Zeit Berufstätigen, die sich mit dem Übergang in den Ruhestand beschäftigen, Beratungen an. Bei Bedarf auch online bzw. per Telefon. In Verbindung mit meinen hierfür vorgesehenen Arbeitsunterlagen, die zur individuellen Nachbearbeitung dienen, haben die Interessenten die Möglichkeit, sich nachhaltig in ihrer ganz individuellen Situation auf eine der größten Veränderungen im Leben vorzubereiten.

5.4 Persönliche Haltung in der Krise

Wie wir mit einer Krise umgehen, hängt maßgeblich von unserer persönlichen Haltung ab. Wir beobachten immer wieder, dass Menschen sich in ein und derselben Situation ganz unterschiedlich verhalten. Wir wissen, dass die psychische Widerstandskraft nicht bei allen gleich ist. Ist sie gut ausgebildet, hilft dies in vielem, macht einen persönlich krisenfester. Eine solche Resilienz, wie der Fachbegriff lautet, mag in gewisser Weise mit dem Charakter eines Menschen zusammenhängen, sie ist aber gewiss nicht angeboren. Vielmehr lässt sie sich erlernen und trainieren (siehe Kap. 7). Unsere Einstellung zu einer Sache oder einer Lebensphase, beispielsweise zum Alter, kann maßgeblichen Einfluss darauf haben, wie wir die jeweilige Situation tatsächlich erleben. Zudem wirkt sie sich auf unser Gesundheitsverhalten und auf unsere Zielsetzungen im Alltag aus. Sehen wir in der Krise eine unabwendbare Katastrophe, machen wir sie im Grunde nur noch schlimmer, und ein gutes Ende, das vielleicht möglich wäre, rückt in weite Ferne, wird vielleicht unerreichbar. Katastrophenstimmung wirkt oft wie eine sich selbst erfüllende Prophezeiung. Dieser Begriff wird in der Gerontologie häufig genutzt, wenn beispielsweise einseitig negative Bilder vom Alter gegeben sind.

Wollen wir das vermeiden und vielmehr eine positive Lebenseinstellung haben, können wir ganz gezielt daran arbeiten. Wir können unsere Kraftquellen suchen und fördern, wir können Grenzen setzen, wenn wir überfordert sind, wir können die ambivalenten Gefühle in uns und anderen verstehen und so lernen, mit ihnen umzugehen. Im Folgenden soll daher auf die persönliche Einstellung zum Alter, auf die Struktur im Alltag sowie auf unerfüllte Wünsche eingegangen werden.

Die persönliche Einstellung zum Alter
Oftmals erscheinen in jüngeren Jahren die Veränderungen im Alter als Krise schlechthin. „So möchte ich nicht leben", sagt dann mancher aus Angst vor seinem eigenen Alter, aus Angst vor der Zukunft. Wir vergessen dabei jedoch, dass wir uns im Laufe des Lebens entwickeln und Erfahrungen sammeln, die uns viele Veränderungen gut annehmen lassen. Wir benötigen Vertrauen in die Potenziale des Alters, um gerade in der Wende zum Alter, die oftmals zu Beginn der zweiten Lebenshälfte, also mit circa 45 oder 50 Jahren geschieht, nicht vor Schrecken zu erstarren, sondern uns mit Neugier und Gestaltungsbereitschaft ihm zuzuwenden.

Für den Umgang mit dem Alter – dem der anderen wie dem eigenen – ist die innere Haltung maßgeblich. Wer hier nur eine negative Einstellung hat, wird anders auf die Fragen des Älterwerdens – auch hier: des eigenen wie desjenigen der anderen – eingehen als jene, die sich durch eine interessierte und bewusste Offenheit auszeichnen und das Älterwerden als einen untrennbaren Teil ihres eigenen Lebens erkennen.

Welche innere Haltung kann in einer Krise helfen? Das meint allgemeine Krisen, wie die Corona-Pandemie, die teilweise auch altersspezifische Fragen aufwirft. Die Frage stellt sich aber generell mit Blick auf die Veränderungen rund um das Älterwerden, da gerade hier manchmal nach neuem Sinn gesucht wird. Als Entwicklungsaufgabe im Älterwerden nennt der Entwicklungspsychologe Eric Hamburger Erickson Generativität, Ich-Integrität und Gero-Transzendenz. Mit Letzterem ist gemeint, dass das menschliche Individuum über sich selbst hinaussteigt in seiner Endlichkeit. Wir suchen ein Stück weit nach Harmonie, die über die eigene Individualität hinaus geht. Das meint auch, dass wir nicht stehen bleiben, nicht erstarren. Ein Abschied bedeutet so gesehen immer ein Aufbruch zu Neuem. Das vollzieht sich aber nie in einer Selbstabkapselung, im Gegenteil: Dieses Überschreiten ist immer in Zusammenhang der Menschen, der menschlichen Gemeinschaft, eben im sozialen Miteinander gedacht. Im Alter zeigt sich das etwa, wenn Hochbetagte neue Seiten an sich selbst entdecken und erkennen, dass auch jetzt noch Entwicklung möglich ist.

Im Alter wird dieses Übersteigen der eigenen Person auch in anderer Hinsicht oft deutlich. So teilen sie manchmal das Leben ihrer Kinder, indem sie deren Glück – oder auch im schlechten Falle Unglück – miterleben, ohne tatsächlich daran beteiligt oder anwesend zu sein. Es mag klischeehaft klingen, aber Eltern, gerade die schon älteren, leben zu einem guten Teil *in* ihren (oft auch schon erwachsenen und selbst älter werdenden, vielleicht an der Schwelle zur zweiten Lebenshälfte stehenden) Kindern. Die eigene Person und deren Empfinden sind eng mit anderen Menschen, genauer mit denen der nachfolgenden Generation, verbunden – meist viel mehr, als dies in früheren Phasen ihres Lebens der Fall war.

Hier finden sich daher zentrale Hinweise, wenn nach dem Sinn des Alters gefragt wird – nicht selten mit einem gewissen Unverständnis und Zweifel. Was soll am Alter gut sein? Ist es nicht so, dass man nun gar nicht mehr so richtig teilhat am „wirklichen" Leben? Aber genau das scheint falsch zu sein. Dieses Über-sich-Hinausgehen und das Leben in der Nachkommenschaft, ohne direkt einzugreifen, verweist vielmehr auf eine Fülle, nicht auf einen Mangel. Ob dies immer gelingt, ist eine andere Frage; Beispiele dafür finden sich aber durchaus. Diese Sicht kann ein wichtiger Bestandteil der inneren Haltung sein, die man dem Alter entgegenbringt – auch dann bereits, wenn man noch nicht alt ist. Die Alten leben in den Jungen, und das kann ihnen keiner nehmen.

Das bedeutet nun nicht, dass mit dem Alter keine Schwierigkeiten, keine Verluste verbunden wären. Eine solche Annahme wäre sehr oberflächlich. Es bedeutet aber, dass es im Alter spezifische Potenziale gibt, die unter Umständen Verluste kompensieren können. Mehr noch: Sie reichen weit über eine Kompensationsfunktion hinaus, denn sie eröffnen Neues. Entsprechende Fähigkeiten dienen nicht nur dazu, bei sich selbst etwas auszugleichen. Nein, es kann dadurch, etwa durch Wissensweitergabe, durch Erfahrung und durch daraus erwachsende Empathie für das Leben der anderen, der Jüngeren, durchaus von Bedeutung sein und sich zugleich mit dem Bestehenden zufriedengeben.

Zweite Lebenshälfte, Alter, Ruhestand oder die letzten Jahre im Beruf – all das macht den Gedanken an die eigene Endlichkeit viel greifbarer, lässt ihn vielleicht erst aufkommen. Das wiederum kann die Sicht auf sich selbst und auf die Welt ändern. Alter meint so keine Perspektivverengung, sondern eine Perspektiverweiterung. Häufig lässt sich im Alter ein deutlicher Rückgang egoistischer Tendenzen oder zumindest gewisser Selbstbezüglichkeiten erkennen. Nicht, dass es das nicht auch bei Älteren gäbe. Aber doch wird es oft durch ein weitreichendes Verständnis erheblich gemildert. Ist Ihnen auch schon einmal aufgefallen, dass manche Großeltern ihren Enkeln in einigen Dingen ein größeres Verständnis entgegenbringen als deren Eltern?

Vergessen werden darf natürlich nicht, dass auch Menschen im hohen Alter bisweilen ihr Leben nicht als sinnvoll empfinden. Vieles mag hier eine Rolle spielen, etwa eine lange Krankheit mit Schmerzen und zunehmenden Einschränkungen. Zusammenhängen kann es auch damit, dass ihr Leben seitens der Gesellschaft nicht mehr als gutes Leben anerkannt wird. Das allgemeine negative Altersbild wirkt dann auf das Alter selbst zurück. Gerade hier stellt sich der Gesellschaft eine Aufgabe, der sie sich bewusst werden muss, um sich ihrer dann auch angemessen annehmen zu können.

Die Veränderungen – nun nicht mehr nur im negativen Sinne – werden auch daran kenntlich, dass sich im Alter gewisse Verhaltensweisen ändern, manche Rollen aufgegeben werden. Das zeigt sich oft in Gelassenheit, einem positiven Rückblick auf das eigene Leben, den man so in den frühen und mittleren Erwachsenenjahren gar nicht hatte. Aber es zeigt sich auch in der Bedeutung, die man sozialen Beziehungen zuspricht und die dazu führen, dass diese sorgfältiger ausgewählt werden, oder auch in dem geringeren Gewicht, die nun materielle Dinge haben. Das Erstaunliche am Alter ist, dass all dies möglich ist, obwohl die eigene Sterblichkeit oft wesentlich konkreter ist als früher und obwohl es im Alter nicht selten zu einigen spezifischen Krisen kommt, mit denen man sich zwangsläufig auseinandersetzen muss. Sinn in ihrem Leben sehen oft sogar noch Sterbende, wie ich als Hospizhelferin bereits erfahren habe. Sind gewisse Voraussetzungen erfüllt, etwa eine wirkungsvolle Schmerzbehandlung, lassen sich selbst hier noch glückliche, zufriedene, ja genussvolle Momente beobachten.

Um so ein in diesem Sinne gutes Altern zu ermöglichen, ist es wichtig, an der inneren Haltung zu arbeiten (denn meist wird sie sich nicht einfach so ganz von alleine einstellen). Und dabei wird es immer wieder um das rechte Maß gehen. Wenn wir unser Leben auch in der Krise gestalten wollen, müssen wir achtsam mit uns umgehen – das lernen wir aktuell in der Corona-Krise. Wo ist es zu viel? Wo zu wenig? Einige Tipps können helfen, die innere Haltung zu formen. So sollte man trotz des bereits vorhandenen Wissens und der mit dem Alter ja gewachsenen Erfahrung offen für Neues sein. Lernen ist eine Aufgabe für das ganze Leben, wobei die Formen des Lernens durchaus wandlungsfähig sind. Offenheit bedeutet auch und wird gefördert durch den Kontakt mit Jüngeren. Dies funktioniert nur, wenn man unterschiedliche Werte anerkennt, akzeptiert und zu verstehen sucht – dann gelingt es auch eher, die eigenen Werte einzubringen. Humor und Optimismus, aber auch Dankbarkeit sind eine gute Grundlage, um eine positive innere Haltung zu entwickeln; beides sollte daher gepflegt werden. Der Blick kann stets auf die Potenziale gerichtet sein – hier eben auf die des Alters. Manches ist vielleicht nicht mehr möglich, manches aber auch gerade erst jetzt! Dass soziale Kontakte, Freundschaften und Beziehungen wichtig sind, haben wir gesehen – sie sollten daher nicht vernachlässigt werden. Aber auch eine positive Haltung sich selbst gegenüber ist fundamental. Wer sich selbst ein Freund ist, wird sich besser mit seinen Stärken und Schwächen annehmen können. Und angesichts der Spannungsfelder des Lebens gehört es dazu, neben Aktivität in welcher Form auch immer ausreichend Zeit für Ruhe zu finden.

Um zu dieser inneren Haltung zu gelangen und sie aufrechtzuerhalten durch die Wechselfälle des Lebens hindurch, sollte man sich klarmachen, was das Alter mit sich bringt. Vieles geht in der zweiten Lebenshälfte nicht mehr wie früher. Irgendwann in dieser Lebensphase wird man merken, dass die Leistungsfähigkeit zurückgeht – oder, eher positiv gesehen, sich verlagert. Es geht nicht um das „Schneller, Höher, Weiter", sondern um die neuen Fähigkeiten und die Frage, wie man sie einbringen kann. Ob dies nun die Erfahrungen im Beruf und im Betrieb betrifft, ein Ehrenamt oder die Betreuung der Enkel – es gibt viele Möglichkeiten. Um das realisieren zu können, muss man sich um die eigene Gesundheit kümmern. Eine andere Haltung zum Alter bedeutet nicht, dass Aspekte der Gesundheit gänzlich zweitrangig werden. Wer gesund und aktiv ist, kann besser teilnehmen und sich einbringen, auch wenn das in anderer Form geschieht als früher. Für das Gelingen ist allerdings neben der inneren Haltung auch die Einstellung der Gesellschaft von Relevanz. Erforderlich ist also zum einen die Arbeit an sich selbst, aber auch an der Wahrnehmung der Allgemeinheit. Und schließlich gehört auch die Akzeptanz der eigenen Endlichkeit dazu.

In Workshops und Beratungen befasse ich mich daher mit unterschiedlichen Themen, die eine bewusste Einstellung zum Älterwerden ermöglichen. Dazu gehört der differenzierte Blick: Beides, das Schöne und das Schwere, sollen betrachtet werden, sei es im Übergang in den Ruhestand, im Älterwerden, in Bezug auf unsere Partnerschaft oder dem Umgang mit jungen Menschen. Auch der Natur unserer Endlichkeit können wir mit positiver Einstellung begegnen.

Struktur im Alltag
Gerade dann, wenn wir uns in einer schweren Lebensphase befinden und unglücklich sind, ist die Gestaltung unseres Alltags wichtig. Die fünf Säulen des gesunden Lebens und Älterwerdens können hier als Richtschnur dienen.

Für unseren Körper bedeutet dies etwa, jetzt bei dem schönen Wetter rauszugehen, ob alleine oder zu zweit. Zwar muss man ausreichend Abstand halten, kann sich aber während des Spaziergangs dennoch unterhalten und gemeinsam die Natur genießen. Wenn möglich, sollte Ausdauersport getrieben werden. Auch unserem Kopf helfen solche Aktivitäten. Zugleich müssen wir ihn mit Neuem, Interessantem, auch Forderndem konfrontieren – um dann auch wieder Pausen einzulegen. Es gibt viele Dinge, die gezielt oder auch eher nebenbei das Denken und den Geist auf Trab halten und trainieren. Gut ist auch, wenn man hier nicht immer zum Gleichen greift, sondern Abwechslung hineinbringt – mal Rätsel lösen, mal ein gutes Buch lesen, auch die Nachrichten verfolgen, dann aber Gespräche suchen und aufmerksam sein. Basale Dinge wie Ernährung und Schlaf gehören ohnehin dazu, wie wir oben bereits gesehen haben. Damit all dies funktioniert, braucht es einen gewissen strukturierten Tagesablauf – man muss hier keinem starren Muster folgen, sollte es aber unbedingt vermeiden, in den Tag hineinzuleben. In den ersten Tagen im Ruhestand (oder bei einer anderen „Zwangspause") ist das noch angebracht, dann sollten aber gewisse Abläufe, die natürlich immer wieder angepasst werden können, den Alltag bestimmen.

Das Pflegen der sozialen Kontakte, die dritte Säule für ein gutes und gesundes Leben und Altern, muss in Zeiten von Corona – und wir wissen nicht, wie lange dies noch anhält – mit den sinnvollen Vorsichtsmaßnahmen unter einen Hut gebracht werden. Möglichkeiten gibt es durchaus, Kreativität ist gefragt – gerade bei den Senioren, und das heißt von, mit und für die Älteren. Isolation ist unbedingt zu vermeiden, die Beziehungen erfordern nun aber auch teils einen größeren Aufwand. Das sollten sie aber wert sein. Und auch was die Tätigkeiten betrifft, die, möglichst regelmäßig, in unserem Alltag eine Rolle spielen sollten, ergeben sich aus der Corona-Krise gewisse Konsequenzen. Manches ist nicht oder nicht uneingeschränkt möglich, hinfällig ist eine gewisse Aktivität aber nicht. Gerade im privaten und häuslichen Bereich gibt es immer und vielleicht gerade jetzt Sinnvolles zu tun. Aber auch die Gesellschaft insgesamt, die Familie, die Nachbarschaft, die Gemeinde brauchen in dieser schwierigen Lage nicht weniger aktive Menschen. Auch in den Zeiten der Pandemiebekämpfung gibt es viel zu tun. Eine sinnvolle und machbare Tätigkeit hilft zugleich, den eigenen Alltag weiterhin zu strukturieren – das war schon vor der Krise der Fall und wird es auch weiterhin sein. Schließlich geht es bei der fünften Säule um die innere Haltung, die wir bereits näher betrachtet haben. Auch hier lässt sich viel tun, um zu einer angemessenen und positiven Einstellung zu gelangen.

Unerfüllte Wünsche in Zeiten von Corona

All dies ist nicht immer leicht. Krisen zeichnen sich ja gerade dadurch aus, dass in ihnen unsere Bedürfnisse und Wünsche oftmals nicht mehr erfüllt werden. Das ist oft schwer zu ertragen. Gerade deshalb ist es wichtig, eine innere Haltung zu dem notwendigen Verzicht zu finden. Es lassen sich mehrere unerfüllte Bedürfnisse und Wünsche unterscheiden, die für die meisten Menschen wichtig sind. Was wollen wir also – und was daran ist in der Krise schwierig?

Ich will dich umarmen

Wir sind soziale Wesen, doch die Bedürfnisse, wie und in welcher Intensität wir unsere sozialen Kontakte leben, sind oft sehr unterschiedlich. Auch im digitalen Kontakt, der zu Corona-Zeiten so wichtig geworden ist, entsteht oftmals Sehnsucht. Viele wollen sich endlich mal wieder in die Arme nehmen. Der Mensch ist ein sinnliches Wesen – er braucht Zärtlichkeit, der eine mehr, der andere weniger. Auch das müssen und sollten wir akzeptieren und die Bedürfnisse ernst nehmen. Zu bedenken gilt, dass gerade auch die psychische Widerstandskraft verletzlicher Gruppen, darunter auch Ältere, darunter leidet, wenn dieses Bedürfnis nach sozialer Nähe nicht erfüllt wird. Wir müssen also Wege finden, sie auch unter den derzeitigen Umständen herzustellen.

Ich will, dass das aufhört

Viele Menschen haben jetzt immer wiederkehrende Fragen im Hinterkopf: Wie geht es weiter? Wie lange noch? Werde ich meine Lieben wiedersehen? Erwischt es mich? Was passiert, wenn ich schwer krank werde? Das Warten kann quälend sein. Daher ist es hilfreich, sich auf das zu konzentrieren, was man *jetzt* verändern kann, und sich dabei Folgendes bewusst machen: Der Wunsch, dass das aufhört, kann mir so niemand erfüllen. Aber ich selbst kann eine Menge tun.

Ich will nicht alleine sein

Es gibt die, die rausgehen, nach wie vor einkaufen und ihre sozialen Kontakte pflegen, weil es so wichtig für sie ist. Dass die Bedrohung oft nicht greifbar ist, sofern man nicht den Fernseher anschaltet und Schreckensbilder aus anderen Ländern sieht, lässt manche alle Vorsicht vergessen. Gerade auch viele Menschen höheren Alters fühlen Sehnsucht angesichts des erzwungenen Rückzugs: nach der Familie, den Enkeln, aber auch nach Freiheit, nach dem Beruf, nach Freunden, nach Diskussionen von Angesicht zu Angesicht. Dabei sind ältere Menschen ohnehin schon oft zurückgezogen und bescheiden. Sie beklagen sich nicht, sie akzeptieren ihre Probleme und Verluste, weil sie es über die Jahre gelernt haben. Sie haben oftmals die verschiedensten Bewältigungsstrategien. Deshalb sind wir als Gesellschaft gefordert, sie jetzt in ihrem Schweigen und in ihrer Stille nicht zu vergessen, uns ihre Sorgen und Nöte zu Herzen zu nehmen und mit ihnen gemeinsam bestmögliche Lösungen zu finden.

Ich will nicht zur Risikogruppe der „Alten" gehören

Der Gedanke, Ältere zu isolieren, weil sie zur Risikogruppe gehören, ist für die meisten schwer erträglich. Zu sehr erinnert es an ein rücksichtsloses Wegsperren. Zweifelhaft ist ja ohnehin, ob das kalendarische Alter ein taugliches Kriterium ist, um festzulegen, ob man zur zu schützenden Risikogruppe gehört – und notfalls isoliert wird. Es müssen Wege gefunden werden, damit die Jüngeren (und möglichst auch die jüngeren Älteren im Berufsleben) wieder arbeiten gehen können und die Älteren dennoch geschützt werden, wenn sie es wollen. Die Vorstellung des Einsperrens aber macht älteren Menschen Angst – zu Recht, haben sie doch unsere demokratische Gesellschaft mit auf- und ausgebaut. Zwangsisolierung wäre gegen ihre Würde und mit unseren grundlegenden Ansprüchen einer rechtsstaatlichen Demokratie nicht vereinbar. Aber auch darüber hinaus sollte man mit Bevormundung vorsichtig und zurückhaltend sein. Gerade bei einer Verletzlichkeit der Hochbetagten muss ihrem Empfinden und ihren Bedürfnissen Rechnung getragen werden – das gebietet die erforderliche Wertschätzung.

Ich will Vertrauen üben
Es ist nicht nur ein Bedürfnis, dass einem die anderen Menschen Vertrauen entgegenbringen. Auch man selbst will vertrauen können. Zu vertrauen ist ein Grundbedürfnis; wer nicht Vertrauen schöpfen kann in dieser Welt, für den ist sie kein schöner Ort. Die strengen Maßnahmen dürften hier bei manchen einiges zerschlagen haben. Wir müssen darauf achten, wieder solche Bedingungen zu schaffen, dass Vertrauen möglich ist – zwischen Nahestehenden, aber auch gegenüber den gesellschaftlichen Institutionen und Einrichtungen. Den Raum, sich mit ihren Potenzialen zu entfalten und damit auch die Schwierigkeiten der Krise zu bewältigen, erhalten Ältere nur, wenn sie Vertrauen fassen können – und wenn die anderen auch ihnen vertrauen. Nach dem, was wir oben über die innere Haltung von Älteren gesagt haben, haben sie das ja auch vollumfänglich verdient.

Ich will zufrieden sein
Es gibt niemanden, von dem ich in Sachen Zufriedenheit so viel gelernt habe wie von den älteren Menschen. In Zeiten, in denen ich ehrenamtlich oft in einem Pflegeheim zum Vorlesen war, lernte ich viele Menschen kennen. Fragte ich die Bewohner nach ihrem Befinden, bekam ich häufig zur Antwort, dass sie ganz zufrieden seien – auch wenn sie im Rollstuhl saßen, auf Hilfe angewiesen waren und täglich einen Haufen Tabletten schlucken mussten. Ich habe immer wieder über diese Worte nachgedacht und bin zu der Überzeugung gelangt, dass das Leben nicht bedeutet, irgendeinem ominösen, nicht greifbaren Glück hinterherrennen zu müssen, sondern gute Momente zu gestalten und alles in allem zufrieden zu sein. Zufriedenheit bedeutet, dass wir Frieden finden in unserem Leben, in dem wir Freude, aber auch Mangel erfahren. Das meint nicht, dass wir nun einfach untätig bleiben könnten, um in diesem Zustand zu verweilen. Er dürfte sich doch sonst rasch in Luft auflösen. Aber gerade im

Alter kann das eine besonders wichtige Haltung sein. Und für die Jüngeren heißt es: Sei dankbar, aber auch mutig, dein Leben zu gestalten! Vielleicht ist es auch die Bescheidenheit, die uns durch die Krise hilft. Bescheidenheit ist eine Tugend. Wir lernen sie oft im Alter. Und lernen können wir sie von den Alten.

Literatur

Antonovsky, A. (1997). *Salutogenese – Zur Entmystifizierung der Gesundheit*. Tübingen: Deutsche Gesellschaft für Verhaltenstherapie.

Arendt, H. (1969). *Vita activa oder vom tätigen Leben*. München: Piper.

Baltes, P. B., & Baltes, M. M. (1990). Psychological perspectives on successful aging: The model of selective optimization with compensation. In P. B. Baltes & M. M. Baltes (Hrsg.), *Successful aging: Perspectives from the behavioral sciences* (S. 1–34). New York: Cambridge University Press. ISBN 978-0-521-43582-6.

Bertelsmann Stiftung. (2018). *Strategien gegen den Fachkräftemangel in der Altenpflege. Probleme und Herausforderungen*. Freiburg. https://www.bertelsmann-stiftung.de/fileadmin/files/Projekte/44_Pflege_vor_Ort/VV_Endbericht_Fachkraeftemangel_Pflege_Prognos.pdf. Zugegriffen am 02.10.2020.

Bley, H., Djahangard, S., Farkas, Ch., Gamillschecg, M. Lütge, P. Kix, P., Meyer zu Eppendorf, K., Piatscheck, N., Tröndle, T., & Weber-Steinhaus, F. (September/Oktober 2020). 33 1/2 Fragen, die wir uns jetzt stellen müssen. *Zeit Campus*, Nr. 5, S. 46–59.

Bruchhaus Steinert, H. (2014). Sexualität und Partnerschaft im Alter – eine systemische Perspektive. In T. Friedrich-Hett, N. Artner & R. A. Ernst (Hrsg.), *Systemisches Arbeiten mit älteren Menschen* (1. Aufl.). Heidelberg: Carl-Auer.

Cohen, G. D. (2009). *Geistige Fitness im Alter – so bleiben Sie vital und kreativ*. München: dtv.

Cwiertnia, L. (September/Oktober 2020) „Manchmal fühle ich mich wieder wie die zehnjährige Paulin" Seit vier Jahren studiert Paulin in Tschechien. Als die Uni wegen Corona schließt, zieht sie wieder bei ihren Eltern ein. Geht das gut? *Zeit Campus*, Nr. 5, S. 40–41.

Deutsche Hauptstelle für Suchtfragen e.V. (DHS). (o. J.). Suchtprobleme im Alter. Informationen und Praxishilfen für Fachkräfte und Ehrenamtliche im Sozial-, Gesundheits- und Bildungswesen. http://www.dhs.de/fileadmin/user_upload/pdf/Broschueren/Suchtprobleme_im_Alter.pdf. Zugegriffen am 18.09.2020.

Deutsches Zentrum für Altersfragen. (2016). Deutscher Alterssurvey 2014. Zentrale Befunde. https://www.dza.de/fileadmin/dza/pdf/DEAS2014_Kurzfassung.pdf. Zugegriffen am 19.08.2018.

Ehret, S. (2012). Sorgende Gesellschaft – Unität der Fürsorge in der Diversität. *Wege zum Menschen, 64*(3), 272–287. Göttingen: V&R.

Ehrlich, U., & Vogel, C. (2018). *Babyboomer in Deutschland Erwerbsverhalten, ehrenamtliches Engagement, Fürsorgetätigkeiten und materielle Lage.* Berlin: Deutsches Zentrum für Altersfragen (DZA). https://www.dza.de/index.php?eID=tx_securedownloads&p=639&u=0&g=0&t=1600480554&hash=37120554fab08cb086c135400032077c7804f6f4&file=fileadmin/dza/pdf/dza_aktuell/dza_aktuell_Babyboomer.pdf. Zugegriffen am 18.09.2020.

Elias, N. (1987). *Die Gesellschaft der Individuen.* Frankfurt a. M.: Suhrkamp.

Erikson, E. H. (1966). *Identität und Lebenszyklus.* Frankfurt a. M.: Suhrkamp.

Expertise im Auftrag der Abteilung Wirtschafts- und Sozialpolitik der Friedrich-Ebert-Stiftung. (2015). *Auf der Highroad – der skandinavische Weg zu einem zeitgemäßen Pflegesystem. Ein Vergleich zwischen fünf nordischen Ländern und Deutschland* (2. Aufl.). http://library.fes.de/pdf-files/wiso/11337.pdf. Zugegriffen am 02.10.2020.

Faltermaier, T., Mayring, P., & Saup, W. (2002). *Entwicklungspsychologie des Erwachsenenalters* (2. Aufl.). Stuttgart: Kohlhammer.

Femppel, B. (2020). Darmstadt gebührt ein Platz im World Happiness Report. Die Stadt steht in der aktuellen Corona-Krise gut da und bietet viel zum Glücklichsein. Glück lässt sich zwar fördern, aber nicht erzwingen. *Echo Online.* https://www.echo-online.de/lokales/darmstadt/darmstadt-gebuhrt-ein-platz-im-world-happiness-report_21801540. Zugegriffen am 13.06.2020.

Frerichs, F. (2013). Erfahrungswissen älterer Arbeitnehmer/innen und intergenerationeller Wissenstransfer. http://www.becker-stiftung.de/wp-content/uploads/2013/12/FRERICHS_Prsentation.pdf. Zugegriffen am 08.08.2018.

Gaul, S., & Sadigh, P. (2020). Kuscheln erlaubt. Kein Digitalpakt für die Altenbetreuung. *Zeit Online.* https://www.zeit.de/gesellschaft/familie/2020-07/altenpflege-corona-kontaktverbot-pflegeheim-berlin-wilmersdorf-menschliche-naehe/komplettansicht. Zugegriffen am 06.08.2020.

Grefe, Ch. (2020). Kümmert euch! Wie sehr das Pflegesystem in der Krise steckt, erlebte unsere Autorin auf einer jahrelangen Irrfahrt mit ihrer Mutter durch Kliniken und Heime. Ein Aufschrei – und ein Appell an uns alle. *Zeit Online.* https://www.zeit.de/2020/29/pflegesystem-krise-corona-reformen-kaputt-gespart. Zugegriffen am 14.07.2020.

Grunwald, M. (2017). *Homo hapticus: Warum wir ohne Tastsinn nicht leben können.* Droemer eBook.

Habekuß, F. (07. Mai 2020). Was uns nach draußen zieht. Die menschliche Sehnsucht nach der Natur ist ein mächtiges und uraltes Gefühl. Wer es entdeckt, kann große Kräfte freisetzen – gerade jetzt. *Die ZEIT, Nr. 20/2020.*

Hoff, A. (2012). „Solidarität zwischen und innerhalb der Generationen – für eine gemeinsame Zukunft" Auftaktveranstaltung zum „Europäischen Jahr für aktives Altern und Solidarität zwischen den Generationen 2012". https://www.ej2012.de/fileadmin/user_upload/redaktion/Redebeitraege/Hoff.pdf. Zugegriffen am 08.08.2015.

Ilmarinen, J. (2012). Förderung des aktiven Alterns am Arbeitsplatz. Europäische Agentur für Sicherheit und Gesundheitsschutz am Arbeitsplatz (Hrsg.). https://

osha.europa.eu/de/tools-and-publications/publications/articles/promoting-active-ageing-in-the-workplace. Zugegriffen am 31.07.2018.

Ilmarinen, J., & Tempel, J. (2013). *Arbeitsleben 2025. Das Haus der Arbeitsfähigkeit im Unternehmen bauen.* Hamburg: VSA.

Initiative Neue Qualität der Arbeit. (o. J.). Altersgemischte Teams: Auf gegenseitige Wertschätzung kommt es an. https://www.inqa.de/DE/Service/Aktuelles-aus-der-Arbeitswelt/Meldungen/2011/2011-05-18-altersgemischte-teams.html. Zugegriffen am 11.05.2016.

Initiative Neue Qualität der Arbeit (INQA). (2009). *Lernfähig im Tandem – Betriebliche Lernpartnerschaft zwischen Älteren und Jüngeren.* Bönen/Westfalen: DruckVerlag.

Institut DGB-Index Gute Arbeit. (2018). Arbeitsbedingungen in der Alten- und Krankenpflege. Berlin. https://index-gute-arbeit.dgb.de/++co++fecfee2c-a482-11e8-85a5-52540088cada. Zugegriffen am 10.09.2020.

Internationale Arbeitsorganisation. (2020). Covid-19 und die Welt der Arbeit. https://www.ilo.org/berlin/presseinformationen/WCMS_753129/lang%2D%2Dde/index.htm. Zugegriffen am 12.08.2020.

Jessen, J. (20. Mai 2020). Rettet den Händedruck! Was Hippies und Aufsteiger nicht vermochten, könnte nun die Seuche vollenden: die Ausrottung des Händeschüttelns. Aber wir sollten dieses Ritual pflegen, sobald es wieder geht. *Die ZEIT, Nr. 22/2020.*

Kaluza, G. (2011). *Stressbewältigung.* Heidelberg: Springer.

Kaluza, A. (Juli/August 2020). Wo kann ich helfen? Tannen pflanzen, Briefe schreiben, Paragrafen wälzen: Ideen, wie du dich jetzt engagieren kannst. *Zeit Campus*, S. 24–25.

Kast, V. (2013). *Lebenskrisen werden Lebenschancen: Wendepunkte des Lebens aktiv gestalten.* Freiburg in Breisgau: Herder.

Kessler, E.-M. (2020). Corona-Pandemie: Ältere Menschen sind sehr viel mehr als „die Risikogruppe". In M. Teising & R. Lindner (Hrsg.), *Psychotherapie im Alter Nr. 67: Altern – Befürchtungen und Hoffnungen im Dialog zwischen Jung und Alt. 17. Jahrgang, Nr. 67, Heft 3* (S. 367–372). Gießen: Psychosozial-Verlag.

Korte, M. (2014). *Jung im Kopf: Erstaunliche Einsichten der Gehirnforschung in das Älterwerden.* München: Pantheon.

Kühn, F. (2017). Die demografische Entwicklung in Deutschland. https://www.bpb.de/politik/innenpolitik/demografischer-wandel/196911/fertilitaet-mortalitaet-migration. Zugegriffen am 31.07.2018.

Kuhn, E., Berlin-Institut. (o. J.). Rezension zu „Wir brauchen euch!". https://www.berlin-institut.org/publikationen/rezensionen/wir-brauchen-euch.html. Zugegriffen am 12.02.2019.

Largo, R. (2020). *Zusammen leben.* Frankfurt a. M.: S. Fischer.

Lehr, U. (1988). Arbeit als Lebenssinn auch im Alter – Positionen einer differentiellen Gerontologie. In L. Rosenmayr & F. Kolland (Hrsg.), *Arbeit – Freizeit – Lebenszeit* (S. 29–45). Opladen: Westdeutscher.

Lehr, U., & Kruse, A. (2006). Verlängerung der Lebensarbeitszeit – eine realistische Perspektive? *Zeitschrift für Arbeits- und Organisationspsychologie, 50,* 240–247.

Lehrer-online. (o. J.). Lerntypen. https://www.lehrer-online.de/unterricht/sekundarstufen/faecheruebergreifend/artikel/seite/fa/lernen-lernen-kein-kinderspiel/lerntypen/. Zugegriffen am 15.02.2019.

Leipold, B. (2012). *Lebenslanges Lernen und Bildung im Alter.* Stuttgart: Kohlhammer.

Linder, R., & Stud. des Instituts f. Sozialwissenschaften der Univ. Kassel (2020). „Wenn ich einmal alt bin …". Studentische (Selbst-)Reflexionen über das Alter und die Alten. In M. Teising & R. Lindner (Hrsg.), *Psychotherapie im Alter Nr. 67: Altern – Befürchtungen und Hoffnungen im Dialog zwischen Jung und Alt, 17. Jahrgang, Nr. 67, Heft 3* (S. 277–288). Gießen: Psychosozial.

Lohmann-Haislah, A. (2012). Stressreport Deutschland 2012. Psychische Anforderungen, Ressourcen und Befinden. https://www.baua.de/DE/Angebote/Publikationen/Berichte/Gd68.pdf?__blob=publicationFile&v=12. Zugegriffen am 23.08.2018.

Mayr, A. (2020). Wieder daheim. In der Krise kehren Studierende in ihre Elternhäuser zurück. Das könnte die ganze Generation nachhaltig verändern. *DIE ZEIT, Nr. 20/2020,* S. 33.

Neumann-Prystaj, P. (23. April 2020). Geistig fit im Alter: Wie beugt man Demenz vor? Eine Studie der Mainzer Universität erforscht Verknüpfungen von Körper und Geist: Warum man im Alter besser das Kreuzworträtsel weglegt – und mit dem Jonglieren beginnt. *Darmstädter Echo.*

Pro Familia. (2015). Wenn Sexualität sich verändert. Sexualität und Älterwerden. https://www.profamilia.de/publikationen.html?tx_pgextendshop_pi1%5Baction%5D=show&tx_pgextendshop_pi1%5Bcontroller%5D=Item&tx_pgextendshop_pi1%5Bproduct%5D=33&cHash=05e9e9665cb304ebaf64b23846d95921. Zugegriffen am 15.09.2020.

Rentsch, T. (2016). Die Endlichkeit des Menschen – Altern und intergenerationelle Solidarität. Es gibt keine isolierte Ethik des Alterns; vielmehr müssen die altersspezifischen Fragen auf die Grundfragen der universalen Ethik und Moralphilosophie bezogen werden. https://www.philosophie.ch/philosophie/highlights/mensch/die-endlichkeit-des-menschen-altern-und-intergenerationelle-solidaritaet. Zugegriffen am 13.02.2019.

Riehl-Emde, A. (2014). *Wenn alte Liebe doch mal rostet.* Stuttgart: Kohlhammer.

Rosenberg, M. B. (2016). *Gewaltfreie Kommunikation: Eine Sprache des Lebens.* Paderborn: Junfermann.

Schmitt, M., & Re, S. (2004). Partnerschaft im Alter. In M. Kruse (Hrsg.), *Enzyklopädie der Gerontologie – Alternsprozess in multidisziplinärer Sicht.* Bern: Hans Huber.

Schröder, H., Klose, J., & Meyer, M. (Hrsg.). (2017). *Fehlzeiten-Report.* Berlin: Springer.

Schröder-Kunz, S. (2015). *Schulungsunterlagen: GUTES Leben und Arbeiten der Generationen – Ein Arbeitsbuch für Mitarbeitende im Schichtbetrieb.* Darmstadt.

Schröder-Kunz, S. (2016). *Selbstverantwortung und Mitverantwortung bei älteren Arbeitnehmern in der sich verändernden Arbeitswelt.* (Bislang unveröffentlicht).

Schröder-Kunz, S. (2019a). *Generationen gut führen – Altersgerechte Arbeitsgestaltung für alle Mitarbeitergenerationen.* Wiesbaden: Springer Gabler.

Schröder-Kunz, S. (2019b). *Gutes Leben und Arbeiten in der zweiten Lebenshälfte – Frühzeitig den Weg ins Älterwerden gestalten.* Wiesbaden: Springer.

Sonntag, K., & Seiferling, N. (2016). Potenziale älterer Erwerbstätiger nutzen: Ageing Workforce. In K. Sonntag (Hrsg.), *Personalentwicklung in Organisationen. Psychologische Grundlagen, Methoden und Strategien* (4., vollst. überarb. u. erw. Aufl., S. 495–534). Göttingen: Hogrefe.

Steinlein, C. (2012). Wie lange ist der Mensch leistungsfähig? https://www.focus.de/wissen/mensch/tid-24622/rente-mit-67-wie-lange-ist-der-mensch-leistungsfaehig_aid:699401.html. Zugegriffen am 23.08.2018.

Tesch-Römer, C. (2010). *Soziale Beziehungen alter Menschen.* Stuttgart: Kohlhammer.

Tornstam, L. (1989). Gero-transcendence: A reformulation of the disengagement theory. *Aging. Clinical and Experimental Research, 1,* 55–63.

Tornstam, L. (1992). The quo vadis of gerontology: On the gerontological research paradigm. *The Gerontologist, 3,* 318–326.

Unabhängiger Beirat für die Vereinbarkeit von Pflege und Beruf. (2019). Erster Bericht des unabhängigen Beirats für die Vereinbarkeit von Pflege und Beruf. Berlin. https://www.wege-zur-pflege.de/fileadmin/daten/Beirat/Erster_Bericht_des_unabhaengigen_Beirats_2019.pdf. Zugegriffen am 23.08.2019.

Walter, I. (15. Mai 2020). In Darmstadt ein Ständchen auf Bestellung. Friederike Frenzel liebt es, die Menschen mit Musik zu verbinden. In der Corona-Zeit überbringt sie als „Postkartenmusikerin" klingende Grüße. *Darmstädter Echo,* S. 11.

Walter, U., Flick, U., et al. (2006). *Alt und gesund? Altersbilder und Präventionskonzepte in der ärztlichen und pflegerischen Praxis* (S. 40). Wiesbaden: VS. ISBN 978-3-8100-4084-8.

Waltersbacher, A., Zok, K., & Klose, J. (2017). Die betriebliche Unterstützung von Mitarbeitern bei kritischen Lebensereignissen. Ergebnisse einer repräsentativen Befragung unter Erwerbstätigen. In *Fehlzeiten-Report 2017* (S. 133–152). Berlin/Heidelberg: Springer.

Wolffheim, F. (2018). PSYCHOLOGIE Die Kraft der Zärtlichkeit – wie uns Berührungen stark machen. Regelmäßige Streicheleinheiten fühlen sich nicht nur gut an, sie können sogar gesund machen. Der Psychologe Martin Grunwald erforscht, wie der Tastsinn unser Wohlbefinden reguliert. https://www.stern.de/gesundheit/gesund-leben/psyche%2D%2Ddie-kraft-der-zaertlichkeit%2D%2D-wie-uns-beruehrungen-stark-machen-8340862.html. Zugegriffen am 15.09.2020.

Zehender, L. (2006). *Alter und Emanzipation. Eine sozialphilosophische Spurensuche im gerontologischen und pflegewissenschaftlichen Kontext* (S. 46). Wien: Facultas. ISBN 3-85076-738-8.

6

Tugenden helfen – in Krisen und im Älterwerden

Um Krisen im Älterwerden bewältigen zu können, sind gewisse Tugenden hilfreich, wenn nicht unverzichtbar. Dazu zählen Geduld, Gelassenheit, Hoffnung aber auch die Großzügigkeit. Verbindungen und Überschneidungen der Tugenden kommen häufig vor. Sie stehen nicht für sich allein und helfen in unterschiedlichem Maße in den verschiedenen Situationen, die durch die Krise entstehen.

Wenige Menschen sprechen heute noch über Tugenden. Altmodisch, ja angestaubt wirkt es, wenn jemand sagt: „Sei tugendhaft!" Das klingt nach Maßregelung, dem erhobenen Zeigefinger, zumindest unzulässig moralisierend. An vielen Stellen finden Tugenden heutzutage aber wieder mehr Beachtung. Und das nicht zu Unrecht, handelt es sich dabei doch um durchaus hervorragende Eigenschaften oder vorbildliche Haltungen eines Menschen.

Ein Einwand gegen Tugenden könnte sein, dass sie zu uniformierten Moralvorstellungen führen. Doch das sollen und können sie in einer Gesellschaft der Diversität nicht. So gilt in unserer modernen Gesellschaft gerade auch Toleranz im Sinne von Akzeptanz als wichtige Tugend. Und fernab einer blinden Konformität geht es bei den Tugenden um das individuelle Selbstverständnis des Einzelnen. Was ist ihm möglich? Was kann er tun, um Werte (noch so ein altes Wort), die ihm wichtig sind, umzusetzen, wie kann er mit seiner Haltung und seinem Tun zu ihrer Verwirklichung beitragen? Hier lassen sich grundlegende, über den Einzelfall hinausgehende, Einstellungen und Handlungsorientierungen ausbilden und lernen. Das trägt zur Bereicherung des eigenem aber auch des Lebens der anderen bei. Mit Hilfe der gelebten Tugenden lässt sich dann auch besser mit Krisen umgehen.

Werden Tugenden in der Kindheit geformt? Zumindest dürfte die Erziehung eine Rolle für ihre Ausprägung spielen. Daher macht es Sinn, mit unseren Kindern über Tugenden und Werte zu sprechen. Und da jeder unter Tugenden etwas anderes versteht oder andere Prioritäten hat, kann es auch verschiedene Ansichten geben. Dennoch weisen Tugenden eine gewisse Dauer auf, reichen in der Regel weit über bestimmte Zeitalter hinaus. Gerade in der heutigen Zeit, in der unter den Menschen eine nie dagewesene Vielfalt an Lebensformen, Einstellungen und Überzeugungen herrscht und ein Miteinander der Kulturen gegeben ist, können alte Werte und Tugenden wie Gerechtigkeit von großem Wert sein. Dabei sind nicht nur die jungen Eltern in der Verantwortung, ihren Kindern Werte und Tugenden zu vermitteln, sondern auch die Älteren mit Blick auf die jüngeren Generationen. Zeigen sie im hohen Alter trotz ihres manchmal nicht leichten Lebens im Älterwerden Geduld, Gelassenheit, Hoffnung und Großzügigkeit, können sie den Jüngeren zu einem echten Vorbild für das Alter werden.

Sich im Älterwerden mit Tugenden zu befassen, kann also für das Alter selbst als auch für Zeiten von Krisen, die von außen kommen, hilfreich sein. Die vier wichtigsten Tugenden, die die Philosophie in ihrer langen Geschichte herausgestellt hat, werden die vier Kardinaltugenden genannt. Es sind Klugheit, Gerechtigkeit, Besonnenheit und Tapferkeit. Da es in diesem Buch um Krisen geht, stehen solche Tugenden im Mittelpunkt, die besonders in schweren Zeiten helfen können.

In meinen Seminaren werde ich immer wieder nach allgemeingültigen Lösungen für das Älterwerden gefragt. Doch es gibt nicht *die* Lösungen. Wir Menschen sind verschieden, und das zeigt sich auch gerade für das Alter und das Älterwerden in unserer modernen Gesellschaft. Es mag daher vielleicht ein paar Grundregeln geben, jedoch keine Lösungen, die für alle Fälle zutreffen. Eine zentrale Grundregel ist, dass wir an unserer inneren Haltung arbeiten sollen. Angesichts von Krisen sind dann vor allem Geduld, Gelassenheit, Hoffnung und Großzügigkeit wichtig.

6.1 Geduld – eine schwere Übung

Die Ungeduldigen beklagen oft ihre eigene Ungeduld und beneiden die Geduldigen für deren Gabe. Tatsächlich ist Geduld aber eine Tugend – und dabei eine sehr wichtige und wirkmächtige Tugend. Geduldige Menschen sind bereit, mit ungestillten Sehnsüchten und unerfüllten Wünschen zu leben oder diese zumindest zeitweise bewusst zurückzustellen. Immer wieder brauchen wir in unserem Leben Geduld – mit uns selbst, mit einem anderen, mit ganzen Gruppen oder auch mit unserer Gesellschaft. Geduld kann bedeuten, dass wir bereit sind, abzuwarten und zu ertragen. Manchmal ist es das Vertrauen darauf, dass wir, die anderen oder die Gesellschaft insgesamt, einen Weg finden, der uns voranbringt, und dass wir in diesem Prozess lernen. Das Vertrauen, die Hoffnung, die wir haben, kann auch enttäuscht werden. Geduld ist ein Warten auf Besserung.

In einer Krise geht es uns schlecht. Eine innere Stimme ruft und verlangt danach, dass einfach der alte (gute) Zustand wiederhergestellt wird. Oder wir wünschen uns einen Schalter, der, wenn er gedrückt wird, es uns erlaubt, endlich mit dem Neuen und Schweren umzugehen. Dazu müssen wir zunächst akzeptieren, dass das Alte nicht wiederkommen wird. Wir müssen das Neue annehmen und dann lernen, damit umzugehen.

Geduld ist eine Eigenschaft, die uns genau dabei hilft und uns so neue Wege eröffnet oder einen entsprechenden Prozess unterstützen kann. Wir haben Verständnis für uns selbst und für andere. Wir wissen, dass wir nicht erwarten können, eine Krise sofort in Griff zu bekommen. Mit der Eigenschaft der Geduld sind wir bereit zu lernen. Und sie lässt uns auch das Schwanken und momentane Unvermögen der anderen akzeptieren. Wir gestehen ihnen zu, ihre eigenen Wege zu gehen und sich nach ihren Möglichkeiten zu verhalten, auch wenn diese (noch) nicht genügen, um die Krise zu bewältigen. Wir wissen, dass sie, wie auch wir selbst, Zeit brauchen, uns an das Neue zu gewöhnen.

Sind wir geduldig, stecken wir unsere Erwartungen nicht zu hoch. Vielmehr sind wir realistisch und an die Situation oder an einen Menschen und seine Möglichkeiten angepasst. Geduld ist auch eine Tugend, weil sie uns warmherzig und barmherzig macht, weil wir durch sie weniger urteilen und mehr verstehen. Wenn wir Geduld in uns tragen, haben wir das Leben in seinen verschiedenen Facetten verstanden und verstehen es immer wieder neu. Wir erkennen, dass alles im Wandel ist und wir uns mal besser, mal schlechter anpassen können. Dabei geht Geduld in der Regel nicht mit Hoffnungslosigkeit einher, im Gegenteil: Sie schützt eher davor, von ihr überwältigt zu werden und lässt sie oft erst gar nicht aufkommen.

Das heißt nicht, dass wir dabei nicht leiden. Geduld ist vielmehr gerade eine Art, mit dem Leiden umzugehen. Bei Älteren lässt sich das oft beobachten. Haben sie zum Beispiel einen lieben Menschen, vielleicht den Partner, verloren, empfinden sie tiefen Schmerz. Aber sie nehmen ihn an; sie klagen nicht, sondern versuchen, die Erinnerungen an den Verstorbenen und die intensiven Emotionen mit ihrem eigenen Weiterleben in Einklang zu bringen. Oft höre ich in meiner Arbeit Sätze, in denen der bewusste Verlust, aber eben auch Geduld und Hoffnung zum Ausdruck kommen. Geduld hilft uns so bei den großen Krisen des Lebens. Sie ist auch bei weniger tiefgreifenden und dennoch belastenden Umbrüchen oder Erlebnissen wertvoll, ob dies nun mit dem Beruf, der Familie oder dem Alltag in seiner Vielfalt zusammenhängt. Mit ihr können wir erst einmal abwarten, die betreffende Sache beobachten, auf einen günstigen Moment warten, um dann wieder in den Modus des aktiven Handelns überzugehen. Sie verhilft zur Klarsicht – was bisweilen auch bedeuten kann zu erkennen, dass jetzt gerade nicht der Zeitpunkt ist, noch länger abzuwarten. Betrachten wir also, wie uns Geduld in wichtigen Bereichen helfen kann: im Arbeitsleben, im Älterwerden (etwa auch mit Blick auf den Ruhestand) und in Zeiten der Krise, aktuell der anhaltenden Corona-Krise, die unsere Geduld, sofern wir sie denn haben, auf eine harte Probe stellt.

Geduld im Arbeitsleben
Die Arbeitswelt hat sich in den letzten Jahren in zahlreichen Branchen und Bereichen gravierend verändert. Das hat Auswirkungen auf viele Berufstätige und ihre Arbeit. Schnelllebigkeit, Digitalisierung, Arbeitsverdichtung, Komplexität, Rationalisierung etc. sind nur einige Stichworte, die andeuten, womit Berufstätige sich heute Tag für Tag konfrontiert sehen. Wie schaffen die Menschen es, damit umzugehen? Kommt Druck vonseiten des Teams, den Vorgesetzten oder auch der Geschäftsleitung hinzu, kann das für den Einzelnen zu erheblichem Stress führen. Auch Selbstständige sind von den Veränderungen stark betroffen – gerade in Zeiten von Corona. Nicht wenige sehen ihre wirtschaftliche Existenz gefährdet oder auch schon in die Brüche gegangen. Wir sehen uns also im Arbeitsleben Veränderungen gegenüber, die nicht immer leicht abzuschätzen sind und auch deshalb erhebliche Unsicherheiten mit sich bringen. Sie verlangen von uns Anpassungen, ohne dass immer schon klar ist, worin diese genau bestehen. Vor diesem Hintergrund wird zunehmend von Überforderungen gesprochen. Es wird auf psychische Erkrankungen verwiesen, die von den Schwierigkeiten im Berufsleben ausgelöst oder vorangetrieben werden.

Nun gibt es Menschen, die die genannten Veränderungen leichter wegzustecken scheinen, während andere erheblich mehr Mühe damit haben. Es gibt Menschen, die sich „von Haus aus" weniger Sorgen machen als andere. Vielleicht haben sie aber auch einfach mehr Geduld. Nun hilft es wenig, Menschen, die sich beruflich in schwierigen Situationen befinden, die Stress haben und großen Druck verspüren, einfach mit der Empfehlung abzuspeisen, geduldig zu sein, und sie dann damit alleine zu lassen. Hilfreich kann es aber sehr wohl sein, sich mit der Thematik zu befassen. Wie oben aufgeführt, geht es bei den Tugenden um eine innere Haltung. Um eine geistige Einstellung und weniger um eine Handlung. Diese Einstellung hat dann aber geduldiges Handeln zur Folge.

Krisen, die im späten Berufsleben auftreten, lässt sich vielleicht damit begegnen, dass der Ruhestand in absehbarer Zeit auf einen zukommt. Manche wünschen sich dann, durch ein gutes Angebot frühzeitig auszusteigen. Das dürfte vor allem der Fall sein, wenn das Gefühl besteht, dass man Tag für Tag der gewohnten Arbeitsroutine nachgeht, diese einen aber nicht mehr erfüllt. Geduld kann jetzt heißen, sich die Werte der Arbeit wieder bewusst zu machen, z. B. persönliche Fähigkeiten im Arbeiten zu verwirklichen oder Wissen weiterzugeben. Eine geduldige Herangehensweise wäre auch, die Arbeit als geistiges und oder körperliches Training zu verstehen oder als Chance zur Ablenkung von Alltagssorgen. Von besonderem Wert ist für viele der Austausch mit Kollegen – den dann auch Ruheständler später oft vermissen. All diese Aspekte geraten leicht aus dem Blick, wenn nur noch sehnsüchtig der Ruhestand erwartet und als Stand der „Freiheit" angesehen wird. Gegen eine positive Ausrichtung auf den Ruhestand spricht nichts. Tatsächlich bietet er viel Raum, und die meisten können erwarten, auch viele, oft zwanzig oder dreißig Jahre in ihm zu verbringen. Aber die Werte der Arbeit sollten nicht verloren gehen – und sie bieten Möglichkeiten, mit Geduld berufliche Krisen zu durchstehen und sich von ihnen nicht unterkriegen zu lassen.

Überhaupt kann es sein, dass dann, wenn man im bald anstehenden Ruhestand den entscheidenden Ausweg aus einem Arbeitsleben sieht, das einen nur noch belastet, man sich falsche Vorstellungen macht. Die Zeit im Ruhestand ist für manche eine Belastung, und nicht selten geraten frisch gebackene Rentnerinnen und Rentner in eine Krise, wenn sie von einem Tag auf den anderen aus dem Arbeitsleben aussteigen. Sie haben plötzlich keine (berufliche) Aufgabe mehr, die sozialen Kontakte werden weniger, alles ist nicht so einfach, wie gedacht, der Befreiungsschlag bleibt aus. Auch hier braucht es die Tugend der Geduld mit sich selbst und der eigenen neuen Freiheit. In meinen Seminaren für zukünftige Ruheständler können die Teilnehmer für sich selbst erkunden, was ihnen möglicherweise Freude bereitet und zu ihnen passt. Und siehe da: Oft gibt es keine schnellen Antworten. Ausprobieren ist nun gefordert. Geduld also!

Insofern macht es oftmals Sinn, doch noch etwas geduldig in der Arbeit und mit Blick auf deren Werte weiterzumachen. Es geht nicht darum, im Beruf auszuharren. Es geht darum, die verbleibende Zeit sinnvoll zu gestalten und dabei gerade die Potenziale als älterer Arbeitnehmer umzusetzen. Hier sind freilich auch die Unternehmen und Führungskräfte gefordert, für passende Rahmenbedingungen zu sorgen, die es ihren Mitarbeitern erlauben, gesund, motiviert und kompetent bis zum letzten Tag im Arbeitsleben zu stehen. In meinem neuen Buch „Ruhestand als Chance", das 2021 im Springer Verlag erscheint, wird ausführlich auf dieses Thema eingegangen.

Denkanstoß
An welcher Stelle benötigen Sie Geduld im Hinblick auf Ihre Arbeit? Warten Sie auf eine Änderung der aktuellen Situation? Was wird wahrscheinlich noch länger dauern und muss daher jetzt akzeptiert und geduldig ertragen werden? Wie können Sie diese Akzeptanz und dieses Ertragen gestalten? Wie sich die Zeit des Wartens erleichtern? Gibt es möglicherweise eine Tätigkeit, in der Sie besondere Freude finden und die Sie jetzt noch gezielter als positiven Ausgleich nutzen können? Überhaupt, an welchen Stellen können Sie Ihren Blick auf Positives lenken, um sich die Zeit des Wartens ein Stück weit zu erleichtern? Machen Sie sich bewusst, dass Ihre innere Haltung wesentlichen Einfluss darauf haben wird, inwieweit das Warten für Sie zur Krise oder doch nur zu einer kleinen Belastung wird.

Im Kapitel zur Resilienz (Kap. 7) erhalten Sie Tipps zur Akzeptanz und damit zur Stärkung Ihrer psychischen Widerstandskraft.

Möglicherweise zählen Sie selbst schon zu den geduldigen Menschen und können in Ihrem Beruf für andere ein Vorbild werden? Dann überlegen Sie doch, wo Sie Ihr wertvolles Erfahrungswissen in Sachen Geduld weitergeben und wem Sie ein Ratgeber sein können. Bedenken Sie allerdings, dass nicht jeder Mensch Ratschläge erhalten möchte, und überprüfen Sie, ob Ihre gut gemeinte Hilfe auch erwünscht ist. Manchmal reicht es auch schon, in Sachen Geduld als Vorbild zu wirken. Die innere Haltung durch das eigene Handeln und Verhalten zum Ausdruck zu bringen, dürfte oft am wirksamsten sein. Das dann mit einfachen, optimistischen Worten zu begleiten, in denen man seine Haltung erklärt, ist sicherlich sinnvoll. So kann es gelingen, die Kollegen zur Reflexion über Geduld zu veranlassen und so vielleicht auch zur Entwicklung dieser Tugend bei ihnen beizutragen. Wird Geduld falsch verstanden und etwa als Trägheit, Gleichgültigkeit oder Inaktivität interpretiert, sollte man dem freilich entgegentreten.

Geduld mit dem Älterwerden
Geduld brauchen wir immer wieder in unserer Mitverantwortung für andere, Geduld mit deren Fehlern und Schwächen. Den Anderen im Anderssein auszuhalten, ist nicht immer leicht. Das können nahe Menschen sein oder auch Menschen, mit denen wir eher distanzierten Kontakt pflegen. Das können

Junge und Ältere sein. Geduld bedeutet, dass wir den Anderen so akzeptieren, wie er ist. Dass wir ihn wertschätzen und achten in seinen körperlichen Schwächen, aber auch mit seinen anderen, uns vielleicht fremd erscheinenden Werten, Vorstellungen, Gesten etc.

In diesem Sinne sollten wir auch Geduld haben mit unserem Gegenüber in seinem Älterwerden. Vielleicht kommen jetzt alte Verhaltensmuster noch mehr zum Vorschein. Oder wenn sich der Körper verändert und nicht mehr das kann, was einst möglich war. Vielleicht zieht sich der ältere Mensch zurück, geht in sich, zeigt nicht mehr die Präsenz, die wir an ihm kannten. Das erleben wir häufig auch mit unseren hochbetagten Eltern. Hier kann – aus unserer Liebe heraus – eine wunderbare Form der Geduld entstehen, die wir so bislang an uns nicht kannten. Wir können diese Geduld nicht nur pflegen, sondern auch an ihr wachsen und daraus für unser eigenes Älterwerden lernen.

Geduld mit den Älteren bedeutet Loslassen von Erwartungen an den Anderen. Sie ist die Grundvoraussetzung dafür, älter werden zu dürfen und dabei als Ältere in unserer Gesellschaft angenommen zu werden. In einer geduldigen Haltung wird nicht gewertet, sondern akzeptiert. Das erlaubt es dann den Älteren, sich zu entfalten und selbstbewusst die eigenen Potenziale zu erleben und auszuleben. So können sie schließlich auch ihre Selbst- und Mitverantwortung leben oder ihr gerecht werden, da das Umfeld die Voraussetzungen dazu erfüllt.

Denkanstoß und Übung
Sind Sie auch manchmal genervt oder meckern mit anderen? Sind Sie dann im Nachhinein unzufrieden mit sich selbst und würden sich wünschen, liebenswürdiger mit Ihrem Gegenüber umgegangen zu sein? Vielleicht möchten Sie folgende Übung ausprobieren: Sagen Sie sich beim Aufwachen am frühen Morgen: Heute möchte ich sanftmütig mit meinen Mitmenschen sein. Am besten wiederholen Sie den Satz dreimal. Beobachten Sie sich über den Tag hinweg: Wann sind Sie genervt oder unfreundlich gegenüber anderen? Notieren Sie sich Stichworte zur jeweiligen Situation und nehmen Sie sich später Zeit, um sie genauer zu reflektieren. Was war die Ursache für Ihre ungeduldigen Gefühle? War es die schwierige Situation selbst, der Mensch an sich oder eine Äußerung, die Sie gestört hat? War es ein bestimmtes Thema, das Sie immer wieder „auf die Palme" bringt? Oder war es einfach nur schlechte Laune, ganz unabhängig von der Situation und den Menschen? Launen haben wir alle, sie sollten aber nicht unser Verhalten bestimmen. Denn stören wir uns selbst nicht auch daran, wenn Menschen launisch sind?

Überlegen Sie, wie sie anders und liebenswürdig auf die Person oder die Situation hätten reagieren können. Schreiben Sie einen Satz auf einen Zettel, der Ihre eigenen Wünsche für Ihre Geduld und liebenswürdige Ausstrahlung formuliert, etwa: „In der Situation ... möchte ich das nächste Mal liebenswürdiger und geduldiger reagieren, indem ich zuhöre und den anderen ausreden lasse." Tragen Sie diesen Zettel mit sich und schauen Sie ihn öfters am Tag an. Überlegen Sie, wann Sie wieder in solch eine Situation kommen können. Nehmen Sie sich fest vor, den Inhalt des Satzes in der entsprechenden Situation umzusetzen.

Eine weitere Hilfe ist es, tief durchzuatmen, wenn wir Geduld im Miteinander pflegen wollen. Bevor wir genervt und möglicherweise verletzend auf etwas oder jemanden reagieren, sollten wir uns zwingen, ruhig und ausgiebig Luft zu holen, bevor wir etwas sagen oder tun. Allein die Atempause und die damit eintretende Stille können bewirken, dass unsere Reaktion nicht grob ausfällt und andere vor den Kopf stößt. Konzentrieren wir uns auf unseren Bauch und versuchen uns zu entspannen, bevor wir unserem Gegenüber ruhig antworten. Und dann können wir beobachten: Wie ist unsere geduldige Reaktion angekommen? Und wie haben wir uns selbst dabei gefühlt? War es ein gutes Gefühl, bei dem wir uns gut leiden konnten? Versuchen wir dieses Gefühl zu speichern und uns in den nächsten Tagen immer wieder in Erinnerung zu bringen. Dieses geduldige positive Gefühl in uns selbst wird unser Ziel im Umgang mit anderen. So leben wir Selbstverantwortung und Mitverantwortung zugleich.

Oben sprachen wir von Geduld mit dem Älterwerden oder auch mit den Älteren; davon, dass dies ihnen den Raum gibt, den sie brauchen. Nicht weniger wichtig ist die Geduld im eigenen Älterwerden. Als Gerontologin beobachte ich immer wieder ältere Menschen, die eine gewisse Sanftmut in sich tragen und ausstrahlen. Sie zeigen sich in ihrer wertschätzenden und gütigen Haltung gegenüber anderen, aber auch mit sich selbst. Es ist, als wenn sie ihre eigenen Erfahrungen interessiert beobachten. Was tut gut? Welcher Veränderung stimme ich mühelos zu? Welcher nicht? An welcher Stelle möchte ich am liebsten den alten Zustand beibehalten? Woran halte ich fest, wo wage ich bewusst nichts Neues? In Ihrer Geduld mit den anderen, aber auch mit sich selbst scheinen sie diese gar nicht so einfachen Fragen zu beantworten – ob bewusst oder unbewusst.

Wie ist das mit unserem eigenen Älterwerden? Welche Veränderungen erleben wir bisher? Graue Haare? Eine Erkrankung, die Ruhe benötigt? Eine Lesebrille? Sind wir geduldig mit uns selbst in diesen Veränderungen oder wehrt es sich in uns vehement: So kenne ich mich nicht! So will ich das nicht! Und was sagen die anderen? Plötzlich bekomme ich einen Sitzplatz im Bus angeboten. Hält der andere mich für schwach? Ich bin empört – innerlich. Vielleicht ruft es in mir: „Ich bin doch nicht alt!"

Menschen mit Geduld können die Gefühle rund um die Veränderungen – auch in Anbetracht des eigenen Alters – oftmals besser akzeptieren. Vielleicht lachen sie an dieser Stelle sogar für einen Moment über sich und sehen sich selbst mit all ihrer Eitelkeit. Humor kann ein wertvoller Helfer im Alter sein, und er ist ein guter Begleiter der Geduld. Über die eigene Naivität lächeln, weil wir uns ein Leben lang vorgemacht haben, gewisse Dinge könnten für immer so bleiben, wie sie sind. Etwa wenn es um Äußerlichkeiten geht, mit denen man sich selbst identifiziert hat. Geduld im Älterwerden bedeutet womöglich auch, dass wir uns bewusst sind, dass solche Situationen im Bus oder vor dem Spiegel erst der Anfang der Veränderung sind. Dass es noch viel mehr gibt, was wir im Älterwerden akzeptieren müssen und hoffentlich auch werden. Sind wir geduldig, trauen wir uns zu, den Prozess anzunehmen.

Der weise und geduldige ältere Mensch ist dankbar, wenn es sich bei den Veränderungen *nur* um einen Prozess handelt und nicht um einen plötzlichen Einschnitt, der ihm keine Zeit lässt, hineinzuwachsen. Vielleicht ist das auch der Grund, warum die Menschen in früherer Zeit ihren Gott darum baten, sie vor einem plötzlichen Tod zu bewahren. Sie wollten das Sterben selbst erleben, wollten die Möglichkeit haben, sich zu verabschieden, und waren so auch bereit, geduldig bis zu ihrem letzten Atemzug zu warten.

Das Älterwerden selbst wird dann für uns zur Krise, wenn wir uns nicht ausreichend vorbereitet haben (Schröder-Kunz 2019). Wenn wir in den vergangenen Lebensjahren geleugnet haben, dass die Zeit vergehen wird und wir endliche Geschöpfe sind. Wenn wir in der zweiten Lebenshälfte ständig versuchen, so jugendlich wie möglich zu sein, eine Jugend zu bewahren, die doch unwiederbringlich verloren ist – unabhängig davon, dass immer noch sehr viele jugendliche Anteile in uns sein können (vgl. Abschn. 3.1). In diesem Fall haben wir die Krise ein Stück weit selbst heraufbeschworen, weil wir die Regeln des Lebens, unseres eigenen Lebens, missachtet haben.

Doch diese Regeln des Lebens müssen auch von der Gesellschaft insgesamt getragen werden. Es muss eine Kultur des Alter(n)s gefunden werden, die der Einzelne dann für sich selbst verwirklichen kann. Das ist auch der Grund, warum unsere Gesellschaft insgesamt kreativ werden sollte, was Älterwerden und Alter betrifft. Schon früh, am besten schon in der Kindheit, sollten wir lernen, den Blick auf die verschiedenen Lebensphasen zu werfen. Älterwerden kann eine fast einfache Übung sein, wenn wir von Kindesbeinen an wissen und verinnerlichen, dass wir uns verändern und eines Tages aus diesem Leben wieder hinaustreten werden. In einer solchen geduldigen und gelassenen

Haltung können wir schließlich einwilligen und auch unsere Potenziale und unsere Reifung erkennen und fördern.

Der geduldige Mensch hat mehr Kraft für sich selbst und für andere. Und er erkennt die Möglichkeiten und Kraftquellen, die trotz der Veränderung da sind. Er lenkt den Blick weniger auf das, was verloren gegangen ist, und mehr auf das, was gewonnen wurde. Oftmals gewinnen wir im Alter ganz von allein Geduld. Das Alter selbst ist nichts Schreckliches, der Umgang damit bisweilen schon. Wenn ich mich immer wieder erschrecke über die Veränderungen, die ich im Spiegelbild sehe, kann ich mich selbst hinterfragen: Was willst du nicht sehen? Was erschreckt dich? In meinen Beratungen und Begleitungen erkennen meine Gesprächspartner oftmals, dass es alte Muster von Leistung und ewiger jugendlicher Kraft sind, die sie so schwer am Alter tragen lassen. Aber diese Muster gelten eben nicht fürs ganze Leben. Das Leben umfasst unterschiedliche Lebensphasen, und jede hat ihren Wert, ihren, um mit Hermann Hesse zu sprechen, Zauber. Es ist wichtig, dies zu erkennen, anzunehmen und dann zu leben, denn nur so können die Möglichkeiten, die das Leben immer bietet, ergriffen werden. Geduld ist so gesehen etwas, das die Augen öffnet.

Denkanstoß
Wie gehen Sie bisher mit Ihrem eigenen Älterwerden um? Nehmen Sie Ihre äußeren Veränderungen wahr? Wie erleben Sie mögliche körperliche Einschränkungen? Was davon ist unabänderlich und wo können Sie etwas tun, um Fähigkeiten und Wohlbefinden zu erhalten? Im Älterwerden wird man unvermeidlich früher oder später auf solche Punkte gestoßen. Daher sollten Sie sich auch fragen: An welcher Stelle benötigen Sie mehr Geduld, wenn es um Ihr ganz persönliches Älterwerden geht? Wo ist es gut und sinnvoll, sich mit Veränderungen abzufinden und nicht dagegen anzukämpfen? Was bedeutet das für Ihre Wirkung nach außen? Wie möchten Sie als älterer Mensch wahrgenommen werden? Und was können Sie tun, dass Ihnen genau dabei Respekt entgegengebracht wird?

Geduld in einer Krise wie Corona
Geduld in einer Krise wie Corona benötigt die Einsicht, dass wir hier alle mit etwas konfrontiert werden, mit dem wir so nie gerechnet hätten. Bei aller Fantasie, das hätten wir nicht erwartet. Es ist umfassend neu. Niemand hat das schon vor uns erlebt. Vergleiche mit der Pest oder anderen Epidemien sind zwar naheliegend und wichtig, aber zu unspezifisch. Denn wir haben heute mit unseren modernen Gesellschaften, neuen Wirtschaftsformen und den globalen Verflechtungen eine völlig neue Situation. Geduld in der Krise bedeutet,

die eigene Überforderung zu erkennen und bereit zu sein, sie auszuhalten und zu lernen. Lernen kann ich Schritt für Schritt, wie ich mit einem gewissen Verzicht auf Freiheit umgehen kann. Lernen kann ich Schritt für Schritt, dass ich finanzielle Einbußen haben werde und den Gürtel enger schnallen muss. Lernen kann ich, dass ich von manchen Menschen, die mir im Alltag begegnen, nur noch einen Teil des vom Mundschutz bedeckten Gesichts sehe.

Das Wort Geduld trägt auch das Erdulden in sich. Ich kann es noch nicht annehmen, ich will es so nicht, ich wehre mich dagegen – und doch bin ich bereit, es zu erdulden, zu ertragen und rund um all das, was ich nicht will, zu gestalten. Ziel ist vielleicht für den einen oder anderen von uns, dass alles wieder so wird, wie es einmal war. Daher sind wir nur für eine gewisse Zeit bereit, mitzumachen und zu erdulden. In dieser Art des Erduldens ist aber auch die Gefahr gegeben, dass man zu sehr an dem Alten festhält und seine Kraft weniger dafür einsetzt, das Neue nicht nur anzunehmen, sondern eben auch zu gestalten. Jeder muss sich hier fragen, wie weit er geht – beim Festhalten, beim Annehmen. Jeder sollte fragen, ab wann das Festhalten destruktiv und für das eigene Leben hinderlich ist. Menschen, die sich in der Corona-Krise immerzu damit beschäftigen, woher dieses Virus kommt und wer der Schuldige ist, bleiben gewissermaßen stecken. In ihrer Wut – teils dann auch auf die, die als politisch Verantwortliche Schutzmaßnahmen ergreifen und durchsetzen müssen – brauchen sie viel Kraft, die ihnen anderswo fehlt. Sie erdulden nicht und haben auch keine Geduld, die es ihnen womöglich erlauben würde, neue Wege in der unabänderlichen Situation zu finden. Sie schaffen Unfrieden und Zerstörung, wo Gleichklang, Gemeinsamkeit und kollektive Stärke möglich wäre.

Geduld – im Sinne von Gesprächen und Aufklärung – müssen wir daher nicht zuletzt mit denen üben, die als Verschwörungstheoretiker den wildesten Fantasien anhängen oder rhetorisch geschickt einzelne Punkte aufgreifen, um die Bekämpfung der Pandemie gänzlich infrage zu stellen und, auch das immer mehr, zum Widerstand gegenüber einer vermeintlichen Unterdrückung aufrufen. Protest ist das Gegenteil von Geduld. Nicht, dass Protest nicht auch gerechtfertigt und wichtig sein könnte; Protestbewegungen haben in der Vergangenheit die Gesellschaft bisweilen durchaus auch im positiven Sinne geprägt, man denke an die Umwelt- oder Anti-Kernkraft-Bewegung. Davon ist hier allerdings nichts zu bemerken. Im Gegenteil: Hier geht es um vereinzelte persönliche Befindlichkeiten, die das reale Problem gänzlich ignorieren und eben gerade keine neuen Möglichkeiten aufweisen, sondern nur Wut zu artikulieren vermögen. Die geduldige Haltung bezieht demgegenüber eine klare Stellung, indem sie nicht mit Verschwörungstheoretikern auf die Straße geht.

Das bedeutet nun aber nicht, dass geduldige Menschen in Zeiten von Corona mit allem politischen Krisenhandeln einverstanden sein müssen. Geduld schließt Kritik nicht aus. Sie lässt sich aber nicht zu einem blinden Handeln hinreißen, sondern schützt vielmehr gerade davor. Jeder von uns sollte einen wachsamen Blick haben.

Geduld in Zeiten von Corona bedeutet auch, dass wir uns selbst ebenso wie unser Gegenüber mit den verschiedenen Bedürfnissen, Werten und Fähigkeiten in der Krise wahrnehmen. Wir können nicht alle die gleiche Geduld aufbringen. Dem einen fällt es schwerer, dem anderen leichter. Es sind nicht nur die unterschiedlichen Situationen, in denen wir uns befinden, es sind oftmals auch die unterschiedlichen Bedürfnisse. Auf das, was für den einen existenziell wichtig ist, kann der andere mit Gelassenheit verzichten. Je tiefer und größer das Bedürfnis ist, desto schwerer wird es sein, davon Abstand zu nehmen. Dennoch ist die Haltung der Geduld auch hier hilfreich. Vielleicht werden sogar Menschen, deren Verzicht jetzt besonders groß ist, geduldiger sein als andere, die nach eigenem Empfinden nur wenig verzichten müssen, weil sie eine Haltung der Geduld und des Annehmens haben.

Denkanstoß
Wie gehen Sie mit der Corona-Krise um? Wo sehen Sie sich besonders hart getroffen? Haben Sie in diesen Fällen Geduld? Was lässt sich verändern? Was muss akzeptiert werden? Fehlt Ihnen die Geduld mit dem Unabänderlichen? Haben Sie das Gefühl, sich noch nicht auf dem Weg hin zu dem Neuen zu befinden? Was und wer könnten Ihnen helfen, Schritt für Schritt kleine Gestaltungsmöglichkeiten zu erschließen? Wer tut Ihnen jetzt gut? Wer könnte ein Ratgeber sein oder Ihnen die eine oder andere Idee vermitteln? Und sind Sie in Ihrer (Un-)Geduld bereit, Hilfe anzunehmen?

6.2 Gelassenheit, die Mut fasst

Wie fühlt sich das eigentlich an: Gelassenheit? Da befindet sich ein Mensch in einer schwierigen Situation, vielleicht sogar in einer Lebenskrise – und schafft es doch, gelassen zu bleiben. Ein Gefühl von innerer Ruhe, Besonnenheit, Selbstbeherrschung ist in ihm. Er weiß, die Situation ist heikel, es könnte auch schiefgehen, es wird schwer – aber dieser Mensch bleibt ruhig. Er stürzt sich nicht in Fantasien von tiefen Abgründen, malt keine drastischen Bilder einer schreienden Hilflosigkeit, er rauft sich nicht die Haare vor Entsetzen. Sein Verstand behält die Oberhand. Er atmet tief durch, geht kleine Schritte, konzentriert sich auf die kleinen Momente des Tuns und ist dabei vielleicht sogar gut gestimmt, weil er seine Fähigkeiten und Stärken in diesem Tun fühlt. „Wir werden sehen", sagt er sich (und auch den anderen), sagt es trotz der düsteren Aussichten, weil er weiß, dass der Weg sein Ziel ist.

Die Tugend der Gelassenheit wünschen sich die meisten von uns: die Fähigkeit, auch in schwierigen Lagen die innere Ruhe zu wahren. Manchmal gelingt es dadurch, dass wir unvoreingenommen mit einer Situation umgehen, also uns mit einer offenen Haltung auf sie zu bewegen. Wir akzeptieren das, was ist, zunächst einmal und schauen, was nun auf uns zukommt. All dies geschieht im Bewusstsein, dass vieles möglich ist und wir (hoffentlich) auch die Kraft haben, das Problem zu bewältigen. Da ist vielleicht auch ein Gefühl des Vertrauens in uns, dass es so kommen wird, wie es kommen soll oder wie wir es bewältigen können. Ein Glaube an uns und an die Kraft, die in uns steckt.

Gelassenheit können wir in bestimmten Situationen und im Umgang mit Menschen erleben. Sie bedeutet nicht nur, dass wir mit vielem, auch Schwerem besser umgehen können, sondern sie gibt uns auch Freiheit. Wir erstarren nicht ohnmächtig vor Angst, sondern wir können klar denken, wir können wahrnehmen und beobachten und überlegen, was nun der nächste beste Schritt sein kann. Und gerade in dieser Umsichtigkeit bleiben wir handlungsfähig.

Gelassenheit erlaubt es einem auch oftmals, andere Menschen so zu lassen, wie sie sind. Toleranz im Sinne von Akzeptanz ist in Zeiten der Vielfalt, etwa durch das Zusammenleben verschiedener Kulturen oder die Zusammenarbeit von Jung und Alt, von großer Bedeutung. Sie ist bis zu einem gewissen Grad geradezu eine Notwendigkeit, dass dieses Zusammenleben, diese Kooperation, dieses Gemeinsame gelingt. Sie hat aber ihrerseits auch Voraussetzungen. So setzt Gelassenheit Zeit voraus. Wer gehetzt ist, wer keine Zeit hat oder sich keine Zeit lassen kann, der kann auch nicht gelassen mit anderen Dingen oder Menschen umgehen. Unsere moderne Hektik ist daher mit schuld daran, wenn wir so oft bemerken, dass es an Gelassenheit mangelt – und die fehlende Gelassenheit befördert wiederum die Hektik.

Insbesondere durch ruhiges Zuhören oder mitverantwortliches Fragen (vgl. Abschn. 5.2) kann Gelassenheit mit anderen zum Ausdruck kommen. Wir stellen uns auf den anderen ein und versuchen, ihn besser zu verstehen und weniger zu werten. Treffen wir auf Ansichten, die von unseren eigenen abweichen, legen wir nicht gleich vehement Widerspruch ein. Das erlaubt es dann auch, dass weiter diskutiert wird, weil uns ein Thema wichtig ist. Im Idealfall strahlt unsere Gelassenheit auf unser Gegenüber aus. Ein Kompromiss kann gefunden werden oder das gegenseitige Verständnis kann wachsen, auch wenn inhaltlich weiterhin eine große Distanz besteht. Dies sind grundlegende Voraussetzungen für eine gute Gesprächskultur.

Gelassenheit kann auch in der eigenen Genügsamkeit gelebt werden. Das, was ich habe, ist genug – vielleicht sogar Überfluss. In dieser Genügsamkeit können auch Kontakte bewusst gesucht und genossen werden. Eine Frau berichtete mir während des Lockdowns im Frühjahr 2020 der Corona-Krise: „In dieser Zeit habe ich natürlich weniger Kontakte. Ich spüre aber auch, dass mir manche gar nicht fehlt. Aber ich habe auch Freunde, die wirklich Freunde sind. Ich bin dankbar, sie zu haben, und merke, dass sie mir eigentlich auch genug sind. Das macht mich während des Lockdowns auch ein Stück weit gelassener." Aufschlussreich ist auch, wenn die Psychologin und Holocaust-Überlebende Erika Freeman die Corona-Krise vor dem Hintergrund der eigenen Kindheitserfahrungen sieht und die Unterschiede deutlich macht. Kriege, Hass und Morde ließen sich verhindern, für Corona sei aber niemand verantwortlich (auch wenn es selbst hier Verschwörungstheorien gibt, die vor allem jene streuen, die von der eigenen Verantwortungslosigkeit ablenken wollen). Die Corona-Krise sei schwierig, gehe aber vorüber, und das, was Freeman als angemessenes Handeln beschreibt, um mit dieser Krise zurechtzukommen, lässt sich mit den Tugenden Geduld und Gelassenheit ganz gut benennen.

Lässt sich Gelassenheit steuern? Ist es möglich, Gelassenheit zu lernen? Gewinnen wir diese Fähigkeit im Älterwerden vielleicht sogar von selbst? In gewisser Weise kann dies so sein. Im Laufe des Lebens durchschreiten wir meist einige Höhen und Tiefen, sehen uns immer wieder vor Schwierigkeiten – und je älter wir sind, desto eher werden wir dies von uns behaupten können. Desto eher haben wir aber auch die Erfahrung gemacht, dass manches, vielleicht vieles im Nachhinein betrachtet nicht so schlimm war wie befürchtet. Oder wir müssen im Rückblick feststellen, dass wir unsere Angelegenheiten ja trotz allem ganz gut hinbekommen haben. Wer diese Erkenntnis – mehr oder weniger bewusst – verinnerlicht, der wird in den meisten Situationen und wohl auch in Krisen gelassener bleiben. Auch Vorbilder, die man in seinem Leben hatte und hat, können eine Rolle spielen.

Allerdings gibt es auch die andere Seite: Manche haben in den Krisen ihres Lebens das Gefühl gehabt, ihr Leben nicht kontrollieren und steuern zu können, und dabei eine latente und in bestimmten Situationen immer wieder aufkommende Angst ausgebildet. Bei ihnen hat der Lerneffekt gerade zum Gegenteil von Gelassenheit geführt. Zudem gibt es Menschen, die eine gewisse Aufgeregtheit pflegen und mit viel Fantasie an Katastrophen denken. Gelassenheit werden sie eher nicht als eine Tugend sehen, zumindest sich nicht um sie bemühen. Das heißt also, nicht jeder Ältere ist gelassen und hatte die Chance, gelassen zu werden. Seine Sozialisierung war möglicherweise nicht auf Gelassenheit ausgerichtet. Natürlich können auch diese Menschen noch im Alter ein Bewusstsein für die Tugend der Gelassenheit entwickeln. Das bedeutet aber eine stetige Arbeit an sich selbst. Hier helfen die Kompetenzen der Resilienz (vgl. Kap. 7).

Gelassenheit und Emotion
Aber heißt Gelassenheit, dass ich keine Emotionen mehr haben darf oder dass ich sie besser unterdrücke, damit ich gelassen bleibe? Das wäre ein falscher Ansatz. Gelassenheit weiß nicht nur, dass Emotionen Teil des Menschseins sind, sondern sie nimmt die Emotionen auch an. Im Annehmen der Gefühle kann also die Gelassenheit geformt werden. Ja, ich darf jetzt traurig sein, verzweifelt und heftig weinen. Ich nehme mir jetzt diesen Moment, lebe ihn vielleicht sogar in voller Intensität aus. Wichtig ist allerdings, dass damit das Zutrauen einhergeht, dass wir aus diesem tief emotionalen Moment auch wieder herauskommen, dass wir dadurch reifen und stärker werden können und dass wir uns nicht verlieren, sondern sogar ein Stück weit neu entdecken.

Sind wir uns unserer Emotionen bewusst und geben wir ihnen Raum, so bedeutet Gelassenheit nicht, völlig unbeteiligt und unbewegt die Dinge zu betrachten, ohne dabei etwas zu empfinden. Steckt beispielsweise eine Beziehung in einer Krise und droht in die Brüche zu gehen, so sollten wir uns nicht zurücklehnen und sagen: Das wird schon wieder. Gelassenheit meint nicht Gleichgültigkeit. Hier sind Emotionen wie Wut oder Verzweiflung durchaus wichtige Signale, die uns anzeigen, wie wir angemessen gelassen sind: Was uns wütend macht oder verzweifeln lässt, soll nicht übersehen, beiseitegeschoben, ignoriert werden. Wir müssen uns damit befassen – die Emotionen zeigen es uns an –, aber eben gerade nicht in Orientierung an diesen Gefühlsaufwallungen, sondern an der problematischen Sache selbst. Gelassenheit meint nicht, sich einfach rauszuhalten und zurückzuziehen, sich allein aufs Beobachten zu verlegen. Sie bezieht sich eher auf das Wie unseres Handelns, unserer Reaktionen. Sie nimmt die Emotion wahr, hilft uns aber, uns von ihr zu lösen und zu einem angemessenen Handeln zu finden.

Emotion und Gelassenheit fließen so gesehen ineinander über, sind untrennbar verbunden und stärken sich in ihrer Gegensätzlichkeit. Vereint führen sie dazu, dass wir klug und besonnen, aber eben nicht gefühlskalt einen realistischen Weg suchen, um die Krise zu bewältigen.

Gelassenheit im Älterwerden
Gelassenheit im Älterwerden ist die Ruhe und Annahme in der Veränderung. Körperlich und geistig geschieht da einiges. Wir stellen es an uns selbst fest,

im Bekanntenkreis wird darüber gesprochen – oftmals auf klagende Weise. Der Partner konfrontiert uns vielleicht ganz direkt damit: „Du bist langsam geworden!" Jemand stirbt im Bekanntenkreis – gar nicht viel älter als man selbst. Hätte uns das auch passieren können? Gewiss!

Das Wissen und Spüren um die Veränderung im Alter sind nicht immer leicht, aber es schmerzt den gelassenen Menschen nicht in einer trostlosen Weise. Er klebt nicht an der eigenen Jugend, ist auf die Jüngeren nicht neidisch. Er beobachtet sie in Mitfreude, wenn sie bis in den Morgen tanzen ohne eine Spur von Müdigkeit. Der gelassene ältere Mensch akzeptiert, dass er da nicht mehr mithalten kann, und sehnt sich auch nicht danach. Er weiß, dass seine Kräfte jetzt woanders liegen. Tatsächlich ist das Bewusstsein der eigenen Potenziale eine wichtige Quelle der Gelassenheit – in jeder Lebensphase, vor allem aber im Alter. Manchmal mag eine gewisse Wehmut mitschwingen, aber meist ist es doch eher die Dankbarkeit dafür, dass auch er seine Jugend hatte. Alles hat seine Zeit.

Ich werde immer wieder gefragt, warum manche ältere Menschen starrsinnig oder bitter erscheinen. Eine Ursache ist die Biografie, die die Menschen geprägt hat und ihnen schließlich auch das Älterwerden erleichtert oder erschwert. Je mehr sie über das Leben hinweg gelernt haben, Leichtigkeit zu leben, ihren Mitmenschen auf freundliche Weise zu begegnen und andere Meinungen gelten zu lassen, desto eher können sie diese Potenziale auch im Alter leben. Je mehr sie im Laufe der Jahre verstanden haben, dass das Leben wie ein Fluss ist, der sich immerzu verändert, können sie es in seinem jetzigen Zustand anerkennen. In diesem Bewusstsein schließen sie das Wissen um ihre eigene Veränderung im Alter mit ein. Umso weniger klagen sie, dass sie etwas verloren haben, und umso weniger halten sie die alte Zeit als das einzig Wahre hoch. Wenn sie Sterben und Tod auf natürliche Weise erfahren haben, zum Beispiel bei den eigenen Haustieren, aber auch bei ihren Mitmenschen, dann ist die Endlichkeit für sie kein Schock, sondern etwas, das dazugehört, in das man sich einfinden kann und das man gestalten kann – trotz aller Schwere. Insofern sollte man auch nicht Kinder aus falsch verstandener Fürsorglichkeit von diesen Themen fernhalten. Warum sollten sie nicht einen Verstorbenen anschauen oder bei der Beerdigung dabei sein, wenn sie selbst dafür offen sind? Sind die Eltern unsicher, kann ein professioneller Trauerbegleiter helfen. In diesem Wissen können Menschen oftmals gelassener loslassen, selbst wenn sie der Abschied schmerzt.

Gelassenheit ist eine der Tugenden im Älterwerden, die frühzeitig eingeübt werden sollte, da sie im Älterwerden enorm hilft und auch als Potenzial des

Alters betrachtet werden kann. Es kann wohl kaum jemand über sich sagen, dass er immer gelassen ist. Das ist auch nicht unbedingt erstrebenswert – Emotionen müssen auch zugelassen und ein Weg zum Handeln gefunden werden. Dennoch ist Gelassenheit eine Tugend, der wir uns für das Älterwerden noch mehr annehmen sollten, um sie in den verschiedensten Situationen früh genug einzuüben. Im Zusammenspiel von Jung und Alt kann dies übrigens auf gute Weise gelingen. Die Jugend ist heute an vielen Stellen gelassener als die ältere Generation, so etwa im Umgang mit kultureller Vielfalt. Im Austausch über die verschiedenen Ansichten und Erfahrungen können beide Seiten voneinander lernen. Ohnehin sind Angstgefühle meist kein Kennzeichen der Jugend, sondern treten eher im mittleren Erwachsenenalter auf. Zugleich gibt es aus der Hirnforschung aber auch Erkenntnisse, wonach im Alter, infolge verlangsamter Rezeptoren, die Angst abnimmt und mehr Gelassenheit entsteht.

Einmal wurde mir von einem Seminarteilnehmer berichtet, dass seine Gelassenheit besonders darin besteht, dass er weiß, dass er in Momenten lebt. „In einem Moment bin ich gelassen, in einem anderen sehr emotional und aufgeregt. Natürlich ist mir klar, dass es ausgeglichene Menschen gibt, die wohl eher den gelasseneren als häufigeren Moment in sich tragen. Alles in allem würde ich sagen, dass mir das selbst im Älterwerden auch gelingt. Dennoch kann ich sehr emotional sein. Und dann ist es mit der Gelassenheit vorbei. Doch wenn man mich fragen würde, ob ich darauf verzichten wollte, um noch häufiger gelassen zu sein, ich würde es mit Nein beantworten. Meine Emotionalität und Aufgeregtheit helfen mir auch, die Menschen – das Leben – besser zu verstehen." Es gibt nicht das allein gültige Maß, was Gelassenheit (im Alter) anbelangt. In dem Zitat ist sehr schön beschrieben, wie eine Balance aussehen kann, bei der Gelassenheit eine, aber nicht, zumindest nicht immer die wichtigste Rolle spielt. Auf die richtige Mischung scheint es anzukommen. Das entspricht einer ganzheitlichen Sichtweise auf den Menschen, allerdings wird man gemeinhin eher ein Zuwenig als ein Zuviel an Gelassenheit attestieren. Und offensichtlich ist es sinnvoll sich, im Älterwerden mit seinen spezifischen Schwierigkeiten, aber auch Möglichkeiten, in Gelassenheit zu üben.

Denkanstoß
Finden Sie trotz der Belastung und Unsicherheit in Krisen immer wieder Momente der Gelassenheit? Was scheint Ihnen persönlich beim Lesen des o.g. Textes besonders wichtig? Welche Aspekte möchten Sie noch mehr in Ihr Leben bringen? Wie können Sie diese gestalten?

Gelassenheit in der Corona-Krise?
Unruhe und Angst sind für viele Menschen dauerhaft oder immer wieder auftretende Begleiter in der Corona-Krise. Das kann an vielem liegen, so vielleicht auch an der beengten Situation der Familie, die gemeinsam in Quarantäne aushalten muss. Wichtig ist es dann, Zeiten der Ruhe und Stille in der Familie zu vereinbaren. Auch kleine Kinder können sich daran halten. Es kann aber auch daran liegen, dass Sorgen wirtschaftlicher Art bestehen, dass der Arbeitsplatz gefährdet ist oder finanzielle Einbußen sich bemerkbar machen. Hier ist es gewiss schwierig, gelassen zu bleiben; zugleich herrscht das Gefühl der Hilflosigkeit vor. Gerade dabei kann eine gewisse Gelassenheit helfen, etwa sich nicht von der Sorge lähmen zu lassen, sondern die Situation ruhig ins Auge zu fassen und nach möglichen Lösungen zu suchen.

Wie im Älterwerden wird man sich vielleicht in der Corona-Krise mehr als sonst auf sich selbst zurückgeworfen fühlen. Das bedeutet auch, sich mit sich selbst zu beschäftigen. Gelassenheit sorgt für ein weniger sperriges Verhältnis zu sich selbst. Gerade weil man sich hier nicht von schnellen Reaktionen beherrschen lässt, sondern die Sache etwas ruhiger angeht, hat man die Chance, sich selbst besser kennenzulernen. Auch im Umgang mit der Corona-Krise scheint es besonders wichtig zu sein, das richtige Verhältnis von Gelassenheit und etwa Emotionen zu finden. Das würde auch solchen Menschen, die sich in ihrer Wut gefangen sehen, einen Ausweg weisen.

Um die eigene Gelassenheit in der Corona-Krise zu fördern, kann man einiges tun. In Kap. 5 wurden verschiedene Aspekte rund um Körper, Geist, soziale Kontakte, aber auch die innere Haltung beschrieben. Ganz wichtig sind die Auszeiten, also Zeiten, in denen wir etwas anderes tun als das, was wir vielleicht über Stunden hinweg tun müssen oder was uns womöglich plagt. Selbstverantwortlich eine gewisse Selbstfürsorge zu betreiben und bewusst darauf zu achten, schafft vielleicht gewisse Voraussetzungen, damit Gelassenheit erreicht und gelebt werden kann. Und ein gewisses Maß an Gelassenheit ist hilfreich, wenn nicht sogar erforderlich, um unbeschadet, zumindest aber mit neuem Mut und Zutrauen durch die Krise zu kommen.

6.3 Hoffnung und Zu-Trauen

„Die Hoffnung stirbt zuletzt" ist eine alte Redensart. Nicht ohne Grund wird sie bis heute immer wieder genutzt, denn was wären wir in guten und in weniger guten Zeiten ohne die Zuversicht? Wir hoffen darauf, dass wir noch gute Jahre im Alter haben, dass uns unser Berufsleben bis zum Schluss Freude bereitet und wir interessante Aufgaben erhalten. Wir behalten nach dem ersten Lockdown in 2020 die Hoffnung, dass wir eine zweite hohe Infektionswelle in der Corona-Krise überstehen, das sind nur einige Beispiele, die zeigen, wie wichtig Hoffnung für Menschen sein kann. Wenn wir im Vorfeld schon wüssten, dass das, was wir uns erhoffen, nie eintreffen wird, was bliebe uns dann? Trostlosigkeit und kein Grund, sich in irgendeiner Weise für die Zukunft einzusetzen. Durch unsere Hoffnung hingegen werden wir aktiv, bemühen uns, die Zukunft zu gestalten und die Hoffnung – und sei's nur ein kleines Stück – Realität werden zu lassen. Somit ist Hoffnung eine Emotion, die ein Handeln für die Zukunft bewirken kann. Optimisten verhalten sich in der Regel so, als hätten sie gute Hoffnung für ihr zukünftiges Leben und damit auch für ihr Alter.

Hoffnung kann unruhig, springend und zappelnd sein – denken wir nur an unsere Kindheit, in der wir erwartungsvoll hofften, dass unsere Geburtstagswünsche in Erfüllung gehen. Insofern muss Hoffnung keineswegs mit Geduld einhergehen. Sie kann aber auch voller Ruhe und zuversichtlichem geduldigem Abwarten sein. Genau so habe ich manche Ältere in der Corona-Krise erlebt. Manchmal muss sich die Hoffnung dabei gar nicht auf ein bestimmtes Ereignis, einen bestimmten Zustand richten, sondern auf ein noch undeutliches, aber günstiges Verhältnis, das es erlaubt, in Zukunft ein weitgehend zufriedenes, erfülltes Leben zu führen. Andererseits heißt Hoffnung nicht, dass nicht auch Angst und Sorge bestehen könnten. So gibt es durchaus ein bangendes, zagendes Hoffen. Was ist, wenn das Erwünschte nicht eintritt? Schöpft man neue Hoffnung? So wie die Angst wird auch die Hoffnung nicht immer gleichbleibend sein. Es ist normal, dass es Schwankungen gibt; beides sind ja Zustände einer gewissen Anspannung – zumindest dann, wenn die Hoffnung nicht mit einer guten Portion Gelassenheit einhergeht. Überwiegen allerdings dauerhaft die Verzweiflung, die Hoffnungslosigkeit oder die Resignation, kann eine Depression die Folge sein.

Ohne Hoffnung hätten wir kein Zutrauen in uns selbst. Wir würden uns nicht trauen, das eine oder andere – vielleicht auch gewagt – anzugehen, vielleicht sogar darum zu kämpfen. Wir würden uns nicht zutrauen, eine Zeit der Quarantäne zu überstehen, wenn wir nicht Hoffnung hätten, dass es auch wieder bessere Zeiten gibt. Wir trauen uns sogar zu, dass es für uns auch ein Leben nach dem Tod eines geliebten Menschen gibt, und gestalten unsere Tage trotz der Trauer, die wir empfinden. Wir vertrauen darauf, dass wir die Zeit so sinnvoll es geht nutzen, um schließlich auch ein Stück weit gestärkt daraus hervorzugehen. Das geschieht nicht immer bewusst. Hoffnung zeigt sich manches Mal allein in unseren Taten und Schritten, die wir auf dem schweren Weg gehen.

In der Krise, in der schweren Veränderung traue ich mir auch zu, dass ich mit den Belastungen umgehen kann. Vielleicht nehme ich schon das Neue, das noch fremd für mich ist, in den Blick und habe die Hoffnung, dass auch dieses Fremde mir eines Tages vertraut wird und ich damit umgehen kann. Im nächsten Moment womöglich verwerfe ich das für mich schon wieder, und doch war da für einen kurzen Augenblick ein kleines Licht, das mir eine Möglichkeit gezeigt hat und dem ich Stück für Stück, Schritt für Schritt folgen will. Die Hoffnung hilft uns also dabei – vielleicht in Verbindung mit Geduld –, uns selbst in den Prozess zu begeben, in dem wir Vertrauen fassen und die Zukunft gestalten. Hoffnung und Geduld sind oft eng miteinander verwoben.

Doch wie kann ich Hoffnung in mein Leben bringen, wenn ich kaum noch Licht am Horizont sehe? Wie in Kap. 7 zur psychischen Widerstandskraft noch zu zeigen sein wird, sind wir Menschen sehr unterschiedlich. Es geht um unsere eigene Wandelfähigkeit. Es geht um den neuen Blick. Es geht um die Chance, zu entdecken und das halbvolle Glas zu sehen.

Nehmen wir als Beispiel eine Krise in einer Beziehung, die sich in der zweiten Lebenshälfte befindet. Beide Partner stellen sich die Frage: Was verbindet uns noch? Wollen wir gemeinsam alt werden? Hier geht es um existenzielle Fragen, die nicht nur damit beantwortet werden, was beide bisher verbunden hat, sondern eher damit, welchen Weg man weiterhin gemeinsam beschreiten kann und will. Wer bist du? Was sind deine Wünsche? Wer bin ich? Was sind meine Wünsche? Können wir uns in unseren Wünschen begegnen? Sind wir bereit, von dem ein oder anderen Wunsch loszulassen und Kompromisse zu finden? Sind wir in der Lage, den Mangel auszuhalten? Können wir uns auch in Zukunft ohne ständige Vorwürfe begegnen und wertschätzend miteinander umgehen? Werden wir das Neue miteinander pflegen? Vielleicht muss auch eine neue Distanz gefunden werden, in der jeder gefordert ist, das Alleinsein zu üben? Was sind die Konsequenzen einer Trennung? Möchten wir sie tragen?

Beziehungskrisen in der zweiten Lebenshälfte sind vielfältig und ermöglichen oftmals einen neuen Weg des gemeinsamen Älterwerdens. Hoffnung ist das Schlüsselwort, damit beide bereit sind, diesen Weg zu gehen. Konzentriert sich die Hoffnung jedoch nur darauf, dass sich der jeweils andere ändert, ist das oftmals das Ende der Beziehung. Es braucht Ehrlichkeit und Authentizität in der Frage, was man selbst tun kann, was zu tun man bereit ist, wo man sich ändern kann und wo nicht. Dies sind wichtige Aspekte für das Gelingen.

Manchmal arbeitet der eine mehr als der andere an der Beziehung. Das bedeutet Frust. Manchmal ist es aber auch so, dass der eine mehr Möglichkeiten hat, daran zu arbeiten, zu reflektieren, zu überlegen, wie man sich begegnet. Soziale und kommunikative Kompetenzen sind unterschiedlich ausgeprägt. Das müssen wir in unserer Hoffnung berücksichtigen, in sie einfließen lassen. Und erst daraus kann dann auch Zutrauen entstehen – und was wenn nicht

Beziehungen sind von Zutrauen geprägt? Gelingt dies, ist Hoffnung auch mit Freude verbunden.

Hoffnung in der Krise braucht die Tugend der Offenheit. Für mich als Gerontologin gehört die Offenheit zu den wichtigsten Tugenden des Alters, ganz unabhängig von Krisen. Sie wird nicht nur im stetigen Wandel der Gesellschaft immer wichtiger, sondern auch im Hinblick auf die Generationensolidarität. Zudem kann sie auf faszinierende Weise zur Reifung des eigenen Ichs im Älterwerden beitragen. Offenheit bedeutet nicht, dass wir unsere Meinung ändern müssen, sondern dass wir für andere und deren Meinungen, Situationen und Lebensarten einen weiten Blick behalten. Darin eingeschlossen sind Toleranz, Akzeptanz, aber auch das Hinterfragen der eigenen Meinung (was nicht damit gleichzusetzen ist, dass sie leichtfertig aufgegeben werden sollte).

Auch in der Corona-Krise ist die Offenheit in Verbindung mit Hoffnung von Wert. Es geschieht eine Veränderung. Dafür muss ich offen sein. Wenn ich Scheuklappen trage aus Angst vor der Veränderung, kann das den eigenen Weg in der Krise behindern. Den Weg beschreiten bedeutet immer einen Schritt weiter gehen, Schritt für Schritt die Veränderung wagen. Ich schreite nicht blind voran, habe ein Auge auf den Weg und seine Beschaffenheit, aber nie habe ich die 100-prozentige Sicherheit, auf dem richtigen Weg zu sein. Das muss man aushalten, und dazu befähigt die Offenheit. Das Bild zeigt aber auch, dass man nicht blindlings voranschreiten sollte, das wäre töricht.

Wenn wir frei denken, ja furchtlos denken, können wir eine Gefahr in Kauf nehmen. Auch hier zeigt sich wieder die Corona-Krise als gutes Beispiel. In ihr gibt es für viele Menschen einschneidende Veränderungen, und es fällt schwer, sich vorzustellen, dass es wieder so wird wie zuvor. Gleichzeitig sind neue Themen auf dem Tisch, die uns zeigen, dass manches vielleicht auch gar nicht so gut war, wie es bisher gelaufen ist. Denken wir nur an das mittlerweile weit verbreitete Homeoffice. Hier wurde in kurzer Zeit ein Wandel erzwungen, wie er für viele kaum vorstellbar war. Letztendlich hat es an vielen Stellen funktioniert, und es gibt vielerorts Überlegungen, in welchem Rahmen Homeoffice auch über Corona hinaus betrieben werden kann.

Warum haben wir diese offene Haltung nicht schon früher gehabt? Warum hat das Zutrauen bisher gefehlt? Was könnte mit dem vergleichbar sein und neue Chancen für uns bereit halten, etwa mit Blick auf den Klimawandel? Hoffnung ist, so viel dürfte klar sein, an vielen Stellen hilfreich und eine Tugend, die es zu fördern lohnt. Haben die Menschen eine gewisse Aussicht, hilft es ihnen dabei, Schicksalsschläge besser zu überwinden und ihren Lebensmut zu bewahren oder rasch wiederzufinden. Bekannt ist auch, dass Optimisten seltener etwa an Depressionen erkranken. Hoffnung hat auch positive Wirkungen auf den Körper. So sind hoffnungsvolle Menschen weniger anfällig für Krankheiten und erholen sich auch schneller. Darüber hinaus verfügen sie auch oft über ein reicheres soziales Beziehungsnetz. Hoffnung hinterlässt also spürbare Wirkungen.

Denkanstoß
Welche Hoffnungen haben Sie? Gibt es etwas in Ihrem Leben, dass Sie nicht zufrieden stimmt und bei dem Sie sich furchtloses Denken wünschen würden? Welche geistige Brücke müssten Sie dazu überqueren? Welchen Mut zeigen? Was könnten Sie zum Beispiel im Hinblick auf die Klimakrise tun? Welche Unbequemlichkeiten sind Sie bereit in Kauf zu nehmen? Müssen Sie Ihr nahes Umfeld einbinden, damit Sie es gemeinsam realisieren? Wie könnten Sie Ihre geistige Brücke kommunizieren und andere in der Hoffnung mitnehmen?

Hoffnung im Berufsleben
Hoffnung braucht es auch im Berufsleben. Es braucht die Zuversicht, dass meine Tätigkeit, vielleicht sogar meine Berufung, mich persönlich weiterbringt und ich mich in ihr entfalten kann. Diese Hoffnung nach Sinn im Berufsleben haben vor allen Dingen junge Menschen. Denken wir als Ältere zurück, erinnern wir uns vielleicht selbst noch an diesen Start und die Hoffnung, was uns alles gelingen möge. „Sei fleißig, dann werden deine Hoffnungen und Wünsche in Erfüllung gehen", hat man den Babyboomern oftmals gesagt. Der eine wurde darin bestätigt, der andere darin enttäuscht. Sich auch noch als älterer Berufstätiger Hoffnung zu bewahren, hängt maßgeblich damit zusammen, welche Erfahrungen bisher im Berufsleben gemacht wurden. Doch was immer uns widerfahren ist, es ist nie zu spät, das eigene Arbeiten und Tätigsein als ein Teil von uns selbst zu gestalten und zuversichtlich die verschiedensten Schritte einzuleiten.

Da geht es zum Beispiel um die Hoffnung auf eine gute Zusammenarbeit mit den Kollegen oder Mitarbeitern. In jedem Moment der Begegnung können wir etwas dafür tun, dass sich diese Hoffnung erfüllt. Durch unser eigenes Verhalten tragen wir entscheidend dazu bei (vgl. Abschn. 5.2). Wir können aber auch hoffen, dass uns unsere Arbeit Freude bereitet. Auch diese Hoffnung kann durch unser eigenes Zutun erfüllt werden, indem wir darauf achten, welche Momente der Arbeit erfüllend sind und zu uns passen, indem wir Fortbildungen besuchen, Wissenslücken schließen, indem wir offen und interessiert sind und uns bewusst machen, dass wir durch unsere Arbeit geistig rege bleiben. Hoffnung im Berufsleben kann sich aber auch auf äußere Rahmenbedingungen beziehen. So hoffen wir beispielsweise auf eine gute Führungskraft, mit der wir gut zurechtkommen, oder darauf, dass die Digitalisierung sinngebend in unsere Arbeit eingebracht wird, dass wir nachhaltig wirtschaften und nicht zuletzt, dass unsere Firma Krisen wie der Corona-Krise standhält.

Hoffen und wünschen können wir an vielen Stellen. Allein mit einem positiven Blick tun wir etwas Gutes für die Zukunft. Vielleicht handelt es sich um etwas, das wir kaum beeinflussen können, aber allein die optimistische Haltung, die wir einnehmen und am besten auch anderen gegenüber kundtun, hat oftmals einen Einfluss auf das Geschehen. Ein positiver, offener, von seinen Bedürfnissen erzählender Mitarbeiter kann bei seinem Chef mehr erreichen als einer, der meckert, kritisiert, schlecht gelaunt, vielleicht sogar verbittert ist, sodass er ohnehin nur den Eindruck erweckt, ihm könne man nichts recht machen. Hoffnung als Tugend sollte gerade auch im Berufsleben gefördert werden, weil wir Menschen tätige Wesen sind. Unser Beruf aber auch unsere Tätigkeiten im Ruhestand sind maßgeblich für ein gelingendes Leben.

Kaum etwas spornt Menschen so sehr an wie die Kraft der Zuversicht – die Aussicht, dass ihr Vorhaben gelingen kann und Probleme überwunden werden können. Manche fertigen solchen Optimismus leichtfertig als blauäugig oder illusorisch ab. Tatsächlich werden solche Botschaften von vielen Motivationstrainern oft auch übertrieben und verlieren dadurch an Glaubwürdigkeit. Zugegeben ist der Grat zwischen seriöser Lebenshilfe und einer rein kommerziellen Veranstaltung auf diesem Feld schmal. Und doch deuten immer mehr Studien daraufhin, dass Zuversicht eine unterschätzte Eigenschaft ist, die nicht nur unsere Weltsicht verändert, sondern auch unsere Gesundheit und den Erfolg.

Nun ist es so, dass der Pessimist hierzulande in seiner Einschätzung meist realistischer, kritischer wirkt, seriöser sowieso. Der Optimist dagegen nimmt sich dagegen deutlich genügsamer, geradezu bescheiden aus. Manchen erscheint er sogar ein bisschen naiv, wenn nicht gar als unreifer Einfallspinsel. Aber das ist ein Fehler! Wissenschaftler finden immer mehr Belege dafür, dass der Zuversichtliche und Optimist sich selbst, aber auch anderen den größeren Gefallen tut. „Vollständige Sorglosigkeit und eine unerschütterliche Zuversicht sind das Wesentliche eines glücklichen Lebens", wusste schon der römische Philosoph Lucius Annaeus Seneca.

Hoffnung für das eigene Alter
Hoffnung auf das Alter? Aber was können wir dabei hoffen, wenn wir doch wissen, dass früher oder später alles weniger wird: der Körper, die Freunde, die aktive Teilhabe am Leben … All das, worauf es ein Leben lang ankam, auf was unsere Hoffnungen, unsere Zuversicht immer den Blick gerichtet haben, ist

erledigt, ist erreicht oder auch nicht erreicht, und nun geht es darum, sich wieder Stück für Stück von alldem zu verabschieden. Was soll da das Wort Hoffnung?

Hoffnung im Älterwerden kann nur dann gelingen, wenn es uns gelingt, an einigen Stellen umzudeuten, neu zu bewerten und uns oder die Dinge der späten Lebensphase anzupassen. Hoffnung im Alter kann also nicht gelingen, wenn wir nicht unsere Sichtweise ändern.

Wenn Hoffnung in der Zukunft liegt, bedeutet das Kraft in der Gegenwart. Daher sind wir immer wieder gefordert, die Gegenwart, das Jetzt zu gestalten. In diesem Jetzt sind auch Vergangenheit und Zukunft enthalten. Die Zeitdimension der Gegenwart schließt beides mit ein. Wir können aus dem Vergangenen lernen, dass wir vieles überstanden haben, vielleicht auch solches, bei dem wir dachten, dass wir scheitern werden. In diesem Sinne dürfen wir dann nicht nur hoffen, dass uns auch das Alter gelingen wird, sondern es uns selbst zutrauen. Unsere Haltung zeigt sich dann so: Ich traue mir zu, alt zu werden, weil mich mein Leben bis hierhin darauf vorbereitet hat und mich weiter im Lernen unterstützen wird. Ich weiß, es werden Verluste auftreten, es wird zu Belastungen und Schmerz kommen, aber ich hoffe, dass ich damit umgehen kann. Hoffnung ist gerade im Alter eine wichtige Tugend. Vielleicht sogar ein Schatz.

Kürzlich traf ich eine Frau, die auf die 60 zuging. Sie erzählte mir von ihren Hoffnungen. Dabei sprach sie nicht nur davon, Verluste tragen zu können, sondern hoffte auch, selbst weiter lernen, auch jetzt noch reifen und Einsicht gewinnen zu können. Sie hoffte für ihre Kinder und zukünftige Enkel und schloss überhaupt Dinge in ihre Hoffnung ein, die weit über den persönlichen Bereich hinausgingen, im Grunde die ganze Welt umfassten – und doch ihre ganz persönliche Hoffnung waren. Wichtig war ihr die Aussicht, etwas weitergeben zu können. Sie war sich bewusst, dass sie in ihrem weiteren Leben liebe Menschen verlieren würde, und hoffte darauf, damit gut umgehen und Frieden finden zu können. In allem, was sie äußerte, wurde deutlich, dass nichts Illusorisches dabei war, dass sie vor nichts die Augen verschloss und dennoch eine Hoffnung zeigte, die in ihrer Breite beeindruckend war. Es würde mich wundern, wenn dies nicht einen gewissen Einfluss auf ihr weiteres Leben nehmen wird.

Denkanstoß

Was braucht unsere Gesellschaft jetzt? Welche Hoffnungen haben Sie? Wie können Sie mit Ihrem Verhalten dazu beitragen? Worin haben Sie Zutrauen – bei sich, aber auch bei den anderen? Und was fühlen Sie, wenn Sie hoffen?

6.4 Dankbarkeit und Großzügigkeit

In Kap. 7 werden wir uns in Zusammenhang mit der psychischen Widerstandskraft mit der Dankbarkeit beschäftigen. Dankbarkeit ist aber in Verbindung mit Großzügigkeit auch eine Tugend. Interessant ist sie für uns, weil sie ebenso wie die bisher genannten in Krisen sehr hilfreich sein kann. Sehen wir den Schatz unseres Lebens und alles Wertvolle, das uns bisher geschenkt wurde, können wir auch eine Krise besser akzeptieren und mit ihr umgehen. Verlieren wir in diesem Zusammenhang auch unsere Großzügigkeit nicht, sehen wir uns nicht als Opfer, sondern als jemanden, dem eine Aufgabe gegeben wurde, können wir selbst für andere eine Hilfe sein und ihnen in irgendeiner Form von unserem Schatz geben. Das Geben, so zeigen viele Studien, ist ein Handeln, in dem wir uns nicht nur wohlfühlen, sondern das uns auch durch Krisen führen kann. Wir werden davon abgelenkt, nicht immer nur um uns selbst zu kreisen. Wir erleben uns nicht als passive oder gar hilflose, sondern als tatkräftige Menschen, die Freude im Unterstützen und Geben für andere erfahren.

Im Alter entwickelt sich die Tugend der Großzügigkeit oftmals von ganz alleine (Generativität, vgl. Abschn. 3.1). Aber wir können sie noch bewusster erleben und fördern. Es ist die Großzügigkeit, die auch in Verbindung mit Großherzigkeit steht. Das Leben wurde weitestgehend gelebt, es wurde einiges erreicht, manche Ziele haben wir aufgegeben. Jetzt kämpfen wir nicht mehr um sie. Es geht nicht mehr um Konkurrenz und weniger um materielle Dinge. Es geht um einen Frieden in uns, der nicht nur den anderen lässt, wie er ist, sondern auch die Bereitschaft zum Geben erhöht. Wir können im Alter geben, ohne selbst irgendwelche Erwartungen zu hegen. Es geht in dieser Haltung nicht mehr darum, zu kalkulieren, zu taktieren oder mit einer Gegenleistung zu rechnen. Es geht vielmehr um die Freude des Gegenübers.

Großzügigkeit und Dankbarkeit sind Schätze im Alter, die wir pflegen können. Wir können dankbar sein für das, was wir erhalten haben. Und wir können es mit derselben Großzügigkeit weiterreichen. Wir werden zu Schenkenden. Die zwei Tugenden Großzügigkeit und Dankbarkeit sind miteinander verwoben und ermöglichen die Bewältigung einer Krise. Je mehr wir sie pflegen, desto besser.

Die Corona-Krise hat eine Welle an Hilfsangeboten ausgelöst. Zu Anfang waren viele Menschen, denen ich begegnete, überzeugt, dass wir in dieser Krise das Miteinander und Füreinander neu lernen werden. Auch traf ich viele Ältere, die in ihrem eigenen Wunsch zu helfen und für die Jüngeren einzustehen von dem Gefühl belastet wurden, dass nun auf sie so viel Rücksicht genommen werde. Dennoch nahmen sie die Hilfe dankend an und fühlten sich in den Sorgen der Jüngeren um die Älteren aufgehoben und geliebt. Ein Geschenk für die Alten und eine neue Quelle der Dankbarkeit und Großzügigkeit.

Wie aber können wir im Älterwerden diese Tugenden einüben und pflegen? Die Haltung der Großzügigkeit entspringt aus der Mitverantwortung. Wir nehmen den anderen wahr mit seinen Bedürfnissen, Normen und Werten, aber auch mit seinen Fähigkeiten. An welcher Stelle kann er Hilfe benötigen? Welches gute Wort tut ihm jetzt gut? Als Älterer können wir uns auch fragen, warum die Jüngeren uns in Krisen wie Corona bereitwillig helfen und was wir ihnen Gutes tun können, wenn wir sie helfen lassen. Warum nicht einen Kuchen als Dank backen? Oder eine Karte mit herzlichem Gruß schreiben? Auch geht es immer wieder darum, unser Herz für die Jüngeren weit zu öffnen, ihre Anliegen und Sorgen zu hören und ernst zu nehmen. Ein gütiger, weiser und großzügiger Mensch kann bei den Jüngeren einen großen Eindruck hinterlassen. In diesem wechselseitigen Verhältnis entsteht Generationensolidarität fast wie von selbst. Güte und Miteinander zeigen sich in ihrer schönsten Form und werden zu Kraftquellen in der Krise.

Denkanstoß
Wie ist Ihre Einstellung zum Thema Großzügigkeit? Wie halten Sie es damit? Wann ist Ihnen das letzte Mal jemand begegnet, der großzügig war? Warum tut Großzügigkeit besonders gut in Zeiten von Krisen? An welcher Stelle möchten Sie geben? Und was können Sie geben?

Literatur

Bundesanstalt für Arbeitsschutz und Arbeitsmedizin (BAuA). (2015). Alterns- und altersgerechte Arbeitsgestaltung. Ansatzpunkte für ein langes Arbeitsleben (25.11.2015). https://www.baua.de/DE/Angebote/Veranstaltungen/Dokumentationen/Dresdner-Kolloquien/pdf/Dresdner-Kolloquium-2015-2.pdf?__blob=publicationFile&v=2. Zugegriffen am 07.08.2018.

Bundesanstalt für Arbeitsschutz und Arbeitsmedizin (BAuA). (2017). Alterns- und altersgerechte Arbeitsgestaltung Grundlagen und Handlungsfelder für die Praxis. https://www.baua.de/DE/Angebote/Publikationen/Praxis/Arbeitsgestaltung.pdf. Zugegriffen am 01.08.2018.

Erikson, E. H. (1966). *Identität und Lebenszyklus*. Frankfurt a. M.: Suhrkamp.

Freeman, A. (2020). „Unglücklich zu sein macht dich auch nicht schlauer" Erika Freeman, 92, ist Psychoanalytikerin in New York – und Expertin dafür, schwere Zeiten zu überstehen. Als Kind floh sie allein vor den Nationalsozialisten aus Wien, später behandelte sie Hollywoodstars. Hier erzählt sie von ihrem Leben und gibt Rat, wie man durch die Krise kommt. Interview: Annabel Wahba. *ZEITMAGAZIN, NR. 21/2020*, S. 14–24.

Grün, A. (2018). *Die hohe Kunst des Älterwerdens*. Münsterschwarzach: Vier-Türme.

Pankin-Schappert, H. (18. Juli 2020). Gibt es Glück in Corona-Zeiten? Fünf Philosophen versuchen die Frage zu beantworten. *Darmstädter Echo*, S. 17.

Schröder-Kunz, S. (2016). *Selbstverantwortung und Mitverantwortung bei älteren Arbeitnehmern in der sich verändernden Arbeitswelt*. (Bislang unveröffentlicht).

Schröder-Kunz, S. (2019). *Gutes Leben und Arbeiten in der zweiten Lebenshälfte – Frühzeitig den Weg ins Älterwerden gestalten*. Wiesbaden: Springer.

Schröder-Kunz, S. (erscheint 2021). *Ruhestand als Chance*. Wiesbaden: Springer.

Von Kittlitz, A. (2020). Furchtlosigkeit im Kopf. Warum es wichtig ist, manchmal Dinge zu denken, die einem Angst ein jagen. *Die ZEIT, Nr. 30/2020*. https://www.zeit.de/2020/30/angst-gedanken-verzweiflung-furchtlosigkeit-reflexion. Zugegriffen am 20.07.2020.

Wannemacher-Saal, A. (2020). Generation Corona in Darmstadt. Wer einen Ausbildungsplatz sucht, hat gar keine schlechten Karten. Junge Akademiker hingegen trifft die Krise mit voller Wucht. *Echo Online*. https://www.echo-online.de/panorama/aus-aller-welt/generation-corona-in-darmstadt_22065744. Zugegriffen am 10.08.2020.

7

Psychische Widerstandskraft in der Krise stärken

Was ist Resilienz? Viel hört man von ihr: Wer eine gute psychische Widerstandskraft hat, erholt sich schneller von Krisen oder gerät erst gar nicht so schnell hinein. Aber kann man sie lernen? Und welche Faktoren beeinflussen sie? Was beinhaltet Resilienztraining? Sechs verschiedene Kompetenzen werden vorgestellt, die sowohl im Privat – als auch im Berufsleben eingeübt werden können. In der Resilienz spielt die Selbstverantwortung ebenso wie die Mitverantwortung eine Rolle. Wie Resilienz aussehen kann und auch konkret angewendet wird, dafür gibt es viele Beispiele in diesem Kapitel und auch konkrete Übungen.

7.1 Resilienz oder: der Krise begegnen

„Unter Resilienz wird die Fähigkeit von Menschen verstanden, Krisen im Lebenszyklus unter Rückgriff auf persönliche und sozial vermittelte Ressourcen zu meistern und als Anlass für Entwicklung zu nutzen" (Welter-Enderlin und Hildebrand 2006). In dieser Definition wird nicht nur die Bewältigung angesprochen, z. B. indem ich meine Ressourcen betrachte, sondern auch die Entwicklung, die dadurch entstehen kann. Das heißt, in dieser Haltung machen wir uns bewusst, dass Höhen und Tiefen zum Leben dazugehören und dass wir uns im Umgang mit dem Schweren auch weiterentwickeln können.

Resilienz wird kurz als psychische Widerstandsfähigkeit aufgefasst. Wer eine gute Resilienz aufweist, erholt sich schneller von Stress, Verlusten oder Rückschlägen. Resiliente Menschen geraten meist erst gar nicht so tief in eine

Krise, passen sich oft an Herausforderungen und neue Bedingungen an und wachsen dabei. Oft überstehen sie auch Krankheiten besser. Um resilient zu sein, muss man auf persönliche und sozial vermittelte Ressourcen zurückgreifen können. Auch müssen gewisse Rahmenbedingungen stimmen und gegebenenfalls muss Hilfe von außen kommen. Das Gegenteil von Resilienz ist Verwundbarkeit (Vulnerabilität). Vulnerabilität bedeutet, dass jemand besonders leicht durch äußere Einflüsse seelisch zu verletzen ist. Vulnerable Menschen neigen dazu, psychische Erkrankungen zu entwickeln.

Wesentliche Faktoren, die Resilienz beeinflussen, sind personale Faktoren, Umwelteinflüsse und Prozessfaktoren. Zu den Umweltfaktoren gehören die Unterstützung durch die Familie, die eigene Kultur, die Gemeinschaft, das soziale Umfeld oder die schulische Umgebung. Personale Faktoren sind kognitive und emotionale Fähigkeiten. Dazu zählt es beispielsweise, Emotionen und Handlungen zu kontrollieren, Beziehungen aktiv zu gestalten oder Probleme mehr oder weniger aktiv zu erkennen, anzugehen und möglichst zu lösen. Bei den Prozessfaktoren wiederum geht es u. a. darum, welche Perspektiven wahrgenommen werden, ob das Unveränderbare akzeptiert werden kann, ob es gelingt, alle Energien auf das zu richten, was als Nächstes zu bewältigen ist, und welches die dabei entwickelten Strategien sind.

Es gibt zahlreiche Hinweise darauf, dass Resilienz zumindest begrenzt trainierbar ist. Viele psychotherapeutische Ansätze argumentieren, dass negative Lebensereignisse als Chance zu einem emotionalen Wachstum begriffen werden müssen. Allerdings darf Resilienz nicht ohne Weiteres vorausgesetzt oder als etwas angesehen werden, das jeder zu leisten habe und leisten könne. Schon gar nicht sollte sie dahin führen, dass man gegenüber Signalen aus der Umwelt abstumpft und, anstatt sensibel auch für die Lage der anderen zu sein, sich gegen diese abschließt. Resilienz im wohlverstandenen Sinne ist nicht das Gegenteil von Empathie, sondern sollte vielmehr mit dieser einhergehen.

Eigene Erfahrungen spielen für die Resilienz oft eine nicht unerhebliche Rolle. Menschen, die schon mit Krisen konfrontiert wurden, sind psychisch meist gesünder als andere, die noch nie die Gelegenheit hatten, sich mit größeren Herausforderungen auseinander zu setzen. Diese Erfahrung gemacht zu haben, hilft offenbar. Resilienz nicht im Sinne einer unverrückbaren Persönlichkeitseigenschaft, sondern als zu mobilisierende Ressource unterstützt dabei, Krisen zu überstehen und bestenfalls gestärkt aus ihnen hervorzugehen.

Eine Krise bedeutet, dass wir eine Veränderung in unserem Leben erfahren, die zunächst einmal nicht von uns erwünscht ist. Der Umgang mit dieser unerwünschten Veränderung kann nur gelingen, wenn wir selbst bereit sind, eine Veränderung in uns anzugehen. Entwicklung muss möglich und im konkreten Fall nötig sein. Hierbei können wir uns fragen: Ist es möglich, dass ich mich in dieser schweren Situation zurechtfinde? Dass ich nicht nur die Kraft habe, sie zu bewältigen, sondern auch, mich zu entwickeln? In welche Richtung kann ich gehen? Was erfordert das von mir? Welche Muster in meinem Leben gehen verloren durch die Krise und inwieweit kann ich mich an die Veränderung anpassen? Taucht in diesen Fragen ein *Ich will* auf, ist das die Grundvoraussetzung dafür, dass die Krise auch bewältigt wird. Halten wir hingegen am Alten fest oder sehen uns nur als Opfer, kommen wir keinen Schritt voran. Viele kleine einzelne Schritte sind aber notwendig, um die Krise zu überstehen. Erforderlich ist die Bereitschaft, zu lernen und zu üben. Manches Mal bedarf es hierfür der Hilfe von außen.

Ein Beispiel: Immer wieder geraten Menschen in der zweiten Lebenshälfte in eine Krise, wenn sie feststellen, dass sie älter werden – wenn sie erste Falten bekommen, der Körper an manchen Stellen nachlässt, die Lebensumstände sich verändern oder das Bewusstsein für die Endlichkeit des (eigenen) Lebens sich einstellt. Werden wir hier unsicher, brauchen wir uns nicht dafür zu schämen. Wir leben in einer Welt, die oft das Alter negiert oder leicht peinlich berührt verhüllt, wenn nicht gleich außen vorlässt, einer Welt, die Leistungsveränderung und die Endlichkeit des Lebens weitgehend tabuisiert. Daher benötigen wir in solchen Krisen Veränderungsbereitschaft: die Bereitschaft, das Bewusstsein für das Älterwerden(dürfen) sich ein Stück weit selbst anzueignen. Es ist die Bereitschaft, das eigene Leben als Ganzes zu betrachten und realistisch vom Anfang bis zum Ende zu denken. Was bedeutet das für mich? Keiner von uns weiß, was wirklich auf ihn zukommt. Doch die Möglichkeit, eines Tages krank zu werden oder nachzulassen, sollten wir in Betracht ziehen. Das soll uns keine Angst einflößen, sondern realistischer machen. Dass wir immer wieder einmal etwas verdrängen, ist menschlich. Es sollte aber nicht unser Denken und Handeln und damit auch nicht unsere innere Haltung bestimmen. Sich selbst die eigene Verdrängung bewusst zu machen, ist oft ein erster wichtiger Schritt.

Krisen gehen meist mit Stress einher. Umgekehrt kann Stress in eine Krise führen. Gerade gegen Stress sind resiliente Menschen besser gewappnet. Relevant ist dies nicht zuletzt im Arbeitsleben. Manche fühlen sich getrieben und haben das ständige Gefühl, den anstehenden Aufgaben oder Herausforderungen nicht oder nur mit Mühe gerecht zu werden. Stress kann zu Krankheiten führen, einerseits zu körperlichen Erkrankungen etwa des Herz-Kreislauf-Systems oder der Verdauungsorgane, zu Kopfschmerzen, Allergien und vielen weiteren, andererseits zu psychischen Leiden wie Nervosität, Angststörungen oder Burnout. Seit einigen Jahren und Jahrzehnten lässt sich beobachten, wie diese stressbedingten Krankheiten zunehmen. Auch in dieser Hinsicht ist Resilienz ein wichtiges Thema.

Menschen greifen auf unterschiedliche Resilienzstrategien zurück. Welche Perspektive sehen wir in der Krise? Wie wird eine Situation, ein Problem eingeschätzt? Manches wirkt sich lähmend aus, manches befähigt zum Handeln. Resilienz zeigt sich so in der – ob nun bewussten oder unbewussten – Wahl der jeweiligen Perspektive. Das bedeutet nun aber nicht, dass alles in Ordnung ist, wenn man nur eine möglichst positive Sichtweise einnimmt. Nicht bei allen Problemen hilft eine positive Bewertung; in manchen Fällen ist sie vielleicht sogar ganz verkehrt und hindert daran, das Nötige zu tun. Und manche haben aus unterschiedlichen Umständen nicht den Spielraum oder das Vermögen, Resilienz als Ressource zu entwickeln oder zu aktivieren. Für psychisch Kranke, Menschen, in chronischen Krisensituationen, wie z. B. Altersarmut, oder solche mit massiven Gewalterfahrungen ist es schwer oder gar nicht möglich mit Resilienz eine Verbesserung ihrer Situation zu erreichen. Folglich können auch nicht alle in gleichem Maße mit Krisen – etwa der Corona-Krise – umgehen. Es wäre falsch, hier für jeden den gleichen Maßstab anzulegen.

Auch wenn wir davon ausgehen, dass Resilienz sich in bestimmtem Maße und unter bestimmten Voraussetzungen erwerben, bilden und ausformen lässt, sollten wir nicht vorschnell Wunder erwarten. Arbeit an der Resilienz ist aber sicherlich angebracht und sinnvoll. Hierzu gibt es durchaus praktische Übungen. Und üben heißt eben auch: immer wieder wiederholen, einüben, auffrischen. Das Üben von Resilienz muss in den Alltag eingehen, dann erreicht es seine größte Wirkung. Schauen wir uns doch einmal an, was es hier an Möglichkeiten gibt.

7.2 Das Training von Resilienz

Neben der Selbstsuggestion gibt es viele Möglichkeiten, wie Sie Ihre Haltung und Ihr Handeln Schritt für Schritt langsam verändern können, um eine innere Kraft zu erlangen. Denken Sie daran, dass es ein Prozess ist. Das heißt, Sie brauchen Geduld mit sich selbst. Wichtig ist es, in der Sache beharrlich zu bleiben. Sie sollten nicht aufgeben, auch wenn es einmal nicht klappt oder Sie in einem Tief stecken. Vielleicht möchten Sie sich gerade jetzt ein Bild von Bergen und Tälern in Ihr Zimmer hängen, das für die Einsicht steht, dass zum Leben Höhen und Tiefen gehören – und dass wir, solange wir in Bewegung bleiben, in der Regel auch wieder den Weg nach oben finden.

Die sechs Kompetenzen meines selbstverantwortlichen Resilienztrainings (Selbstwirksamkeitserwartung, Akzeptanz, Optimismus, Entspannung, Fehlerkultur, Netzwerkorientierung), die ich im Folgenden vorstellen werde, müssen eingeübt werden. Da es Kompetenzen sind, die wir bereits, wenn auch in unterschiedlichem Maße, in uns tragen, müssen manche mehr, andere weniger trainieren. Auch sind es Kompetenzen, die in einer Krise durchaus ins Wanken kommen können. Bisher hatten wir unser Leben vielleicht im „Griff" (ein Wort, das ich schon immer mehr als fragwürdig fand), doch auf einmal ist der Optimismus dahin. Umso wichtiger ist es, das Resilienztraining als präventives Training zu verstehen. Es geht um Vorbeugung, Vorbereitung im positiven, stärkenden Sinn. Selbst wenn ich es bisher in meinem Leben guthatte, muss ich mir bewusst machen, dass ich auch verwundbar bin. Daher sollte ich den Umgang mit Schmerz und Leid in mein Leben einbeziehen. Davon ausgehen, dass wir stets auf der sonnigen Seite stehen und immer nur Glück haben, wäre naiv.

Gerade die für unsere Gesellschaft prägenden hedonistischen Züge (nach Glück strebend) sind vielleicht eine Ursache dafür, dass wir im Wandel mehr und mehr überfordert sind. Dann geraten wir in tiefe Krisen, die vielleicht gar nicht einträten, würden wir nicht der Illusion hinterherrennen, alles müsste immer gut laufen und wir müssten immer glücklich sein. Gehe ich beispielsweise davon aus, dass ich immer jung, vital, leistungsfähig, faltenfrei, begehrenswert usw. bleibe und beschäftige ich mich nie mit der Entwicklung des menschlichen Körpers, dann kann das Alter eine Krise sein. Und da das Alter sich nicht vermeiden lässt, kommen wir aus dieser Krise nicht mehr heraus, sofern wir nicht unsere Einstellung, unsere innere Haltung ändern. Sofern wir nicht lernen anzunehmen und zu sagen: Ja, ich darf älter werden, ja, ich darf Falten bekommen, ja, es werden Menschen in meinem Umfeld sterben. Ja, all das gehört zum Leben dazu. Anstatt einen letztendlich hoffnungslosen Kampf aufzunehmen und zu versuchen, den bisherigen Zustand für immer festzuhalten oder wiederherzustellen, haben wir eine wunderbare Option: das Alter in uns zu entdecken mit der Ressource des langen Lebens und den vielen Erfahrungen, die wir machen durften.

Training bedeutet, sich in einen Prozess zu begeben, in dem wir uns entwickeln. In meinem selbstverantwortlichen Resilienztraining wird dieser Prozess bewusst angestoßen. Lerneinheiten im Rahmen des Trainings sind Achtsamkeit, innere Haltung, Kommunikation sowie Selbst- und Zeitmanagement. Es gibt einen inneren (Selbstreflexion) und einen äußeren Lehrer (z. B. in Form eines Workshops). Natürlich lernen manche Menschen auch ohne bewusstes Training in einer Krise, Schritt für Schritt mit dem Verlust umzugehen. Resilienten Menschen gelingt das sogar oft sehr gut. Das zeigt sich etwa an den tapferen Kriegswitwen. Für die Kraft, mit der sie den Verlust ausgehalten und gleichzeitig angepackt haben, gibt es verschiedene Gründe. Das Leben von damals hat sie vielleicht ein Stück weit vorbereitet bzw. resilienter gemacht. Wir wissen aber auch, dass damals viele unbearbeitete Traumata entstanden sind, die oft am Ende des Lebens zum Vorschein kommen. Weniger resiliente Menschen leiden dann in hohem Maße.

Bewusstes selbstverantwortliches Resilienztraining bedeutet also, dass wir ein „Handwerkszeug" erhalten, mit dem wir Tag für Tag, Schritt für Schritt lernen können, eine resiliente Haltung einzunehmen. Wir lernen und erwerben neue Fertigkeiten. Der Lernzuwachs kann im selbstverantwortlichen Resilienztraining auf geistigem, körperlichem oder sozialem Gebiet erfolgen. Ziel ist ein Prozess, der zu relativ stabilen Veränderung des Verhaltens, Denkens oder Fühlens führt. Dazu braucht es eingeübte Erfahrung oder neu gewonnene Einsichten; die Wahrnehmung der Umwelt muss verarbeitet, eigene Regungen müssen bewusst gemacht werden.

Unsere prinzipielle Lernfähigkeit ist eine Voraussetzung dafür, dass wir uns den Gegebenheiten des Lebens und der Umwelt anpassen können. Sie erlaubt es uns, auch in Krisen sinnvoll zu agieren und die jeweilige Situation gegebenenfalls im eigenen Interesse zu verändern. Mit ihr können wir in ein reflektiertes Verhältnis zu uns, zu den anderen und zur Welt eintreten.

Oft hilft es, gewisse Tageszeiten und Rituale für das Resilienztraining festzulegen. So kann eine Übung direkt nach dem Aufwachen oder direkt vor dem Einschlafen durchgeführt werden. Je häufiger die Übungen wiederholt werden, desto hilfreicher können sie sein. Eine Unterstützung ist es auch, die eigenen Gedanken darüber aufzuschreiben, wie sich die Situation noch entwickeln könnte, oder sich die eigenen Stärken bewusst zu machen. Beim Strukturieren der eigenen Gedanken helfen Gespräche bspw. mit einem Freund oder auch im Rahmen einer psychosozialen Beratung. Sinnvoll ist auch, sich die bisherigen Bewältigungsstrategien vor Augen zu führen; vielleicht lassen sie sich, gegebenenfalls verändert, erneut einsetzen. Was hat mir früher in einer Krise geholfen? In welcher Form könnte das jetzt wieder gelingen?

Das Resilienztraining sollte immer aus dem Blickwinkel der Selbstverantwortung betrachtet werden, weil wir uns so darauf ausrichten, was zu uns passt. Wir achten auf unsere Bedürfnisse und Werte und wir reden das Schwere nicht schön. Und wir sollten uns bewusst sein, dass das Resilienztraining seine Grenzen hat und kein Wundermittel ist. Zwar können wir durch praktische Übungen unsere Resilienz trainieren, aber wir müssen uns auch darüber im Klaren sein, dass es sich um einen momentanen Zustand handelt, der keineswegs, wenn er einmal erreicht ist, auch dauerhaft und ohne weitere Anstrengung bestehen bleibt. Je nach Situation sind wir „stark" oder „schwach". Die Übungen sollten daher oft wiederholt werden, damit sie sich im Alltag einprägen. Man muss immer wieder zur Neubewertung fähig sein, damit die psychische Widerstandskraft in einer schweren Situation wirkt. Das bedeutet, dass wir in Momenten der negativen Sichtweisen nicht stehen bleiben. Zudem darf die Verantwortung nicht nur auf den Einzelnen übertragen und schlechte Rahmenbedingungen ignoriert werden. Resilienztraining ist wichtig und wirksam, kann aber nicht alle Hindernisse überwinden. Hierfür gilt es den Blick zu schärfen und zu differenzieren. Das gelingt vor allem im sozialen Miteinander, indem eine Krise gemeinsam betrachtet werden kann und die Rahmenbedingungen in den Blick genommen werden können. In Abschn. 7.4 bis 7.8 werden hierfür Beispiele aufgezeigt.

7.3 Gemeinsam stark und mitverantwortlich in der Krise

Die psychische Widerstandskraft gilt nicht nur für Einzelpersonen, sondern kann auch für Gruppen gelten. So zeigt sich beispielsweise in Familien oftmals eine resiliente Gruppendynamik. Beobachten lässt sie sich aber auch nicht selten bei Paaren, die gemeinsam älter werden. Sie wachsen mit den Herausforderungen und stehen zusammen; damit sind sie für Krisen besser gerüstet.

Auch im Arbeitsleben spricht man von resilienten Teams und Organisationen. Solche Teams können auf gemeinsame Ressourcen zurückgreifen, wenn Schwierigkeiten auftreten. Das bietet ihnen zugleich die Möglichkeit, sich als Team weiterzuentwickeln und die Widerstandskraft auszubauen. Resilienz im Team lässt sich als gemeinsame Haltung erarbeiten. Ganz praktisch kann dies in einer Teamsitzung erfolgen, in der danach gefragt wird, was das Team stark macht und was ihm in belastenden Situationen und bei Stress hilft. Die Antworten der Teammitglieder werden offen oder anonym gesammelt und diskutiert. Vielleicht ergeben sich hier Konflikte, die es zu moderieren gilt, vielleicht lassen sich auch bereits Wir-Botschaften formulieren. Im Ergebnis sollte eine gemeinsame Basis an Werten, Regeln, Zielen und Visionen stehen. Der Einzelne sollte in seiner Individualität gesehen, zugleich aber auf die Kommunikation und das Miteinander im Team geachtet werden, an denen stetig zu arbeiten ist. Es gilt, das Positive zu sehen: im Menschen, in der Arbeit, in den Herausforderungen. Belastungen und Rückschläge dürfen nicht ignoriert werden. Zugleich sind ein Ausgleich und Entspannung wichtig, ebenso eine gute Fehlerkultur, die es erlaubt, aus Fehlern oder Missverständnissen zu lernen.

In Teams sollten Vorgesetzte und Mitarbeiter sich auf Augenhöhe begegnen. Das erlaubt es, die Selbst- und Mitverantwortung der Teammitglieder zu fördern. Das gilt aber auch für andere Zusammenhänge. Auch Gruppen außerhalb des Arbeitslebens, etwa Familien, lassen sich durch ein kontinuierliches Üben in ihrer Resilienz stärken. Zwar bringen sie oft bereits eine resiliente Grundhaltung mit, diese Ressource sollte aber bewusst gepflegt werden. Warum also nicht einmal eine Resilienzsitzung im privaten Kreis durchführen?

7.4 Sechs Kompetenzen der selbstverantwortlichen Resilienz

Befinden wir uns in einer schweren Situation, ist unsere Widerstandskraft auch mit unserer Bewertung verbunden. Sehen wir etwas als Katastrophe an? Geben wir uns einer positiven Illusion hin und schalten das Schwere komplett aus? Oder bewerten und betrachten wir die Situation realistisch und nehmen das Schwere, aber auch die Chancen in den Blick?

Raffael Kalisch als führender Vertreter der neurologischen Resilienzforschung plädiert dafür, das Positive und das Negative gleichermaßen in den Blick nehmen, dabei allerdings zu einer positiven Betrachtung zu tendieren. Mit anderen Worten benötigen wir ein gewisses Vertrauen darauf, die Situation bewältigen zu können. Die wichtigsten Faktoren für eine Resilienz in diesem Sinne sind nach Kalisch Selbstwirksamkeit, Optimismus und soziale Unterstützung. Um also resilient zu werden, müssen wir uns sagen können: „Ich kann es!", „Ich glaube daran!" und „Ich bin nicht allein!"

Aus meiner Sicht sind es sechs Kompetenzen, die für das selbstverantwortliche Resilienztraining eine ausschlaggebende Rolle spielen: Selbstwirksamkeitserwartung, Akzeptanz, Optimismus, Entspannung (und Verzicht), Fehlerkultur sowie Netzwerkorientierung. Im Folgenden werde ich auf die einzelnen Punkte eingehen und erste kleine Übungen aufzeigen. Die psychische Widerstandskraft ist ein wichtiges und spannendes Feld des Menschseins. Es ist noch keineswegs in Gänze erforscht. In meiner Beschäftigung mit dem Thema erschien mir gerade auch Entspannung als ein wichtiger Aspekt. Wir brauchen sie als Ausgleich für die Belastung in der Krise. In der psychischen Widerstandskraft wird es somit auch immer wieder um Verzicht gehen und damit um das rechte Maß an Aktivität bzw. Entspannung.

Denkanstoß
Denken Sie an eine Krise wie Corona. Wann ist die Krise für Sie eine Herausforderung geworden, bei der Sie dennoch Ihre Kraftquellen in den Blick genommen haben? Welche Momente gab oder gibt es, die Sie stark negativ sehen, sodass Sie das Gefühl haben, den Anforderungen nicht gewachsen zu sein? Was kann Ihnen vielleicht helfen, zu einer positiven Bewertung zu gelangen? Welche Probleme sind greifbar, sodass sie bewältigt werden können? Haben Sie in der Krise und bei all dem Stress auch immer wieder Zeiten, in denen Ihr Körper in einen Normalzustand zurückkehrt? Was tun Sie selbst, damit das geschehen kann?

Grundlage für das Resilienztraining ist die Bereitschaft, etwas zu ändern. Menschen, die stets nach vorne blicken, sich in ihrer negativen Haltung oder Trostlosigkeit nicht festbeißen und keine Opferhaltung einnehmen, sind im Vorteil. Sagen Sie sich: Ab sofort will ich meinen Tag gestalten. Ich will die positiven Dinge in meinem Leben suchen und mich an kleinen Momenten erfreuen. Es gibt Zeit für Traurigkeit und Zeit für Freude. Beides ist wichtig und gehört zu unserem Leben dazu. Hilfreich ist aber, den Tag mit einem Blick auf das Positive zu beginnen und auch zu beenden.

Selbstwirksamkeitserwartung
Wichtig für die Entwicklung der eigenen Resilienz ist es, an seine Gestaltungskraft zu glauben. Das beginnt damit, die eigene Lebens- und Arbeitssituation zu sehen: Was sind meine Bedürfnisse, Werte und Fähigkeiten? Wer bin ich? Danach sollten wir uns fragen, was wir selbst für ein gutes Leben, d. h. für die eigene Gesundheit, unsere sozialen Kontakte und die eigene Arbeit tun können. Welche Möglichkeiten habe ich? Welche Konsequenzen können sich aus meinen Handlungen ergeben? Was ist gut für mich? Es gilt, uns bewusst zu machen, dass wir die jeweiligen (Krisen-) Situationen beeinflussen können. Dazu blicken wir auf unsere Fähigkeiten und Ressourcen, die uns bei Krisen helfen. Unabhängig vom Lob anderer sollten wir erkennen, wenn wir an einem Erfolg teilhaben.

Übung
Nennen Sie mindestens einen (privaten oder beruflichen) Erfolg, den Sie gestern hatten. Vielleicht möchten Sie auch an eine Situation denken, in der Sie

Ihrem gesetzten Ziel ein kleines Stück näher gekommen sind. Was haben *Sie* gestaltet oder beigetragen, damit es zu dem positiven Ergebnis kam?

Akzeptanz
Ein zentrales Moment der Resilienz ist es, zu akzeptieren. Akzeptanz kann dabei auch in eine Richtung gehen, die Vertrauen lebt. Vertrauen in der Krise bedeutet, dass ich für einen Moment auf Wissen und Kontrolle verzichte. Das heißt, dass ich annehme, was an dem jetzigen Zustand im Moment nicht geändert werden kann, und nicht dagegen ankämpfe. Das bedeutet keineswegs, das Schwere schönzureden. Vielmehr gilt es auch, „Raum" für Frust und Ärger zu schaffen, zugleich aber keine Energie durch Jammern und Klagen zu verschwenden. Hier hilft es, sich konstruktiv und lösungsorientiert mit anderen auszutauschen. Akzeptanz in diesem Sinne ist eine wichtige Voraussetzung dafür, die eigene Resilienz auszubilden und zu gestalten.

Übung
Denken Sie an eine stressbelastete Situation aus Ihrem (Arbeits-)Leben, die aktuell nicht zu ändern ist. An welcher Stelle können Sie Stress oder Frust abbauen? Und wie fördern Sie Ihre Akzeptanz?

Optimismus
Optimismus heißt, das Positive zu sehen. Das kann ganz unterschiedliche Formen annehmen und in verschiedener Weise zum Ausdruck kommen. Optimismus bedeutet z. B. das Wissen, dass jede Herausforderung auch eine Chance ist. Optimistisch ist, wer zukunftsorientiert ist und flexibel bleibt. Dazu sollte im Alltag auf das Positive geachtet, sollte Freude gesucht und gestaltet werden. So können wir uns bereits beim Aufwachen bewusst machen, worauf wir uns an diesem Tag freuen oder ob etwas Besonderes ansteht. Das heißt nicht, dass wir nicht auch Trauriges, Sorgenvolles empfinden dürfen – auch das gehört dazu. Aber wir sollten nicht darin verharren.

Optimisten geben den angenehmen Gefühlen mehr Raum, pflegen aber auch Dankbarkeit. Sie suchen nach ihren Stärken und machen sie sich bewusst, haben also eine positive Selbstwahrnehmung. Sie glauben an den guten Ausgang und ihre Gestaltungskraft. Befördern lässt sich dies auf vielfältige Weise, etwa indem man seiner Dankbarkeit vor dem Zubettgehen Ausdruck verleiht, ein Glückstagebuch führt und hinderliche Glaubenssätze umformuliert, die einen daran hindern, Dinge anzupacken.

Übung
Denken Sie an den heutigen Morgen. Was war gut? Wofür sind Sie dankbar? Es kann etwas ganz Kleines sein, das Sie sogar jeden Tag erleben. Etwas, das für Sie vielleicht selbstverständlich ist, aber für andere Menschen nicht.

Entspannung (und Verzicht)
Entspannung ist in einer schnelllebigen Zeit und gerade auch in einer Krise gar nicht so einfach. Sie sollte in einem gesunden Wechselspiel mit der Anspannung stehen. Diese hängt wiederum mit dem Stress zusammen. Stress kann man als natürliche Reaktion ansehen: In bestimmten Situationen schüttet der Körper spezielle Hormone aus, die wiederum zu einer erhöhten Energiefreisetzung führen. Versetzt dies einst eher in die Lage, zu kämpfen oder zu fliehen, sind solche körperlichen Reaktionen heute meist nicht mehr erforderlich und erfolgen daher auch nicht. Dadurch aber werden die Hormone langsamer abgebaut. Das erleben wir dann als belastenden Stress.

Umso wichtiger ist es, zu entspannen. Dazu gibt es viele Möglichkeiten und Übungen, etwa Meditation, Yoga, Atemübungen. Wir müssen lernen, Pausen einzulegen – nicht nur von anstrengender Arbeit, sondern z. B. auch in unserem Medienkonsum und unserem Aufenthalt in der digitalen Welt. Arbeiten sollten wir dazu an unserer Haltung. Wir sollten unsere eigene Anspannung besser wahrnehmen, sie zunächst annehmen, dann aber eben auch Wege der Entspannung finden. Das wiederum hat manchmal mit Verzicht zu tun, insbesondere Verzicht auf Konsum, der heute zu einem eigenen Stressfaktor geworden ist. Dazu sollten wir uns immer wieder fragen, was wir wirklich brauchen und was nun gerade nicht sein muss. Wo könnte ein Verzicht möglich und auch sinnvoll sein? Durch die Corona-Krise wurde uns hier einiges deutlicher, und vielleicht hat die Krise uns auch etwas Raum gegeben, sodass wir für unsere Zukunft damit beginnen können, Entspannung und entsprechende Übungen in unseren Alltag einzubauen.

Übung
Denken Sie an Ihre Pausen. Wie gestalten Sie sie? Hat sich im Laufe Ihres Lebens etwas im Hinblick auf Ihr Pausenbedürfnis verändert? Gibt es Rituale, die Ihnen guttun? Und auf was könnten Sie verzichten, um mehr Zeit für Entspannung zu finden? Welche Erfahrungen haben Sie mit wohltuenden Entspannungsübungen gemacht?

Versuchen Sie zu ergründen, was Ihnen dies ermöglicht hat. Dabei können ganz unterschiedliche Entspannungsfelder ins Spiel kommen, etwa bei Atemübungen und Yoga, beim Schwimmen, beim Barfußgehen oder auch beim Blick in eine Kerze oder einen Kamin.

Fehlerkultur
Es ist wichtig, sich (und auch anderen) eigene Fehler einzugestehen. Fehler sind keine Niederlage; werden sie also als solche angesehen, ist es schwierig, konstruktiv mit ihnen umzugehen. Um zu einer guten Fehlerkultur zu gelangen – bei sich selbst, aber auch im Team –, muss man sich zunächst eingestehen, dass jeder Mensch Stärken und Schwächen hat. Man muss sich bewusst machen, dass Arbeitsverdichtung, Komplexität und (oft von Menschen erzeugter) Druck die Konzentration beeinträchtigen können. Umso wichtiger ist es, Druck zu vermeiden und für eine entspannte Arbeitsatmosphäre zu sorgen. Dazu gehört, Fehler und Probleme offen anzusprechen – nicht, um nach Schuldigen zu suchen, sondern um Ursachen und Lösungen zu finden. Eine gute Fehlerkultur muss wachsen; sie ist nicht mit einem Mal da, sondern entwickelt sich – auch hier wieder in einem guten Miteinander.

Übung
Denken Sie an einen Fehler oder ein Missgeschick, das Ihnen in der letzten Woche passiert ist. Was war die Ursache dafür? Welche (kleinen) Schritte können Sie gehen, damit die Ursache behoben wird? Was können Sie selbst dazu tun, was können Sie gemeinsam mit anderen dazu beitragen?

Netzwerkorientierung
Es dürfte deutlich geworden sein: Wir sind nicht allein, wir stehen immer in sozialen Verbindungen zu anderen Menschen. Auch unsere Resilienz bilden wir nicht in Isolation aus, auch wenn wir die Verantwortung dafür nicht einfach auf andere abschieben dürfen. In sozialen Organisationen – und damit auch in Familien oder eben Arbeitsteams – ist die Berücksichtigung der anderen wesentlicher Teil der Resilienzarbeit. Das bedeutet, dass wir auf die Bedürfnisse, Werte und Fähigkeiten unseres Gegenübers in einer (stressbelasteten) Situation achten und Empathie üben müssen. Beziehungen erfolgreich zu gestalten und damit Resilienz zu üben, meint, zu akzeptierten, dass Menschen unterschiedlich sind, auf die eigene Kommunikation zu achten und einen freundlichen und wertschätzenden Umgang zu pflegen. Pflegen wir einen freundlichen und mitverantwortlichen Umgang, gewinnen wir ein soziales Netzwerk, auf das wir uns oftmals verlassen können und das uns hilft – auch in Krisen.

Übung

Denken Sie an einen Menschen, der Ihnen nahesteht. Welche Eigenschaften schätzen Sie besonders an ihm? Und wann haben Sie ihm genau das zum letzten Mal gesagt?

Es gibt den schönen Satz: Übung macht den Meister. Das trifft auch auf die psychische Widerstandskraft zu, auf die Resilienz im Sinne der Nutzung bestimmter Ressourcen. Hier zeigt sich, wie in so vielem, die Macht der Wiederholung. Je öfter Sie daher die Resilienz trainieren, umso besser wird sie ausgeprägt sein und im Ernstfall ihre Wirkung entfalten. Es kann Tage, Wochen, teilweise Monate dauern, aber dieser Prozess ist es wert. Finden Sie für sich die optimale Kombination aus Übungen (oben finden Sie nur eine kleine Auswahl an Übungen zur Resilienz) und passen Sie sie gegebenenfalls an, so dass sie gut zu ihrer Persönlichkeit passen.

Die psychische Widerstandskraft eines Menschen hat einer meiner Schulungsteilnehmer sehr gut beschrieben. Dabei nannte er auch ganz spezifisch die gelernten Kompetenzfelder der selbstverantwortlichen Resilienz. So beschrieb er seine Gefühle im Frühjahr 2020 der Corona-Krise folgendermaßen:

Da war zunächst die Veränderung, die wir alle gespürt haben. Ich dachte: „Früher oder später muss ich und will ich das akzeptieren!" In das, was nicht zu ändern ist, sollte man keine unnötige Energie stecken. Dann die Selbstwirksamkeit, wenn ich mir selbst zuspreche: „Du hast schon einiges geschafft, du wirst auch das schaffen." Der Optimismus: „Jetzt geht es darum, dass du es dir immer wieder schön machst – egal, wie groß die Krise ist, egal, wie sehr du selbst betroffen bist." So gehe ich noch bewusster durch die Natur, lächel bewusst, wenn ich etwas Schönes entdecke, bleibe stehen und genieße immer wieder das grüne Leben – Frühling! Es ist fast absurd, dass wir einen ausgesprochen schönen und sonnigen Frühling haben, obwohl sich Corona wie eine Wolke über uns legt. „Genieß es", denke ich mir dann. Abends überlege ich mir drei Dinge, die ich am Tag erlebt habe und für die ich dankbar bin. Da wird mir immer wieder bewusst, wie gut es mir im Verhältnis zu anderen geht.

Und doch sind die Sorgen, die Bedrohung im Hinterkopf, ein angstvolles Gefühl macht sich im Bauch immer wieder breit. Ich versuche, auf der einen Seite diesen Gefühlen Raum zu geben und sie nicht zu verdrängen, auf der anderen Seite aber immer wieder auch das Ganze, das Schöne, das Wertvolle in meinem Leben zu sehen. Schließlich ist beides Teil meines Lebens. Ich habe mich informiert und mir Gedanken gemacht für den Fall, dass Angehörige oder ich selbst an Corona erkranken. Ich habe versucht, zu erfassen und abzuwägen, was ich im konkreten Fall tun kann. Ich habe meine Patientenverfügung noch einmal angeschaut und mit unserem Hausarzt besprochen. So habe ich das Gefühl, ein Stück weit vorbereitet zu sein, und weiß doch, dass im konkreten Fall meine Handlungen vielleicht ganz anders ausfallen können und ich trotz aller Vorkehrungen in ein tiefes Loch stürzen könnte. Auch das als Teil des Lebens zu bejahen, hilft mir.

7.5 Resilienz und Mitverantwortung

Es ist eine gute Möglichkeit, seine Resilienz auszubauen, um sich in Krisen besser zu schützen. Zugleich haben wir eine gewisse Mitverantwortung für die Resilienz der anderen, ob nun in einer Paarbeziehung, in der Familie, unter Freunden oder auch im Beruf. Das trifft gerade auch für Teams und die Beziehungen unter Mitarbeitern oder zwischen Vorgesetzten und Mitarbeitern zu. Das heißt, wir sollten andere darin unterstützen, dass sie ihre eigene Resilienz ausbilden. Vielleicht kann man selbst in Punkten der psychischen Widerstandskraft eine gewisse Vorbildrolle einnehmen – was natürlich eine bewusste und geübte eigene Resilienz voraussetzt. Gespräche, Workshops oder Beratungen sind im betrieblichen Sinne sicher sinnvoll, und auch in Einzelgesprächen können Vorgesetzte mithilfe eines mitverantwortlichen Fragens zur Reflexion beitragen, wenn bei den Mitarbeitern eine entsprechende Bereitschaft besteht – aufzwingen kann man die Resilienzausbildung niemandem, aber anbieten sollte man sie.

Das gemeinsame Reflektieren und diese Form der Unterstützung und Begleitung können sich wiederum an den sechs genannten Kompetenzen orientieren. Mit Blick auf die Akzeptanz kann der Mitarbeiter gefragt werden, was er glaubt, ändern zu können und was akzeptieren zu müssen. Um Optimismus hervorzurufen, ist danach zu fragen, inwiefern eine Herausforderung auch als Chance für den Mitarbeiter persönlich, für das Team oder auch für die Sache erscheint. Der Gesprächspartner soll berichten, wo er Entspannung und Entlastung findet – je nachdem kann es im betrieblichen Kontext um ganz konkrete, auch aktuelle Situationen gehen – und wie er sich durch welchen Verzicht Freiraum schaffen kann. Die Fehlerkultur ist ohnehin ein gemeinsames Projekt. Hier sollte der Standpunkt des anderen genauer hinterfragt werden, um ihn zu einem sachlichen Umgang mit Fehlern zu bewegen. Zu fragen ist, wie er das Team erlebt, wie eine bessere Zusammenarbeit möglich wäre und was von der Führungskraft erwartet wird – alles Punkte, die für eine gute Netzwerkorientierung berücksichtigt werden müssen. Ist so schließlich im Gespräch eine gewisse Vertrautheit entstanden oder aktualisiert worden, kann nach der Selbstwirksamkeit gefragt werden, etwa nach den persönlichen Eigenschaften, die helfen, mit Veränderungen umzugehen, und danach, was Kraft gibt, Herausforderungen zuversichtlich anzupacken.

Ein solches mitverantwortliches Handeln und Fragen unterstützt den Aufbau von Resilienz. Das ist für das Team wichtig, es ist aber auch für den Einzelnen von Relevanz, der sich vielleicht in ganz unterschiedlichen Lebens- und auch Berufssituationen befindet. Führungskräfte können das mitverantwortliche Fragen zur Unterstützung der Resilienz im Team lernen. So kann ein Wir-Gefühl entstehen, das nicht nur in Krisen hilft, sondern auch die Freude in der Zusammenarbeit und am Projekt fördert.

7.6 Bewältigungsstrategien im Umgang mit Krisen

Je älter wir werden, desto größer ist die Chance, dass wir nicht nur einige Krisen erfahren, sondern auch bewältigt haben. Daher ist es wahrscheinlich, dass ältere Menschen verschiedene Strategien parat haben, wenn eine neue Krise auf sie zukommt. Die neuen Alten (Babyboomer) sind in vielerlei Hinsicht eine behütete Generation. Ihre Krisen waren im Vergleich zu denen der vorherigen Generation weniger traumatisch. Sie hatten vielfach große Chancen und Möglichkeiten. Es ist die erste Generation, in der die hochbetagten Eltern mehr und mehr in Alten- und Pflegeheimen leben. Auch der Tod findet immer häufiger in Heimen oder Krankenhäusern statt, wird eher an den Rand gedrängt und ausgeblendet. Wie sie mit ihrem eigenen Alter umgehen wird, bleibt nun abzuwarten.

Umso wichtiger scheint es mir, die neuen Alten dazu zu ermuntern, sich in die Thematik des Alters überhaupt erst einmal näher einzudenken. Das kann durch die ganz direkte Konfrontation mit den eigenen Eltern oder auch ehrenamtliche Dienste im Seniorenheim geschehen. Nicht jeder wird bereit sein, sich dem zu stellen, und manche werden glauben, es auch nicht zu können. Tatsächlich haben die Babyboomer durch ihre Eltern, die Kriegskinder waren, oft unbewusst eingepflanzt bekommen, sich von Leid fernzuhalten.

Dennoch werden auch hier die gelernten Bewältigungsstrategien wichtig sein. Im Alter wird man mit neuen Anforderungen und Einschränkungen konfrontiert. Der Umgang mit Belastungen birgt aber ein Potenzial, das mit zunehmendem Alter im Sinne einer Fähigkeit genutzt werden kann. Ältere – auch die Babyboomer – verfügen über Erfahrungswissen, das sie nun anwenden können. Und sie können – auch mehr als frühere Generationen – die Erfahrung machen, dass trotz Verlusten und Einschränkungen eine gute Lebensqualität möglich ist.

Jüngere Menschen können von den Älteren lernen. Nicht selten ist es aber auch umgekehrt. Offenheit, Optimismus und Freude, aber auch Dankbarkeit sind jetzt wichtig. Dazu gehört zum Beispiel, zu wissen, dass man auch in Krisenzeiten lachen darf und soll.

7.7 Stark durch die Corona-Krise

Krisen wie die Corona-Pandemie lassen in besonderem Maße erkennen, dass wir Widerstandskraft brauchen. Gerade die Unsicherheit über die weitere Entwicklung macht dies möglich. Unsichere Entwicklungen verlangen eine erhöhte Veränderungsbereitschaft. Dies ist gerade dadurch der Fall, dass das Corona-Virus die Menschen nicht nur gesundheitlich, sondern auch beruflich in existenzielle Gefahr bringt. Im Jahr 2020, als dieses Buch geschrieben wurde, wussten wir nicht, wie lange die Krise andauern und wie sie ausgehen wird. Dieser Schwebezustand war psychologisch eine riesige Herausforderung.

Genau deshalb brauchen wir Resilienz, sollten wir immer wieder an ihr arbeiten. Denn die psychologische Widerstandskraft ist der zentrale Helfer im ungewissen Wandel. Wir brauchen Resilienz mit all den Kompetenzen, aus denen sie sich zusammensetzt bzw. aus denen sie hervorgeht. Wir brauchen Selbstwirksamkeit, also das Vertrauen, dass wir es schaffen. Wir müssen lernen zu akzeptieren, also Verluste sehen und betrauern, die Krise anerkennen, dadurch aber auch die Herausforderungen sehen, die vor uns liegen – nur so lässt sich der Weg aus der Krise finden und beschreiben. Dazu brauchen wir auch Optimismus und eine Perspektive, die die Chancen in den Blick nimmt, ohne die Schwierigkeiten zu übersehen, und die die Freiheit unseres Handelns, wenn auch in den ihr gesetzten Grenzen, fokussiert. Wir müssen in dieser angespannten, von starken Wechselfällen geprägten Zeit auf ein gesundes Verhältnis von Anspannung und Entspannung achten – lernen müssen wir vor allem, wie wir Entspannung finden und wie wir dies steuern können. Oben wurde schon auf Möglichkeiten hingewiesen, die bei der Ausbildung dieser Kompetenz helfen. Wir können die Krise und ihre Begleiterscheinungen nutzen, insofern sie in manchen Bereichen eine Entschleunigung gebracht hat. Und wir können auch in dem ein oder anderen Verzicht das Positive sehen. Unsere Resilienz auszubilden, liegt in unserer Selbstverantwortung; gelingen wird es aber wohl nur zusammen mit den anderen. Daher müssen wir auf unsere sozialen Kontakte achten und sie stärken. Nicht nur, aber besonders im beruflichen Umfeld ist es dabei wichtig, gemeinsam eine gute Fehlerkultur auszubilden – und im Umgang mit ständig neuen Situationen und unsicheren Entwicklungen, die in absehbarer Zeit nicht abgeschlossen sein werden, wird es immer wieder Fehler geben. Was lässt sich alles falsch machen mit Blick auf die Infektionsgefahr, was beim weiteren Leben und Arbeiten mit den wechselnden Maßnahmen und Einschränkungen. Gerade bei der Arbeitsorganisation, aber auch im Privaten wird sich manches als falsch herausstellen, was zunächst richtig oder plausibel erschien. Um aus diesen Fehlern zu lernen und sich nicht von ihnen lähmen zu lassen, brauchen wir eine entsprechende Fehlerkultur – ein wichtiges Element der Resilienz in Krisen.

Es mag eigenartig klingen, aber die aktuelle Krisenzeit bietet auch Chancen. Genau das einzusehen ist ja Teil der Resilienz. Das heißt, Chancen ergeben sich auch für das Älterwerden. Im Abstandhalten lässt sich, vielleicht bewusster als sonst, ein gutes Miteinander gestalten. Auch wenn wir uns nicht auf den Leib rücken, ist soziale Unterstützung möglich und wichtig. Achten wir auf das Positive, das sich in der Krise zeigt. Natürlich lässt sich Rücksichtslosigkeit beobachten, aber auch gerade das Gegenteil war und ist häufig der Fall: Dass die Menschen mehr aufeinander achten, dürfte durchaus der Realität entsprechen. So gesehen ist die soziale Gesundheit jetzt bei vielen Menschen besser als vorher. Und wir können über die Chancen, und wie sie sich weiter nutzen lassen, sprechen, sie gemeinsam reflektieren. Das kann helfen, nicht wieder in alte Muster zurückzufallen, wenn die Krise ein Ende findet.

Was aber, wenn man, obwohl man bereits zu den Älteren zählt und so eine gewisse Erfahrung mitbringt, keinen Zugang zu diesen Ressourcen findet, wenn man nicht an ihnen arbeiten kann, weil die Unsicherheit zu groß, die Angst zu lähmend ist? Wenn man sich isoliert fühlt, vielleicht selbst in Quarantäne sitzt? Tatsächlich zeigt sich hier eine schwierige Situation, die allerdings das bislang Gesagte nicht infrage stellt, sondern vielmehr erkennen lässt, wie wichtig es ist, an der Resilienz zu arbeiten. Man sollte sich nicht scheuen, nach Hilfe zu suchen, ob im Betrieb, in der Familie, im weiteren Freundeskreis oder auch bei psychosozialen Beratungsstellen. Auch ich biete eine kostenlose telefonische Sprechstunde an, um gemeinsam nach Lösungen zu suchen, die zur jeweiligen Situation passen.

Stellt sich ein Stimmungstief ein, darf dies nicht verdrängt, sondern es muss Raum für Traurigkeit und Anerkennung des Leids geschaffen werden. Gerade auch bei Älteren ist das wichtig, denn nur wer diese Dinge anerkennt, sie nicht ignoriert, hat die Chance, nicht in ihnen gefangen zu bleiben. Wir dürfen uns nicht scheuen, Hilfe anzunehmen, und ebenso kann es guttun, anderen Hilfe zu geben. Panik hingegen sollte vermieden werden. Hier sollten wir immer wissen, was wir tun können, um uns zu beruhigen. Vielleicht genügen schon ein paar Schritte vor der Haustür; überhaupt ist Bewegung in solchen Fällen immer gut. Auch sonstige Formen der Ablenkung sind hilfreich. Ist die Panik abgeklungen, sollten wir uns dann aber Gedanken machen und vielleicht niederschreiben, was uns in solchen Situationen hilft. Eine Liste hierzu kann in Krisenzeiten ein wertvoller Begleiter sein. Und in unserer Mitverantwortung sollten wir darauf achten, wie wir anderen beistehen können, wenn sie sich in diesen Situationen befinden (vgl. Abschn. 5.2).

7.8 Stärkung der Resilienz im Berufsleben

Zum Schluss möchte ich noch einmal näher auf die Resilienz im beruflichen Umfeld eingehen. Die Betriebe, das Arbeitsleben und die Berufstätigen waren im Jahr 2020 besonderen, teils sehr unterschiedlichen Belastungen ausgesetzt. Manche wurden in Kurzarbeit geschickt, andere stöhnten angesichts einer übergroßen Arbeitslast, viele kämpften um das wirtschaftliche Überleben, einige hatten bereits ihren Job verloren oder standen vor den Scherben einer prekären Selbstständigkeit.

Ist das Berufsleben daher in hohem Maße, wenn auch uneinheitlich betroffen, gilt es umso mehr, angesichts dieser anhaltenden Krisenerfahrung, die Resilienz in diesem Bereich ins Auge zu fassen und zu stärken. Unternehmen wie Beschäftigte sollten dies gemeinsam als ihre Aufgabe ansehen.

Damit Beschäftigte in allen Lebensaltern und Lebensphasen gut arbeiten können, benötigen sie die entsprechenden Rahmenbedingungen. Je flexibler diese den individuellen Wünschen angepasst werden können, umso besser. Das schafft dann den Raum für die selbstverantwortliche Resilienz. Das Homeoffice ist derzeit wohl die am meisten verbreitete Form beruflicher Flexibilität. Offensichtlich bringt es Vor- und Nachteile mit sich und wird entsprechend unterschiedlich bewertet. Es wird und sollte aber in Zukunft ein wichtiger Teil des Berufslebens bleiben. Aber auch andere Rahmenbedingungen sollten stimmig sein, damit sich der Einzelne wohlfühlt und Resilienz ausbilden kann, dabei lassen sich sieben Gestaltungfelder differenzieren. Bei der Arbeitsaufgabe geht es darum, welchen Spielraum und welche Abwechslungen die Beschäftigten in ihrer Arbeit haben, ob sie ausreichend Informationen erhalten und sie weder über- noch unterfordert werden. Was die Arbeitsumgebung betrifft, so sind Faktoren wie Hitze, Lärm und Helligkeit wichtig – gerade bei älteren Mitarbeitern kann dies eine größere Rolle spielen. Mit Blick auf die Arbeitszeit stellen sich Fragen nach Überstunden, unvorhersehbaren Arbeitszeiten, Schicht- und Nachtarbeit, die einen Einfluss auf die Gesundheit und Leistungsfähigkeit haben; auch hier ergeben sich je nach Lebensalter bzw. Lebensphase unterschiedliche Belastbarkeiten und Anforderungen. Der Arbeitsablauf sollte so gestaltet werden, dass der Leistungsdruck nicht überhandnimmt und die Mitarbeiter die Möglichkeit haben, eigene Ideen einzubringen und zu einer Verbesserung der Arbeitsabläufe beizutragen. Ohnehin sollte mit einem betrieblichen Gesundheitsmanagement (BGM) die Gesundheit generationenübergreifend berücksichtigt werden. Wichtig ist auch eine angemessene Gestaltung der sozialen Beziehungen (unter Kollegen, zu Vorgesetzten). Schließlich geht es um die Kompetenzentwicklung und das Wissensmanagement, das den wichtigen, aber auch konfliktträchtigen Bereich der Wissensweitergabe in altersgemischten Teams umfasst.

Gewiss werden nicht immer alle Rahmenbedingungen passen. Daher wird die Widerstandskraft des Einzelnen oder des Teams erforderlich sein. Die Führungskraft sollte hier immer eine mittragende und reflektierende Rolle spielen. Explizit sollte Resilienz und deren Ausbildung angesprochen und dies mit einem geeigneten Angebot flankiert werden. Um welche Kompetenzen es dabei geht, haben wir bereits gesehen.

Geht es um die Resilienz in altersgemischten Teams, werden früher oder später Aspekte dieser Altersmischung und eben auch Konflikte zwischen unterschiedlichen Altersgruppen eine Rolle spielen. Resilienz meint dann auch, diese Konflikte gemeinsam zu überwinden, um die Widerstandskraft des Teams zu stärken und auszubauen. Dazu muss man sich verschiedene Dinge bewusst machen, die solchen Konflikten zugrunde liegen oder in sie hineinspielen. So darf das kalendarische Alter nicht als maßgeblicher Wert gesehen werden. Sinnvoller ist eine Betrachtung der jeweiligen Lebensphase. Ein heute 60-Jähriger ist nicht mit dem 60-jährigen Menschen vor vierzig Jahren zu vergleichen. Wichtig sind die Prägungen, die die Menschen in ihrer bisherigen Lebenszeit erfahren haben. Und die Lebenssituation unterscheidet sich in den verschiedenen Lebensphasen. Ausschlaggebend ist es, ein wechselseitiges Verständnis zu schaffen. Wenn nachvollziehbar wird, warum Jüngere bspw. stärker auf die Work-Life-Balance achten oder Ältere womöglich größeren Wert auf Perfektion legen, können diese unterschiedlichen Zugangsweisen auch besser miteinander vermittelt werden. Dazu braucht es eine gute Kommunikation und Offenheit – je früher Probleme erkannt und besprochen werden, umso besser lassen sie sich in aller Regel lösen. Sind Konflikte bereits eingetreten und haben sich gewisse Fronten gebildet, macht es gegebenenfalls Sinn, professionelle Hilfe zu holen.

Das Berufsleben ist – gerade auch in Zeiten von Corona – ständigen Veränderungen unterworfen. Dem muss die Teamentwicklung entsprechen – und sie muss die unterschiedliche Wahrnehmung und den unterschiedlichen Umgang, vielleicht auch die unterschiedlichen individuellen Resilienzen der Mitarbeiter in den Blick nehmen. Unterschiedliche Altersgruppen – auch hier besser: Lebensphasen – bringen unterschiedliche Bedürfnisse mit sich. Die

Digitalisierung ist ein großer Umbruch, der sich in vielen kleinen und nun einer rascheren Etappe entfaltet. Ältere stehen hier oft vor besonderen Herausforderungen. Sie sollten sie positiv in Angriff nehmen, dabei aber auch Unterstützung erhalten und mit einer gewissen Geduld rechnen können. Es ist frustrierend zu sehen, wenn das eigene Wissen und die eigenen Fähigkeiten, die man in vielen Jahren aufgebaut hat, nicht mehr aktuell und gefragt sind. Das sollte berücksichtigt werden, wenn Ältere mit manchem größere Schwierigkeiten haben als Jüngere. Hier muss Raum für Erfolge geschaffen werden. Umgekehrt lernen Jüngere auch von den älteren Kollegen und profitieren von deren Erfahrungen. Auch in diese Richtung sollte die Wissensweitergabe nicht mit erhobenem Zeigefinger erfolgen. Eine solche wechselseitige Offenheit in Verbindung mit einer Anerkennung der unterschiedlichen Lebensphasen und Erfahrungsschätze kann Resignation vorbeugen und das Miteinander fördern.

Grundlage für eine produktive und konstruktive Bearbeitung von Konflikten ist eine gute Kommunikation. Gerade mit einer gelingenden Kommunikation können auch Alters- oder Generationenklischees überwunden werden.

Literatur

Ackermann, S. (2020). Zuversicht mit Augenmaß. *Psychologie Heute*. Weinheim: Verlagsgruppe Beltz. https://www.psychologie-heute.de/leben/40767-zuversicht-mit-augenmass.html. Zugegriffen am 02.10.2020.

Brandtstädter, J. (2007). Zielverfolgung und flexible Zielanpassung als Entwicklungsressourcen: Das Modell assimilativer und akkomodativer Prozesse. In J. Brandtstädter & U. Lindenberger (Hrsg.), *Entwicklungspsychologie der Lebensspanne* (S. 413–445). Stuttgart: Kohlhammer.

Büttner, G., & Dieterich, V.-J. (2013). *Entwicklungspsychologie in der Religionspädagogik*. Göttingen: Vandenhoeck & Ruprecht.

Schelsky, H. (1979). Die Paradoxien des Alters in der modernen Gesellschaft. In H. Schelsky (Hrsg.), *Auf der Suche nach Wirklichkeit* (S. 207–234). München: Goldmann.

Schröder-Kunz, S. (2016). *Selbstverantwortung und Mitverantwortung bei älteren Arbeitnehmern in der sich verändernden Arbeitswelt*. (Bislang unveröffentlicht).

Schröder-Kunz, S. (2019a). *Generationen gut führen – Altersgerechte Arbeitsgestaltung für alle Mitarbeitergenerationen*. Wiesbaden: Springer Gabler.

Schröder-Kunz, S. (2019b). *Gutes Leben und Arbeiten in der zweiten Lebenshälfte – Frühzeitig den Weg ins Älterwerden gestalten*. Wiesbaden: Springer.

Sonnenmoser, M. (2016). Resilienz in Familien: Gemeinsam Krisen überwinden. *Deutsches Ärzteblatt.* https://www.aerzteblatt.de/archiv/175750/Resilienz-in-Familien-Gemeinsam-Krisen-ueberwinden. Zugegriffen am 20.05.2020.

Soucek, R., & Pauls, N. (2017). Resilienz-Modell und Diagnoseinstrumente. https://www.resilire.de/download/Resilire_Tagung_Vortrag1.pdf. Zugegriffen am 23.05.2020.

Staudinger, U. (2005). Lebenserfahrung, Lebenssinn und Weisheit. In U. Staudinger & S. H. Filipp (Hrsg.), *Enzyklopädie der Psychologie, Entwicklungspsychologie des mittleren und höheren Erwachsenenalters* (S. 739–761). Göttingen: Hogrefe.

Stern, W. (1923). *Die menschliche Persönlichkeit* (Bd. 2). Leipzig: Barth.

Techniker Krankenkasse. (2018). *Gesundheitsreport 2018 – Arbeitsunfähigkeiten.* Hamburg.

Tornstam, L. (1989). Gero-transcendence: A reformulation of the disengagement theory. *Aging. Clinical and Experimental Research, 1,* 55–63.

Tornstam, L. (1992). The quo vadis of gerontology: On the gerontological research paradigm. *The Gerontologist, 3,* 318–326.

Welter-Enderlin, R., & Hildenbrand, B. (2006). *Resilienz – Gedeihen trotz widriger Umstände.* Heidelberg: Carl-Auer-Systeme.

8

Belastungen, Angst und Trauer verstehen

In einer Krise macht sich nicht nur Unsicherheit breit und werden unsere bisherigen Handlungsmodelle auf eine Probe, wenn nicht infrage gestellt. Darüber hinaus entsteht oft – und dies gerade bei den Krisen, die mit dem Älterwerden zusammenhängen – Schmerz und Traurigkeit. Krisen bedeuten immer auch eine Wende in unserem Leben. Es verändert sich etwas, und das nicht gerade zu unseren Gunsten. Das merken wir daran, dass es in der Regel nicht mehr funktioniert, weiterzumachen wie bisher, und selbst wenn es möglich wäre, erwiese es sich als kontraproduktiv. Verdrängung, das wissen wir aus der Psychologie schon lange, ist keine Lösung. Das bedeutet aber nicht, dass wir uns vom Schmerz überwältigen lassen müssen. Es bedeutet auch nicht, dass wir uns nicht auch einmal ablenken lassen dürfen, ja sollten. Es ist keine leichte, aber doch eine wichtige Aufgabe: Leid und Freude müssen gestaltet werden – gerade auch in der Krise. Wir dürfen nicht die Augen schließen, wollen wir einen Weg finden, sinnvoll – und das heißt: in unserem Sinne – mit den Veränderungen umzugehen.

Es ist daher wichtig, sich Gedanken über die Zusammenhänge von Angst, Abhängigkeit und Scham zu machen. Gerade beim Älterwerden spielen sie oft eine große Rolle. Wichtig ist im Alter, aber auch der Umgang mit Trauer. Trauer nimmt eine wichtige Funktion für das soziale Zusammensein, aber auch für die psychische Gesundheit ein. Sie steht der Resilienz nicht entgegen, denn sie ermöglicht es, auch dem Leben in seiner Vergänglichkeit einen Sinnhorizont zu eröffnen. Und schließlich konfrontiert uns das Älterwerden nicht nur in der Krise, sondern allgemein mit der Frage nach dem Sterben. Ähnlich wie bei der Trauer hilft hier keine Verdrängung. Vielmehr sollten wir uns bewusst mit unserer Endlichkeit auseinandersetzen, denn nur so kann es gelingen, so etwas wie ein gutes Sterben zu erreichen. Ein entsprechendes Verständnis dieser zentralen Momente kann dabei helfen, die Herausforderungen, die sich mit dem Altern in Krisenzeiten oder auch mit der Krise des Alterns ergeben, anzunehmen und zu bestehen.

8.1 Angst, Scham und Abhängigkeit

Angst und Schmerz hängen eng miteinander zusammen. In der Regel als etwas Negatives angesehen, hat Angst eine durchaus sinnvolle Funktion, denn ohne sie würden wir Gefahren nicht mit der erforderlichen Vorsicht begegnen, wir würden sie vielleicht gar nicht erkennen (vgl. Kap. 5). Angst ist somit im evolutionären Sinne wichtig und gut. Sie ist das Gefühl, das uns vor Schmerz bewahren kann, noch bevor er tatsächlich da ist. Sie kann aber auch daraus entstehen, dass der Schmerz uns überfordert, und uns signalisieren, dass wir ihn nicht wachsen lassen dürfen oder ihn verringern müssen.

Man kann vor vielen Dingen Angst haben. Nicht selten spricht man von einer Angst vor dem Alter. Aber was ist darunter zu verstehen? Menschen berichten mir immer wieder, dass sie Angst vor körperlichen Schmerzen haben oder davor, dass sie eines Tages allein sind oder nicht mehr selbst über sich entscheiden können, weil sie z. B. dement werden. Diese Ängste entbehren keineswegs einer Grundlage: Es sind die leidvollen Erfahrungen, die tatsächlich viele Ältere treffen. Aber sollen wir uns davon bestimmen lassen? Und was können wir im Vorfeld tun, damit es uns nicht in aller Härte trifft?

Denkanstoß
Bevor wir uns näher mit dem Thema befassen: Wovor haben Sie im Alter Angst? Welchen Schmerz befürchten Sie? Was können Sie heute schon tun, um mögliches Leid zu meiden oder gering zu halten – und so weniger Angst zu haben? Welche Einstellung benötigen Sie, um mit einem gegebenen Leid umzugehen? Vielleicht möchten Sie erst Ideen zu den genannten Fragen niederschreiben und später, wenn Sie diesen Abschnitt gelesen haben, ergänzen?

Angst in Zeiten von Corona
Wer hat nicht immer wieder mal das mulmige Gefühl, dass sich die Pandemie doch noch weiter ausbreiten oder sogar im nahen Umfeld auftreten könnte? Angst ist das aber noch nicht. Angst ist ein deutlich intensiveres Gefühl, eine mentale und emotionale Anspannung, die lähmend wirkt. Die Angst bleibt – im Gegensatz zur Furcht – meist diffus.

Oftmals wird Angst in der Begegnung mit anderen Menschen gespürt. Könnte das nicht ein Überträger des Virus sein? Besucher, die sich liebevoll um die Mutter im Pflegeheim kümmern wollen, werden auf einmal zur Gefahr. Die Angst vor dem Menschen auf der einen Seite, die Sehnsucht nach dem Menschen auf der anderen Seite – hier können Gefühle erheblich in Widerspruch zueinander geraten. Es ist, zumal in Zeiten von Corona, nicht leicht, diese Spannung auszuhalten. In der Angst spüren wir manches Mal aber auch eine Bedrohung, die aus uns selbst kommt: Schaffe ich das? Was ist, wenn ich versage, wenn ich der Sache, wenn ich der Krise nicht gewachsen bin? Vielleicht handelt es sich auch um eine Zukunftsangst, ist eine Beklemmung angesichts des kaum Vorstellbaren, vielleicht geht unsere Fantasie mit uns durch, die womöglich als Apokalypse endet.

Angst hat die wichtige Funktion, uns angesichts von Bedrohungen zur Aktivität anzutreiben. Überwältigen lassen dürfen wir uns von ihr aber nicht. Schwierig wird es, wenn wir durch die Angst die Kontrolle über unsere eigenen Gedanken und Gefühle verlieren. Es gibt pathologische Formen, die mit teils erheblichen körperlichen Beschwerden einhergehen; in der Medizin wird dann von einer Angststörung gesprochen. Betroffene sollten sich in diesen Fällen dringend professionelle Unterstützung suchen. Davon abgesehen müssen wir aber lernen, mit unserer Angst umzugehen und sie konstruktiv zu nutzen.

Wovor haben wir eigentlich Angst? In der diffusen Angst kommt uns die Welt als Ganzes abhanden. Sie kann nicht mehr realistisch und klar betrachtet werden. In diesem Zustand sind wir gezwungen, uns mit uns selbst zu konfrontieren. Was macht mir genau Angst? Was löst diese Fantasien in mir aus? Will ich ihnen weiter nachgehen? Oder will ich an mir arbeiten und Ruhe bewahren, angsterzeugende Informationen meiden und dafür nach Lösungen suchen, wie ich mit meiner Angst umgehen kann? Wir können unserer Angst etwas näherkommen, indem wir uns konkret fragen: Vor was genau habe ich Angst? Welches Bild habe ich dabei vor Augen? Welche Reaktion löst das in meinem Körper aus? Wie realistisch ist es, dass das Bild wahr wird? Welche verantwortungsvollen Schutzmaßnahmen kann ich treffen, um gewisse Risiken auszuschalten? Was bedeuten die Schutzmaßnahmen für mich, auf was muss ich verzichten und inwieweit wird meine Lebensqualität dadurch beeinflusst?

Vielleicht ist die Angst gar nicht so unrealistisch, vielleicht könnte wirklich eintreten, was uns dieses Gefühl einflößt. Auch hier sollten wir uns fragen: Was kann ich in diesem Fall tun? Wie kann ich mir helfen? Welche Menschen stehen mir dann zur Seite? Was sind meine Ressourcen? Manchen hilft es, sich in ihrer diffusen Angst vorzustellen, was noch viel schlimmer sein könnte. So könnte ich mein Dach über dem Kopf verlieren, nichts mehr zu essen haben, oder alle mir liebgewordenen Menschen um mich herum könnten mich verlassen. Angesichts eines solchen Horrorszenarios kann das eigene Schreckensbild dann vielleicht nahezu harmlos erscheinen. Wer so zu denken vermag, sorgt und ängstigt sich weniger und lebt dafür mehr im Moment.

Wovor wollen wir uns schützen? Welches Leid ist es, das wir in unserer Angst vor Augen haben? Ist es realistisch? Wie hoch ist das Risiko? Suchen wir nach hundertprozentiger Sicherheit? Und gibt es eine solche? Was ist, wenn die selbst auferlegte Sicherheitszone ihrerseits wiederum nicht unerhebliches Leid verursacht? Es geht immer wieder darum, abzuwägen – für uns selbst und für andere.

Im Hinblick auf das Virus sind wir daher gefordert, auf dem aktuellen Stand zu bleiben, ohne aber die ganze Zeit nach Corona-Neuigkeiten Ausschau zu halten und dann auch noch die schlimmsten Szenarien und Einschätzungen aufzusaugen. Wir sollten auf seriöse Quellen achten, die dort empfohlenen Maßnahmen erwägen, die sich angesichts neuer Erkenntnisse immer wieder ändern können. (Empfohlen sei die Seite des Robert-Koch-Instituts: https://www.rki.de/SharedDocs/FAQ/NCOV2019/gesamt.html.) Für Betriebe wiederum gibt es einen vom Bundesministerium für Arbeit und Soziales herausgegebenen SARS-CoV-2-Arbeitsschutzstandard. Ziel ist gleichermaßen der Schutz der Beschäftigten und die Unterbrechung von Infektionsketten (https://www.bmas.de/SharedDocs/Downloads/DE/PDF-Schwerpunkte/sars-cov-2-arbeitsschutzstandard.pdf?__blob=publicationFile&v=1).

Denkanstoß
Wovor haben Sie Angst in diesen Tagen? Welche Gefahren sind nach seriösen Quellen tatsächlich gegeben? Kennen Sie die aktuellen Empfehlungen? Haben Sie vielleicht aufgrund Ihrer persönlichen Situation begründete Ängste und müssen darüber hinaus Schutzmaßnahmen treffen? Haben Sie mit Ihrem Arzt darüber gesprochen? Worauf müssen Sie verzichten? Wie belastend ist dieser Verzicht für Sie? Und was ist belastender, der Verzicht oder die Angst? Wenn Sie große Ängste haben, wie äußern sich diese? Gibt es jemanden, mit dem Sie darüber sprechen können oder möchten? Ist professionelle Hilfe eine Option?

Fragen Sie sich auch, ob in Ihrem nahen Umfeld Menschen sind, die ihrerseits große Angst haben, und achten Sie darauf, wie sie damit umgehen. Wie können Sie hier Ihrer Mitverantwortung gerecht werden? Ist es sinnvoll, auf diese Personen zuzugehen und sie vielleicht zu einer Reflexion ihrer Ängste zu bewegen. Welche Fragen könnten dabei hilfreich sein?

Scham und Altersscham
Angst und Schmerz kann im Alter auch im Hinblick auf Scham gegeben sein. Jeder kennt Scham auf irgendeine Weise. So ist ein dosiertes Schamgefühl wichtig, um sich als Kind weiterzuentwickeln und sein Gewissen heranzubilden. Oftmals ist es aber auch die Scham über das eigene Versagen, gerade in einer Zeit, in der wir doch nicht selten dazu erzogen wurden, leistungsfähig zu sein. Scham tritt dann auf, wenn man den – vielleicht auch nur eingebildeten – Erwartungen der anderen nicht zu entsprechen glaubt. Im Älterwerden beziehen wir dann nicht selten solche Erwartungen auf uns, die eigentlich frühere Lebensphasen im Blick haben.

Der Schmerz der Scham ist oftmals nicht zu fassen und kann nur schwer in Worten ausgedrückt werden. Rational erkennen wir vielleicht, dass wir uns nicht schämen müssen, doch tief in uns ist das Gefühl des Versagens, für das wir uns schämen. Kleine Kinder schlagen in solchen Momenten manchmal die Hände vor die Augen, um selbst nicht mehr gesehen zu werden. Scham fühlt sich schrecklich an und ist oft schwerer auszuhalten als Angst, Trauer oder Ärger.

Unter Experten wird Scham immer mehr als wichtiger Faktor angesehen, der für die seelische und körperliche Gesundheit zentral sein kann. Sie fällt besonders auf in einer Welt, in der immer mehr Menschen nach Perfektion streben und das Perfekt-Sein im Internet globale Ausmaße annimmt und immer kürzere Haltbarkeitszeiten hat. Anlässe, sich zu schämen, finden sich immer und überall. Das beginnt bei manchen Menschen mit der Herkunft, wenn die eigene Familie nicht dem allgemeinen Ideal entspricht – was auch immer das sein soll. Wie ein breiter Strom zieht sich die Scham durchs Leben mit quälenden Fragen wie: Bin ich gut, schön, schlank, schlau, liebenswert, leistungsfähig und bedeutungsvoll genug? Menschen schämen sich aber auch, weil sie krank und hilfsbedürftig sind. Wir schämen uns letztlich, weil uns das, was andere über uns denken, schmerzt, weil es uns belastet. Scham bedeutet, in seinem Stolz gekränkt zu sein – es ist das lähmende Gefühl, nicht mehr stolz sein zu können.

Diese Mechanismen wirken auch bei der Altersscham. Sie tritt auf, wenn sich Ältere bspw. wegen ihres Körpers schämen, der nicht mehr straff und kraftvoll wie einst ist. Oder weil sie nicht mehr so leistungsfähig sind wie in jungen Jahren, weil sie mit den Jüngeren nicht mehr mithalten können. Hier die Scham zu „besiegen", indem man versucht, möglichst lange und immer wieder solchen Erwartungen zu genügen, dürfte sich rasch als das bekannte Rennen zwischen dem Hasen und dem Igel erweisen und damit sinnlos sein. Wichtig ist vielmehr, sich die Potenziale des Alters (vgl. Abschn. 3.3) bewusst zu machen. Und tatsächlich haben wir auch die Chance, spätestens im Älterwerden zu erkennen, dass es im Leben nicht nur um Leistung, Schönheit und Glück geht. Viel wichtiger ist die innere Zufriedenheit mit sich selbst und mit seinem Tun. (Vgl. Abschn. 9.4)

Moderne Experimente zeigen, dass Scham ausgelöst wird, wenn andere uns abwerten oder wir befürchten müssen, dass sie es tun. Man muss gar keinen Fehltritt gemacht haben, um sich in Grund und Boden zu schämen, es reicht, dass andere ihn einem unterstellen. Hier zeigt sich zutiefst die psychologische Wirkung dessen, dass wir soziale Wesen sind. Deutlich wird damit aber auch, dass der Umgang mit Scham eine gesellschaftliche Aufgabe ist und weniger oberflächlich gewertet werden sollte. Mit Blick auf das Älterwerden – aber nicht nur dort – sollte daher ein Bewusstsein für Lebensphasen gestärkt und Menschen ganzheitlich betrachtet werden.

Nehmen wir das Beispiel Inkontinenz, eine Schwäche, mit der viele Menschen im Alter konfrontiert werden. Manche leiden sehr darunter, da sie fürchten, nicht mehr akzeptiert zu werden oder andere ungewollt abzustoßen. Ohne Zweifel kann eine solche Situation sehr belastend sein. Doch müssen wir uns wirklich dafür schämen? Ist es ein Altersprozess, mit dem sich manche Menschen irgendwann konfrontiert sehen, sollte man nach Wegen suchen, um mit dieser unveränderbaren Situation umzugehen. Es gibt Inkontinenzeinlagen, die zuverlässig schützen. Wird man so handlungsfähig, kann man auch eher die Veränderung akzeptieren und dadurch eine gewisse psychische Widerstandskraft ausbilden (vgl. Abschn. 7.2). Wir brauchen aber zusätzlich die Akzeptanz unserer Mitmenschen – ein genauerer Blick auf die unterschiedlichen Lebensphasen ist bei jedem einzelnen wie auch insgesamt in der Gesellschaft erforderlich.

Mit Angst, Scham und Schmerz in einer Krise können wir besser umgehen, wenn wir wissen, was unsere Gefühle auslöst. Dazu kann auch gehören, dass wir uns klarmachen, inwiefern wir uns zu sehr von der Meinung der anderen abhängig machen. „Was denken die über uns?" ist eine Frage, die viele Menschen aus der Babyboomergeneration in ihrer Kindheit gehört und verinnerlicht haben – und die nun das eigene Alter belasten kann. Umso wichtiger ist es, unsere psychische Widerstandkraft zu fördern – präventiv als auch in der krisenhaften Situation selbst.

Denkanstoß

Gibt es etwas, das Ihnen im Alter womöglich unangenehm wäre oder ist, etwas, wofür Sie sich vielleicht sogar schämen (würden)? Inwiefern hängt es mit der Meinung anderer Menschen zusammen, und gibt es eine Möglichkeit für

Sie, sich von der Bewertung der anderen unabhängig zu machen? Was denken Sie selbst im Hinblick auf die Situation?

Schutz und Selbstbestimmung
In Abschn. 4.3 hatten wir uns bereits mit der Thematik der Selbstbestimmung und dem Verlust von Freiheit beschäftigt. Im Folgenden soll es konkreter um den Schmerz rund um den Verlust von Selbstbestimmung gehen. Denn die größte Angst vieler Menschen vor dem Alter ist es, nicht mehr allein entscheiden zu können. Der Gedanke, dass jemand anderes über uns bestimmen wird, kann sehr belastend sein. Er verstärkt sich, wenn wir erste Punkte in unserem Leben erkennen, bei denen wir feststellen, dass wir es alleine nicht mehr schaffen, dass wir auf Hilfe angewiesen sind und womöglich den Überblick verlieren, den wir benötigen, um Entscheidungen treffen zu können. Veränderungen in unserem Umfeld, die sich nicht immer plötzlich, aber dafür meist unumkehrbar vollziehen, können dies verstärken. Wer bis in seine Siebziger das Bargeld am Schalter von seinem Konto abgehoben hat, wird wahrscheinlich Schwierigkeiten haben, sich an das Prozedere bei einem anonymen Bankautomaten zu gewöhnen. Die Vielschichtigkeit, Schnelllebigkeit und Digitalität unserer Wissensgesellschaft ist für viele Ältere nicht einfach. „Ich komme da nicht mehr mit", ist dann das unbehagliche Gefühl, das sich in einem meldet.

Gerade hier gilt es aber offenzubleiben. Es gibt viele Angebote, die Ältere darin unterstützen, mit solchen neuen „technischen" Herausforderungen klarzukommen – zugegeben eher im städtischen als im ländlichen Raum. Bei Veränderungen darauf zu achten, dass niemand unfreiwillig zurückbleibt, ist so gesehen eine gesellschaftliche Aufgabe. Die Familie ist gefordert, wenn Angehörige Hilfe benötigen. In ihr war man über viele Jahrhunderte nahe beieinander und füreinander da. Die Rollen von Ratgebern und Hilfesuchenden drehen sich im Idealfall auf natürliche Weise um. Fürsorge ist das Zauberwort, das zum Ausdruck bringt, dass wir uns gerne und selbstverständlich helfen und helfen lassen. Allerdings lösen sich diese eher traditionellen Formen des Miteinanders mehr und mehr auf. Hier müssen sich neue Formen etablieren. Und hat sich nicht zu Beginn der Corona-Krise gezeigt, dass dies möglich ist? Da haben oft Enkel und Großeltern miteinander geskypt, Letztere nicht selten zum ersten Mal. Freilich lösen solche neuen Formen der Kommunikation nicht alle Probleme, und in vielem müssen ältere Menschen sehen, wie sie mit Schwierigkeiten alleine zurechtkommen. Aber auch die Nachbarschaftshilfe ist ein Modell der Zukunft und zeigt sich 2020 an vielen Stellen. Und doch bleibt die Frage: „Wie kann ich meine Selbstbestimmung wahren?" Der Gedanke, sie eines Tages zu verlieren, macht mir – auch und vielleicht gerade als Gerontologin – Angst. Wenn es eintrifft, so bin ich mir heute schon sicher, wird es nicht nur eine große Belastung für mich sein, sondern ich werde es auch sehr schmerzlich empfinden. Will ich so leben? Muss ich so leben? Es wird wohl oder übel so kommen. Irgendwann werde ich diese komplexe Welt immer weniger begreifen. Dann werde ich Hilfe benötigen und kann hoffentlich froh sein, wenn ich vertraute Menschen um mich habe, die mir helfen und mich unterstützen. Ist das nicht der Fall, muss ich mir Hilfe holen – bei der Pflege, bei Alltagsdingen, bei schwierigen Fragen, vielleicht sogar in Form eines Betreuers. Und genau das wird mir nur möglich sein, wenn ich die Veränderungen – bei mir und in der Umwelt – zunächst akzeptiere. Ich muss mir daher früh genug überlegen, welche individuellen Möglichkeiten ich habe, was ich von meinem Umfeld erwarten kann und was es an gesellschaftlichen Hilfsangeboten – ob in staatlicher oder anderer Form – gibt. Gerade Letztere sind, befasst man sich damit, oft vielseitiger, als man denkt. In manchen Fällen ist im Laufe der Zeit dann auch eine umfassende Hilfe nötig. Müssen wir da nicht dankbar sein, dass es Pflegeheime und Krankenhäuser überhaupt gibt, auch wenn wir die meiste Zeit unseres Lebens nicht daran denken oder denken wollen?

Im Älterwerden öffnet sich damit ein Spannungsfeld zwischen Selbstbestimmung einerseits und der Bereitschaft, Hilfe bzw. Schutz anzunehmen andererseits. Diese Bereitschaft bedeutet, dass ich die Abhängigkeit zumindest bis zu einem gewissen Grad akzeptiere, nicht mehr uneingeschränkt auf Selbstbestimmung poche. Sie bedeutet, dass ich loslassen können muss. Viel hat sie natürlich auch mit Vertrauen zu tun. Gelingen kann dies, wenn ich mich auf diese Entwicklung vorbereite. Ausschlaggebend ist dafür, dass ich mir über mein Alter und Älterwerden im Klaren bin, dass ich sehe, was an Veränderungen kommen kann und kommen wird, dass ich ein angemessenes Altersbild gewinne. Verluste, die sich bereits abzeichnen oder die nicht unwahrscheinlich sind, muss ich neu bewerten (vgl. Abschn. 4.3 und 5.1). Eigenverantwortlich ein Stück unserer Selbstbestimmung aufzugeben, wird uns am ehesten dann gelingen, wenn wir auf andere vertrauen können. Diese sind dann wiederum in ihrer Mitverantwortung gefordert. Auch hier wird es nicht um die eine gute Lösung gehen, sondern darum, immer wieder Spannungen in unseren eigenen Gefühlen und im Umgang mit anderen auszuhalten. So können wir eine Einstellung zu dem uns möglichen Schutzraum gewinnen, den wir benötigen, wenn uns Selbstbestimmung in gewissen Bereichen nicht mehr möglich ist. Dann können wir vielleicht auch ein Stück weit gelassener mit der Situation umgehen – auch bereits im Vorfeld.

Gemeint ist bei all dem aber kein vollständiger Verzicht auf Selbstbestimmung bzw. Autonomie. Wir sollten sie im Rahmen der Möglichkeiten weiter pflegen, uns aber auf der anderen Seite bewusst machen, dass wir im Alter, spätestens im Sterben auf Hilfe angewiesen sein werden. Der damit verbundene Verlust unserer Selbstbestimmung, unserer Kontrolle kann so viel von seiner düsteren Bedrohlichkeit verlieren und als natürlicher Prozess des Lebens verstanden und angenommen werden.

Denkanstoß
Einen kleinen Eindruck vom Verlust der Selbstbestimmung können wir beispielsweise erhalten, wenn wir einmal krank sind und das Bett hüten müssen. Andere Menschen müssen für uns einkaufen, uns etwas zu essen machen und vielleicht sogar bei der Körperpflege behilflich sein. Wie fühlt sich das für uns an? Ist es schambesetzt? Haben wir das Gefühl, dem anderen dankbar sein zu müssen, und ist das unangenehm für uns? Oder können wir dem anderen Dank aussprechen und ihn in seiner Hilfe, die er uns gibt, unterstützen? Je nachdem, welche Reaktion diese Fragen bei Ihnen auslösen, werden Sie vielleicht feststellen, dass Sie mehr oder weniger gut Hilfe annehmen können. Gerade dann, wenn Selbstbestimmung sehr wichtig für Sie ist, können Sie jetzt schon etwas für sich tun. Stellen Sie sich bei nächster Gelegenheit, wenn Sie, und sei es nur in geringem Maße, auf Hilfe angewiesen sind, die Fragen und reflektieren Sie bewusst die Situation. Bedenken Sie dabei den natürlichen Prozess, der darin gegeben ist. Vielleicht gelingt es Ihnen auf diese Weise, Schritt für Schritt ein „Ja" zu formulieren, wenn es darum geht, dass wir Menschen aufeinander angewiesen sind.

Wie steht es mit unserer Selbstbestimmung in Zeiten von Corona? Covid-19 konfrontiert viele von uns, besonders aber die Älteren damit, dass gewisse Schutzmaßnahmen und Einschränkungen auferlegt werden, die ganz konkret unsere Selbstbestimmung betreffen. Zunächst handelt es sich um Empfehlungen, um den Rat, keine unnötigen Risiken einzugehen, andere für sich einkaufen zu lassen und stets eine Schutzmaske zu tragen. (In Pflegeheimen waren es dann schon keine Empfehlungen mehr, sondern konkrete Regeln, die den Bewohner auferlegt wurden.) Warum haben sich dann aber viele Ältere dazu entschlossen, die Hilfsangebote, die es in Fülle gab, nicht anzunehmen? Häufig hing das mit dem damit einhergehenden Verlust an Selbstständigkeit und Selbstbestimmung zusammen. Spürten sie ohnehin schon die allgemeinen Einschränkungen im Alter, drohte hier ein weiterer Kontrollverlust. Wovor soll geschützt werden? Vor einem fremden Virus? Welches Leid ist größer? Eine Lungenentzündung, ausgelöst durch das Virus, oder die soziale Isolation? Für manche Ältere liegt die Antwort auf der Hand: Die drohende Isolation erscheint ihnen schwerwiegender. Eine Lungenentzündung und möglicherweise den Tod sehen sie hingegen als etwas an, das früher oder später sowieso auf sie zukommen wird. Vor kurzem begegnete mir ein sehr betagter Mann im Rollstuhl, der schon auf die hundert zuging. Corona war für ihn kein Thema, ihn plagte eher, dass er noch nicht hat sterben können, dass Gott, so seine Worte, ihn noch nicht zu sich genommen hat.

Es gibt aber auch die Älteren, die noch lange leben wollen, und dies so gut und autonom wie möglich. Die Situation war und ist in Zeiten von Pandemien sehr unterschiedlich. Je nachdem, wie wir bisher gelebt haben, ist unsere Selbstbestimmung durch das Virus spürbar eingeschränkt oder auch nicht. Manch einer hat für sich allein gelebt, hatte sowieso weniger Kontakt und ist auch jetzt ganz zufrieden. Ein anderer sieht durch Corona das Leben komplett auf den Kopf gestellt: Die täglich benutzten öffentlichen Verkehrsmittel sind, wenn überhaupt, nur noch mit mulmigem Gefühl zugänglich, das Unternehmen wurde (vorübergehend) geschlossen oder Kurzarbeit angesagt, die Aktivitäten, die man im Ruhestand ausübte, finden nicht mehr statt. In diesem Fall sind die Einschränkungen empfindlich zu spüren. Es zeigt sich also: Wir müssen immer die individuelle Situation sehen, aufklären und Hilfestellungen geben, wo es notwendig ist.

Abhängigkeiten im Alter

Belastungen, Angst, Schmerz und Trauer sind vielfach dort gegeben, wo Abhängigkeit und Verantwortung bestehen, so auch in Pflegeheimen und Krankenhäusern. Hier ist in Zeiten von Corona eine besondere Situation gegeben. Dies betrifft vor allem Fragen des guten Miteinanders.

Mitarbeiter in Gesundheitsberufen haben manchmal Angst vor Fehlern, weil es um Menschenleben geht. Sie haben Angst vor dem Druck und den Vorwürfen von außen. Zugleich verspüren sie Schmerz und Traurigkeit, weil das, was sie unermüdlich leisten, nie zu reichen scheint. Pflegekräfte, die bspw. Ältere betreuen, benötigen 2020, wo so viel Unsicherheit herrscht, noch mehr Zeit für die Zuwendung und die Unterstützung in der Selbstständigkeit. Ansprache und Teilhabe an den Sorgen, Ängsten und Bedürfnissen der Älteren, dies auch oft zusammen mit den Pflegetätigkeiten, ist gerade in dem Moment, wo die Angehörigen nicht mehr so oft kommen dürfen, existenziell wichtig. Insbesondere Menschen mit Demenz, die die Corona-Krise mit all ihren Einschränkungen kaum verstehen, sind hier in hohem Maße betroffen. Nur Zeit für Zuwendung kann den Kummer und das Leid ein wenig erleichtern.

Diese Zeit geht aber schon in normalen Zeiten oftmals für administrative Aufgaben und Papierkram drauf. 2020 kam hinzu, dass Konzepte entwickelt werden mussten, um geeignete Schutzmaßnahmen umsetzen zu können. All dies geht mit deutlichen Einschränkungen für die Heimbewohner und einer verstärkten Kontrolle einher. Oft wird es als Zumutung für die Bewohner und deren Angehörige gesehen, wenn die Liebsten sich nur mit Abstand, Vorsicht, Unsicherheit und womöglich Misstrauen begegnen können. Darunter leiden aber auch die Pflegekräfte, die all dies umsetzen müssen. Ihnen bleibt in aller Regel keine Zeit, über Sinn und Unsinn, über Leid und Glück nachzudenken. Die Würde des alten Menschen und eine ganzheitliche Betrachtung des abhängigen Menschen bleiben oft auf der Strecke – wer würde nicht damit hadern?

Die heute älteren Menschen in Pflegeheimen gehören meist der Nachkriegsgeneration an. Sie haben in ihrer Kindheit oftmals Mangel und viele von ihnen auch schwere Verluste erfahren. Sie haben unsere Gesellschaft, in der wir heute leben, aufgebaut – durch Fleiß, Durchhaltewillen und Anpassung. Die Fähigkeit, sich anpassen zu können, haben auch jetzt wieder viele von ihnen gezeigt. Mit Verständnis, Rückzug und stiller Traurigkeit haben sie auf die neue Situation in der Corona-Krise reagiert. Manche sind dann auch skeptisch gegenüber Lockerungen; eine ausgeprägte Vorsicht und ein starkes Misstrauen können als ein schwerer Nachlass aus den Kriegserfahrungen dieser Generation betrachtet werden. Letztlich ist der Umgang der Heimbewohner aber oft ganz unterschiedlich. Manche sind tapfer, manche machen sogar Späße über das eigenartige Virus und seine kuriosen Folgen und nehmen es leicht, manche ziehen sich zurück und wieder andere werden so krank, dass sie ihr (soziales) Leid und die damit verbundenen Gefühle nicht kundtun können. Bekommen sie Besuch von engen Angehörigen, die aber Schutzmaske tragen und einen Zwei-Meter-Abstand einhalten müssen, scheint das für nicht wenige das empfundene Leid zu erhöhen – auf beiden Seiten. Die ganze Tragweite, das nicht berühren dürfen, das Wissen dass der Besuch nur kurz sein wird, werden jetzt erst bewusst.

Manchmal trifft der Unmut über solche Zustände diejenigen, die sie verwalten müssen. Schuld wird immer wieder gerne bei anderen gesucht. Doch dafür die Pflegeheime zu verurteilen, ist gewiss das Schlechteste, was wir tun können. Sie müssen, und das mit beschränkten Mitteln, umsetzen, was von außen vorgegeben wird. Die Pflege stand ohnehin schon vor der Corona-Krise unter Druck und hatte und hat nicht den gesellschaftlichen Stellenwert, der ihr zukommen müsste. Durch die Pandemie hat sich die Situation zugespitzt.

Die Einsamkeit von Menschen in der Pflege ist in einer Gesellschaft mit hohem Wohlstand nicht akzeptabel. Die Maßnahmen, die angesichts des Virus ergriffen wurden, dürfen nicht zu einer umfassenden Isolation führen. Das Recht und der Schutz des Lebens sind fundamental, aber sie dürfen nicht zu einer Art sozialem Tod führen. Es müssen Mechanismen gefunden werden, die es erlauben, das für den jeweiligen Fall Angemessene und Bestmöglichste in die Wege zu leiten. Vor allem dürfen die Krankenhäuser und Pflegeheime nicht allein gelassen werden. Die Leitung einer Pflegeeinrichtung, mit der ich sprach, hatte die Idee einer Art Task Force, eine Einsatzgruppe, die für einen gewissen Zeitraum mit professionellen Kräften aus den verschiedensten Disziplinen einspringt. Menschen, die am Bett sitzen, Beistand leisten und Zeit haben, beim Essen behilflich zu sein. Sozialarbeiter, Gerontologen etc., die auch Gespräche mit Angehörigen führen können. Menschen, die organisieren und Besuchskontakte regeln. Hospizhelfer und Seelsorger, die Sterbenden und ihren Familien zur Seite stehen, Einkaufshilfen, Begleitungen für Spaziergänge etc. Vieles davon wird bereits in verschiedenen Institutionen oder neu gegründeten Hilfsorganisationen angeboten. Schwer ist es aber, einen Überblick über die Angebote und die entsprechenden Organisationen zu erlangen, noch schwerer, sie zu koordinieren. Hier ist eine wichtige Aufgabe zu erfüllen.

Ziel sollte auf der einen Seite Flexibilität und die Betrachtung der individuellen Situation der zu Pflegenden sein, auf der anderen Seite darf das aber nicht auf den Schultern der sowieso schon überlasteten Mitarbeitern im Pflegebereich abgeladen werden. Schließlich geht es um unser aller Haltung und unser Verhalten zu diesen Menschen. Corona ist hier vielleicht eine Chance, mit höherem Druck finanzielle und personelle Ressourcen aufzubauen und so den Kollaps in der Pflege zu verhindern – und zwar jetzt schon, bevor der demografische Wandel uns vor vollendete Tatsachen stellt. Die Not, die im Jahr 2020 mancherorts vorherrscht, kann zudem schnelle kreative Wege und Lösungen aufzeigen, die langfristig in einer älter werdenden Gesellschaft eingesetzt werden können. Bis sie richtig funktionieren und von uns allen verstanden werden, mag dauern. Das fordert Geduld und an manchen Stellen auch Leid, das es auszuhalten gilt. Erforderlich ist daher auch, Raum für das Betrauern des Schwerenzu schaffen.

Bei alldem dürfen wir nicht vergessen, im April 2020 wurde gemeldet, dass sich bereits mehrere Tausend Ärzte und Pflegekräfte in Deutschland mit dem Coronavirus infiziert haben und einige gestorben sind. Die physische und psychische Überforderung nimmt bei neuen Höchstwerten an Infizierten und vollen Betten in Krankenhäusern sowie auf Quarantänestationen in Pflegeheimen Ende 2020 weiter zu. Zudem geht man davon aus, dass nicht alle Fälle erfasst werden und befürchtet gerade in der Altenpflege eine große Dunkelziffer. Auch da muss hingeschaut werden, auch darüber muss immer wieder drüber gesprochen werden. Menschen aus den Gesundheitsberufen riskieren Tag für Tag Ihre Gesundheit und ihr Leben für uns alle!

8.2 Raum für das Trauern

Was ist Trauer?
„Ich bin traurig", sagen kleine Kinder ganz offen und fangen an zu weinen. Die dicken Tränen führen bei uns Erwachsenen meist dazu, dass wir die Kleinen in den Arm nehmen und trösten. Oft braucht es dann keiner Worte. Es genügt, dass man sie hält und für sie da ist – das ist oftmals Trost genug, sodass Kinder nach kurzem schon wieder spielen können. Wenn Erwachsene traurig sind oder sogar von Trauer sprechen, handelt es sich meistens um einen schwerwiegenden Verlust und ist nicht so leicht zu beheben wie bei Kindern. Es ist ein Gefühl der Niedergeschlagenheit; vielleicht fühlen wir uns auch ganz taub oder sind regelrecht erstarrt. Manchmal brechen heftige Emotionen wie Schmerz, Panik oder Wut hervor. Auch ein Schuldgefühl kann im Zusammenhang mit Trauer spürbar sein. Oftmals mangelt es uns dann an Lebensfreude. Ein solcher Zustand kann kürzer oder länger andauern. Manch einer zieht sich dann zurück, ein anderer sucht in seiner Trauer vielleicht gerade den Kontakt zu anderen. Trauer ist so vielfältig wie die Menschen selbst.

Die traurige Gemütsstimmung kann bspw. durch den Verlust eines geliebten Menschen, durch einen ideellen Verlust oder die Erinnerung an solche Verluste hervorgerufen werden. Trauern ist ein Prozess bei der Bewältigung von Trennungen, Krankheiten oder auch im Sterben und Abschiednehmen. Meist sprechen wir von der Reaktion des Trauerns nach dem Tod oder Verlust von geliebten Menschen. Das können Menschen sein, die uns ganz besonders wichtig und nah sind und die in die Ferne ziehen, wodurch wir sie schmerzlich vermissen. Aber auch der Verlust von Fähigkeiten kann (und darf) betrauert werden, ebenso Tiere, Pflanzen oder Gegenstände, die wir verlieren. Nicht zuletzt in Zeiten von Krisen gibt es viele Gründe für das Traurigsein. Krise bedeutet stets eine Wende, und eine Wende heißt, dass sich etwas verändert. In jeder Veränderung geht auch etwas verloren. Das Verlorene wird schmerzlich vermisst. Es tut weh – wir sind traurig.

Trauer gibt es in den verschiedensten Facetten und Tiefen. Sie unterscheidet sich nicht zuletzt in ihrer Dauer. So gibt es beispielsweise auch die maskierte oder die verspätete Trauer. Ebenso ist eine chronische, also anhaltende und nicht mehr vergehende Trauer möglich. Zudem gibt es oft verschiedene Phasen des Trauerns. Zunächst zeigt sie sich daran, dass man den

Verlust nicht wahrhaben möchte, dann tritt Ohnmacht auf, nicht selten kommt es zu einer Phase der Wut, bevor vielleicht eine Leere entsteht, die schmerzhaft ist.

Nach der Schweizer Psychologin Verena Kast werden vier Phasen der Trauer und Trauerbewältigung unterschieden: Nicht-Wahrhaben-Wollen(1), Aufbrechende Emotionen (2), Suchen und Sich-Trennen (3) – hier findet eine innere Auseinandersetzung mit dem Verstorbenen und seinem Tod statt, in der Orte der Erinnerung aufgesucht werden, an gemeinsame Erlebnisse gedacht wird und stille Zwiegespräche mit dem Verstorbenen geführt werden – und schließlich ein neuer Selbst- und Weltbezug (4), in dem sich allmählich ein innerer Frieden einstellt. Der Schmerz tritt in den Hintergrund. Der Trauernde hat den Tod des Angehörigen akzeptiert und kann nun beginnen, neue Pläne zu schmieden und sein Leben ohne den Verstorbenen zu gestalten. Die Erinnerung bleibt jedoch ein wichtiger Teil davon.

Diese unterschiedlichen Phasen müssen nicht in einer festen Reihenfolge oder vollständig auftreten und können auch mehrfach durchlaufen werden; sie zeigen sich bei vielen, sind aber nicht bei allen offenkundig.

Es gibt aber auch noch andere Modelle des Trauerverlaufs, die z. B. nicht von Phasen sprechen, sondern von Wellen, die kommen und gehen, wovon der US-amerikanische Psychologe und Trauerforscher George A. Bonanno ausgeht. Nach dem Tod eines geliebten Menschen werden wir immer wieder von tiefer Trauer überrollt, deren Intensität im Laufe der Zeit abnimmt. Zwischendurch treten auch positive Gefühle auf, mit denen sich die Trauer besser ertragen lässt.

Menschen zeigen ihre Traurigkeit und ihre Trauer sehr unterschiedlich. Neben dem emotionalen Aspekt (etwa der Bedrückung) geht es aber auch um ein Verhalten, bei dem die Bewältigung und Verarbeitung des seelischen Schmerzes im Vordergrund steht. Trauer ist also wichtig und im Hinblick auf die Psyche gesund – und es ist etwas Natürliches, auf das wir Menschen als soziale Wesen nicht verzichten können. Doch schauen wir genauer hin: Trauern hat viel mit Gefühlen zu tun, ist aber im Unterschied zur Trauer selbst kein emotionaler Zustand, sondern eine Aktivität, genauer: eine Form der Kommunikation. Man kann selbstverständlich allein trauern, aber auch dann richtet sich Trauern an jemanden oder an etwas – an die Abwesenden, an die, den oder das zu Betrauernde – und enthält eine Botschaft.

Manche haben es nicht gelernt, traurig zu sein. Den Spruch „Ein Indianerherz kennt keinen Schmerz" haben beispielsweise viele Babyboomer von ihren Eltern immer wieder in ihrer Kindheit gehört. Nicht selten war das ein gut gemeinter Ratschlag mit weniger guten Folgen, denn kennt man keinen Schmerz, kann man auch nicht gut mit ihm umgehen, wenn er einen dann doch zu überwältigen droht. Wie ich in Fortbildungen zum Thema Trauern jedoch immer wieder festgestellt habe, kann jeder Mensch lernen zu trauern. Das gilt auch für solche, die sich für ihre Trauer fast schon schämen. Kleine Wege hin zur Verarbeitung und zur Akzeptanz der eigenen Trauer sind bei jedem Menschen möglich. Selbst bei (älteren) Menschen mit kognitiven Einschränkungen ermöglichen es z. B. das Malen und andere kreative Tätigkeiten, dass die Traurigkeit gelebt werden kann.

Wie wir trauern, ist individuell sehr verschieden. Dass es ganz natürlich und zudem gesund ist, sollte jedoch stärker ins Bewusstsein unserer Gesellschaft rücken. Trauern Kinder unverstellt auch um kleine Verluste, um dann umso schneller wieder aus der Trauer herauszufinden, können sie sich auch schon ganz gezielt Gedanken darüber machen, wie es z. B. ist, wenn der Opa stirbt und die Oma so lange traurig ist. Hier beginnt eine erste Haltung zur Trauer, die durch Erwachsene geprägt wird. Kinder schützen zu wollen, indem man sie nicht mit zur Beerdigung nimmt, ist eher der falsche Weg, wirkt es doch wie ein Signal, dass man nicht gemeinsam trauere. Ohnehin können wir Erwachsene hier viel von den Kindern lernen. Sie sind manchmal wunderbar kreativ in ihrer Trauer, bemalen vielleicht auch einen schönen Stein, den sie dem Opa mit ins Grab legen, und stehen ganz selbstbewusst und natürlich zu ihrer Trauer. Wir Erwachsenen hingegen versuchen es oft schönzureden oder sagen: „Sei nicht traurig." Ist Traurigsein heute nicht mehr gewünscht? Aber sie ist doch ebenso wie Spaß und Freude ein Teil unseres Lebens. Sich das bewusst zu machen ist wichtig in Krisenzeiten, aber auch im Hinblick auf eine älter werdende Gesellschaft, in der Verluste zunehmen.

Denkanstoß
Wann waren Sie das letzte Mal traurig? Können Sie sich noch an das Gefühl erinnern? Wie haben Sie Ihre Traurigkeit ausgelebt? Wer war in dieser Zeit ein wichtiger Mensch an Ihrer Seite? War Ihre Traurigkeit ein sich verändernder Prozess, der Ihnen geholfen hat den Verlust mehr und mehr anzunehmen? Konnte das Verlorene, um das Sie getrauert haben, einen neuen Platz in Ihrem Leben und als vielleicht auch schöne Erinnerung einnehmen? Was wäre passiert, wenn Sie Ihr Traurigsein unterdrückt und verdrängt hätten?

Trauern in Zeiten von Corona
In Zeiten von Corona erleben wir eine neue Dimension des Trauerns, da die Verluste über lange Zeit nicht greifbar sind und eine Ungewissheit gegeben ist, wie sie die meisten von uns noch nicht erlebt haben. Noch immer haben viele Menschen Angst bspw. um ihre Gesundheit oder ihren Job. Viele der Veränderungen scheinen unausweichlich oder haben sich bereits vollzo-

gen, lassen sich aber nicht richtig fassen, sind noch undeutlich und daher wenig greifbar. Verluste sind schon eingetreten oder drohen, und wir wissen nicht, wie sie uns im Einzelnen treffen werden. Auch dies kann zu Traurigkeit führen. Aber gerade die Unsicherheit und die Angst, die damit einhergeht, erschweren das Trauern, lassen ihm keinen Raum. Hinzu kommen in konkreten Fällen Einschränkungen infolge der Maßnahmen zur Bekämpfung der Corona-Pandemie. So können Freunde oder nahe Verwandte, die an Corona erkranken und vielleicht sterben, nur schwer begleitet werden, und im Todesfall sind die Möglichkeiten von Trauerfeiern erheblich eingeschränkt. Aber die Trauer um das Verlorene braucht ihre Rituale, und sie braucht Raum.

Das hier „Übliche" geht aktuell für viele verloren. Es entsteht Leid, das individuell verschieden wahrgenommen wird. Umso wichtiger kann es werden, eigene kreative Wege zu finden und neue Räume für das Trauern zu erschließen. In meiner Corona-Sprechstunde berichtete mir ein 55-jähriger Anrufer, wie er um einen Freund trauerte, der jüngst infolge des Virus verstorben war, an dessen Beerdigung er aber nicht teilnehmen konnte. Er richtete einen festen Platz für ein Bild ein, das beide lachend bei einem Spaziergang zeigte, legte einen Brief des Freundes daneben und stellte eine Kerze auf, die er jeden Abend anzündete. Das ermöglichte es ihm zu trauern; er musste die Trauer nicht verdrängen, sondern konnte sie zulassen. Dadurch wurde der Schmerz allmählich weniger, und er gewann wieder Kraft und auch Freude an den schönen Dingen des Lebens.

Vielleicht kann die Krise uns so letztlich helfen, indem sie uns für die kulturelle Rolle des Trauerns und für seine gesellschaftliche Relevanz sensibilisiert. Wie verändert der Krisen-Alltag die Vorstellungen vom Trauern? Die üblichen Rituale werden vermisst und erhalten so eine Bedeutung, die wir ihnen vielleicht gar nicht mehr bewusst zugesprochen haben. Dabei geht es auch um die sinnliche Wahrnehmung. Zeremonien des Trauerns werden nun eventuell vermisst und als etwas Wertvolles verstanden, das gestaltet werden möchte. Gerade für die heute Älteren kann die Beerdigung als Form des Trauerns von größter Wichtigkeit sein. Sie aber wird nun durch die Einschränkungen im Zuge der Corona-Krise infrage gestellt oder zur Unkenntlichkeit zurückgestutzt. Hier sollten wir uns über alternative Formen und kreative Elemente Gedanken machen.

Traurigkeit bis hin zur Verzweiflung ist gerade in Krisenzeiten vielfältig. Viele sehen sich in ihrer beruflichen und sozialen Existenz bedroht. Deshalb sind auch die Seelsorger so wichtig wie selten zuvor. Die Angst, in Lebensgefahr von Angehörigen abgeschnitten zu sein, zeigt sich jetzt auch in meiner Sprechstunde. Die von einer Maske bedeckten Gesichter, die kranke Menschen nun allenthalben um sich sehen, machen traurig, sind fremd und wirken vielleicht sogar beängstigend. Gerade Menschen in Pflegeheimen sind hier stark betroffen, und wenn demente Menschen die Situation noch schlechter einschätzen können als wir alle, wird sie dies nicht selten in eine tiefe, für sie nur schwer greifbare, Trauer stürzen. Ohnehin kann Isolation viele Formen annehmen. Manche isolieren sich selbst, kommen dann aber schlecht damit zurecht. Neue Lebensformen und ein neues Miteinander werden uns – wer weiß, wie lange? – aufgezwungen. Das hat auf unsere Lebensqualität Einfluss und kann uns traurig machen.

Denkanstoß
Was macht Sie in Zeiten von Corona traurig? Gibt es da etwas, auf das Sie verzichten müssen und das Ihnen besonders schwerfällt? Oder gibt es etwas im Verhalten anderer Menschen, das Sie traurig macht? Wie gehen Sie mit dieser Traurigkeit um? Wie können Sie das Schwere in der aktuellen Situation betrauern, ohne sich davon ganz einnehmen zu lassen? Wer kann vielleicht helfen, damit Sie Ihre Trauer ein Stück weit gestalten können?

Trauer und Abschiednehmen
Über unser Leben hinweg gibt es viele Abschiede. Besonders schmerzlich ist der von uns nahestehenden Menschen. Gerade im Älterwerden werden wir vermehrt damit konfrontiert: Freunde sterben, Verwandte sterben, die Liebsten sterben, während wir zurückbleiben. In einer Zeit, in der das Sterben oftmals nicht mehr im privaten Raum geschieht und so auch kein gewohnter Anblick mehr ist, der das ganze Leben begleitet – etwa wenn wie früher die verstorbene Großmutter noch eine Zeitlang im Haus aufgebahrt ist –, fällt es vielen schwer, sich damit auseinandersetzen, sowohl kognitiv als auch emotional. Es geht nicht nur um das Loslassen und Abschiednehmen, es geht auch um den Prozess des Sterbens, um ein Weniger-Werden. Manche nennen es Verfall und geben damit ihren inneren Ängsten Ausdruck. Sehen wir das Sterben jedoch als natürlichen Prozess gerade auch im Älterwerden, können wir es neu betrachten.

Sterben ist ein Teil des Lebens und doch klammern wir es aus unserem Leben aus – verdrängen es Tag für Tag, Jahr um Jahr. Demgegenüber gilt es, das Sterben auf konstruktive Weise in unser Leben zu integrieren. Gelingt dies, kann es vielleicht sogar einen bewussteren, ja fröhlicheren Umgang mit dem Leben schenken. Wie sollen wir sonst gewappnet sein für den Moment, für die Phase des Sterbens? Die meisten Menschen sind allerdings damit überfordert, es in den Blick zu nehmen. Hier hat unsere moderne Gesellschaft zu einer wenig gesunden Verdrängung geführt.

Aber auch das Trauern müssen viele Menschen erst wieder lernen. Im Abschiednehmen ist schon die Traurigkeit gegeben. Es beginnt bereits, wenn der Betreffende noch gar nicht gestorben ist. Der Verlust wird schmerzlich vorhergesehen. Oft wollen und können wir vor anderen nicht weinen. Manchmal hat es mit den anderen zu tun, die unsere Traurigkeit nur schlecht aushalten. Manchmal sind wir es selbst, die die tröstende Umarmung nicht ertragen. Dann kommt der Verlust eines Menschen, der Teil unseres Lebens war, der auf einmal weg ist, den wir nicht mehr berühren, den wir allenfalls noch im Irgendwo erahnen können. Verzweifelt fragen wir, wie wir ohne ihn leben können, was von ihm bleibt.

Zeremonien bieten hier einen Halt, haben aber seit einiger Zeit an Raum verloren, sind uns fremd geworden und unterliegen jüngst massiven Einschränkungen. Daher müssen wir kreativ sein, um einen Platz für unser Trauern zu finden. Das ist schwer und gut zugleich. Dabei dürfen wir die Verzweiflung durchaus zulassen und uns von der aufkommenden tiefen Erschöpfung ergreifen lassen. Die meisten von uns stellen rasch fest, dass beide nicht Tag für Tag lebbar sind. Sie kosten uns zu viel Kraft im Alltag. Noch sind wir da. Noch heißt es: Gestalte dein Leben. Noch wollen wir unseren Weg gehen, nicht zuletzt für uns selbst.

Wie lange dürfen, wie lange sollen wir trauern? Im Grunde ist die Frage sinnlos. Trauern kann ein lebenslanger Prozess sein, denn vermissen wir nicht ein Leben lang, tragen wir den Schmerz um den Verlust nicht wie eine Narbe in uns, die sich zugleich wandelt und uns das Leben als Ganzes doch auf gesunde Weise tragen lässt? Wer Trauer zeitlich begrenzen will, liegt falsch. Sie ist ein Prozess, und in diesem Prozess lassen wir den geliebten Menschen nicht los, sondern geben ihm einen anderen Platz in unserem Leben. Trauer bedeutet daher auch, das Leben selbst zu gestalten. Der Schmerz wird immer wieder auftreten, aber er wird sich wandeln.

Ein Mensch, mit dem wir zusammengewohnt und gelebt haben, wird überall fehlen. Wir werden ihn an allen Stellen und in jeder Ecke sehen und hören und fühlen. Nur ganz langsam wird sich das verändern. Im Alltag wird sich bemerkbar machen, wie viel wir gemeinsam hatten. Vielleicht fragen wir uns dann auch, ob wir nicht mehr Zeit miteinander hätten verbringen sollen. So viele Gefühle können hochkommen, und wir bleiben zurück mit unseren Zweifeln. Wir fühlen uns verlassen und allein. Da tut es gut, wenn wir einen Ort haben, an den wir gehen können, um an den Verstorbenen zu denken, und vielleicht auch gewisse Rituale pflegen, eine Kerze anzünden, ein Bild betrachten. Sagt man uns, wir sollten nicht oder nicht so lange traurig sein, fragen wir: „Wieso sollte ich jetzt so schnell vergessen?"

Wir müssen jedem seine Trauer lassen. Findet sie ihren Platz in unserem Leben, dann überwältigt sie uns meist auch nicht. Sie ist dann nach einiger Zeit nicht mehr ununterbrochen da, ist aber auch nicht ganz verschwunden. Es gibt wieder fröhliche Dinge, oft Kleinigkeiten, und gerade sie sollten wir in der Zeit der Trauer suchen und pflegen. Wenn der Frühling erwacht und die Vögel zwitschern, sollten wir gut hinschauen und hinhören. Wenn wir die Gelegenheit haben, sollten wir das Kind, das da ganz in sein Spiel versunken ist, beobachten, und wir sollten auch den Besuch genießen, wenn er uns das Gefühl gibt, nicht alleine zu sein.

Lassen wir also den Menschen ihren Ort der Trauer – und suchen wir ihn auch für uns, wenn wir einen schweren Verlust erfahren. Wer einen solchen Ort hat, kann sich immer wieder dahin begeben, kann ihn aber auch immer wieder verlassen. Er gibt uns Gestaltungsmacht, er ermöglicht uns, die Trauer in unser Leben zu integrieren, ohne dass sie es auf Dauer umfassend bestimmen muss.

Stirbt ein Mensch, der uns sehr nah ist, dann passiert etwas mit uns, das wir manches Mal nicht verstehen. Hatten wir ein enges Verhältnis, lebten wir mit ihm zusammen, dann ist er ein Teil von uns geworden. Sein Tod raubt uns sozusagen einen Teil von uns selbst. Wir können ihn nicht mehr sehen, hören, riechen. Wir können nicht mehr mit ihm diskutieren, lachen und weinen. Wie sollen wir unserem Schmerz Ausdruck geben? Es kann hilfreich sein, verschiedene Möglichkeiten auszuprobieren. Auch hier ist Offenheit für Neues hilfreich. Manchmal müssen wir dazu alte Muster ablegen. In meinen Trauerbegleitungen erzählen mir Menschen oftmals, wie sie Schritt für Schritt ihren Weg in der Trauer finden. Das kann mit dem stückweisen Weggeben von Gegenständen stattfinden, mit dem Auffüllen der Leerstellen, vielleicht mit Blumen, einem Bild, vielleicht gar mit einer Haarlocke des Verstorbenen. Jeder muss hier seinen Weg für sich finden. Es gibt kein Falsch oder Richtig.

Denkanstoß
Welchen Raum der Trauer haben Sie schon einmal für sich genutzt oder woanders erlebt? Überlegen Sie, was Ihnen gut daran gefallen, was Ihnen gutgetan hat. Vielleicht möchten Sie Ihre Gedanken hierzu niederschreiben und einen Ordner anlegen, in dem Sie sich selbst für spätere Krisensituationen Tipps geben können.

8.3 Das gute Sterben

Alter und Endlichkeit

Wenn wir uns mit dem Sterben beschäftigen, geht es nicht nur um das Sterben der Anderen. Es geht letztlich auch um unser eigenes Sterben. Was bedeutet es, wenn wir selbst vom Leben Abschied nehmen müssen? Von unserem Körper, von unseren Liebsten und Fernsten, von unserem Hab und Gut, von der Natur, von unseren alltäglichen Handlungen, ja einfach von allem? Macht es Sinn, sich schon frühzeitig mit dem eigenen Sterben zu befassen, noch bevor es sich abzeichnet? Vielleicht sogar schon in jungen Jahren?

Gutes Sterben kann gelingen, wenn ich mich auf den Prozess einlasse. Das ist aber oftmals davon abhängig, ob mir dieser Prozess ein Stück weit vertraut ist, ob ich über das Leben hinweg gelernt habe, ihn anzunehmen. Dies ist in unserer Gesellschaft meist nicht der Fall. Daher erscheint es auch mit bester Reflexion und Vorbereitung dann, wenn es so weit ist, wie ein inneres Ringen, wie ein verzweifelter Abwehrkampf. Trotzdem: Je besser wir uns darauf vorbereiten, indem wir uns klarmachen, dass Sterben ein Teil des Lebens ist, und indem wir in unserem Leben nicht ständig die Augen davor verschließen, umso besser werden wir mit dem Sterben nicht nur unserer Liebsten, sondern auch von uns selbst umgehen können.

Gut sterben – ist das überhaupt möglich? Ist das nicht ein Widerspruch in sich, weil Sterben nie „gut" sein kann? Oder dürfen wir Sterben „gut" nennen, weil es natürlich, ja selbstverständlich ist, weil es zum Leben dazugehört? Was wäre dann aber ein „nicht gutes" Sterben?

Die Antwort hängt mit dem Sterbenden, seinem Leben, seinen Möglichkeiten und seinem Umfeld zusammen. Was sind seine Wünsche für das „gute" Sterben? Wie kann ich sie in Erfahrung bringen, wie mit ihm darüber ins Gespräch kommen? Und kenne ich überhaupt meine eigenen Wünsche? Können wir auch darüber sprechen? In meinen Begleitungen stelle ich immer wieder fest, dass die meisten nicht wissen, was andere, was aber auch sie selbst vom Sterben erwarten und wie sie es sich vorstellen. Dafür fehlt oft einfach die Auseinandersetzung mit dem Sterben und dem Tod. Wir wissen dann gar nicht, welche Möglichkeiten es überhaupt gibt.

Die Zahl der Sterbefälle wird in den nächsten Jahrzehnten merklich steigen – mit oder ohne Corona. Dafür sorgt die Alterung der Gesellschaft. Noch liegt der Anteil der Hochaltrigen, der über 80-Jährigen und damit der Menschen, die dem Tod näher rücken, bei rund 6 Prozent der Bevölkerung. Doch ihre Zahl wird zunehmen, wenn die Babyboomer in dieses Alter kommen. In manchen Gebieten werden 2035 auf eine Geburt vier Beerdigungen kommen. Sterben wird dann ein Stück weit zu unserem Alltag gehören (Carrasco Heiermann et al. 2020).

Viele Babyboomer werden heute schon mit dem Sterben konfrontiert durch ihre Eltern. Oftmals konzentrieren sie sich jedoch auf organisatorische Fragen oder auf Gespräche mit den Ärzten. Was ist medizinisch noch möglich? Hier und da wird dadurch auch die eigene Endlichkeit in den Blick genommen. Zudem spürt man das eigene Alter nun deutlicher. Ein diffuses Gefühl steht da im Raum. Der Mut, sich damit zu beschäftigen, aber auch das Wissen darüber, an wen man sich wenden kann, ist indes oftmals gering.[1] Ein weiteres Problem, das die Babyboomer auf sich zukommen sehen (sollten) und das scheinbar unlösbar ist, ist die Frage, wer sich denn um sie kümmern wird. Sie selbst haben weniger Kinder als die Jahrgänge zuvor, und selbst die, die Kinder haben, wissen diese oftmals nicht in ihrer Nähe.

Endlichkeit, was bedeutet das für mich? Eine große Frage, auf die es keine einfachen Antworten gibt. Wünsche sind vorhanden: Schmerzfrei soll das Sterben sein, nah am Gewohnten, selbstbestimmt, sozial eingebunden und gut versorgt. Dieses Idealbild ist unabhängig vom Lebensalter, der sozialen Position oder der Kultur, aus der man stammt (Carrasco Heiermann et al. 2020). Ein gutes Sterben wünscht sich also jeder von uns. Doch wie kann es konkret aussehen?

Wunsch und Wirklichkeit passen häufig nicht zusammen. Wenn 76 Prozent der Bevölkerung im Kreise von Vertrauten sterben möchten (Carrasco Heiermann et al. 2020) und gleichzeitig die Zahl der Single-Haushalte zunimmt und zugleich Familie und Freunde weit weg wohnen, wird es schwierig. Auch die traditionellen Rollenmodelle, in denen häufig die Tochter oder Schwiegertochter pflegte, lösen sich auf. Notwendig werden daher neue offene Gesprächs- und Sterberäume. Auch sollte die Sterbebegleitung nicht nur verbessert, sondern schon früher in das Leben eingebunden werden. Was bedeutet eine Begleitung? Kann ich das auch lernen? Wie kann ich mit Ängsten und der fremden Situation umgehen? Was kann ich selbst für mich daraus ziehen? Inwieweit gibt es eine wertvolle Entlastung durch Palliativ- und Hospizdienste, zukünftig womöglich auch durch Arbeitgeber?

Eine Sorgekultur für Sterbende kann in einem kreativen Raum entstehen und die Menschen auf vielfältige Weise mit den noch fremden Gedanken bekannt machen. So gebe ich in meinem Workshop „Mich selbst in meiner

---

[1] Hospizdienste bieten oftmals „Letzte Hilfe"-Kurse an. Hier wird ein Basiswissen zu Sterben und Trauer vermittelt, die Teilnehmer erfahren, wo sie Hilfe und Unterstützung erhalten und was sie persönlich tun können. Weitere Informationen gibt es auf www.letztehilfe.info.

Endlichkeit entdecken" den Teilnehmern die Möglichkeit, sich mit ihren eigenen Wünschen auseinanderzusetzen, neue Ideen zu entwickeln und Wissen rund um das Thema *gutes Sterben* aufzubauen. Ausstellungen, kreative Mitmachangebote, Vorträge, aber auch der Schulunterricht etc. bieten ein breites Feld für die verschiedensten Menschen aus allen Altersgruppen, sich mit der Endlichkeit des Lebens zu beschäftigen. Und wer selbst mit Sterbenden zu tun hat – das, was uns in unserer modernen Gesellschaft oft fehlt –, geht auch anders mit seiner eigenen Sterblichkeit und seinem eigenen Tod um.

Das gute Sterben ist aber auch von einer inneren Haltung (vgl. Abschn. 5.4) zum Alter und zur Endlichkeit geprägt. Manche Menschen sind bereit zu gehen. Eine gewisse Lebensmüdigkeit hat sie erfasst – vielleicht weil sie schon lange leben, weil der Partner bereits gestorben ist, weil sie schon viel erfahren haben, weil sie für sich in irgendeiner Weise Bilanz gezogen haben. Es kann viele Gründe haben, warum sich Menschen wünschen zu sterben, es muss nicht unbedingt eine Depression dahinterstecken. Gerade im Alter sollten wir den Wunsch der Lebensmüdigkeit respektieren. Kommt dann noch eine Erkrankung hinzu, wird diese angenommen und medizinische Maßnahmen abgesehen von einer guten Palliativmedizin, die ein weitgehend schmerzfreies Sterben ermöglicht, werden abgelehnt. Für Angehörige mag es schwer sein, loszulassen und dem Sterben zuzusehen. Für die Betroffenen selbst ist es aber häufig eine Erleichterung. Sie können im Idealfall die Fülle, aber auch den Mangel in ihrem Leben betrachten, es in ihre Lebensgeschichte integrieren, die für sie abgeschlossen ist, und so in Frieden loslassen. Daher kann es wichtig sein, das Älterwerden durch Biografiearbeit zu unterstützen. Und geht es um das gelingende Leben, so darf das gelingende Sterben nicht ausgeklammert werden. Wir müssen also über das Sterben reden und über es nachdenken.

Sterben in Zeiten von Corona
Wenn wir in diesen Tagen die Tageszeitung aufschlagen und die vielen Todesanzeigen sehen, fragen wir uns: Wie sind diese Menschen gestorben? War es Corona? Waren sie einsam? Durften die Angehörigen beim letzten Weg die Hand reichen? Hier und da werden in den später folgenden Danksagungen diejenigen genannt, die das Sterben begleitet haben: der Hausarzt, der Pflegedienst, der Pfarrer, das Bestattungsunternehmen. Sie alle arbeiten in den Tagen der Krise in einem ganz besonderen Ausnahmezustand: Ihre Arbeit, die normalerweise von Nähe und Wärme geprägt ist, darf jetzt nicht wie gewohnt ausgeübt werden. „Abstand halten!" heißt die Devise. Und trotzdem schaffen sie es, ungeachtet der schweren und strengen Auflagen, Nähe zu schaffen und Trost zu spenden.

Schutzmaßnahmen sind in der aktuellen Situation von Bedeutung – auch gerade für Ältere. Es darf nicht der Eindruck entstehen, diese Maßnahmen seien nicht mehr wichtig, da die Betreffenden sowieso schon am Lebensende stehen. Das darf aber nicht daran hindern, über Leben und Tod nachzudenken und darüber zu sprechen. Die Corona-Krise ist daher nicht zuletzt eine Chance, ein neues Bewusstsein sowohl für die Vielfalt des Alters und das gute Leben als auch für ein gelingendes Sterben zu entwickeln.

Aktuell stellen sich in besonderem Maße medizinethische Fragen, mit denen sich diejenigen, die im Gesundheitswesen arbeiten, auf neue Weise konfrontiert sehen. Es geht nicht nur darum, wer behandelt wird, wenn die Kapazitäten nicht für alle reichen. Es geht auch um eine Nutzen-Schaden-Analyse. Was bringt eine Behandlung dem Patienten Positives, wo schadet sie? Von größter Bedeutung ist dabei der Wille des Patienten. Wünsche und Einstellungen zum Sterben sollten daher frühzeitig reflektiert und formuliert werden. Es geht um die Einwilligung in medizinische Untersuchungen, Behandlungen oder Eingriffe. Dazu gehört auch die Aufklärung über die Möglichkeiten der Palliativmedizin. Hierdurch können Ängste abgebaut werden.

Welche lebensverlängernden Maßnahmen sind sinnvoll und im Einzelfall gewünscht? Nicht alles, was medizinisch möglich ist, sollte auch tatsächlich durchgeführt werden. Hier scheint ein Umdenken stattzufinden: War eine Auseinandersetzung mit medizinethischen Entscheidungen früher eher die Ausnahme, wird sie heute von Ärzten, Patienten und Angehörigen zunehmend in den Blick genommen. Auch in der Corona-Diskussion muss das verstärkt getan werden. Bei den ethischen Herausforderungen gilt es immer wieder, die verschiedenen Lebenseinstellungen und Wertüberzeugungen in unserer Gesellschaft zu berücksichtigen. Unbestritten sind die medizinethischen Prinzipien wie das Wohlergehen des Patienten, das Nichtschaden und der Respekt vor der Autonomie des Einzelnen. Sie stehen aber nicht selten in einem Spannungsverhältnis zueinander und müssen daher immer wieder von uns allen abgewogen werden (vgl. Jox 2013).

Wann ist ein Tod vorzeitig und für wen? Sollten wir nicht den Einzelnen selbst fragen? Mit Sicherheit wird das eine Gruppe von 70-Jährigen sehr unterschiedlich beantworten. Wenn es um die Behandlung geht, dürfen wir nicht nur von Überlebenden und Toten sprechen, sondern müssen auch von verlorenen Lebensjahren und Lebensqualität reden. Als Gerontologin und Mensch bin ich dafür, dass wir nach dem Gleichheitsgrundsatz handeln. Das heißt, Ältere dürfen nicht in die Schublade der Verletzlichen oder der unser System Belastenden gesteckt werden. Sie sind, wir sahen es oben schon, so verschieden wie keine andere Altersgruppe. Als Hospizhelferin wiederum stelle ich immer wieder fest, wie unterschiedlich die Wünsche und Bedürfnisse der Menschen rund um ihre Endlichkeit, ihre Sorgen und ihre Verletzlichkeit sind. Manchmal kennen sie sie selbst nicht, oft lassen sie sich nur schwer formulieren. Wer selbst andere Sterbende schon einmal begleitet und sich mit dem Thema in seiner Tiefe auseinandergesetzt hat, dem wird dies besser gelingen. Wir sind seltsam zögerlich, wenn es um den ernsthaften Austausch über Sterben und Tod geht. Oft wird so der Zeitpunkt verpasst, um gewisse Dinge festzulegen, die ein gutes Sterben ermöglichen.

Es braucht mehr Wissen, am besten eigene Erfahrungen mit der Sterbebegleitung und einen offenen Austausch – im Privaten, aber auch darüber hinaus. Gelegenheiten gibt es im Grunde genug, sich mit dem Thema auseinanderzusetzen. Ich selbst biete Gesprächsmöglichkeiten am Telefon, bei Spaziergängen oder auch in meinen Räumen an, halte aber auch Lesungen für Betriebe oder im privaten Wohnzimmer, indem ich mithilfe von Gedichten und Texten in entspannter Atmosphäre Denkanstöße gebe.

Wir müssen durch Aufklärung Ängste abbauen. Viele Hochbetagte haben in Zeiten von Corona übrigens keine Angst vor dem Tod, sondern eher vor einem qualvollen Sterben. Fragen Sie einen Palliativmediziner, hören Sie, dass heute niemand mehr ersticken muss. Wir wissen aber auch, dass zwei, drei Wochen an der Beatmungsmaschine für Menschen nicht nur ein großes Leid bedeuten, sondern auch schwerwiegende Folgen haben können. Umso wichtiger ist es, früh genug darüber zu sprechen, welche Wünsche und Erwartungen mit Blick auf eine mögliche Behandlung und auch mit Blick auf das Sterben bestehen. Zwar höre ich oft, es sei schwer, mit den hochbetagten Eltern über solche Dinge zu reden. Ich weiß aber von vielen Älteren, dass sie sich sowieso Gedanken über Sterben und Tod machen. Da kann es entlastend sein, einmal Wünsche und Gedanken zu äußern. Auch die Patientenverfügung kann hier hilfreich sein. Sinnvoll ist es, den Hausarzt einzubinden.

Wir wissen nicht, wie viele Menschen für sich entschieden haben, in Zeiten von Besuchsverboten nicht ins Krankenhaus zu gehen. Die Zahlen zu Beginn der Corona-Zeit (während der Besuchsverbote) haben aber gezeigt, dass viele Menschen das Krankenhaus gemieden haben. Leider geschah dies auch bei lebensbedrohlichen Erkrankungen, wie z. B. bei Schlaganfall-Patienten. Auch hier ist Aufklärung wichtig und die Beratung durch einen Arzt ist notwendig. Dann können die verschiedenen Argumente gut gegeneinander abgewogen werden.

Auch die Situation in Pflegeheimen und in Hospizen ist schwierig. Die anfangs der Corona-Krise verhängte strikte Isolation ist über den Sommer 2020 gemildert und mit steigenden Zahlen im Herbst wieder verantwortlich angezogen worden. Es gibt Regeln, die es den Bewohnern wie den Mitarbeitern nicht leicht machen. Meist wird es darum gehen, sie einzuhalten, um auch für den eigenen Schutz zu sorgen, sie jedoch möglichst nicht zu einer zu großen Belastung werden zu lassen.

Sterbehilfe
Seit vielen Jahren begleite ich als Hospizhelferin Menschen im Sterben und erlebe immer wieder, dass Sterben, Tod und Trauer an vielen Stellen immer noch tabuisiert werden. Umso mehr entsteht Angst, wenn man damit unvorbereitet konfrontiert wird. Früher oder später kommt dieser Zeitpunkt aber immer – welchen Sinn macht es da, den Kopf in den Sand zu stecken?

Die Hospizbewegung entwickelt sich seit Ende der 1960er-Jahre und trägt zur Verbesserung der Situation Sterbender und ihrer Angehörigen bei. Ihr Ziel ist es, das Sterben wieder als wichtigen Teil des Lebens in das öffentliche Bewusstsein zu rufen und damit den Sterbenden und ihren Angehörigen die Achtung ihrer Würde zu ermöglichen. Hierbei stellt sich aber auch die Frage nach dem guten Sterben. Im Hospiz geht es um die Sterbebegleitung, darum, Menschen im Sterbeprozess, vielleicht auch deren Angehörige, zu begleiten. Was ist, wenn darüber hinaus Unterstützung verlangt wird?

Für viele Menschen ist die Frage nach Sterbehilfe relevant und damit das Recht auf den eigenen Tod. Schwerstkranke, Angehörige und Ärzte werden damit konfrontiert. Wer sich näher mit dem Thema beschäftigt, findet sich rasch in einem Dilemma wieder, gibt es doch auf die vielen Fragen keine einfachen Antworten und keine klare Lösung. Die Auseinandersetzungen darüber – auch gerade in der Politik – werden erbittert und hochemotional geführt. Nachdem Ende 2015 das Verbot „geschäftsmäßiger" Sterbehilfe in Kraft trat, wurde das Gesetz (§ 217 Strafgesetzbuch) im Februar 2020 für nichtig erklärt. Damit wurde ausdrücklich ein „Recht auf selbstbestimmtes Sterben" anerkannt.

Mit anderen Worten: Jeder hat die Freiheit, sich das Leben zu nehmen und hierbei auf die freiwillige Hilfe Dritter zurückzugreifen, und zwar unabhängig vom Alter, vom Gesundheitszustand, von besonderen Motiven oder irgendwelchen moralischen oder religiösen Erwägungen. Damit sind die Diskussionen rund um die Möglichkeiten und Grenzen der Sterbehilfe aber noch nicht zu Ende. Das Bundesverfassungsgericht hat ausdrücklich gesagt, dass der Gesetzgeber die Suizidhilfe regulieren darf. Ohne Zweifel birgt eine Freigabe auch Gefahren. Ökonomische oder Nutzenerwägungen könnten zunehmend eine Rolle spielen. In Ländern mit liberaler Sterbehilferegelung ist ein stetiger Anstieg assistierter Selbsttötungen zu verzeichnen – keine unproblematische Entwicklung. Aufklärungspflichten und Wartefristen scheinen daher ebenso sinnvoll wie eine strikte Kontrolle von Sterbehilfeeinrichtungen.

Im Hospizdienst heißt es: Wir sterben nicht *durch* eine Hand, sondern *an* einer Hand. Zudem können Alternativen wie die palliative Sedierung angeboten werden. Damit ist oftmals auch die Chance gegeben, dass sich Patienten in zwei oder drei Tagen Dauerschlaf von Schmerzen und Ängsten erholen, um schließlich wieder aufzuwachen und für eine gewisse Zeit ihr Leben auf ruhige Weise und begleitet zu beenden. Aber es gibt auch immer wieder Menschen, die so große Angst vor dem Sterben als Prozess haben, dass sie das „plötzliche" Sterben durch assistierten Suizid wünschen. Und auch Menschen, die ihr ganzes Leben hindurch eine hohe Selbstständigkeit gewohnt waren, möchten oft selbstbestimmt sterben. Die Frage bleibt: Sollen wir dies unterstützen oder doch lieber nach anderen Möglichkeiten suchen, um ein gewisses Maß an Lebensqualität zu erhalten und Leid zu mindern?

Eines sollte bei all den unterschiedlichen Positionen bedacht werden: Eine Technisierung des Sterbeprozesses hat nichts mit einem natürlichen Sterbeprozess zu tun. Es soll hier niemandem das Recht auf Suizid abgesprochen werden. Doch dass Ärzte daran mitwirken, ist bedenklich. Dies ist es vor allem, weil in Deutschland eine funktionierende Palliativmedizin gegeben ist. Es zeigt sich immer wieder, dass sich die Todeswünsche sterbewilliger Patienten, wenn man ihnen ein vernünftiges palliativmedizinisches Angebot macht, meist verändern und vom assistierten Suizid abgesehen wird.

Mitverantwortung heißt nicht, dass wir die Bedürfnisse des anderen auf Selbstbestimmung unbedingt unterstützen. Mitverantwortung heißt vielmehr, den anderen in seinen Bedürfnissen zu sehen. Ein letzter Zweifel wird beim Suizid wohl immer sein. Ein Atemhauch, der leben will, der für das Leben kämpft. Dieser Kampf kann Entwicklung sein – seelisch und körperlich. Ihn kann und sollte der Einzelne mit sich ausmachen. Die Mitverantwortung dessen, der an Suizid denkt, sollte dahingehen, in seiner Entscheidung über Leben und Tod keinen anderen zur Handlung auffordern.

Die Angst vor einem schmerzhaften und einsamen Sterben
Als Hospizhelferin erlebe ich immer wieder Ältere, die mit Gelassenheit und Ruhe in ihr Sterben einwilligen. Manche Hochbetagte wundern sich sogar, dass sie so lange leben. Auch im Jahr 2020 sehen sie sich nicht als „Opfer" der Covid-19-Infektion. Vielmehr erscheint ihnen das Sterben als ein natürlicher Prozess. Ob nun die Gefahr durch Covid-19 größer ist, ist für manch einen nicht relevant; das Sterben rückt möglicherweise nur ein bisschen näher. Falls es so weit ist, möchten sie, wenn möglich, schmerzfrei und ohne lebensverlängernde Maßnahmen „loslassen". Eine solche Weitsicht scheint es eher im Alter zu geben.

Es gehört allerdings für viele Menschen zu den schwierigsten Fragen im Leben, wie sie im Falle schwerer, unwiderruflicher oder gar todbringender Erkrankungen behandelt werden möchten. Recht allgemeine Vorstellungen sind vorhanden, ein genaueres Wissen über Möglichkeiten und Zusammenhänge fehlt jedoch. So sollte auch über die möglichen Folgen der Intensivmedizin, z. B. durch eine Beatmungsmaschine, transparent gesprochen werden. Menschen können im Vorfeld gefragt werden, ob sie in einer Notfallsituation alle Behandlungsmöglichkeiten in Anspruch nehmen möchten, die ihnen dafür auch aufgezeigt werden müssten. Es geht nicht darum, endgültige Entscheidungen zu treffen, sondern ein Bewusstsein für unser Leben und Sterben zu schaffen. Entscheidungen können wir jederzeit widerrufen; sind wir aber nicht mehr entscheidungsfähig, haben Angehörige und Ärzte zumindest etwas in der Hand, das ihnen hilft, nach unserem mutmaßlichen Willen zu entscheiden.

Daher geht es aktuell nicht nur um den Schutz vor Covid-19 oder die Behandlung der Erkrankung, sondern es geht auch darum, Menschen mit einer weit fortgeschrittenen, lebensbegrenzenden Erkrankung, einem schweren Covid-19-Verlauf oder Multimorbidität (mehrere Erkrankungen gleichzeitig) im Alter auch unter schweren Bedingungen Lebensqualität und damit weitgehend Schmerzfreiheit zu ermöglichen. Die (ambulante) Palliativmedizin ist inzwischen so weit fortgeschritten, dass sie in den meisten Fällen ein schmerzfreies Sterben ermöglichen kann. Deshalb ist es wichtig, dass Wissen zur Palliativmedizin gegeben ist oder vermittelt wird. So gibt es auch eine gesetzliche Regelung (§ 37b SBG V), die Menschen mit fortgeschrittenen Erkrankungen und begrenzter Lebenserwartung den Anspruch auf eine sogenannte SAPV, eine spezialisierte ambulante Palliativversorgung, zuerkennt. SAPV-Teams arbeiten in rotierenden Schichtdiensten und sind daher Tag und Nacht für die Patienten ansprechbar. Menschen, die in ihrem häuslichen Umfeld bleiben, werden telefonisch betreut und bei Bedarf zu allen Tages- und Nachtzeiten aufgesucht. Zwar ist die Struktur noch nicht überall zufriedenstellend aufgebaut; vor allem im ländlichen Bereich gibt es weiter große Lücken, insgesamt geht dies aber in die richtige Richtung. Sie fördert die Selbstbestimmung auch in einer solch eingeschränkten und schwierigen Lebensphase, wie dem Sterbeprozess, der ja lange andauern kann. Das Wissen, dass es diese Möglichkeit gibt und wie sich die palliativmedizinische Behandlung auswirken kann, schafft Raum, sich mit den Fragen des eigenen Sterbens auseinanderzusetzen, ohne sich gleich von der Angst vor diesem Sterben einengen zu lassen. Damit erlangen wir die Möglichkeit, bereits im Vorfeld Entscheidungen zu treffen, mit denen wir uns wie bemerkt nicht unwiderruflich festlegen, die aber die

Reflexion der eigenen Endlichkeit widerspiegeln. Eine Möglichkeit, diese Entscheidungen schriftlich und juristisch nicht anfechtbar zu fixieren, ist die Patientenverfügung.

Patientenverfügung
Eine Gesellschaft wie unsere, in der so viele Menschen wie nie zuvor gesund und mit Lebensqualität alt werden können, ist eine wertvolle Errungenschaft. Und doch darf sie das Sterben als Teil des Lebens nicht verdrängen. Das wird gerade 2020 in Zeiten von Corona deutlich. Wer aus eigenem Willen heraus – nicht aufgrund von gesellschaftlichem Druck! – auf Behandlungen verzichten will, sollte dies auch äußern und letztlich tun dürfen.

Viele fragen sich allerdings, wie es ist, wenn sie nicht mehr selbst entscheiden können, welche medizinischen Hilfen sie in Anspruch nehmen, etwa weil sie nicht bei Bewusstsein sind. Gibt es da einen Menschen, der mich so gut kennt, dass er meine Bedürfnisse artikulieren und verwirklichen kann? Welche Form des Beistands wünsche ich mir dann? Es geht um Fragen, die sich aufgrund einer Krankheit, als Folge eines schweren Unfalls oder am Ende des Lebens stellen können.

Solange wir selbst über medizinische Maßnahmen entscheiden können, dürfen Ärztinnen und Ärzte uns nur behandeln, wenn wir in die Behandlung eingewilligt haben. Ersatzweise – eben dann, wenn wir uns nicht mehr klar äußern können – springt ein Vertreter, etwa ein Betreuer oder eine bevollmächtigte Person, ein. Möglich ist es aber auch, mit einer Patientenverfügung als gesetzlich anerkanntem Instrument Vorsorge zu treffen. Sie ist für das medizinische und pflegerische Personal, aber auch für Bevollmächtigte und Gerichte, bindend. Dies gibt Sicherheit, sollte aber auch berücksichtigt werden, wenn man eine Patientenverfügung ausstellt. Umso mehr muss dem eine Auseinandersetzung mit dem eigenen Sterben vorausgehen.

Neben der Patientenverfügung ist auch an die Vorsorgevollmacht zu denken. Hier wird eine Vertrauensperson festgelegt, die im Fall der Geschäfts- und/oder Einwilligungsunfähigkeit für bestimmte Bereiche, z. B. für gesundheitliche Angelegenheiten, Entscheidungen treffen kann. Zudem gibt es die Betreuungsverfügung. Sie ist eine für das Betreuungsgericht bestimmte Willensäußerung einer Person für den Fall, dass es zur Anordnung einer Betreuung kommt. All dies sind rechtliche Mittel, mit denen wir in unserer Entscheidungsfreiheit auch auf dem schwierigen Gebiet von Krankheiten, medizinischen Behandlungen und dem Sterben gestärkt werden.

Dass es unter Umständen sehr rasch zu entsprechenden Situationen kommen kann, und dies nicht nur im Falle von Hochbetagten, zeigt die gegenwärtige Corona-Pandemie. In vielem herrscht noch Unklarheit, aber offensichtlich verlaufen die Infektion und die dadurch ausgelösten Krankheiten in nicht wenigen Fällen rapide und recht heftig. Zeit, sich ausreichend Gedanken darüber zu machen, inwieweit man im Ernstfall medizinisch behandelt werden möchte, ist nicht immer gegeben. Die Krise zeigt uns somit auf, dass dies früher stattfinden muss. Sie macht den wunden Punkt deutlich, dass wir bislang in unserem Leben der Auseinandersetzung mit dem Sterben aus dem Weg gegangen sind – besonders wenn es uns selbst betrifft. Die Sorge, alleine und einsam zu sterben, dürfte viele abschrecken, sich grundlegend mit diesen Fragen zu befassen. Darum ist das Begleiten von Sterbenden so wichtig – und vielleicht die beste Art, sich auch mit der eigenen Endlichkeit angemessen zu befassen.

Sterbebegleitung
Haben sich Menschen mit ihrem eigenen Sterben und dem Sterben allgemein auseinandergesetzt, können sie andere Menschen in deren Sterben umso besser begleiten – auch dann, wenn es sich um nahe Angehörige handelt. Die Betroffenheit über den Verlust und das Fortgehen eines geliebten Menschen bleibt, aber die Ohnmacht ist nicht mehr so groß. Das Bewusstsein, das Sterben ein Teil des Lebens ist, kann helfen und dem Sterbenden selbst, aber auch anderen Angehörigen Kraft geben.

In der Begegnung mit Sterbenden ist es wichtig, dass wir mit Empathie und Sensibilität auf sie eingehen. Wichtig ist es, zuhören zu können und nicht an bestimmten Vorstellungen zu kleben. Wer ist unser Gegenüber? Was sind seine Anliegen? Die emotionale Zuwendung bedeutet, dass wir dem Sterbenden nicht nur mit Wertschätzung begegnen, sondern ihm auch zutrauen, sterben zu können. Respekt und Einfühlungsvermögen sind ebenso wichtig wie, dass man sich berühren lassen kann. Diese Eigenschaften können das ganze Leben hinweg geübt werden, bilden sich aber manchmal gerade in der Begleitung eines geliebten Menschen auf besondere Weise aus.

Eine gute Hilfe ist hier der Personenzentrierte Ansatz (PZA). Er beschreibt, dass jeder Mensch, seine Probleme selbstverantwortlich zu lösen vermag und auch dahin strebt, dieses zu tun – sich also selbst zu verwirklichen. Dazu müssen wir in Beziehungen treten, in denen wir uns so zeigen können, wie wir in Wahrheit sind, um dabei Fähigkeiten und Ressourcen zu finden und zu nutzen, die uns helfen. (Kreuziger o. J.). Das bedeutet, dass wir keine Vorstellung davon haben, welchen Weg der Sterbende beschreiten soll, und das Gleiche gilt für die Angehörigen, die wir begleiten. Wir müssen offen sein und dürfen die Betroffenen nicht drängen. Zudem müssen wir in der Begegnung mit dem Sterbenden Raum für den Abschied schaffen. Das heißt vor allem zuhören und nicht korrigierend eingreifen.

Als ich einmal am Sterbebett einer hochbetagten Frau gesessen habe, hat sie in mir immer wieder verschiedene Menschen aus ihrem Leben gesehen. Sie hat „ihnen" letzte Worte des Abschieds gesagt. Es war meine Rolle diese Aufgabe anzunehmen, ohne etwas an ihr zu ändern. Nach einer Stunde schlief die Frau erschöpft ein; in der Nacht verstarb sie leise und friedlich im Schlaf.

Von Bedeutung dabei ist es auch, dass wir Gefühle wie Angst annehmen. Der Sterbende darf sie haben. Niemand von uns weiß, wohin es wirklich geht, wenn wir tot sind. Das kann und darf Angst machen. Auch die Angst und die Sorge um die Hinterbliebenen darf angesprochen werden. Was wird aus ihnen? Manche haben Hoffnung, manche auch einen Glauben, der sie trägt – wenngleich es auch Glaubensformen gibt, die die Angst eher noch befördern, etwa dann, wenn das Moment der Strafe eine große Rolle spielt. Grundsätzlich ist im Sterben die Tugend der Hoffnung (vgl. Abschn. 6.3) hilfreich. In der Hoffnung steckt oftmals ein gewisses Vertrauen – ein Vertrauen in die Ganzheit, die erst mit dem Tod vollständig wird. Das hilft, sich auf das Sterben einzulassen und letztendlich auch loszulassen.

Sterbebegleitungen können stark berühren. Da kommen manches Mal auch Tränen. All das darf sein. Es ist nicht nur der Abschied von einem Menschen, es ist auch das Leben, das er geführt hat, und der Weg des „Verlöschens", der in einer logischen, bestmöglich erklärbaren Welt wie der unseren ergriffen macht. Manche spüren da ein Mysterium, das sie so in ihrem Leben noch nie gefühlt haben. Das rationale Denken, das viele über ihr Leben hinweg gepflegt haben, ist im Sterben sowohl für den Sterbenden selbst als auch für Angehörige oftmals nicht mehr gegeben. Deshalb kann es auch hilfreich sein, wenn wir Sinnbilder nutzen und aussprechen: das geöffnete Fenster, aus dem die Seele nicht nur den Körper, sondern schließlich auch diesen Raum verlässt; die Kerze und das Licht, das den Weg weist.

Wer auch immer einen Sterbenden begleitet, es wird weniger um Methoden und Techniken, sondern mehr um eine echte Beziehung von Person zu Person gehen. Feinfühlige und offene Menschen sind mehr gefragt als „Experten". Es geht nicht darum, dass wir es besser als andere wissen und voreilige Ratschläge geben. Es geht darum, sich auf die Welt des Sterbenden oder der Angehörigen einzulassen. Wir können versuchen zu verstehen und zu begleiten und dabei wir selbst bleiben. In dieser Begleitung sind auch wir immer suchende und verletzliche Menschen, die selbst in ihrem Leben gefordert sind, den guten (verantwortlichen) Weg zu finden. (Kreuziger o. J.)

Wichtig ist auch das Aushalten: die Ängste, den Schmerz, den Abschied, das Nichtwissen, das Fremde, das da kommt. Das gelingt uns bei älteren Menschen, die ihr Leben gelebt haben, oftmals wesentlich besser als bei Jüngeren, die noch mitten im Leben standen oder vielleicht auch Kinder hinterlassen. Dann ist manchmal die Verzweiflung der Sterbenden selbst sehr groß, und sie empfinden es als große Ungerechtigkeit. Das muss und kann nicht schöngeredet werden. Sterbende in solchen Situationen erleben hier die haltende Hand, wenn ihr Begleiter diesen Schmerz aushält und stehen lassen kann.

In der Hospizarbeit geht es aber nicht nur um die Sterbenden, sondern auch um die Angehörigen. Sie gilt es ohnehin einzubinden, damit die Menschen im Sterben und im Abschiedsprozess möglichst eine harmonische Einheit erfahren. Ein wesentliches Kriterium der Hospizbewegung ist daher, dass Patienten und Angehörige gemeinsam, aber auch individuell in ihren Bedürfnissen, Ängsten und Sorgen abgeholt werden. Gerade Angehörige haben es oft besonders schwer in den letzten Tagen, wenn es gilt, loszulassen. Zugleich kommt es immer wieder zu dem Wunsch, es möge doch endlich vorbei sein – ein Gefühl, das viele erschreckt. Dabei ist es durchaus nachvollziehbar, ist das Warten und das Sehen, wie der Sterbende (scheinbar) leidet, für viele doch nur schwer zu ertragen. So berichtete mir bspw. eine Frau, deren Mann sich für das Sterbefasten[2] entschieden hatte, dass es sehr schwer sei mit anzusehen, dass er immer weniger werde. Gleichzeitig war sie sehr dankbar für die Möglichkeit den Abschied so bewusst erleben zu dürfen. Ihr Mann wurde immer schwächer, hatte jedoch keine Schmerzen. Er hatte ihr seine Beweggründe ausführlich geschildert, und sein Entschluss war für sie, nach vielen Jahren der schweren Krankheit, gut nachvollziehbar. Die bis dahin lebenserhaltenden Maßnahmen wollte er nicht mehr annehmen.

Wichtig sind in der Sterbebegleitung oftmals freiwillige ehrenamtliche Hospizhelfer. Hier erfahren Sterbende eine besondere Wertschätzung, denn sie erleben, dass ein Mensch zu ihnen kommt, der an ihrer Person interessiert ist und dabei den Sterbeprozess anzunehmen vermag, anstatt sich von ihm abschrecken zu lassen. Gerade weil solche Helfer die Patienten nicht kennen, können sie ruhig und aufmerksam auf das achten, was nun wichtig ist. Ihr Wissen um Sterben und Tod ist dabei sehr hilfreich. Sterbende fühlen sich so weniger als Belastung und erleben es als positiv, jemand anderem in diesen Momenten alles sagen zu können, während bei Angehörigen vielleicht doch eher Rücksicht geübt wird.

---

[2] In der Palliativmedizin bedeutet der Begriff Sterbefasten „freiwilliger Verzicht auf Nahrung und Flüssigkeit (FVNF)". Der Verzicht kann während der ersten Zeit abgebrochen werden, ohne bleibende Folgen befürchten zu müssen. Nach empirischen Untersuchungen ist der Verzicht auf Essen und Trinken bei Sterbenden in der Regel nicht leidvoll. Allerdings kann der längere Sterbeprozess zu einer Belastung für Betroffene beziehungsweise für deren Angehörige werden. Daher sollten sich alle Beteiligten gut informieren und sich palliativmedizinisch zur Linderung belastender Symptome begleiten lassen.

In meinem Studium der Gerontologie hatte ich auch das Fach Thanatologie (Wissenschaft des Sterbens). Meine Erfahrungen in der Begleitung Sterbender war dabei eine wertvolle Ergänzung. Ich fühle mich heute als Gerontologin in der Verantwortung, etwas zur Thematik des Älterwerdens in der Corona-Krise beizutragen. Dabei halte ich eines für besonders wichtig: Die Angst vor dem Tod, die Schreckensbilder, wie sie aktuell gezeigt werden, all dies sollte in ruhigere Bahnen gelenkt werden. Wir wissen über das Sterben viel; wir wissen, dass es, mit einer angemessenen palliativen Begleitung vorausgesetzt, durchaus friedlich und ruhig geschehen kann.

Der 1933 geborene Theologe Fulbert Steffensky schreibt in seinem 2019 erschienen Werk *Fragmente der Hoffnung*, „das Hauptproblem scheint mir – zumindest heute noch – zu sein, dass wir uns selbst und andere nicht sterben lassen können". Mit Covid-19 hat sich das kaum zum Besseren gewendet – bislang. Der Umgang mit der neuen Unsicherheit benötigt Selbstverantwortung und Mitverantwortung. Wir müssen gut nach uns selbst und gut nach den anderen, unseren Nächsten, schauen. Wir müssen achtsam sein und die Bedürfnisse, Fähigkeiten und Werte des Einzelnen wahrnehmen und verstehen. Dann wird es möglich sein, neben all dem Schweren auch viel zu lernen und Chancen zu entdecken. So schaffen wir es vielleicht, die wirklich wichtigen Dinge in unserem Leben neu zu schätzen. Wir müssen die widersprüchlichen Gefühle zulassen, zeigen sich doch an ihnen die Spannungen im Leben, an denen wir wachsen und uns neu begreifen können.

Jeder Mensch hat seine eigene Art zu leben, aber auch sein eigenes Sterben, seine eigenen Ängste, seinen eigenen Frieden. Erkennen wir das, sehen wir auch ein, dass es bei all den Fragen um Sterben und Tod keine einfachen Antworten gibt. Eine Einsicht aber ist wichtig, die Steffensky sehr schön formuliert hat: „Aber der Tod ist nicht unser Todfeind, er gehört zu uns" (Steffensky 2019).

Denkanstoß
Wie schätzen Sie persönlich Ihre Bedürfnisse ein, wenn Sie lebensbedrohlich erkranken? Werden Sie alles tun, damit Sie weiterleben? Oder ist für Sie der Gedanke vorstellbar, dass Sie loslassen und sich verabschieden? Was bedeutet für Sie Lebensqualität? Können und wollen Sie selbst im Fall der Fälle abwägen und reflektieren, inwieweit die Behandlung Ihnen nutzen wird und inwieweit sie Schaden bringt? Sind Sie bereit, sich im Vorfeld dieser Thematik anzunehmen, um so eine Haltung zu Ihrem eigenen Sterben zu gewinnen?

Haben Sie schon einmal einen nahen Menschen im Sterben begleitet? Was war bedrückend für Sie? Was konnten Sie in der Begleitung tun, was lernen?

Vielleicht möchten Sie die Gelegenheit nutzen, jetzt, wo Sie die vorangegangenen Seiten gelesen haben, sich nochmals mit Sterben und Tod auseinanderzusetzen und letztlich Wünsche auch für das eigene Begleitet-Werden zu formulieren. Mag es noch so fern erscheinen, es ist hilfreich, dies zu tun – denn was bleibt uns letztlich anderes übrig, als einen gelingenden, „gesunden" Umgang mit dem Sterben und dem Tod zu suchen?

Literatur

Bertelsmann Stiftung. (2018). *Strategien gegen den Fachkräftemangel in der Altenpflege Probleme und Herausforderungen*. Freiburg. https://www.bertelsmann-stiftung.de/fileadmin/files/Projekte/44_Pflege_vor_Ort/VV_Endbericht_Fachkraeftemangel_Pflege_Prognos.pdf. Zugegriffen am 10.07.2020.

Birnbacher, D. (2020). Birnbacher Sterbefasten – eine ethische Bewertung. Humanes Leben Humanes Sterben. https://hpd.de/artikel/10237. Zugegriffen am 10.09.2020.

Bonanno, G. A. (2012). *Die andere Seite der Trauer – Verlustschmerz und Trauma aus eigener Kraft überwinden*. Bielefeld: Aisthesis.

Bundesministerin der Justiz und für Verbraucherschutz. (2018). Patientenverfügung. https://www.bmjv.de/SharedDocs/Publikationen/DE/Patientenverfuegung.pdf;jsessionid=1BCBA48146E41CD939C8E332CF94A0FA.1_cid334?__blob=publicationFile&v=29. Zugegriffen am 06.05.2020.

Bundesministerium für Arbeit und Soziales. (2020). SARS-CoV-2-Arbeitsschutzstandard. https://www.bmas.de/SharedDocs/Downloads/DE/PDF-Schwerpunkte/sars-cov-2-arbeitsschutzstandard.pdf?__blob=publicationFile&v=1. Zugegriffen am 03.05.2020.

Carnegie, D. (2011). *Sorge dich nicht – lebe!* Frankfurt a. M.: Fischer.

Carrasco Heiermann, A., Kiziak, T., & Hinz, C. (2020). *Auf ein Sterbenswort. Wie die alternde Gesellschaft dem Tod begegnen will*. Berlin: Berlin-Institut für Bevölkerung und Entwicklung.

Deutsche Gesellschaft für Gerontologie und Geriatrie. (2020). Teilhabe und Versorgung von Menschen mit Pflegebedarf in Zeiten von Corona und darüber hinaus. Gemeinsames Statement der Sektionen Sozial- und Verhaltenswissenschaftliche Gerontologie (III) und Soziale Gerontologie und Altenarbeit (IV) der DGGG. Zugegriffen am 07.07.2020.

Die Zeit. (2020). Assistierter Suizid. Wie weit darf Sterbehilfe gehen? Interview: Heinrich Wefing und Marc Widmann. *Die ZEIT, Nr. 9/2020*, S. 10.

Eisenstein, Ch. (2020). Die Krönung. https://charleseisenstein.org/essays/die-kronung/. Zugegriffen am 23.09.2020.

Friedrich-Ebert-Stiftung. (2015). *Auf der Highroad – der skandinavische Weg zu einem zeitgemäßen Pflegesystem. Ein Vergleich zwischen fünf nordischen Ländern und*

Deutschland. Expertise im Auftrag der Abteilung Wirtschafts- und Sozialpolitik der Friedrich-Ebert-Stiftung (2. Aufl.). http://library.fes.de/pdf-files/wiso/11337.pdf. Zugegriffen am 03.05.2020.

Frölich, M., & Hedtmann, B. (2013). *Biografiearbeit mit Glaubensschätzen – Anleitung für kreative Senioren- und Konfirmandenstunden.* Göttingen: Vandenhoeck & Ruprecht.

Geiss, G., Ramsenthaler, Ch., von Heyking, C., Oldenbourg, R., Otto, M., Simon, S., & Krischke, N. R. (2009). Wertschätzung und Empathie als Element einer Grundhaltung in der Sterbebegleitung – Aspekte einer Studie zur Grundhaltung von professionellen in Palliative Care. Gesprächspsychotherapie und personenzentrierte Beratung 2/09: Echtheit.

GKV Spitzenverband. (o. J.). Spezialisierte ambulante Palliativversorgung (SAPV). https://www.gkv-spitzenverband.de/krankenversicherung/hospiz_und_palliativversorgung/spez_amb_palliativ/sapv.jsp. Zugegriffen am 23.08.2020.

Grefe, Ch. (2020). Kümmert euch! Wie sehr das Pflegesystem in der Krise steckt, erlebte unsere Autorin auf einer jahrelangen Irrfahrt mit ihrer Mutter durch Kliniken und Heime. Ein Aufschrei – und ein Appell an uns alle. *Die ZEIT, Nr. 29/2020.* https://www.zeit.de/2020/29/pflegesystem-krise-corona-reformen-kaputt-gespart. Zugegriffen am 10.07.2020.

Grün, A. (2020). *Die hohe Kunst des Älterwerdens – Taschenseminar zum nachdenken und weiter wachsen.* Münsterschwarzach: Vier Türme.

Institut DGB-Index Gute Arbeit. (2018). Arbeitsbedingungen in der Alten- und Krankenpflege. Berlin. https://index-gute-arbeit.dgb.de/++co++fecfee2c-a482-11e8-85a5-52540088cada. Zugegriffen am 06.06.2020.

Jaspers, K. (1973). *Philosophie II: Existenzerhellung.* Berlin: Springer.

Jenull, B., & Frate, N. (2019). Wie schaffen wir den Spagat zwischen Pflege und Erwerbsarbeit? Eine Studie zur Vereinbarkeit von Pflege und Erwerbsarbeit an der Alpen-Adria-Universität. *Zeitschrift für Gerontologie und Geriatrie, 52*(8), 761–766. Heidelberg: Springer Medizin.

Jox, R. (2013). Ethik in der Medizin. Ethische Grundlagen medizinischer Behandlungsentscheidungen – Auftaktartikel zur Serie. *Bayerisches Ärzteblatt 9/2013.* Zugegriffen am 12.02.2019.

Käßmann, M. (2016). *Sorge dich nicht, Seele. Warum wir nicht verzagen müssen.* Asslar: Adeo.

Kast, V. (1990). *Trauern. Phasen und Chancen des psychischen Prozesses.* Stuttgart: Kreuz.

Kast, V. (1994). *Sich einlassen und loslassen. Neue Lebensmöglichkeiten bei Trauer und Trennung.* Freiburg: Herder.

Kast, V. (2013). *Lebenskrisen werden Lebenschancen: Wendepunkte des Lebens aktiv gestalten.* Freiburg in Breisgau: Herder.

Kitwood, T. (2004). *Demenz. Der Personen-zentrierte Ansatz im Umgang mit verwirrten Menschen* (3. erweiterte Aufl.). Deutschsprachige Ausgabe, hrsg. von C. Müller-Hergl. Bern: Hans Huber.

Kreuziger, A. (o. J.). Der personenzentrierte Ansatz, oder personenzentriert als Einstellung – nicht als Methode. https://www.carlrogers.de/personenzentrierte-ansatz-einstellung-nicht-methode.html. Zugegriffen am 06.07.2020.

Kruse, A. (2007). *Das letzte Lebensjahr. Zur körperlichen, psychischen und sozialen Situation des alten Menschen am Ende seines Lebens* (Bd. 21). Stuttgart: Kohlhammer.

Kuhn, E., & Berlin-Institut. (o. J.). Rezension zu „Wir brauchen euch!". https://www.berlin-institut.org/publikationen/rezensionen/wir-brauchen-euch.html. Zugegriffen am 12.02.2019.

Lintner, L. (2020). Wie hochbetagte geriatrische Patienten das Krankenhaus erleben. *Psychotherapie im Alter, 17.* Gießen: Psychosozial.

Marckmann, G. (2013). Ethik in der Medizin. Bayerisches Ärzteblatt. https://www.egt.med.uni-muenchen.de/personen/leitung/marckmann/materialien/publikationen/ethische-grundlagen-2013.pdf. Zugegriffen am 12.02.2017.

Pankin-Schappert, H. (18. Juli 2020). Gibt es Glück in Corona-Zeiten? Fünf Philosophen versuchen die Frage zu beantworten. *Darmstädter Echo*, S. 17.

Paul, C. (2010). *Neue Wege in der Trauer- und Sterbebegleitung: Hintergründe und Erfahrungsberichte für die Praxis*. Gütersloh: Gütersloher Verlagshaus Verlagsgruppe Random House GmbH.

Paul, Ch. (2011). Trauerprozesse benennen. https://www.chrispaul.de/wp-content/uploads/2018/09/kaptrauerprozesse.pdf. Zugegriffen am 10.08.2020.

Paul, C., & Müller, M. (2007). Trauerprozesse verstehen und begleiten. In C. Knipping (Hrsg.), *Lehrbuch Palliative Care* (2. Aufl.). Bern: Huber.

Renz, M. (2018). *Hinübergehen. Was beim Sterben geschieht. Annäherungen an letzte Wahrheiten unseres Lebens*. Freiburg: Herder.

Robert Koch Institut. (2020). Antworten auf häufig gestellte Fragen zum Coronavirus SARS-CoV-2/Krankheit COVID-19. https://www.rki.de/SharedDocs/FAQ/NCOV2019/gesamt.html. Zugegriffen am 01.10.2020.

Schiner, S. (14. April 2020). Patienten bleiben aus Angst vor Corona lieber zu Hause. Darmstädter Ärzte warnen davor, Herzbeschwerden oder Lähmungserscheinungen aus Angst vor dem Coronavirus zu ignorieren. *Echo Online*. https://www.mittelhessen.de/panorama/aus-aller-welt/patienten-bleiben-aus-angst-vor-corona-lieber-zu-hause_21543450. Zugegriffen am 15.04.2020.

Schöps, C. (2020). Du darfst dich schämen – niemand spürt sie gern, doch die Scham ist ein wichtiger Kompass, der uns nützt und schützt. *Zeit Doktor, Nr. 22/2020*, S. 7.

Schröder-Kunz, S. (2016). *Selbstverantwortung und Mitverantwortung bei älteren Arbeitnehmern in der sich verändernden Arbeitswelt*. (Bislang unveröffentlicht).

Schröder-Kunz, S. (2019). *Gutes Leben und Arbeiten in der zweiten Lebenshälfte – Frühzeitig den Weg ins Älterwerden gestalten*. Wiesbaden: Springer.

Schröder-Kunz, S. (2020). Alter hat viele Gesichter. Die Darmstädter Gerontologin Sabine Schröder-Kunz über den Umgang mit älteren Menschen und die Endlichkeit des Lebens in Zeiten von Corona. https://www.echo-online.de/lokales/darmstadt/alter-hat-viele-gesichter_21657956. Zugegriffen am 11.05.2020.

Steffensky, F. (2019). *Fragmente der Hoffnung: Wir sind Subjekte unserer Handlungen und nicht nur Erdulder unserer Schicksale. Das ist unsere Last und unsere Freiheit.* Stuttgart: Radius.

Tausch. (2009). Interview mit Daniela Tausch: Das Nicht-Aushaltbare aushalten – Wirklich als Person anwesend sein. *Gesprächspsychotherapie und Personenzentrierte Beratung, 2/09.* https://www.yumpu.com/de/document/read/22128127/daniela-tausch-das-nicht-aushaltbare-aushalten-pdf-gwg. Zugegriffen am 20.05.2020.

Unabhängiger Beirat für die Vereinbarkeit von Pflege und Beruf. (2019). *Erster Bericht des unabhängigen Beirats für die Vereinbarkeit von Pflege und Beruf.* Berlin. https://www.wege-zur-pflege.de/fileadmin/daten/Beirat/Erster_Bericht_des_unabhaengigen_Beirats_2019.pdf. Zugegriffen am 02.03.2020.

Wefing, H. (27. Februar 2020). Recht auf Tod. Machtwort aus Karlsruhe: der Sterbehilfe Paragraph im Strafgesetzbuch ist nichtig. *Die ZEIT, Nr. 10,* S. 5.

9

Krisen als Lernchancen

In den vorangegangenen Kapiteln haben wir die Thematik der Krise von den verschiedensten Seiten betrachtet. Sie dominierte das Jahr 2020 in Gestalt der Corona-Pandemie, sie betrifft aber auch darüber hinaus das Älterwerden, das Berufsleben und andere individuelle und gesellschaftliche Momente und Entwicklungen. Wichtig ist ein verantwortlicher Umgang mit Krisen, wichtig sind die Gestaltungsmöglichkeiten, die Tugenden, die in einer Krise helfen können, und die Stärkung der psychischen Widerstandskraft. Wichtig ist es schließlich auch, auf die Belastungen und den Schmerz in einer Krise einzugehen. An vielen Stellen wurde deutlich, dass durch Krisen auch Lernchancen gegeben sind. Sie möchte das vorliegende Kapitel nun komprimiert in den Blick nehmen. Dabei wird zunächst auf den Neuanfang eingegangen. Ein solcher ist auch in Veränderungen und bei Verlusten möglich, wie an einigen Beispielen zu sehen sein wird. Sie können dazu anregen, sich gerade auch in Krisensituationen auf die entsprechende Suche zu machen. Im Anschluss wird auf die Ruhe eingegangen, die in Krisen – und im Älterwerden sowieso – von besonderer Bedeutung ist. Hinzu kommt ein weiterer Aspekt: Inwieweit können wir auch in der Krise und angesichts der gegebenen Veränderungen neu kommunizieren und neu Kontakte gestalten? Und schließlich fragen wir uns, was wirklich wichtig ist. Auch eine Erkenntnis darüber kann eine wichtige Lernchance sein, die gerade Krisen bieten. Denn Chancen bergen sie durchaus – auch wenn wir sie zunächst als Verlust, als Schmerz, vielleicht sogar als Bedrohung unserer Existenz ansehen.

9.1 In jedem Abschied wohnt ein Neuanfang

„Ich bin entwicklungsfähig, kann mich anpassen, neu entdecken und erleben" – das sagt wohl keiner von uns so einfach, wenn er mitten in einer Krise steckt. Und doch geschieht es immer wieder auf wundersame Weise, auch wenn wir es in der Schwere nicht spüren. Denn Krise bedeutet Wende und Veränderung. Sie lässt uns keine Wahl: Wir müssen uns anpassen und entwickeln. Wehren wir uns dagegen, führt dies zu Stagnation. Im Grunde bedeutet das nichts anderes, als zurückgelassen zu werden, während die Welt voranschreitet. Genau dies spiegelt sich ja im unbehaglichen Gefühl, das einen in der Krise ergreift: die undeutliche und doch belastende Angst, nicht nur einen Verlust zu erleiden, sondern selbst verloren zu gehen. Dabei ist Leben immer anpassungsfähig, auch das der Menschen. Es ist formbar, es ist beweglich – Leben heißt nichts anderes als Veränderung. Das zeigt sich nicht nur im Älterwerden selbst, sondern auch noch im hohen Alter.

Ein Neuanfang ist in vielen Momenten des Lebens möglich, auch in Krisen. Das zeigte mir kürzlich eine Witwe, deren Mann gestorben war, nachdem sie ihn viele Jahre gepflegt hatte. Sie erzählte mir: „Ich vermisse meinen Mann, jeden Tag. Ich habe ihn gepflegt, viele Jahre, und es ist schwer, diese gewohnten Muster abzulegen. Ich habe viel gegeben und ich habe gerne gegeben. Aber jetzt möchte ich auf mich selbst hören, möchte mich fragen: „Auf was habe ich Lust?" „Mit wem will ich zusammen sein?" „Wie will ich meinen Alltag gestalten?" All das, was ich in den letzten Jahren vernachlässigt habe! Es ist keine einfache Zeit für mich, aber es ist ein Neuanfang und ich freue mich darauf." Der Tod eines geliebten Menschen bedeutet für die meisten Menschen eine schwere Krise. Das schließt einen Neuanfang aber nicht aus.

Auch das Seniorenalter nach dem Berufsleben wird von vielen Menschen zu Recht als Neuanfang betrachtet. Meist bestehen nun weniger Pflichten im Alltag, gibt es mehr Freiheiten. Viele erkennen hier die Chance, ihr Leben nach den eigenen Bedürfnissen zu gestalten. Wie sehr haben wir uns als Berufstätige genau das immer mal wieder gewünscht. Zugleich stürzt das Ausscheiden aus dem Berufsleben nicht wenige in eine Krise. Sie stehen vor einer Veränderung, die durchaus Unsicherheiten und Ungewissheiten birgt. Und dies betrifft auch diejenigen, die dem Ruhestand mit Freude und positiven Erwartungen entgegengesehen haben. Damit ist gerade dieser Übergang von einer Lebensphase zur anderen eines der prägnantesten Beispiele für einen Neuanfang in unserem Leben, der nicht selten krisenbehaftet ist.

Ein Neuanfang kann auch in Bezug auf unsere Haltung und Einstellung zum Leben im Alter gegeben sein: Jetzt stelle ich fest, dass ich doch noch einiges entdecken will. Auf einmal ist da womöglich wieder eine neue Offenheit in uns. Lernen scheint uns vielleicht plötzlich wieder als etwas Erstrebenswertes. Nochmal eine andere Sprache, vielleicht sogar ein Studium …? Allerdings zeigen sich im Alter nicht nur die hinzugewonnenen Freiheiten. Im Blick zurück sehen wir auch, dass wir viele Ziele erreicht haben (und manche auch nicht), und es stellen sich neue Sinnfragen (vgl. Abschn. 5.3). Das kann in eine Krise führen, weist aber mit geeigneten Sinngehalten auch wieder den Weg aus ihr heraus. Es geht darum, bewusst hinzuschauen: Welchen Sinn kann ich jetzt für mich neu entdecken? Wo habe ich mich vielleicht um etwas bemüht, das mich bisher nicht glücklich gemacht hat? Was war zu viel oder was zu wenig? Kann ich lernen, mit dem Mangel in meinem Leben umzugehen und darin Frieden finden? Für manche ist dieser Frieden ein wahrer Neuanfang.

Ob der Neuanfang möglich ist, das fragen sich viele Menschen auch im Hinblick auf ihre Partnerschaft. Sie tun dies gerade dann, wenn beide berufstätig waren, vermehrt ihre eigenen Wege gegangen sind und nun der Ruhestand und damit einhergehend viel Zeit zu zweit ansteht. Wird man sich in der veränderten Lebensphase neu entdecken? Kann es einen Neuanfang und eine Chance für die Beziehung sein? Dabei wird es auch darum gehen, wie man gemeinsam mit dem Alter umgeht, mit Verlusten und dem altersbedingten Abbau. Auch hier kann man sich neu entdecken. Vielleicht entsteht aus der vertrauten Liebe, die bisher den Alltag gemeinsam gestaltet hat, eine warme Fürsorge. Das Zusammenleben auch gerade in der Veränderung – der körperlichen, der geistigen –, ist das nicht eine Liebeserklärung der besonderen Art? So kann der Neuanfang gerade im Älterwerden besonders innig und wertvoll sein. Er meint dann keineswegs einen Bruch, der alles Bisherige von sich weist, im Gegenteil. Das Neue, das begonnen wird, umfasst auch das Alte, das zurückliegt. In diesem Sinne macht ein Neuanfang im Alter die Voll-Endung des Lebens erst möglich.

Auch die Corona-Krise kann an manchen Stellen einen Anfang bedeuten, und dies vielleicht in Lebensbereichen, die wir seit vielen Jahren schon mit Sorge beobachten. Was sind wir bereit zu lernen? Worauf können wir verzichten? Geht es vielleicht um geringeren Konsum und mehr Nachhaltigkeit? Schauen wir weniger auf uns und unseren Wohlstand und mehr auf unsere Nachbarn? Tatsächlich bietet die Corona-Krise Chancen für den Klimawandel, für nachhaltige Produkte – auch wenn ein solches Bewusstsein noch nicht vorherrschen zu scheint. Als Individuen aber können wir uns ihm öffnen, und insofern bietet diese Krise Lernchancen.

Historische Krisen bieten historische Chancen, heißt es. Gesellschaften haben sich immer wieder als anpassungs- und leistungsfähig erwiesen. Die Veränderungen, die uns aufgezwungen werden, können uns dazu bringen, innezuhalten und nachzudenken. Das erlaubt es uns dann, selbst grundlegende Änderungen, die als wichtig und richtig erkannt werden, vorzunehmen. Hier einen gesellschaftlichen Konsens herzustellen, ist gewiss nicht einfach. Es gibt Momente in der Krise, die dem entgegenstehen, aber ebenso solche, die dies möglicherweise fördern und damit Chancen bieten. Wie mir ein Bekannter kürzlich gesagt hat, kann die große Unsicherheit, die mit der Corona-Pandemie einhergeht, die Ungewissheit über die weitere Entwicklung, gerade dazu führen, dass wir bisher vermeintlich Unveränderliches infrage stellen. Für ihn gab dies Anlass, über das Thema Verantwortlichkeit und das Zusammenleben der Generationen nachzudenken. Und er sah auch in seinem Bekanntenkreis eine erhöhte Bereitschaft dazu.

Auch auf gesellschaftlicher Ebene bietet die Corona-Krise durchaus Chancen – und letztlich tragen wir alle durch unser eigenes bewusstes Handeln dazu bei. Die einschränkenden Maßnahmen sind ohne Zweifel mit vielen Härten verbunden, und es muss darauf geachtet werden, wie dies im weiteren Verlauf am besten gesteuert werden kann – wie also wirkungsvolle Maßnahmen mit dem geringsten Schaden für die Betroffenen ergriffen werden können. Davon abgesehen hat aber der scharfe Einschnitt gerade die Aussicht auch auf positive Veränderungen eröffnet. Von Entschleunigung war anfangs viel die Rede, und auch wenn nicht alle etwas damit anfangen konnten und können, waren es doch nicht wenige, die das positiv empfunden haben. Die Schulschließungen haben Probleme bereitet, aber auch den Blick auf sinnvolle und wichtige Entwicklungen gelenkt, die, bezogen auf E-Learning-Konzepte, bislang vernachlässigt wurden. Auch wenn es wichtig ist, den regulären Schulbetrieb wieder aufzunehmen, sollten die neuen Erkenntnisse weiter beachtet werden. Der verringerte Straßen- und Flugverkehr haben gezeigt, welche Chancen bestehen, wenn hier grundlegende Maßnahmen ergriffen werden – die angesichts des Klimawandels, aber auch aus vielen anderen Gründen ohnehin ergriffen werden müssen. Die Schutzmaßnahmen haben den Blick auf Defizite etwa im Pflegebereich gelenkt – auch sie sind nicht neu, nun aber stärker ins Bewusstsein gerückt. Damit ist die Chance gegeben, endlich strukturelle Änderungen zu gestalten, die zukunftsorientiert sind. Bleibt von den Hygienemaßnahmen auch über die Corona-Krise hinaus etwas bestehen, dürfte sich dies positiv auswirken und die Gesellschaft insgesamt etwas besser für zukünftige ähnliche Krisen rüsten – und seien es die jährlichen Grippewellen. Die wirtschaftlichen Hilfen und die Auseinandersetzungen um sie könnten Anlass bieten für einen Bürokratieabbau, der zu einer erheblichen Entlastung führen würde. Und insgesamt könnte die Krise auch deutlich machen, dass nicht nur die Politik und die öffentlichen Akteure gefragt sind und in der Verantwortung stehen, sondern wir alle.

Denkanstoß
Würden Sie sagen, dass die Corona-Krise für Sie persönlich gewissermaßen ein Neuanfang bedeutet? An welcher Stelle? Was ist die Grundvoraussetzung dafür, dass etwas ein Neuanfang sein kann? Und was müssten Sie dafür tun, dass dies gelingt?

9.2 Ruhe finden in der Krise

Krisen kosten Kraft. Die Veränderung, der Verlust fordern uns, sind energieraubend und kräftezehrend. Daher benötigen wir in Krisenzeiten mehr Ruhe für Körper und Seele.

Ruhe definieren Menschen sehr unterschiedlich. Der eine findet sie in der totalen Stille, der andere in einer sanften Musik, die ihn tief atmen und die Augen schließen lässt. Manch einer findet Ruhe im gleichmäßigen Schritt durch den Wald, ein anderer wieder powert sich aus, treibt intensiven Sport, um dann nur noch erschöpft und voller Ruhe den Abend zu genießen. Oder wir spülen mit der Hand ab und arbeiten im Garten, um zur Ruhe zu finden.

Ruhe in Krisen bedeutet, dass wir die Gedanken rund um das Schwere und Ungewisse für einen Moment zurückstellen und uns nicht von ihnen beherrschen und vorantreiben lassen. Manchmal erlaubt sie es uns auch, wieder mehr Abstand zu uns selbst zu gewinnen. In diesem Abstand können wir die Krise mit allem, was dazu gehört, oftmals neu – und ohne gehetzt zu sein – in den Blick nehmen, uns sortieren und kreative Ideen für deren Bewältigung finden.

Grundlegend benötigen wir Ruhe ohnehin angesichts unserer schnelllebigen und komplexen Zeit. Letztere überfordert viele Menschen – nicht nur, aber oft auch die Älteren. Wir müssen Ausgleich zu dieser Anspannung schaffen, indem wir Momente der (inneren) Ruhe finden. Wo und wie das möglich ist, das ist von Mensch zu Mensch verschieden. Ruhe ist für das Alter essenziell wichtig. Ruhe im Alter bedeutet oftmals weniger oder zumindest gleichmäßige, bewusste und achtsame Bewegung, kostet sie doch Kraft und birgt vielleicht sogar die Gefahr eines Sturzes. Körperliche Ruhe geht wiederum oftmals mit mentaler Ruhe einher. Sie kann zu der oben beschriebenen Tugend der Gelassenheit führen oder sie zumindest unterstützen. (Vgl. Abschn. 6.2) Einfach zu Hause im gewohnten Umfeld zu sitzen und liebgewonnene Rituale zu pflegen, ermöglichen den Gleichklang im Leben und ein Älterwerden ohne Überforderung. Das eigene Zuhause wird zur Sicherheit und zum Rückzugsort. Ruhe ist im Alter ein wahres Lebenselixier. Ist das Alter mit Krisen verbunden, suchen viele dann noch mehr Ruhe.

In Zeiten von Corona und Lockdown gibt es weniger Lärm und mehr Stille. Viele von uns werden sozusagen zur Ruhe gezwungen. Da fällt plötzlich auf, wie verändert, wie still diese Welt ist ohne das gewohnte bunte Treiben. Weniger Verkehr, weniger Menschen auf der Straße: Ist das nun eine unheimliche Geisterstadt oder doch eher ein Geschenk der neu gewonnenen Stille? Letzteres ist es beispielsweise für die, die nun wieder im Freien, in den weniger gefüllten Straßen oder auf Spazierwegen die Vögel gehört haben, die sonst vom Lärm übertönt, wenn nicht gar vertrieben werden. Wer das wahrnehmen kann, für den ist es wohl genau dies: ein Geschenk der Ruhe und beruhigend zugleich.

Denkanstoß
Was ist Ihnen aufgefallen während des Lockdowns? Gingen Sie öfter spazieren als früher? Haben Sie es vermisst, dass weniger auf der Straße los war? Oder haben Sie es genossen und sich freier gefühlt? Haben Sie neue Erfahrungen gemacht, vielleicht sich an alte, vergangene Erfahrungen erinnert gefühlt? Dachten Sie bei manchem: „So könnte es bleiben?"

Wie können wir Ruhe gestalten? Dies ist je nach Situation sehr unterschiedlich, aber doch vielfach möglich. Zunächst sollten wir uns über unser eigenes Ruhebedürfnis und Ruheverhalten Gedanken machen. Sind da große Differenzen? Will ich etwas verändern? Als Nächstes können wir immer wieder hinfühlen zu dem, was uns jetzt wirklich guttut. Das gelingt oftmals in Verbindung mit Achtsamkeit: Indem wir uns sehr bewusst auf unser Tun fokussieren und versuchen, uns weniger ablenken zu lassen. Wie fühle ich mich, was spüre ich, was sehe ich auf meinem Weg zum Supermarkt, im Gespräch mit der Nachbarin, einem Kollegen oder einem Menschen, der einen Mundschutz trägt? Die achtsame Wahrnehmung in den verschiedenen Situationen wertet nicht. Wir beobachten still und nehmen Emotionen, die aufkommen, so gut wie möglich einfach nur wahr. Das können wir üben durch Achtsamkeitstraining – im Internet, mithilfe von Ratgebern, aber am besten in Präsenz-Workshops lassen sich entsprechende Angebote finden, die uns hier helfen. Nicht bewerten bedeutet dann zum Beispiel: Ja, ich sehe mein Gegenüber mit Mundschutz nicht ganz. Die Mimik bleibt mir verborgen unter der Maske. Lachen diese Augen? Ich kann es nicht genau beantworten. Aber wie warm und freundlich ist die Stimme? Wie die Körperhaltung? Fühle ich mich wohl? In einer solchen achtsamen Wahrnehmung bin ich mir auch über meinen eigenen Einfluss auf die Beziehung bewusst. Denn auch ich kann meiner Stimme einen warmen Klang geben, meine Worte ruhig aussprechen, wenn das in der Situation angemessen ist oder ihr guttut. Meine Köperbewegung kann ruhig und fließend sein. Ich bleibe bei mir und meinem Atmen und übe Ruhe und Gelassenheit für mich und die Begegnung mit dem Anderen.

Ruhe können wir auch in Gespräche bringen. Besonders wichtig ist das in Beziehungskrisen. Im Streit neigen wir dazu, unsere Position zu verteidigen, und vergessen dabei oft alles andere. Das führt aber oft zu einem Ergebnis, das uns keineswegs zufriedenstellt. Hier hilft es, wenn wir uns klarmachen: Ich muss jetzt nicht widersprechen. Ich kann es so stehen lassen. Ich kann überlegen, ob die Chance auf Einsicht und Kompromiss mit dem Gegenüber überhaupt gegeben ist. Falls nicht, ist es manchmal besser, einfach tief durchzuatmen, dem anderen seine Meinung zu lassen, ihn nicht zu überzeugen suchen und doch, wenn es passt, dem eigenen Weg treu zu bleiben. Gesunde Distanz ist oft der Schlüssel zur inneren Ruhe – gerade in Beziehungen, die zu Krisen neigen.

Für Ruhe und Entspannung ist ein guter Schlaf wichtig. Hier lässt sich einiges tun. Ich kann meine Schlafumgebung entsprechend gestalten; ich kann darauf achten, am Abend nicht zu spät zu essen und auf Alkohol[1] zu verzichten. In Krisenzeiten und angespannten Lebensphasen ist oftmals auch ein Mittagschlaf von 30 Minuten hilfreich, um wieder Kraft für die zweite Tageshälfte zu bekommen.

Zur Anspannung im Alter kann auch das Autofahren werden. Nicht nur die Verkehrsdichte, sondern auch eine nachlassende Reaktionsfähigkeit führen dazu, dass der Verzicht auf das Auto oftmals zur Entspannung und mehr innerer Ruhe führen kann. Zudem schlagen wir hiermit mindestens zwei Fliegen mit einer Klappe: Wir tun etwas für den Klimawandel.

Ruhe können wir auch finden, wenn wir gewisse Dinge und Veränderungen einfach annehmen und uns nicht als Opfer fühlen. Es hilft nicht immer, sich mit anderen zu vergleichen und dann zu fragen: „Warum gerade ich?" „Warum trifft es ausgerechnet mich?" Verharrt man in dem verzweifelten Gefühl, dass einem Unrecht getan wird, wirkt es sich tendenziell lähmend aus. Wer die Pose des Klägers nicht auch zu gegebener Zeit wieder ablegt, wird kaum etwas ändern können. Dann lässt sich keine Gestaltungskraft schöpfen, lassen sich keine Ruhe und kein Frieden finden. Hilfreich ist es daher, sich zu fragen: „Warum ich nicht?", und zu überlegen warum man selbst trotz der schweren Situation noch viele Gestaltungsmöglichkeiten und Ressourcen be-

---

[1] Alkohol ermöglich zwar oftmals das schnelle Einschlafen, verhindert dafür aber das Durchschlafen.

reithält. Gerade Menschen, die eine Krise zwar durchleiden, aber sich dabei nicht als Opfer sehen, können im Nachhinein oftmals erkennen, dass die Krise für sie ein wichtiger Entwicklungsschritt war.

Denkanstoß

Kennen Sie das? Sie stecken in einer Krise und sind richtig wütend. Ganz hektisch werden Sie dabei, vielleicht auch nur verärgert. Denn wäre das alles nicht passiert, hätten Sie jetzt nicht die Probleme. Hätte ein Mensch in Ihrem Umfeld nicht dieses und jenes gesagt, würde es Ihnen jetzt nicht so schlecht gehen. Hätte nicht … – vieles ließe sich hier aufzählen.

Denken Sie an eine Krise aus den vergangenen Jahren. Hatten Sie ab und an auch das Gefühl, dass es ungerecht ist? Dass Sie in gewisser Form ein Opfer sind? Wie sehen Sie das im Nachhinein? Hat Ihnen diese Opferhaltung geholfen? Oder hat sie eher dazu geführt, dass Sie immer wieder um diese Frage gekreist, ansonsten aber nicht vorangekommen sind? Was können Sie daraus lernen, vielleicht auch für andere Krisen, die auf Sie zu kommen? Ist die Akzeptanz (vgl. Kap. 7) eventuell eine Möglichkeit, dass Sie zukünftig noch mehr überlegen: Was kann ich ändern und was muss ich akzeptieren? Könnten Sie dadurch in Ihren Überlegungen und in Ihrer Gestaltung eher Fortschritte machen?

Um Ruhe zu finden, um in die Ruhe hineinzukommen, können auch Rituale helfen. Dabei kann es etwa darum gehen, wie ich den Tag morgens beginne und abends abschließe. Schon am Morgen kann ich mir sagen: Ich begrüße diesen Tag. Ich werde akzeptieren, was ich nicht ändern kann, und gestalten, was in meiner Hand liegt. Am Abend können wir, wenn wir im Bett liegen, uns drei Dinge sagen, für die wir dankbar sind. Das sollten und können Kleinigkeiten sein: ein Vogel, der auf dem Fenstersims saß, ein schönes Telefongespräch, eine schöne Erinnerung, die mir eingefallen ist und an der ich mich kurz gefreut habe. Eine solche Dankbarkeit zielt nicht auf große Gesten, sondern eher darauf, das eigene Leben für sich selbst auch in seinen eher unscheinbaren und doch so wichtigen Dingen zu erschließen. Hier lässt sich dann nicht nur Ruhe, sondern auch Geduld mit sich selbst und mit anderen erfahren.

Ist all dies grundsätzlich wichtig, so ist es das in Krisenzeiten umso mehr. Es mag uns gerade jetzt schwerer fallen – es scheint doch so viel Wichtigeres zu geben! Doch dieser Impuls ist falsch. Gerade die Ruhe hilft uns, die Krise gut zu bestehen, sie auch – nicht blauäugig, sondern nüchtern, aber auch ohne Hektik und Panik – als die Chance zu sehen, die sie meist ist. Pflegen wir sie, können wir auch Ruhe in unsere letzten Lebensjahre bringen. Denn letztlich gilt es jetzt, in die „letzte Ruhe" und damit in unsere Endlichkeit einzuwilligen (vgl. Abschn. 8.3).

9.3 Kommunikation neu entdecken

In Abschn. 5.2 wurde das gute Miteinander behandelt und gefragt, wo und wie sich Menschen gut begegnen können. Der Kontakt zu den Eltern (auch im Pflegeheim), in den Familien, unter den Generationen und im Beruf wurde angesprochen. Auch die digitale Begegnung spielt dabei eine immer größere Rolle. In Abschn. 7.3 hat sich das soziale Miteinander als wesentliche Komponente der psychischen Widerstandskraft erwiesen, und es wurden erste Ansätze des mitverantwortlichen Fragens entwickelt. Im Folgenden werden die Lernchancen, die sich in Krisen eröffnen, auf die Kommunikation bezogen. Sie können wir gerade jetzt in der Wende neu entdecken und neu lernen.

In Krisen benötigen wir unsere Mitmenschen. Wir brauchen sie, um Hilfe oder ein wenig Trost zu erhalten. Das Miteinander und damit die – auch nonverbale – Kommunikation sind essenziell wichtig in Krisen. Dabei sind Krisen auch immer wieder eine Chance, uns im Miteinander neu zu entdecken. Zugleich verändern sich unser Miteinander und unsere Kommunikation in ihnen. Gerade jetzt suchen wir nach Menschen, die einfühlsam sind und uns guttun. Wer hört mir jetzt zu? Wer hält meine Traurigkeit, meinen Zorn, meine Verzweiflung aus? Wer redet meinen Kummer nicht schön und versucht mir einzureden, dass doch alles gar nicht so schlimm sei oder ohnehin bald wieder besser werde? Wem kann ich vertrauen? Sicherlich werden wir an verschiedenen Stellen auch enttäuscht werden. Tatsächlich finden sich die genannten Fähigkeiten nicht bei allen, vielleicht sogar bei immer weniger Menschen. Unsere leistungsorientierte Welt mit ihrer Orientierung an Effizienz und schnell wechselnden Moden scheint kein guter Nährboden dafür zu sein. Gerade jetzt ist daher Achtsamkeit gefordert. Wie geht es meinem Gegenüber in der Krise? Welche Tiefe ist gefordert, welche Oberflächlichkeit ist abzulegen?

Denkanstoß
In Krisen ist Beziehungsarbeit gefragt. Wir sagen: „Du darfst mit deinen persönlichen Problemen zu mir kommen." Wir fragen uns: „Wie geht es meinem Gegenüber in der Krise?" Erleben Sie in Ihrem nahen Umfeld Zusammenhalt in dieser Art, wenn es zu Krisen kommt? Woran machen Sie das fest? Überlegen Sie, was Sie persönlich tun können, wenn sich ein anderer in einer Krise befindet.

Steckt ein anderer Mensch in einer Krise, ist es wichtig, dass wir empathisch sind, dass wir uns in ihn hineinversetzen und uns bewusst machen, in welcher Situation er steckt. Dies kann gelingen, wenn wir zuhören. Das bedeutet, dass wir auch mal schweigen, den anderen ausreden lassen und wirklich hin-hören müssen. Doch im Allgemeinen ist vor allem in solchen Situationen das persönliche Miteinander von Bedeutung. Der Blick in die Augen, die deutlich vernehmbare Stimme, vielleicht auch einfach nur ein stilles Dasitzen – bereits die körperliche Nähe hilft viel.

Die persönliche Anwesenheit eines anderen ermöglicht es dem Leidenden zu fühlen, dass er nicht alleine ist, dass er in seinem Kummer und seinen Ängsten nicht gegen Wände läuft, sondern auf Menschen aus Fleisch und Blut und im Idealfall mit Herz und Verstand stößt. In Grenzsituationen begegnen wir Menschen oftmals auf andere Art. Da erfahren wir Dinge über den anderen und in der Regel auch über uns selbst. Grund ist, dass die Situation schwer und die Begegnung nicht leicht ist. Selbst bisher oberflächliche Beziehungen können sich jetzt neugestalten. Gerade unter solchen Umständen sind wir oftmals gefordert, neue Wege in der Kommunikation zu gehen. Dabei lassen wir uns auf das Schwere ein, muten dem Anderen das Schwere zu und halten Tiefen (gemeinsam) aus.

Kommunikation ist aber auch wichtig, wenn wir selbst in einer Krise stecken. Vielfach verspüren wir dann den Wunsch, uns zurückzuziehen. Das ist verständlich und auch gut, da wir jetzt mehr Ruhe benötigen (vgl. Abschn. 9.2). Dennoch brauchen wir wenigstens ein paar nahe Menschen, denen wir uns jetzt anvertrauen können, mit denen wir uns besprechen, vielleicht auch das eine oder andere bereden, was nun zu organisieren ist. Voraussetzung dazu ist aber unsere Bereitschaft, uns dem Gegenüber anzuvertrauen. Wir müssen bereit sein, von unseren Bedürfnissen und Gefühlen zu erzählen. Nur so kann uns der andere verstehen. Wir müssen es aushalten, uns in unserer Schwäche zu zeigen. Das fällt uns meist nicht leicht, aber ein wahrer Freund wird uns auch so akzeptieren und versuchen zu helfen, wenn wir seine Hilfe wünschen.

Kommunikation zwischen Jung und Alt in Krisen
Die neuen Alten, also die geburtenstarken „Boomer" der Jahrgänge 1955 bis 1969 (in Deutschland), sind mehr denn je gefordert, auf die Jüngeren zuzugehen und neu mit ihnen zu kommunizieren. Die wechselseitige Abhängigkeit und damit die Verantwortung sind groß: Wer wird die vielen Alten eines Tages pflegen und für sie auch (finanziell) sorgen, wenn die Renten- und Staatskassen womöglich leer sind? Wie soll die Zukunft der jungen Menschen aussehen, wenn Konflikte über Klima, Arbeit, Bildung und Schulden (vgl.

Abschn. 5.2) nicht gelöst werden, sondern sich weiter verschärfen? Damit keine Kluft zwischen Jung und Alt entsteht, damit gesellschaftliche Krisen nicht zu einer großen Krise zwischen den Generationen wird, sind sie gefordert, sich neu zu entdecken und eine bessere Kommunikation miteinander aufzubauen.

Die Bereitschaft zu einer mitverantwortlichen Kommunikation ist beispielsweise im Berufsleben wichtig. Hier finden sich oftmals verschiedene Werte der Arbeit. Sie dürfen sich nicht gegenseitig verdrängen, sondern sollten einander ergänzen. Dazu braucht es Aufmerksamkeit, ein gutes Zuhören und ein respektvolles Darlegen der eigenen Standpunkte. Eine gute Kommunikation braucht es auch mit Blick auf die Herausforderungen der Klimakrise. Mit vollem Recht ist dies ein wichtiges Thema der jungen Menschen; wird seine Behandlung nun mit zunehmender Vehemenz eingefordert, verweist dies nicht zuletzt auf bisherige Defizite auch gerade in der Kommunikation. Es verweist leider auch auf Defizite im Umgang mit der Umwelt in den letzten Jahrzehnten. Insofern ist es wichtig, den jungen Menschen zuzuhören und mit ihnen gemeinsam Lösungen zu suchen ohne ihnen die Kompetenz anzusprechen. Ihr Engagement für ein wichtiges Thema ist positiv zu bewerten und ihre Argumente sollten erhört und auf respektvolle Weise diskutiert werden.

Diese Beispiele machen deutlich, dass es wichtig ist, den anderen mit seinen Sorgen und Nöten zu sehen. Was sind deine Bedürfnisse? Unterscheiden sie sich von meinen? Wie kann ich meine Bedürfnisse und Werte mitteilen? Wenn beide Seiten sich empathisch begegnen, wenn sie einander zuhören und zu verstehen versuchen, dann können Konflikte gelöst werden. Dann können Brücken zwischen Generationen gebaut werden und Töchter und Söhne ihren hochbetagten Eltern liebevoll zur Seite stehen. Es geht nicht darum, das Verhalten oder die Meinung des anderen restlos zu verstehen oder gar positiv zu finden. Nein, es geht oftmals vielmehr darum, den anderen in seinem Anderssein auszuhalten. Und dieses Aushalten meint auch, dass ich ein Stück weit von meinen eigenen Bedürfnissen Abstand nehme und Harmonie nicht im Sinne von Gleichklang fordere.

Mit den neuen, vielleicht noch jungen Alten, eben der genannten Babyboomer-Generation, kommen hier ein paar besondere Aspekte ins Spiel. Darauf hat Bernd Ulrich (2020) kürzlich in einem Artikel in der Zeit aufmerksam gemacht. Die Stärke der Babyboomer seien das Moderieren und der Kompromiss – zwei Eigenschaften, die in der Kommunikation von großem Wert sind. Allerdings könne das nicht genügen, sondern zudem sei Neues erforderlich. Das ergebe sich gerade daraus, dass diese Generation viel Einfluss in der Gesellschaft habe und auch noch einige Zeit in machtvollen Positionen sein werde, während es darum gehe, wichtige Entscheidungen für die Zukunft zu treffen. Was Ulrich an ihr bemängelt, ist eine gewisse Trägheit. Deutlich werde dies nicht zuletzt mit der Corona-Krise, in der eine Politik der kleinen und wohlgeordneten Schritte nicht mehr möglich sei – paradigmatisch wohl für viele weitere Probleme der Gegenwart. Ebenso bemängelt er angesichts der neuen Herausforderungen die „unausgesprochene goldene Diskursregel der Boomer (und ihrer Republik)", wonach es genüge, nicht extrem zu reden, damit auch nichts Extremes passiere. Das sei dann nicht gerechtfertigt, wenn die Gefahren nicht mehr hauptsächlich von ideologischem Denken, sondern von tatsächlichen, materiellen Problemen ausgingen. Die heutigen jungen Alten müssten daher, so Ulrich, ihre Angst vor notwendigen Veränderungen überwinden und die Veränderungen selbst vorantreiben. Dabei könne sich dann das Maßvolle ihres Kommunikationsverhaltens durchaus als hilfreich erweisen.

Folgt man dieser klugen Analyse, so wird deutlich, dass es an der Generation der Babyboomer ist, eine für sie neue Veränderungsbereitschaft zu zeigen und dabei gut zu kommunizieren. Gelingt dies, wäre das für unsere Gesellschaft von größtem Wert. Eine solche Bereitschaft würde auch zu ihren eigenen Gunsten ausfallen, auch wenn es auf der einen oder anderen Seite mit Verzicht, mit einem vielleicht schmerzlichen Abschied von lieb gewonnenem Denken und Verhalten einherginge. Ein entsprechendes Handeln und Kommunizieren kämen nicht nur der jungen Generation zugute, sondern eben auch den Älteren. Dass das Mut erfordert, sei unbestritten. Aber gerade viele ihrer Fähigkeiten würden hier hilfreich sein. Und als geburtenstarke Generation, die unsere Leistungsgesellschaft maßgeblich mit aufgebaut hat, steht sie nun vor einer im Grunde unabweisbaren Verantwortung. Um ihr gerecht zu werden, muss sie zunächst vor allem eines: zuhören und neu bewerten. Besteht nicht die Bereitschaft, auch andere Meinungen, als nur den eigenen Weg, als richtig und gültig anzuerkennen, wird es indes schwierig. Eine solche Haltung dürfte die neue Kommunikation blockieren und den Generationenkonflikt verschärfen. Das aber könnte die Krise zur Katastrophe werden lassen.

Über Sterben, Tod und Trauer neu reden
Viele der neuen Alten sind aktuell mit der herausfordernden Aufgabe konfrontiert, sich um die hochbetagten Eltern zu kümmern. Dabei wird oftmals auch das eigene Älterwerden deutlicher, der Blick auf die kommenden Jahre und die eigenen Möglichkeiten beziehungsweise Unmöglichkeiten. Verletzlichkeit, Sterben, Tod und Trauer werden in den kommenden Jahren das prä-

gende Thema in unser Gesellschaft sein (vgl. Abschn. 8.2 und 8.3). Auch hier werden wir neue Wege gehen müssen. Dabei wird es vielfach um die individuellen Wünsche gehen. Um diese zu erkunden und zu befriedigen, müssen wir lernen, über diese Dinge zu sprechen. Auch das Schambesetzte im Alter (vgl. Abschn. 8.1) kann, darf und soll angesprochen werden.

Für ein solches Sprechen muss erst einmal eine geeignete Form gefunden, ein geeigneter Rahmen errichtet werden. In meinen Kursen zu „Die eigene Natur im Älterwerden entdecken" biete ich den Teilnehmern an, über den natürlichen Prozess des Älterwerdens ganz allgemein, aber auch in Bezug auf die eigene Person und die eigenen Wünsche einzugehen. Das Thema Sterben und Tod wird „natürlich" nicht ausgelassen und kommt wie von selbst zur Sprache. Es werden die vielen Potenziale in den Blick genommen, aber auch die Verletzlichkeit angesprochen, die da ist und auch sein darf. Ziel ist es, eine neue Offenheit in unserer Aussprache rund um das Älterwerden zu pflegen. Damit können wir schließlich auch für die Jüngeren zum Vorbild werden.

Wie ehrlich dürfen wir kommunizieren?
Kürzlich traf ich eine Frau, die im Streitgespräch mit ihren hochbetagten Eltern sehr klar und ehrlich geworden war und sich im Anschluss Vorwürfe machte. Die Partnerschaft der Eltern war nie sehr herzlich gewesen, soweit sie sich erinnerte. Zudem war das Rollenverständnis von Mann und Frau sehr traditionell bis patriarchalisch gewesen. Der Vater, nun über 85, war jetzt auf Hilfe der um einige Jahre jüngeren Ehefrau angewiesen. Doch diese Hilfe anzunehmen fiel ihm sehr schwer. Das äußerte sich etwa darin, dass er seine Defizite leugnete und sich regelmäßig überschätzte – worunter dann auch die Ehefrau litt. Viele Vorwürfe prasselten Tag für Tag auf die Mutter ein. Die bekümmerte Tochter, die beide Eltern sehr liebte, redete eines Tages „Klartext" mit dem Vater. Sie wies ihn auf seine körperlichen Probleme hin, machte deutlich, dass er auf Unterstützung angewiesen sei und ohne die Hilfe der Ehefrau sie von anderen in Anspruch nehmen, vielleicht sogar eines Tage in ein Pflegeheim gehen müsste, wenn die Mutter zusammenbräche. Die Konfrontation mit seinen Schwächen und der möglichen Zukunft schmerzte den Vater sehr und er wies die Argumente zunächst vehement zurück. Die Tochter ließ nicht locker und beharrte ruhig und sachlich auf der Realität. Sie war nach eigenen Aussagen dabei klar, teilweise hart und ließ sich auch nicht davon beirren, als ihr Vater sich eine Einmischung verbat. Das Gespräch belastete die Tochter jedoch im Nachhinein sehr und sie fragte mich, ob sie zu weit gegangen sei.

Tatsächlich sind Ehekonflikte in Verbindung mit zunehmender Abhängigkeit nicht selten und für die erwachsenen Kinder oftmals nicht leicht. Ich plädiere je nach Situation für Ehrlichkeit und Transparenz und gleichzeitig für bedingungslose Liebe. Und dies hatte die Tochter zum Abschluss des Streitgesprächs dann auch auf wunderbare Weise gezeigt: Sie nahm ihren Vater – zuvor fragte sie um Erlaubnis – beim Abschied in den Arm und hielt ihn dabei länger als sonst ganz fest. Er sollte spüren, dass sie da war und dass sie ihn ohne Wenn und Aber lieb hatte, auch wenn er Dinge tat, die ihrer Ansicht nach nicht in Ordnung waren. Sie sagte ihm auch, dass es für sie schwer sei, so mit ihm zu sprechen, sie aber das Gefühl habe, dass wenigstens einer mit ihm ehrlich sein solle. Auch er umarmte sie mit voller Wärme und sagte, dass alles in Ordnung sei: Ja, sie dürfe weiter so klar mit ihm sprechen. Die Tage darauf bemühte er sich zusehends. Manchmal zeigen sich Eltern nicht so einsichtig, reagieren ungehalten und möchten keinen Rat. Da ist schließlich „Loslassen" notwendig. Bei Konflikten kann dennoch der eigene Standpunkt genannt werden. Auch hier ist die Einübung von Kommunikationsstrategien hilfreich.

Bestehen kognitive Einschränkungen bei hochbetagten Eltern geht es ganz viel um „Aushalten" und „Loslassen". Ehrlichkeit überfordert in diesem Fall womöglich und führt zu keiner Veränderung. Hier gelassen zu reagieren, ist sicher schwierig, aber für uns selbst hilfreich. Eine externe Beratung durch Altersexperten kann dabei unterstützen.

9.4 Was wirklich wichtig ist

Im Alltag sind wir uns nicht immer bewusst oder machen uns nicht klar, was wirklich wichtig ist. Zu sehr sind wir in Routinen und gewohnten Abläufen verstrickt, als dass uns präsent wäre, was für uns eigentlich relevant ist – über das tägliche Leben hinaus. Oftmals kommt es erst dann in den Blick, wenn das Alltägliche durchbrochen wird. Damit sind in Krisen nicht nur Lernchancen und ein möglicher Neuanfang gegeben. Vielmehr kommt in ihrem Zusammenhang oft erst (oder wieder) zum Vorschein, was eine besondere Bedeutung für uns hat.

In Krisen gehen wir oftmals wie von selbst in unsere Selbstverantwortung und achten auf unsere Bedürfnisse. Wer tut mir jetzt gut, mit wem will ich zusammen sein, welchen Freizeitbeschäftigungen nachgehen? Wie kann ich zur Ruhe finden, trotz Schmerz und Belastungen? Aber auch unsere Werte und Möglichkeiten werden nun in den Blick genommen. Im Laufe einer Krise können wir uns meist ein Stück weit besinnen. Wir sind schmerzlich auf uns selbst zurückgeworfen – und kommen dabei zwangsläufig zu der Frage: Was ist wirklich wichtig?

Denkanstoß
Haben Sie in einer Krise nicht auch schon gedacht, dass vieles, was uns im täglichen Leben umtreibt, vielleicht nicht verzichtbar, aber eben auch nicht der Kern des Lebens ist? Haben Sie sich dann auch gefragt, was denn nun wirklich – und eben nicht nur scheinbar – wichtig ist? Zu welchem Ergebnis sind Sie gekommen? Und inwiefern hat die Krise Ihnen dabei geholfen? Finden Sie sich und Ihre Überlegungen in den folgenden Abschnitten wieder?

Gute Beziehungen
In Krisen stellen wir nicht nur fest, wie wichtig gute Beziehungen sind, sondern wir leben oftmals auch eine neue Intensität in der Begegnung. Menschen begegnen sich in oder auch nach Krisen neu. Wir sind betroffen, jeder auf seine Art. Wie geht es dem anderen? Was beschäftigt ihn jetzt besonders? Das zeigt sich besonders, wenn wir Hilfe geben und Hilfe annehmen. Es ist von Bedeutung, dass wir uns bewusst machen, dass das Annehmen von Hilfe nichts ist, wofür wir uns schämen müssen. Sich gegenseitig zu helfen, ist das Natürlichste auf der Welt und zeichnet uns als mitfühlende Wesen aus.

Wir können mitverantwortlichen fragen und zuhören (vgl. Abschn. 5.2). Stecken wir selbst in einer Krise, fühlen wir uns aber – trotz der Menschen, die uns helfen und guttun – oftmals allein. Denn wir selbst sind es, die mit dem Schmerz, mit dem Verlust, mit der Angst auskommen müssen. Wir selbst müssen den Berg, der sich da vor uns auftürmt, bspw. an medizinischen Behandlungen, erklimmen und die Strapazen ertragen. Wir selbst sitzen nun alleine am Frühstückstisch, wenn der Partner gestorben ist. Umso wichtiger ist es, sich in diesem Schmerz nicht auf Dauer zurückzuziehen, sondern Menschen an der Seite zu haben, die hin und wieder Trost spenden oder uns ablenken und Momente der Freude schenken. Wichtig ist, dass wir uns – mit der Zeit – genau darauf einlassen.

Das Wissen um die Bedeutung guter Beziehungen kann uns dazu bringen, dass wir uns vorbeugend um sie kümmern. Das kann auch heißen, dass wir selbst einsamen Menschen helfen und dadurch ein Bewusstsein erhalten, wie wichtig es ist, nicht nur Hilfe anzunehmen, sondern auch rauszugehen und gesellige Angebote von den verschiedensten Institutionen anzunehmen. In jeder Lebensphase auch außerhalb von Krisen sind gute Beziehungen wichtig und machen das Leben schöner und abwechslungsreicher. Deshalb ist es vorteilhaft, wenn wir im Laufe des Lebens gute Beziehungen pflegen, die uns dann auch helfen, wenn wir in eine Krise geraten.

Gute Beziehungen zeigen sich oftmals darin, dass ein geeignetes Maß an Nähe und Distanz gefunden wird. Berührung kann in Krisen wichtig sein. Durch eine Hand, die meine Hand hält oder sich sanft auf meine Schulter legt, finde ich Trost. Wir fühlen uns für einen Moment gehalten und angenommen in unserem Schmerz. Eine Stütze finden wir aber auch in Worten, die uns berühren und uns zusichern: „Ich bin für dich da", oder „Ich kann mir vorstellen, dass das sehr schwer ist".

Die verbale Beziehung ist gerade in Zeiten von Corona wichtig. Wir haben gelernt, dass neue technische Kommunikationsformen, die uns bisher eher fremd waren, durchaus von Bedeutung sein können. Wir haben festgestellt, wie sehr uns Menschen fehlen, wenn wir sie nicht mehr persönlich zu Gesicht bekommen, und dass die „Online"-Begegnungen zwar kein voller Ersatz sind, aber doch wertvolle Möglichkeiten bieten – teilweise vielleicht die einzigen, die für eine bestimmte Zeit bleiben. Wir begegnen uns beim Spaziergang, können uns zwar zur Begrüßung nicht umarmen, aber können doch unsere Verbundenheit mit unseren Augen, mit unserem Blick zum Ausdruck bringen.

Gute Beziehungen sind aber auch beruflich sehr wichtig. Gerade sie stehen in Corona-Zeiten auf dem Prüfstand. Oft kommt es zu Missverständnissen bei Online-Meetings. Die Konzentration fällt uns schwer, vielleicht erledigen wir auch noch etwas anderes nebenher – die Menschen am anderen Bildschirm bekommen es ja oft nicht mit. Da das Thema Homeoffice aller Voraussicht nach zukünftig vermehrt im Berufsalltag präsent sein wird, sind noch viele kreative Ideen gefordert, wie hier gute Beziehungen aussehen können. Wie kann Nähe aufgebaut werden, wie die Konzentration erhalten bleiben, und was fördert Vertrauen trotz der Distanz, sodass ein Team das Gefühl hat, zusammen in einem Boot zu sitzen? Auch das Thema Einsamkeit etwa bei berufstätigen Singles dürfen wir hier nicht vernachlässigen. In meinen Workshops zur „Selbstverantwortung und Mitverantwortung in beruflichen Beziehungen" erarbeiten die Teams beim Thema Homeoffice neue Formen der Online-Begegnung, bspw. für Sitzungen zu zweit oder in Gruppen-Meetings. Ziel ist es, dass die Teilnehmer Werkzeuge an die Hand bekommen und eine nachhaltige Sensibilität dafür entwickeln, wie sie auch nach dem Workshop die beruflichen Kontakte immer wieder anpassen und den Bedürfnissen entsprechend auch online gestalten können.

Stellen wir nun bei all dem – beruflich wie privat – fest, dass für gute Beziehungen der persönliche Kontakt wichtig ist, können wir daraus für die Zukunft lernen, die Begegnungen, die wir haben, in aller Intensität, in aller Nähe und mit allen Sinnen neu zu entdecken. Vielleicht behutsamer und achtsamer, zugleich aber wärmer und genussvoller. Vielleicht entfalten sich hier neue Möglichkeiten im privaten Raum, während öffentliche Räume, etwa das Café um die Ecke oder Versammlungen mit zahlreichen Personen, zwar nicht verschwinden, aber doch ein wenig in den Hintergrund rücken. Die Scheinfreundschaften auf Facebook hingegen bleiben letztlich nur noch ein netter Zeitvertreib.

Auch wenn es in Zeiten von Corona viele Trennungen gab und gibt – manche Paare haben sich in der Krise neu kennengelernt. Beiden Partnern wurde klar: Jetzt heißt es zusammenzustehen. Jetzt sind kleine alltägliche Streitereien nicht mehr wichtig, sondern etwas ganz anderes zählt. Vielleicht wird jetzt deutlich, dass man sich aufeinander verlassen kann. Und durch die Krise erneuert sich die Partnerschaft in einem tiefen Vertrauen und einer tiefen Liebe. In diesem Neuentdecken erleben wir den anderen vielleicht auch mit seinen eigenen Interessen und Aktivitäten und lassen ihm diese, ohne zu klammern. Dadurch kann auch sein Selbstwertgefühl gestärkt werden.

Statt „schneller, weiter, besser" zählt jetzt „langsamer, kürzer, bescheidener"
In Krisen, egal welcher Art, sind wir gefordert. Da geht es nun nicht mehr darum, schneller und besser als andere zu sein und weiter als sie zu kommen. Nein, wir sind gefordert, mit unseren Kräften zu haushalten. Das ist wichtig. Gleichzeitig können wir daraus lernen – etwas, das im Laufe von Krisen oftmals fast wie von allein geschieht. Wenn wir die Krise überstanden haben, möchten wir etwas langsamer machen, wollen kleinere Schritte gehen, vielleicht auch bescheidener leben. Denn wir haben gesehen: Weniger kann mehr sein, wie es so schön heißt.

Der durch Corona bedingte Ausnahmezustand hat manche von uns genau darauf aufmerksam gemacht. Für viele war es eine Zeit der Entschleunigung. Manche haben erfahren, dass sie auch mit den gegebenen Verlusten rund um Mobilität, Kontakte und Freizeitangebote recht gut leben können. Reisen und Konsum wurden und werden eingeschränkt, sie werden bewusster und überlegter vorgenommen. Die Herausforderung Corona war an dieser Stelle für viele Menschen richtungsweisend. So können kleinere Schritte und ein – anfangs vielleicht erzwungener – Verzicht von Bedeutung werden und für unser Leben in und nach der Krise wichtig sein. Glück kann durch Krisen so eine ganz neue Dimension bekommen. Die Fülle des Glücks, wie der Philosoph Wilhelm Schmidt sie nennt, beinhaltet nicht nur freudvolle Momente, sondern integriert auch die Tiefen als Teil des Lebens. Dazu gehört das Bewusstsein darüber, was man alles hat: die eigenen vier Wände, die Heimat, Freunde, ausreichend zu Essen etc. Nun geht es mehr und mehr darum, genau dies zu pflegen und nicht nach immer mehr zu streben.

„Langsamer, kürzer, bescheidener" ist ein Grundsatz, den viele Alte in unserer Gesellschaft schon über Jahre hinweg spüren. Sie haben gelernt oder mussten lernen, damit zu leben. Körperliche Einschränkungen führen vielleicht dazu, dass sie nicht mehr reisen können, auf einen geliebten Sport verzichten müssen oder auch beim Lesen mehr Schwierigkeiten haben. Da kann es ganz erhellend sein, die Alten zu fragen und mit ihnen ins Gespräch zu kommen: „Worauf hast du in deinem Leben schon alles verzichtet?" „Und wie bist du damit umgegangen?" „Haben dir Demut und Dank dabei geholfen?" Hier können Ältere zum Ratgeber der Jüngeren werden. In einer älter werdenden Gesellschaft scheint das, allem Jugendlichkeitswahn zum Trotz, geradezu unverzichtbar. Und nebenbei kann dies zu mehr Generationensolidarität führen.

Scheinsicherheit aufgeben

Krisen zeigen uns immer wieder, dass es nicht die eine große, allumfassende Sicherheit gibt – egal wie gut wir uns versichern! Generationen, die mehr oder weniger im Überfluss gelebt haben und Muster von Wohlstand und Glück verinnerlicht haben, dürften nun erfahren, dass es sich ein Stück weit um eine Scheinwelt handelt, die fragiler und zerbrechlicher ist, als man dachte. Diese Erfahrung kann wichtig sein für das eigene Leben und die Bereitschaft, auch das Verletzliche in das eigene Leben zu integrieren. Zur Lebenskunst gehört auch, dass wir die Spannungsfelder von Freud und Leid, von Selbstständigkeit und Abhängigkeit, von stark und schwach, annehmen und bereit sind, beides zu tragen und zu gestalten.

Krisen machen uns deutlich, dass wir nicht alles in der Hand haben. So sehr wir uns auch abstrampeln – die Krise ist da. Natürlich können wir kleine Schritte gehen, können Hilfe finden und nutzen, damit wir nicht ganz ohnmächtig sind. Dennoch bleibt Ungewissheit und vielleicht auch eine Angst, die sich nicht bannen und schon gar nicht ignorieren lassen will. Doch meistens finden wir in uns so etwas wie ein kleines Licht, einen Hoffnungsschimmer, ein kleines Stück Vertrauen, dass wir es schaffen werden. Im Nachgang können viele Menschen dann sagen: Ich habe gelernt, dass nicht alles in meiner Hand ist. Ich habe gelernt, nicht nur meine Fähigkeiten und meine Kraft zu geben, sondern ein Stück weit auch zu vertrauen. Wie hilfreich Hoffnung und Vertrauen – aber auch die verschiedenen Tugenden – sind, haben wir bereits in Kap. 6 gesehen.

Sie spielen auch beim Umgang mit hochbetagten Eltern eine wichtige Rolle. Kinder hochbetagter Eltern sollten sich immer wieder vor Augen führen, dass die ältere Generation bereits viel Erfahrungswissen gesammelt hat. Sie sollte daher, soweit es möglich ist, selbstbestimmt über ihr Leben und Sterben verfügen dürfen. Wir können im Gespräch bleiben, wir können unsere Ansicht kundtun, wir können Konsequenzen aufzeigen. Doch letztlich müssen die erwachsenen Kinder ein gewisses Vertrauen in ihre Eltern und deren Weg haben. Sie wissen es vielleicht auch besser als Jüngere, weil sie sich mit ihrer Endlichkeit schon auseinandergesetzt haben. Ältere haben vieles (oftmals schmerzlich) gelernt; sie wissen, dass sie dem Tod nicht entrinnen können. Corona ist, wir sahen es, eine Gelegenheit darüber zu sprechen. Bei Risikopatienten und Hochaltrigen ist das eigentlich unverzichtbar. Aber auch die (noch) jungen Alten können diese Reflexion bei ihren Kindern anstoßen und ihnen ihre eigenen Gedanken zumuten. In meiner Sprechstunde ermuntere ich Angehörige immer wieder dazu, miteinander – bei Bedarf unter Anleitung – über diese Dinge ins Gespräch zu kommen.

Informiert sein – seriöse Wissensquellen nutzen
In Krisen müssen wir seriöse Informationen sammeln, sie reflektieren und zu unserem Wohle und mit all unserer Gestaltungskraft einsetzen. Krisen sind auch dazu da, Wahrheiten zu entdecken. Unwahrheiten hingegen wirken sich zerstörerisch auf Krisen aus und können uns ernsthaft gefährden. Das betrifft nicht zuletzt unsere Gesundheit – gerade der Zusammenhang von Corona-Krise und neuen Medien macht dies deutlich. Auch im Älterwerden können wir hier viel tun. Ohnehin ist es hilfreich, sich mit seinem Körper und einer gesunden Lebensführung zu beschäftigen (vgl. Abschn. 5.1).

Mit unserer Energie haushalten
Krisen können uns lehren, auf unsere Ressourcen zu achten. Wie viel halte ich noch aus? Wie viel Anspannung ist noch möglich? Irgendwann kommt die Erschöpfung, und ich sollte möglichst davor schon eine Pause einlegen, damit es nicht dazu kommt. Wir lernen: Wenn wir nicht auf Ruhephasen achten, auf unsere Momente der Entspannung, dann werden wir die Krise auch nicht bewältigen. Dann fehlt uns die Kraft, den Alltag zu gestalten. Entspannung und Ausgleich können auch dadurch geschaffen werden, dass wir in unseren schweren Zeiten ganz gezielt nach schönen und freudvollen Momenten suchen und uns bemühen, sie so gut wie möglich zu genießen. Wir können überlegen, wie wir es uns jetzt noch schöner machen können. Dabei merken wir, wie sich Kleinigkeiten auf unsere Stimmung auswirken. Was früher im Alltagsstress untergegangen ist, nehmen wir jetzt bewusster wahr. Tipps zum Thema Achtsamkeit finden Sie in Abschn. 5.1.

Gnädig mit sich selbst sein
In Krisen wird es auch immer wieder darum gehen, manchmal etwas weniger streng mit uns selbst zu sein. Geduld sollten wir nicht nur mit anderen, sondern auch mit uns selbst haben. Wir müssen uns Zeit einräumen, mit der Veränderung umzugehen. Das kann schon mit kleineren Belastungen anfangen. So stellen wir im Älterwerden vielleicht fest, dass wir uns einiges nicht mehr so gut merken können. Schnell führt das zu Unmut, vielleicht auch zu

Sorge. Was ist, wenn ich in Zukunft ständig Dinge vergesse? Natürlich ist das keine tolle Aussicht. Und doch können wir genau hier schon einmal üben, mit gewissen Veränderungen und Verlusten umzugehen, oder noch besser überlegen, an welcher Stelle wir jetzt vielleicht trainieren können, um den Verlust auszugleichen. Gelingt es uns nicht, auf diese Weise in welcher Form und mit welchem Erfolg auch immer mit der Situation umzugehen, können solche Wahrnehmungen und anfangs noch kleinen Belastungen in handfeste Krisen ausarten. Das kann auch unsere Beziehungen betreffen, zum Beispiel in einer Partnerschaft, in der dann vermehrt wechselseitig Vorwürfe geäußert werden, etwa dahingehend, der andere höre nicht mehr richtig zu, vergesse alles oder verhalte sich merkwürdig. Was wirklich wichtig ist, kann bereits im Alltag geübt werden, indem wir uns ernsthaft fragen: „Wie können wir in solchen Dingen mit uns umgehen, aber auch mit anderen?"

An unsere Mitmenschen denken

Welche Krise uns auch trifft, wir sind immer wieder gefordert, nicht nur uns selbst zu sehen, sondern auch den anderen. Das kann bedeuten, dass ich darauf achte, selbst nicht allzu sehr zu klagen und nicht immer von dem Schweren zu erzählen, sondern auch Raum für das Schöne im Gespräch lasse. Wenn es uns irgendwie möglich ist, sollten wir auch dann, wenn die Situation für uns schwierig ist, wenn uns die Krise belastet, an unsere Mitmenschen denken, denen es vielleicht noch schlechter geht. Wir müssen bei etwas Umsichtigkeit zugeben, manchmal doch auf recht „hohem Niveau" zu jammern. In Corona-Zeiten waren und sind wir eingeschränkt – aber denken wir doch beispielsweise an die Situation der sogenannten Alltagshelden, denken wir an die Pflegenden, die Sanitäter, die Menschen, die in Apotheken oder Supermärkten arbeiten. Und denken wir vor allem an die Menschen, die krank geworden sind oder in Quarantäne stecken, an jene, die auf engstem Raum mit ihrer Familie im Homeoffice ohne Kinderbetreuung arbeiten.

Auch gilt es, andere Probleme nicht aus den Augen zu verlieren. Der Klimawandel bleibt ja nicht stehen (auch wenn sich die Natur kurzzeitig über weniger Flugverkehr freuen durfte), das Thema der globalen Migration bleibt eine große Herausforderung, und welche Folgen die Corona-Krise in anderen Weltregionen haben wird, ist noch gar nicht abzusehen. Immerhin lernen wir jetzt, dass Solidarität für unsere Gesellschaft überlebenswichtig ist. Das kann von Bedeutung sein, wenn wir über gesellschaftliche Innovationen wie das bedingungsloses Grundeinkommen oder die Digitalisierung der Arbeitswelt nachdenken. Kreative Initiativen sind in Zeiten von Corona entstanden – vielleicht können sie unsere Gesellschaft auch längerfristig voranbringen.

Uns selbst begreifen und entdecken
In Krisen und Grenzsituationen erneuern sich die Dinge in gewisser Weise. Das trifft auch auf uns selbst zu. Wer bin ich jetzt noch, wo ich doch so viel verloren habe? In diesem Fragen und Philosophieren schauen wir nicht nur uns, sondern auch die Welt, in der wir wirken und leben, an, versuchen wir neue Zusammenhänge zu erkennen. Erste Bilder eines anderen Lebens lassen sich erkennen, erste behutsame Erfahrungen werden gemacht. Es ist der Anfang hin zu einer erweiterten Identität, die nun die Krise und die darin gemachten Erfahrungen beinhaltet.

Erleben wir sie als existenziell, führen Krisen oftmals zu einem neuen Selbstbewusstsein. Auf einmal geht es nicht mehr darum, was andere von uns denken und wie wir es anderen recht machen können. Vielmehr lernen wir nun, zu uns selbst hinzuspüren. Was brauche ich jetzt? Was möchte ich noch realisieren? Mit wem bin ich gerne zusammen? Wie will ich meinen Alltag gestalten? Das sind Fragen, die die eigenen Bedürfnisse in den Blick nehmen und mit denen wir uns – im Rahmen des Möglichen und bei einem hoffentlich guten Miteinander – von anderen unabhängig machen. Ein neues Selbstbewusstsein wird ermöglicht, indem wir zu uns selbst stehen, indem wir unsere Potenziale entfalten, indem wir uns trauen, unser Leben für uns stimmig zu leben. Oftmals entsteht in Krisen neuer Freiraum, den wir nutzen können, um eigene kreative Projekte zu starten. Ein gutes Beispiel ist eine Weiterbildung im Falle einer Arbeitslosigkeit – sie mag den Arbeitsplatz nicht ersetzen, aber sie zeigt, dass wir nicht passiv sein müssen, und bestenfalls erweitert sie unseren Horizont.

Herauszufinden, was wirklich wichtig ist, hat viel mit unserer Selbstverantwortung zu tun. In Krisen ist sie verstärkt gefordert, zugleich werden wir wie von selbst auf sie gestoßen. Indem wir wissen, was für uns wichtig ist, gelingt es uns eher, dieser Verantwortung gerecht zu werden. Und kommen wir – was meist zwangsläufig der Fall sein dürfte – dabei zu dem Ergebnis, dass unsere Beziehungen ein Teil davon sind und entsprechend gestaltet werden können und müssen, schaffen wir auch die Voraussetzungen, unserer Mitverantwortung gerecht zu werden. Wichtig ist daher, sich die Erkenntnisse, die man in der Krise gewonnen hat, auch für die Zeit danach zu bewahren.

Tipp
Was man in der Corona-Krise so alles lernen kann, zeigt (und spielt auf seiner Gitarre) der Darmstädter Redakteur Thomas Wolff, in mehreren Folgen des Familien Blog der VRM „Wolffs Höhle". Er berichtet aus dem Homeoffice, wie eine Familie den Corona-Alltag meistert.

Einfach mal reinschauen unter: https://mediathek.vrm.de/videos/1680610-wolffs-hoehle-1-ein-familie-meistert-den-corona-alltag

Literatur

Arendt, H. (1967). *Vita activa – oder Vom tätigen Leben*. München: Pieper.

Femppel, B. (2020). Die Corona-Krise als große Chance für Darmstadt. Der erzwungene Stillstand könnte dazu führen, von Verkehr über Digitalisierung bis Handel einige Grundprobleme in der Stadt anzugehen. Es müsste nur einer mal damit anfangen. *Echo Online*. https://www.echo-online.de/panorama/aus-aller-welt/die-corona-krise-als-grosse-chance-fur-darmstadt_21591044. Zugegriffen am 25.04.2020.

Hennemann, L. (2020). Nicht luftleer. Kommentar zu Corona und Klarheit. *Darmstädter Echo*, S. 2.

Horx, M. (2020). 47 – Corona: Eine Resilienz-Übung. Was man vom Virus über die Zukunft erfahren kann. https://www.horx.com/47-corona-eine-resilienz-uebung/. Zugegriffen am 25.04.2020.

Nieswandt, J. (6. Mai 2020). Mehr Home-Office, weniger Verkehr? Die Erfahrungen der Krise bieten Chancen zur Verbesserung der Mobilität in Darmstadt/Plädoyer für Experimente. *Darmstädter Echo*, S. 10.

Riehl-Emde, A. (2014). *Wenn alte Liebe doch mal rostet*. Stuttgart: Kohlhammer.

Schmid, W. (2007). *Glück: Alles, was Sie darüber wissen müssen, und warum es nicht das Wichtigste im Leben ist*. Berlin: Insel.

Schmitt, M., & Re, S. (2004). Partnerschaft im Alter. In M. Kruse (Hrsg.), *Enzyklopädie der Gerontologie – Alternsprozess in multidisziplinärer Sicht*. Bern: Hans Huber.

Schröder-Kunz, S. (2020). „Wir brauchen die aktiven Alten". Die Darmstädter Gerontologin und Buchautorin Sabine Schröder-Kunz plädiert mit ihrem neuen Buch für bewusstes Älterwerden schon in jungen Jahren. Ein Gespräch über das Älterwerden. Interview Petra Neumann-Prystaj. *Darmstädter Echo*, S. 10.

Ulrich, B. (2020). Weitere zehn Jahre werden die Babyboomer die Geschicke des Landes bestimmen. Ihre Stärke ist das Moderieren und der Kompromiss – doch das reicht jetzt bei Weitem nicht mehr. *Die ZEIT, Nr. 35/2020*. https://www.zeit.de/2020/35/babyboomer-ideologiekritik-systemkrise-generation-klimapolitik. Zugegriffen am 25.08.2020.

Wolff, T. (2020). Kommentar zu neuen Wohnformen: Labor für die Zukunft. *Darmstädter Echo*, S. 7.

10

Schlussbetrachtung

Krisen sind Durchgangsphasen. Sie begleiten die Menschheitsgeschichte seit Anbeginn. Sie können plötzlich und jäh, aber auch von einer gewissen Dauer und ohne allzu scharfe Kontur sein und erst rückblickend wirklich erkannt werden. Stets sind sie – ob auf persönlicher oder gesellschaftlicher Ebene – mit neuen Erfahrungen verbunden. Dabei handelt es sich nicht um beliebige, sondern um gravierende und damit lebensverändernde Erfahrungen. Insofern kann eine Krise auch als Wende bezeichnet werden. Plötzlich befinden wir uns auf Neuland, in einer unvertrauten und unbekannten Situation. Das kann zu einem Prozess des Lernens führen, in dem wir uns dadurch weiterentwickeln, dass wir nachdenken, handeln und uns etwas Neues erarbeiten. Oft kommen neue Werte ins Spiel, wollen wir doch dem Lernprozess, den wir in der lebensverändernden Erfahrung durchlaufen, in eine gute Richtung leiten. Es geht immer auch um unsere ethische Verantwortung. Gerade in unserer modernen Gesellschaft gibt es selten ein allgemeingültiges Wissen; im Vordergrund steht vielmehr ein immer neues Lernen.

Unser Leben verändert sich – immer wieder. Eine Wende im Leben kann für uns gut oder weniger gut sein. Obwohl wir uns selbst wie auch den anderen stets das Beste wünschen, wissen wir doch auch, dass ein langes Leben nicht nur von Glück und Freude geprägt sein kann. Eigentlich wissen wir, dass Krisen zum Leben dazugehören. Und doch kann eine Krise schwer treffen, schwerer vielleicht als gedacht. Ob und wie wir sie bewältigen, das können wir im Vorhinein nicht sagen. In jedem Fall entwickeln wir uns durch Krisen aber weiter, machen neue Erfahrungen und im Rückblick können wir nicht selten feststellen, dass wir besser durchgekommen sind als anfangs erwartet. Was uns dabei geholfen hat, ist manches Mal gar nicht so einfach zu sagen. Aber wir haben erfahren, dass wir an Krisen wachsen können. Wir können aber auch scheitern. Gerade deshalb ist es so wichtig, dass wir uns mit ihnen beschäftigen und genauer darauf achten, was hier vor sich geht und welche Gestaltungsmöglichkeiten bestehen.

Wie also umgehen mit Krisen? Einfache Antworten gibt es nicht. Das zeigt nicht zuletzt die Corona-Krise. Das zeigt sich aber auch dann, wenn Menschen an einen Punkt kommen, wo sie das Gefühl haben, ihr ganzes Leben sei infrage gestellt. Manche empfinden den Fortschritt des Lebens selbst als krisenhaft – vor allem dann, wenn sie älter, gar alt werden. Ist Alter nicht die Krise unseres Lebens schlechthin? Wer so denkt, der verfehlt nicht nur die Potenziale, die auch Krisen in sich bergen, sondern wird sich irgendwann in einer Sackgasse sehen. Betrachten wir also, was wir auf den vorangehenden Seiten über Krisen und den Umgang mit ihnen herausgefunden haben.

Corona – eine globale Krise

Die Corona-Krise ist eine Krise der besonderen Art. Sie geht über den ganzen Globus hinweg und führt in nie da gewesener Form zu gesundheitlichen, ökonomischen und sozialen Schäden weltweit. In ihr zeigt sich aber auch, dass Krisen sowohl überspitzt betrachtet als auch geleugnet werden können. In dieser speziellen Krise gibt es durchaus Lernchancen – so wie in allen Krisen –, es kann aber kaum gesagt werden, dass sie selbst eine Chance ist.

Immerhin: Corona rüttelt wach und zeigt uns allen, dass die Sicherheit, in der wir uns wähnten, doch eher brüchig war. Mehr noch: Das Bisherige lässt sich nicht mehr so ohne weiteres fortsetzen. Die Pandemie und die ständig wechselnden Maßnahmen zeigen in hohem Maße, was ein Grundzug von Krisen ist: Sie stürzen uns in Unsicherheit. Was wird nicht alles infrage gestellt – und wer kann sagen, wie es weitergeht? Wird das Virus uns oder jemanden aus unserer Nähe treffen, und wenn es dies tut, wie wird es sich auswirken?

Das Besondere an dieser Krise ist, dass sie weltweit alle betrifft, wenn auch nicht alle in gleicher Weise und in gleichem Maße. Kinder und Jugendliche sind betroffen, ebenso Erwachsene in Beruf und Freizeit, ganz zu schweigen von den Älteren als „Risikogruppe", die es zu schützen gilt. Sie geht uns alle an – und doch sollten wir versuchen, auch hier zu differenzieren. Gerade mit Blick auf die Älteren sahen wir bereits, dass es nicht sinnvoll ist, sie pauschal alle zu einer Gruppe zusammenzuschließen. Das wird nicht den verschiedenen Lebensformen, nicht den Bedürfnissen und auch nicht den Potenzialen der Einzelnen gerecht. Gerade die Potenziale aller Mitglieder unserer Gesellschaft aber gilt es zu wahren und bestmöglich zu fördern – besonders mit Blick auf mögliche Krisen.

Die Corona-Pandemie bzw. die zu ihrer Bekämpfung ergriffenen Maßnahmen haben nicht nur im sozialen, sondern auch im wirtschaftlichen Bereich teils erhebliche Konsequenzen. Das wirkt sich ganz unterschiedlich auf das Berufsleben aus. Mancher sah und sieht seine wirtschaftliche Existenz gefährdet. Aber auch darüber hinaus kommt es zu deutlichen Umbrüchen in der Wirtschaft und in den Betrieben. Dass wir eine Rezession zu verzeichnen haben, ist nicht bestreitbar. Wie wird sich das auf die Arbeit in unserer Gesellschaft auswirken – nicht nur in Form von Kurzarbeit oder gar Arbeitslosigkeit, sondern auf die Strukturen der Arbeit, die sich ohnehin im Umbruch befinden? Digitalisierung ist längst ein Thema, ohne dass die weiteren Entwicklungen abzusehen sind. Zumindest in Teilbereichen hat die Corona-Krise das noch einmal vorangetrieben. Stürzt die Arbeitswelt, ja das Arbeiten insgesamt in eine Krise?

Arbeit – die zu vermeidende Krise
In der Arbeitswelt ist ein ständiger Wandel gegeben. Die Arbeit, die wir leisten, wird in fast allen Bereichen immer komplexer. Digitale Medien werden nicht nur genutzt, sondern führen zu grundlegenden Änderungen. Noch ist nicht absehbar, wohin das führen wird; die Fortschritte in der Informationstechnologie sind rapide, und auch wenn das Arbeitsleben nicht in der gleichen Geschwindigkeit Veränderungen unterworfen ist, wird sich hier noch vieles tun. Ältere Berufstätige, die sich im späten Berufsleben finden, haben bisher schon viele Umbrüche erlebt; dies wird in Zukunft nicht anders sein. Dadurch entsteht ein großer Druck – Leistungsverdichtung, Schnelllebigkeit, Vielfalt und Flexibilität sind Kennzeichen der neuen Arbeitswelt. Das macht es nicht immer einfach, sich in seinem eigenen Älterwerden anzunehmen. Generationenkonflikte finden nicht zuletzt in den Betrieben statt und können teils heftige Formen annehmen.

Das bedeutet aber nicht, dass die Arbeit zwangsläufig zur Krise werden muss – auch nicht für ältere Berufstätige. Vielmehr müssen wir uns bemühen, dass dies gerade nicht geschieht. Der Wandel im Arbeitsleben wird sich nicht bewältigen lassen, wenn sich Alte und Junge konfrontativ gegenüberstehen – und zwar für keine der beiden Seiten. Auch wenn es nicht immer leicht ist und nicht immer gleich erkannt werden kann: Die unterschiedlichen Generationen ergänzen sich, und sie tun das auch im Berufsleben.

In diesem Buch war oft von den Babyboomern die Rede, eine Generation, die bisher die wenigsten (gesellschaftlichen) Krisen erlebt hat, aber gerade deshalb angehalten ist, über ihre Resilienz nachzudenken. Um Krisen bewältigen zu können, um die Arbeit nicht zur Krise werden zu lassen, müssen sie sich um ihre psychische Widerstandskraft bemühen. Gerade diese Generation steht in der Verantwortung, die noch kommenden Jahre für sich selbst wie auch für ihre Mitmenschen und insbesondere für die Nachfolgenden zu gestalten. Zum Zusammenleben gehört auch das Zusammenarbeiten. Die Älteren haben wertvolles Erfahrungswissen, das sie an die Jüngeren weitergeben können und sollen. Sie müssen aber auch selbst offen sein und verstehen, dass auch sie immer noch lernen können – auch von ihren jüngeren Kollegen. Gegenseitiger Respekt ist wichtig – im Leben wie bei der Arbeit. Die Babyboomer sind daher im intergenerativen Austausch im Sinne einer gemeinsamen Verantwortung gefordert. Die Gestaltung lebensphasenorientierter Arbeitsmodelle ist eine Herausforderung, die die Arbeitswelt noch zu bewältigen hat. Damit haben wir dann auch ein gutes Fundament für die Brücke in den Ruhestand – und können uns die späte Lebensphase erschließen, die nicht weniger wertvoll ist als die früheren.

Alter – eine Lebensphase, keine Krise
Auch wenn viele Menschen über das Alter klagen: Das Alter an sich ist keine Krise. Das heißt nicht, dass es im Alter nicht auch zu Veränderungen kommt – wie könnte es anders sein – und diese je nachdem als gravierend erlebt werden. Solche Veränderungen anzunehmen und zu akzeptieren ist oftmals nicht leicht. Der Entwicklungspsychologe Erickson sieht das Alter als eine Entwicklungsstufe neben anderen an, bei der es gilt, neue Lebensaufgaben anzunehmen. Jede Entwicklungsstufe baut auf den vorangehenden Stufen auf, und solche Übergänge ziehen sich wie ein roter Faden durch das Leben eines jeden Menschen. Umso wichtiger ist es, frühzeitig ein Bewusstsein für die Entwicklungsmöglichkeiten im eigenen Leben zu schaffen. So kann Alter schließlich auch gelingen.

Bei diesem Entwicklungsgang kommt es immer wieder zu Konflikten und Herausforderungen. An ihnen kann man scheitern, aber auch wachsen. Das ist nicht nur beim Erwachsenwerden so, sondern auch beim Übergang ins Alter. Wundern dürfen wir uns nicht, wenn wir uns auf der neuen Stufe nicht leichttun. Das wird gerade auch für die geburtenstarken Jahrgänge der Babyboomer zutreffen, die noch im (späten) Berufsleben stehen und sehr leistungsorientiert sind, zugleich aber auch nach Glück und Selbstverwirklichung streben. Kommen nun mit dem Alter gewisse Einschränkungen, scheint das nicht zu passen, und manchen fällt es schwer, diese Veränderungen zu akzeptieren. Gerade auf diese Gruppe aber kommt es wesentlich an: Sie sind die neuen Alten und sie haben maßgeblich darauf Einfluss, inwieweit der demografische Wandel zur Chance und eben nicht zur Krise wird. Sie müssen ein Bewusstsein für die späte Lebensphase entwickeln, um gestärkt aus dem Wandel, den sie vielleicht als Krise des späten Berufslebens, des Übergangs in den Ruhestand, des „sozioökonomischen Ausscheidens" empfinden, hervorzugehen. Dann können sie auch ein Vorbild für die Jüngeren sein.

Im Alter nimmt die Verletzlichkeit zu. Das leuchtet bei körperlichen Aspekten sofort ein, betrifft aber auch andere Bereiche. Umso mehr sind wir im Älterwerden aufgefordert, Verantwortung zu übernehmen – für uns, aber auch für andere. Zwischen den Menschen und auch gerade zwischen den Generationen gibt es viele Beziehungen, in denen eine wechselseitige Verantwortung von Relevanz, ja unverzichtbar ist. Dafür müssen wir den Blick schärfen – am besten noch, bevor der „Ernstfall" eintritt.

Alt werden und alt sein ist eine neue Erfahrung. Um uns in der späten Lebensphase eines Tages heimisch fühlen zu können, müssen wir unsere eigenen Werte und unser bisheriges Wissen auf die neuen Erfahrungen ausrichten. Wir können uns für die neue Welt, das späte Leben, öffnen, können bereit sein, Neuland zu entdecken. Dabei müssen wir unser vertrautes Ich ein Stück weit hinter uns lassen, ohne aber unsere Identität, in der wir immer auch Kontinuität finden, aufzugeben. Dabei hat jeder andere Gestaltungsmöglichkeiten. Es gibt keine Pauschalrezepte; wir müssen immer wieder auf das Individuum und seine spezielle Situation achten. Die individuellen Potenziale sind sehr verschieden. Umso mehr sollten wir sie erkennen, um sie auch nutzen zu können – zu unserem eigenen, aber auch zu unser aller Vorteil. Denn es sind große Anstrengungen in unserer Gesellschaft zu leisten, um für die gegebenen Herausforderungen gute Rahmenbedingungen zu schaffen, damit der Einzelne sich in ihnen entwickeln und dabei Unterstützung finden kann.

Unsere Alterskultur ist dabei eher mangelhaft. Es herrscht immer noch ein defizitäres Bild vom Älterwerden vor, obwohl Altern so vielfältig ist wie nie. Zeigt sich eine Aufgeschlossenheit gegenüber dem Alter, dann meist, indem spezifische Aspekte des Älterwerdens gerade nicht gesehen werden. Sind die heutigen Alten nicht recht jung, sind sie nicht fit, mitten im prallen Leben? Ja, hier hat es dank des gesellschaftlichen und medizinischen Fortschritts Veränderungen gegeben, und auch im Alter bieten sich viele Möglichkeiten. Aber es bleibt eben doch die neue Lebensphase, und auch wenn gewisse Dinge erst später kommen, sollten wir uns mit ihnen befassen – damit das Altern gerade nicht zur Krise wird, sobald das erste Zipperlein kommt.

Wir sind gefordert, das Alter neu in den Blick zu nehmen und nicht weiterhin aus unserem Leben auszuschließen. Wir dürfen die Älteren nicht in eine Schublade pressen, in der ihre Vielfältigkeit keine Berücksichtigung findet. Es müssen neue Ansätze gefunden und auf unsere westliche Kultur zugeschnitten werden. Dabei gilt es, vor allen Dingen die Individualität, auch im Alter, zu berücksichtigen. Gelingt das, ist die Chance groß, dass vielfältige Anregungen auch motivierend sind und von möglichst vielen Menschen aufgenommen und im eigenen Leben umgesetzt werden. Das kann bspw. eine gesunde Lebensführung sein oder eine Aufgabe, die uns Freude bereitet und durch die wir uns auch noch bis in das hohe Alter gebraucht fühlen und am allgemeinen Leben teilhaben können. In unserer Gesellschaft des Wissens und Bewusstseins und des sozialen Miteinanders wird es aber auch ganz besonders um die mentale Haltung zum Alter, zu den gegebenen Potenzialen, aber auch zur Verletzlichkeit des Lebens gehen. Dieses Bewusstsein kann und sollte geschult werden. Altern soll nicht Angst machen, sondern als wertvolles Naturgesetz von Kommen und Gehen verstanden werden. Können Ältere ihr Potenzial erkennen und auch entfalten, dann können sie, in welcher Form auch immer, einen wertvollen Beitrag zur Gesellschaft leisten. Wir haben viele Beispiele dafür gesehen – im Berufsleben, in der Familie, im Kontakt zwischen den unterschiedlichen Generationen.

All das darf natürlich nicht den Blick auf die Herausforderungen verschleiern, ob nun hinsichtlich der demografischen Veränderungen oder jener Momente des eigenen Alterns, die nicht leicht sind, etwa beim Verlust geliebter Menschen, bei zunehmend eingeschränkter Autonomie etc. Durchaus zu Recht ist sowohl von Pflegenotstand auf gesellschaftlicher oder von Vereinsamung auf individueller Ebene die Rede – hier stehen uns große Aufgaben bevor, die wir längst hätten anpacken müssen. Aber die Potenziale des Alters sind Teil der Lösung. Das Alter hat im Grunde seinen Platz in der Pluralisierung der Lebensstile – und damit mitten in der Gesellschaft. Es ist selbst keine Krise, und wir können viel tun, damit der Umgang mit ihm auch nicht zu einer solchen wird – jeder Einzelne und alle zusammen.

Verantwortung – für einen gelingenden Umgang mit Krisen

Für alle die genannten Herausforderungen – in der Krise, im Arbeitsleben, im Älterwerden – benötigen wir Verantwortung. Der Mensch ist in vielfältiger Weise auf sich selbst angewiesen. Er ist aufgefordert, sein Leben selbst zu gestalten. Das ist seine große Aufgabe in allen Lebensphasen. Grundlage dafür sind die ethischen Kategorien der Selbst- und der Mitverantwortung. Zwar müssen wir aufpassen, dass wir in unserer eigenen Verantwortungshaltung wie auch in der, die wir von anderen fordern, uns und den anderen Menschen nicht zu viel aufbürden. Eine Überforderung hätte gerade den gegenteiligen Effekt. Es geht also auch immer wieder um eine Entlastung. Gestehen wir es uns und den anderen zu: Es ist gar nicht so leicht, die Krise zum Guten zu wenden, und die eigenen Möglichkeiten sind begrenzt, nicht unendlich.

Umso wichtiger ist es, unsere eigenen Potenziale ins Auge zu fassen und an ihnen zu arbeiten. So wird schließlich auch in Krisenzeiten die Verantwortung nicht zur Last, sondern kann vielmehr als ein wichtiges intrinsisches Bedürfnis erkannt werden. Denn im Grunde wollen wir das Leben gestalten – für uns und für andere. Dazu aber brauchen wir Wissen, Reflexionsfähigkeit, Übersicht, Offenheit und Einsicht – nicht zuletzt Einsicht in die Veränderung, ihre Unvermeidlichkeit und ihre Gestaltbarkeit. Die Frage, was ich für mich und für andere tun kann, fördert das Bewusstsein zur Selbst- und Mitverantwortung. Damit ist die Basis für individuelle Anstrengungen gegeben. Verantwortung ist keine Last, sondern ein angemessenes Verhalten in einem gegebenen Leben, das Veränderungen unterworfen ist und das ich doch gestalten kann.

Oftmals benötigen wir in dieser komplexen Welt aber auch Unterstützung. Denn es reicht nicht, ein gesundheitsbewusstes Leben und eine gesunde Ernährung als Ziel zu haben. Vielmehr müssen wir uns zunächst die Verantwortung für die eigene Lebensgestaltung in den verschiedenen Lebensphasen und Lebensbereichen bewusst machen. So kommen wir zur Klärung darüber, was wir in der aktuellen Situation mit unseren gegebenen Möglichkeiten tun können. Oft ist es hilfreich, mit anderen Menschen in Austausch zu treten. Und manchmal kann es ratsam sein, auch professionelle Hilfe zu suchen, damit nicht jede Herausforderung zur Krise und nicht jede Krise zur Katastrophe wird. Damit Krisen, wenn sie auftreten, als Chancen erkannt werden, die sie auch immer sind. In meinen Workshops, aber auch in Terminsitzungen oder Telefonsprechstunden suche ich gerne mit Ihnen gemeinsam nach Lösungen, die zur jeweiligen Situation und Ihnen passen. Denn jeder hat seine eigenen Potenziale, er muss sie nur erschließen und nutzen – in jeder Lebensphase, aber auch gerade im späten Berufsleben und im Älterwerden.

GPSR Compliance

The European Union's (EU) General Product Safety Regulation (GPSR) is a set of rules that requires consumer products to be safe and our obligations to ensure this.

If you have any concerns about our products, you can contact us on

ProductSafety@springernature.com

In case Publisher is established outside the EU, the EU authorized representative is:

Springer Nature Customer Service Center GmbH
Europaplatz 3
69115 Heidelberg, Germany